景印香港
新亞研究所

新亞學報

第一至三十卷
第三四冊・第二十三卷

總策畫　林慶彰
主編　翟志成　劉楚華

景印香港新亞研究所《新亞學報》(第一至三十卷)

景印本‧編輯小組

總 策 畫

林慶彰　劉楚華

主　編

翟志成

編輯委員

卜永堅　李金強　李學銘　吳　明　何冠環

何廣棪　張宏生　張　健　黃敏浩　劉楚華

鄭宗義　譚景輝

編輯顧問

王汎森　白先勇　杜維明　李明輝　何漢威

柯嘉豪（John H. Kieschnick）科大衛（David Faure）

信廣來　洪長泰　梁元生　張玉法　張洪年

陳永發　陳　來　陳祖武　黃一農　黃進興

廖伯源　羅志田　饒宗頤

執行編輯

李啟文　張晏瑞

（以上依姓名筆劃排序）

景印香港新亞研究所《新亞學報》（第一至三十卷）

景印香港新亞研究所《新亞學報》第三四冊

第二十三卷　目次

陳援庵先生「通史致用」析論	李學銘	頁 34-9
日本殖民時代臺灣與朝鮮之礦業發展	陳慈玉	頁 34-41
重探所謂「胡適博士學位問題」四種類型的論證	葉其忠	頁 34-81
基督教和儒教在十九世紀的接觸——基督教入南洋先驅米憐研究	龔道運	頁 34-133
取象釋禮：張惠言《虞氏易禮》中的《公羊》思想	盧鳴東	頁 34-175
淺談郭璞〈游仙詩〉之形式美	韋金滿	頁 34-201
明代「格律派」之格律詩說及其理論發展	李銳清	頁 34-229
蕙風詞論詮說：詞格詞心與性情襟抱	嚴壽澂	頁 34-271
瀛海奇譚：雍正有個竺皇后——三評《紅樓解夢》	楊啟樵	頁 34-307
《聊齋誌異》的述鬼謀略	劉楚華	頁 34-333
論舊體詩與新文學之關係	朱少璋	頁 34-355

《禮記》與《墨子》喪葬觀的異同　　　　孔炳奭　　頁 34-393

第二十三卷

新亞學報

新亞研究所

景印香港新亞研究所《新亞學報》（第一至三十卷）

景印本・第二十三卷

第二十三卷

新亞學報

新亞研究所

景印香港新亞研究所《新亞學報》（第一至三十卷）

《新亞學報》學術顧問

王業鍵	王爾敏	宋晞	杜正勝	李潤生	李學勤
李豐楙	吳宏一	陳永明	陳祖武	張玉法	湯一介
單周堯	廖伯源	趙令揚	鄧仕樑	劉昌元	錢遜
饒宗頤					

（按姓氏筆畫為序）

《新亞學報》編輯委員會

主任委員：鄺健行

編輯委員：鄺健行

李　杜

莫廣銓

執行編輯：莫廣銓

New Asia Journal
Editorial Board

Chairman, Editorial Committee:
KWONG Kin-hung
Editorial Committee:
KWONG Kin-hung

LI Tu

MOK Kwong-chuen
Editor
MOK Kwong-chuen

景印香港新亞研究所《新亞學報》（第一至三十卷）

新亞學報第二十三卷

目　錄

李學銘　陳援庵先生「通史致用」析論 …………………………………… 1

陳慈玉　日本殖民時代臺灣與朝鮮之礦業發展 ………………………… 33

葉其忠　重探所謂「胡適博士學位問題」四種類型的論證 …………… 73

龔道運　基督教和儒教在十九世紀的接觸 …………………………… 125

　　　　── 基督教入南洋先驅米憐研究

盧鳴東　取象釋禮：張惠言《虞氏易禮》中的《公羊》思想 ………… 167

韋金滿　淺談郭璞〈游仙詩〉之形式美 ……………………………… 193

李銳清　明代「格律派」之格律詩說及其理論發展 ………………… 221

嚴壽澂　蕙風詞論詮說：詞格詞心與性情襟抱 ……………………… 263

楊啟樵　瀛海奇譚：雍正有個竺皇后 ………………………………… 299

　　　　── 三評《紅樓解夢》

劉楚華　《聊齋誌異》的述鬼謀略 …………………………………… 325

朱少璋　論舊體詩與新文學之關係 …………………………………… 347

孔炳奭（韓國）《禮記》與《墨子》喪葬觀的異同 ……………… 385

景印香港新亞研究所 《新亞學報》 （第一至三十卷）

陳援庵先生「通史致用」析論

李學銘*

「通史致用」，是中國史學的傳統。致用，有兩層意思，一是司馬遷(前145?-？)以來的「通古今之變」，一是申明《春秋》大義。前者的做法，是陳古證今，以古為鑑，達到明古知今的目的；後者是發揚民族意識，申明夷夏之辨，藉以取得古為今用的效果。明古知今，着眼點常在治國理民方面；發揚民族意識，則往往針對外敵入侵而發，尤其是在外患嚴重之際。治史而可以發揮明古知今的作用，又為了實際的需要，借史文的微言大義來發揚民族意識，斥責當前的侵略者或變節的國人，那就符合「通史致用」的中國史學傳統。司馬遷著《太史公書》，即表明了要「通古今之變」[1]，司馬光(1019-1086)主持《資治通鑑》的修纂，也顯示了要以史事為鑑戒的宗旨；他們兩人，對夷夏之辨都有明確的看法。此外如唐代的杜佑(735-812)、宋代的李燾(1115-1184)、徐天麟、李心傳(1167-1244)、陳傅良(1137-1203)、王應麟(1223-1296)、馬端臨

---

*新亞研究所。

[1] 班固《漢書‧司馬遷傳》載司馬遷《報任安(少卿)書》云：「僕竊不遜，近自託於無能之辭，網羅天下放失舊聞，考之行事，稽其成敗興壞之理，凡百三十篇，亦欲以究天人之際，通古今之變，成一家之言。」(見《漢書》卷六十二，1964年11月中華書局校點本，頁2735)；《昭明文選》收錄司馬遷《報任少卿書》，上述文字字句與班書所載稍有出入：「僕竊不遜，近自託於無能之辭，網羅天下放失舊聞，略考其行事，綜其終始，稽其成敗興壞之紀，上計軒轅，下至於茲，為十表、本紀十二、書八章、世家三十、列傳七十，凡百三十篇，亦欲以究天人之際，通古今之變，成一家之言。」(見《昭明文選》卷四十，1957年3月藝文印書館影印胡克家仿宋本，頁383)。

(約1254 - 1323) 以至明末清初的顧炎武 (1613 - 1682)、黃宗羲 (1610 - 1695)、王夫之 (1619 - 1692) 等人，他們的著述，都充分發揮了「通史致用」的精神。[2]

陳援庵(垣)先生(1880 - 1971)治史，可說完全符合了中國史學的傳統精神。他的不少論著，都是通過嚴格、精密的考證工作，來研究中國史上的一些關鍵性大問題，並儘量想辦法從其中獲取一些關於當前處境的啟示或教訓。援庵先生在1943年11月24日《致方豪》的信中，有這樣的意見：

> 至於史學，此間風氣亦變。從前專重考證，服膺嘉定錢氏；事變後，頗趨重實用，推尊崑山顧氏；近又進一步，頗提倡有意義之史學。故前兩年講《日知錄》，今年講《鮚埼亭集》，亦欲以正人心，端士習，不徒為精密之考證而已。此蓋時勢為之，若藥不暝眩，厥疾弗瘳也。[3]

信中提到史學的風氣，表示「此間風氣亦變」，所謂「此間」，其實是援庵先生的夫子自道。援庵先生治史，一向服膺錢大昕(1728-1804)之學，專重考證，但七七事變以後，外敵侵略日亟，他愈來愈感到徒事精密考證的不足，於是逐漸把治史的方向，**轉趨**顧炎武所主張的經世致用之學，也就是重視實用的史學。後來更進一步，他又提倡有意義的史學，而且用全祖望(1702 - 1755)的《鮚埼亭集》作為指導學生治史的教材。實用的史學，指的是針對現實、以古為鑑的史學研究，研究所得的結論或意見，往往涉及當前的治國理民問題；有意義的史學，指的是發

---

[2] 參閱先師牟潤孫先生《從〈通鑑胡注表微〉論援庵先師的史學》，《紀念陳垣誕辰百周年史學論文集》，1981年11月北京師範大學出版社，頁35；此文又收入《勵耘書屋問學記》，1982年6月生活・讀書・新知三聯書店，頁72。徐天麟，生卒年不詳，南宋開禧元年（1205）進士。

[3] 見陳樂素、陳智超編校《陳垣史學論著選》，1981年5月上海人民出版社，頁624；又見陳智超編注《陳垣來往書信集》，1990年6月上海古籍出版社，頁302。

揚民族意識，目的是「正人心，端士習」。援庵先生提倡有意義的史學以後，是不是就不再重視實用的史學呢？事實並不如此，因為「實用」與「有意義」，往往二而為一，並不可分。例如顧炎武、全祖望兩人，他們在著述裏，既記載現實、討論現實、關懷民生利病，同時又表現出極強的民族意識；他們的史學，兼有「實用」和「有意義」的內容。援庵先生治學，與顧、全兩人有很類似的地方，他在談論有意義的史學時，往往同時也在談論實用的史學，所以我們理解他的「通史致用」，應該把「致用」的範圍，包括「實用」和「有意義」兩方面。

從《通鑑胡注表微》一書，我們可以更具體地知道援庵先生對「通史致用」的意見。《書法篇》引述了《資治通鑑》卷二四五「唐文宗太和八年(834)」的一段史事：

> 時李德裕、李宗閔各有朋黨，上患之，每歎曰：「去河北賊易，去朝廷朋黨難。」溫公論之曰：文宗苟患群臣之朋黨，何不察其所毀譽者為實為誣，所進退者為賢為不肖，其心為公為私，其人為君子為小人。乃怨群臣之難治，是猶不種不芸，而怨田之蕪也。【4】

【4】 見《通鑑胡注表微》，1958年3月科學出版社，頁32 (以下提及本書時，出版年月及出版社從略)；原文見《資治通鑑》卷二四五《唐紀六十一》，1963年4月中華書局校點本，頁7899-7900 (以下提及本書時，出版年月及書局從略)。引文中略有刪節。《通鑑胡注表微》在引述《資治通鑑》原文或胡三省注文時，往往遵守略而不改的「引用」原則，刪去不需要的字句，而不輕易增飾或改動原文；在刪去字句的地方，一般不會用省略號。但有時為了實際的需要，也會為原文增加一些文字，或把原文「檃括」為精簡的文字。「引用」和「檃括」，是援庵先生的「史書要刪」表現，而不是他的引文有脫漏。關於這方面，我另有專文論述。「檃括」原作「檃栝」，又作「檃括」或「隱括」，《通胡注表微·書法篇》作「檃括」。參閱同上，頁23。

針對這段史事，胡三省(1230-1302)注云：

> 溫公此論，為熙、豐發也。【5】

「熙、豐」指宋神宗熙寧、元豐年號。援庵先生的解釋是：

> 古人通經以致用，讀史亦何莫非以致用。溫公論唐事，而身之以為「為熙、豐發」，陳古證今也。昔孔子居衛，衛君據國拒父，冉有曰：「夫子為衛君乎？」子貢曰：「諾，吾將問之。」入曰：「伯夷叔齊何人也？」曰：「古之賢人也。」曰：「怨乎？」曰：「求仁而得仁，又何怨。」出曰：「夫子不為也。」不問衛事而問夷齊，賢夷齊兄弟讓國，即知其不為衛君父子爭國，此史學方法也。【6】

司馬光論唐代朋黨之爭，認為唐文宗只知歎息「去朝廷朋黨難」，而不積極去了解是非、分辨賢愚忠奸，「是猶不種不芸，而怨田之蕪」！胡三省表示司馬光的議論，是為宋代黨爭而發。援庵先生指出胡氏這種論古知今的方法，子貢早就曾經採用。子貢本來想要知道孔子對衛君父子爭國一事的意見，但他不直接問衛君的事而只問伯夷、叔齊讓國的事，從孔子的答覆，子貢也就知道孔子的意向；這是一個明古知今的最佳例證。援庵先生說：「此史學方法也。」又說：「讀史亦何莫非以致用。」可見這種明古知今或陳古證今的方法，就是援庵先生心目中的「通史致用」。

在《通鑑胡注表微‧勸戒篇》中，援庵先生又有這樣的意見：

> 勸戒為史家之大作用，古所貴乎史，即取其能勸戒也。勸戒起於經歷，經歷不必盡由讀書，然讀書則可以古人之經歷為經歷，一展卷而千百年之得失燦然矣。故胡注於史事之可以垂戒者，每不

【5】見《通鑑胡注表微》，頁32；原文見《資治通鑑》卷二四五《唐紀六十一》，頁7900。

【6】見《通鑑胡注表微‧書法篇》，頁同上。

憚重言以揭之曰：「可不戒哉！可不戒哉！」孔子云：「書之重，辭之複，其中必有善者焉。」此之謂也。【7】

史事可垂戒於後世，史家撰述歷史，也為了要對後人起勸戒的作用。換句話說，讀史可以知道前人的經歷，也可以了解前人做事的得失，於是後人就可以從前人的經歷和得失中，得到了與當前處境有關的啟示或教訓；這就是明古知今，也就是「通」古之「史」以「致」今之「用」。援庵先生更以胡注為例，指出胡注中的「重言」或「複辭」部分，往往有「垂戒」的用意存乎其中；這是援庵先生有意用較易掌握的材料為例，為後學說明「通史致用」的方法。其實有「垂戒」作用的材料，又何止「重言」或「複辭」部分？治史者須隨時隨地懂得以史事與今事互相對比驗證，才可以達到「通史致用」的目的；治史而只知考古，只不過得到古人的糟粕。在《勸戒篇》中，援庵先生借了胡三省的注文來表達自己的看法。胡注云：

莊子曰：「桓公讀書於堂上，輪扁斲輪於堂下，問桓公曰：『敢問公所讀者何言也？』公曰：『聖人之書也。』曰：『聖人在乎？』曰：『已死矣。』曰：『然則君之所讀者，古人之糟粕已矣，古之人與其不可傳者死矣。』」【8】

《資治通鑑》卷九十二，載「涼參軍馬岌謂氾褘為糟粕書生」，胡氏引述莊子語，用意在解釋「糟粕書生」的含義。援庵先生再進一步，就胡氏的注文加以發揮：

莊子語見《天道篇》，與《淮南子‧道應訓》略同。胡注於七十五卷曾引之，此復有云者，為讀書徒考古而不能驗諸今者戒也。【9】

【7】 見《通鑑胡注表微》，頁181。

【8】 見同上，頁184-185；原文見《資治通鑑》卷九十二《晉紀十四》，頁2914。

【9】 見《通鑑胡注表微》，頁185。

在這裏，援庵先生一方面在表出胡氏注文的微意，另一方面，他也是在表達自己的意見。他指出：「讀書徒考古而不能驗諸今」，並不足取。這清楚表達了他的「通史致用」主張：讀書或治史，要能明古知今，要能把書裏的載述與今事驗證。例如胡三省為《資治通鑑》作注，就時常採用古今驗證的方式，在《通鑑胡注表微‧治術篇》中，援庵先生有這樣的說明：

> 身之生平不喜縢口說，不喜上書言時事，國變以後，尤與政治絕緣。然其注《通鑑》，不能舍政治不談，且有時陳古證今，談言微中，頗得風人之旨，知其未嘗忘情政治也。[10]

胡三省生平不喜談論政治，國變以後，他的活動，更與政治絕緣。但考察《資治通鑑》的注文，卻可以看出他有時會採用陳古證今的方法，來談論政治。陳氏認為，這是胡氏「未嘗忘情政治」的緣故。中國古代的讀書人，大多懷有政治抱負，即使「身在江湖」，也會「心存魏闕」，因此，胡氏不忘情於政治，應該是件很易理解的事。不過，另一方面，我們也可以這樣了解：胡氏之所以會「陳古證今」，主要是要發揮「通史致用」的精神，為當前處境尋求一些啟示或教訓，而這種做法，正正是中國史學的傳統。

「陳古證今」的「通史致用」，往往會取材自當前的治國理民問題，胡三省是這樣，援庵先生也是這樣。例如《通鑑胡注表微‧治術篇》引述《資治通鑑》卷五「周赧王四十四年(前271)」的史事：

> 趙田部吏趙奢收租稅，平原君家不肯出，趙奢以法治之，平原君以為賢，言之於王。王使治國賦，國賦太平，民富而府庫實。[11]

胡三省注云：

---

[10] 見同上，頁198。

[11] 見同上，頁199；原文見《資治通鑑》卷五《周紀五》，頁155。引文中頗有刪略。

觀此，則趙奢豈特善兵哉，可使治國也。【12】

援庵先生的按語是：

> 國法貴平等，任何人不應享有特權。《元史・世祖紀》至元二十八年三月條，言：「江淮豪家，多行賄權貴，遇有差賦，唯及平民。」天下所以不平也。今趙奢能執法，平原君亦能服善，此其所以為濁世佳公子歟！【13】

胡氏的意見，實基於元時江淮豪家的事有感而發，而援庵先生的按語，其實是「今典」、「古典」互證。他的「今典」，從胡氏出發，是元事，從自己出發，則是民國事。任由有權勢者享有特權，超乎國法，豈是治國之道！

《治術篇》又引述《資治通鑑》卷十「漢高帝三年(前204)」的史事：

> 廣武君對韓信曰：「今將軍威震天下，農夫莫不輟耕釋耒，褕衣甘食。」【14】

胡三省注云：

> 此言當時之人，畏信之威聲，不能自保其生業，皆輟耕釋耒，褕靡其衣，甘毳其食，以苟生於旦夕，不復為久遠計。【15】

援庵先生根據胡注生發這樣的意見：

> 鐵蹄蹂躪之下，地方反覺繁榮，皆此等心理為之也。【16】

胡氏所言，大抵是元代異族統治下人民的心態和生活的情況，而援庵先

【12】 見同上；原文亦見同上。

【13】 見同上。

【14】 見同上；原文見《資治通鑑》卷十《漢紀二》，頁328。引文中頗有刪略，但增加「對韓信」三字，以顯示廣武君的談話對象。援庵先生引述史文時，一般以刪略為主，如無必要，不會增字。

【15】 見同上，頁200；原文亦見同上。

【16】 見同上。

生則借了胡氏的注文，有似自說自話，說明淪陷區中的反常情況。「鐵蹄蹂躪」，既指元人，又指日軍。這是有意「通」古之「史」，以「致」今之「用」。

談「治術」，必然不可忽視「民心」。援庵先生在《通鑑胡注表微・民心篇》中說：

> 民心者人民心理之向背也。人民心理之向背，大抵以政治之善惡為依歸，夷夏之防，有時並不足恃，是可惕然者也，故胡注恆注意及之。孟子曰：「三代之得天下者，得其民也，得其民者，得其心也。」恩澤不下於民，而責人民之不愛國，不可得也。【17】

他又說：

> 夫國必有可愛之道，而後能令人愛之，天下有輕去其國，而甘心託庇於他政權之下者矣。《碩鼠》之詩人曰：「逝將去汝，適彼樂園。」何為出此言乎？其故可深長思也。【18】

這是說，民心向背，往往以政治的善惡為依歸。為政者澤不下於民，則民會甘心託庇於異族的政權。宋代如此，民國以來的為政者，應該從中得到警惕。這類意見，《民心篇》中頗有不少，援庵先生再引述《資治通鑑》卷二九一「後周太祖廣順三年(953)」的記事：

> 唐大旱，井泉涸，淮水可涉，饑民度淮而北者相繼，濠、壽發兵禦之，民與兵鬥而北來。【19】

胡三省注云：

> 觀民心之向背，唐之君臣可以岌岌矣。【20】

援庵先生的意見是：

> 後周南唐之兼併，內戰也，內戰純恃得民，唐既無善政，又有天

【17】 見同上，頁332。

【18】 見同上。

【19】 見同上，頁347；原文見《資治通鑑》卷二百九十一《後周紀二》，頁9496。

災，欲人心之不去得乎！若宋之與元，本有夷夏之防，足為保
障，而仍不免於滅，是可哀已。【21】

胡氏為南唐君臣危，其實是為宋室哀。援庵先生指出宋元本有夏夷之
別，有民族意識作為保障，但終不免滅亡，可見民族觀念有時並不足
恃。援庵先生對胡氏之哀表達深切的同情，但也提示當權者在抗日的同
時，不要失去「民心」。《民心篇》成於對日抗戰末期，實有所見而云
然。以古為鑑，往往使史家具有前瞻的識見。

　　針對現實情況，申明《春秋》大義，發揚民族意識，也是「通史致
用」精神的發揮。《通鑑胡注表微》引述了《資治通鑑》卷一七六「陳
長城公至德二年(584)」隋主封宇文氏千金公主為大義公主的事【22】。胡
三省注云：

　　千金公主，宇文氏，請於沙鉢略，欲復讎。及兵敗於外，眾離於
　　內，乃請為隋主女。更封以大義，非嘉名也，取「大義滅親」云
　　爾，為大義不得其死張本。【23】

援庵先生在《通鑑胡注表微・解釋篇》中，就胡注「大義滅親」的意思，
作深一層的解釋：

　　自晉元渡江，訖宇文氏之滅，河北淪陷者，二百七十餘年，至是
　　復歸中國。春秋大義，國讎百世可復，隋蓋為中國復讎也。千金
　　公主乃欲復宇文氏之讎，故隋以大義封而滅之。身之釋大義，其
　　說新而切。【24】

這明顯是通過《春秋》大義，來申明華夷之辨。在胡氏所處的時代，外

【20】見同上；原文亦見同上。

【21】見同上。

【22】見同上，頁73；原文見《資治通鑑》卷一七六《陳紀十》，頁5475-5476。

【23】見同上；原文亦見同上。見同上，原文亦見同上。

【24】見同上，頁73-74。

患日亟，有申明華夷之辨的需要；援庵先生當日的處境，與胡氏相類似，日軍的侵犯，可說日甚一日，因此，他更有需要強調華夷、敵我的分別。他揭出「國讎百世可復」的《春秋》大義，實際上是對國人的一種提示和鼓勵；他顯然想利用過往的史事，來達到「古為今用」的目的。

援庵先生在《通鑑胡注表微・夷夏篇》中，對夷夏的問題，有更具體、更清楚的說明：

> 夷夏者，謂夷與夏之觀念，在今語為民族意識。《公羊》成十五年傳：「《春秋》內其國而外諸夏，內諸夏而外夷狄。」非尊己而卑人也，內外親疏之情，出於自然，不獨夏對夷有之，夷對夏亦宜然，是之謂民族意識。當國家承平及統一時，此種意識不顯也；當國土被侵陵，或分割時，則此種意識特著。身之生民族意識顯著之世，故能了解而發揮之，非其世，讀其書，不知其意味之深長也。【25】

所謂夷夏的觀念，即「民族意識」，這真是非常精簡的說明。援庵先生認為，當國家受到侵略或分割時，民族意識就會特別顯著。他更進一步指出，胡三省生當外敵侵略之世，民族意識特別顯著，所以他能了解史文中所蘊藏的這種意識而加以發揮；針對當前外敵侵略的情況，借史文來發揚民族大義，就是「通史致用」。臨末援庵先生說「非其世，讀其書，不知其意味之深長也」，這是說胡氏，也是說自己。胡氏處身民族意識顯著的時代，所以能領會史文中的深長意味；同樣的道理，援庵先生之所以知胡注中有深長的意味，就因為他的處境和他所面臨的情況，與胡氏相類似。這是援庵先生現身說法，通過自己的處境和著述，表達了自己對於「通史致用」的意見：發揚民族意識，也是致用的重要途徑之一。至於他自己的治史工作，就正好是「通史致用」精神的體現。

【25】見同上，頁307。

在援庵先生心目中，「通史致用」，究竟該以治國理民為先，還是該以民族意識為重？在承平時代，該以治國理民為先，那不消說，但當國家受到異族的侵陵，就該以民族意識為重。援庵先生在七七事變以後，着意於提倡有意義的史學，就有這種用意。在《通鑑胡注表微・民心篇》中，援庵先生即曾就胡三省的意見加以闡發。胡注是這樣的：

> 荀卿子有言，「兼并易地，堅凝之難」，以苻堅之明，王猛之略，簡召六州英俊，以補守令，然鮮卑乘亂一呼，翕然為燕，以此知天下之勢，但觀人心向背何如耳！【26】

根據這段注文，援庵先生說：

> 善政本可得民，然有時政雖善而仍不得民，則其善政未足以敵其民族意識也，觀苻秦與鮮卑慕容氏之事可知矣。前燕既滅，十餘年後，後燕、西燕、南燕，相繼踵起；宋則二王之後，一蹶不振，更無所謂後宋、西宋。曾慕容氏之不如，此身之所以為歉歟也！【27】

苻秦雖有善政，王猛雖有謀略，而民族意識的影響，仍然非常重要。以前燕為例，這個國家雖被苻秦所滅，但十餘年後，鮮卑慕容氏的人仍然企圖恢復國族，所以有後燕、西燕、南燕的繼起。援庵先生特別指出，宋自二王以後，再沒有繼起的人，實在不如慕容氏，因此，胡氏不免有很大的感慨與悲哀。援庵先生把這件事提出來，應該也會有胡氏同樣的感慨與悲哀，於是他就利用胡注，強調民族意識的重要，藉以喚起國人的注意。總而言之，在國家危難之秋，非要特別借史事以發揚民族意識不可，否則國族淪亡，不可挽救。在對日抗戰期間，援庵先生處身淪陷的北平，着意於提倡有意義的史學，而且不斷撰作、發表具有民族意識的著述，實有深意存乎其中。

談到援庵先生在對日抗戰期間的著述，我們可以看到，除單篇論文

【26】見同上，頁337；原文見《資治通鑑》卷一〇三《晉紀二十五》，頁3243。

【27】見同上，頁337。

不計外，專著如《明季滇黔佛教考》、《清初僧諍記》、《南宋初河北新道教考》、《中國佛教史籍概論》、《通鑑胡注表微》等，都是發揚民族意識之作，也即是援庵先生自述「欲以正人心，端士習」之作【28】。他可說身體力行，用具體的研究工作，來實踐「通史致用」的精神。現試從上面所提到的著述中，引述幾條與時代實際需要有關的資料，藉以進一步具體說明援庵先生在治史方面的「致用」精神與方法。

《明季滇黔佛教考》的內容，主要是敘述明末清初雲、貴兩地佛教發展的情況，尤其是着意在抉發明末知識分子懷念故國、抗節不仕的精神。本書卷五內容分《遺民之逃禪》、《遺民之禪侶》兩節，在《遺民之逃禪》這一節之末，援庵先生這樣說：

> 明季遺民多逃禪，示不仕決心也。永曆之時，滇黔實為畿輔，各省人文薈萃，滇黔不得而私。茲篇所舉，特遺民之關係滇黔者耳，非盡滇黔人也，若推而求滇黔以外，所得更不止此。范蔚宗謂「漢世百餘年間，亂而不亡，皆仁人君子心力之為」，然則明之亡而終不亡，豈非諸君子心力之為手。【29】

援庵先生困居淪陷的北平，處境頗與明末遺民相仿。當時北方大學相繼

【28】 據陳智超《陳垣年譜》(又名《史學大師陳垣的一生》)的記述，《明季滇黔佛教考》六卷，發表於1940年8月；《清初僧諍記》六卷，寫作於1941年1月；《南宋初河北新道教考》四卷，發表於1941年12月；《中國佛教史籍概論》六卷，完成於1942年9月；《通鑑胡注表微》二十篇，脫稿於1945年7月(參閱書前《小引》)，發表於1945年12月和1946年12月。其中《清初僧諍記》一書發表於《輔仁學誌》第9卷第2期，出版日期為1940年12月，與援庵先生在書前《小引》所提的1941年1月不相應。理由是《輔仁學誌》的出版日期雖在前，但實際出版的日期在較後，所以援庵先生較後寫成著述，可以發表在出版年月較早的《輔仁學誌》上。(參閱《廣角鏡》第九十七期，1980年10月廣角鏡出版社，頁72-73。)

【29】 見《明季滇黔佛教考》，1962年7月中華書局，頁238。

李學銘　陳援庵先生「通史致用」析論　13

南遷，學人大多顛沛流離於滇黔蜀陝各省一帶，中央政府，則以重慶為陪都。援庵先生在這時以滇黔佛教為研究對象，並以《明季滇黔佛教考》為書名，明顯地表示了身在北國、心在西南的意思【30】。他特別指出明遺民多逃禪以示不肯仕於新朝的決心，這是自勉，也是勉人。最後，提到「仁人君子心力之為」，則是對大後方的抗戰人士，表示了敬仰、鼓勵之意。他是針對當時實際的需要，借了明末遺民逃禪的事以為今用。陳寅恪先生(1890 - 1969)為《明季滇黔佛教考》作《序》，很能道出援庵先生撰作的用心。他說：

> 就先生是書所述者言之，明末永曆之世，滇黔實當日之畿輔，而神州正朔之所在也……及明社既屋，其地之學人端士，相率遁逃於禪，以全其志節，今日追述當時政治之變遷，以考其人之出處本末，雖曰宗教史，未嘗不可作政治史讀也。……先生講學著書於東北風塵之際，寅恪入城乞食於西南天地之間，南北相望，幸俱未樹新義，以負如來。【31】

【30】紀念陳垣校長百年誕辰籌委會《紀念陳垣校長誕辰一百周年》說：「《明季滇黔佛教考》是一九三九年開始動筆。內容所寫西南遺民逃清逃禪的活動都是在清初，但書名用『明季』，以示這些遺民終未降清。滇黔是明桂王建立政權所在，也是當時抗戰後方，所謂『明季中原淪陷，滇黔猶保冠帶之俗』。這書從命題到內容，都反映他身處北平，懷念祖國的心意。」(見《陳垣校長誕生一百周年紀念文集》，1980年11月北京師範大學，頁8。)

【31】見《明季滇黔佛教考》，1962年7月中華書局，頁1-2；又見《金明館叢稿二編》，1980年10月上海古籍出版社，頁240-241。陳寅恪先生所云「未樹新義」事，見《世說新語》下卷下《假譎篇》：「愍度道人始欲過江，與一傖道人為侶，謀曰：『用舊義在江東，恐不辦得食。』便共立『心無義』。既而此道人不成渡，愍度果講義積年，後有傖人來，先道人寄語云：『為我致意愍度，無義那可立？治此計，權取饑爾！無為遂負如來也。』」(見余嘉錫《世說新語箋疏》，1983年8月中華書局，頁859。)

13

頁 34 - 21

談論滇黔佛教，本來是宗教史的範疇，經陳寅恪先生的揭示，我們知道援庵先生其實是借了宗教史來談當時的政治。寅恪先生說「南北相望，幸俱未樹新義，以負如來」，其中雖有自勉之意，主要卻是推許援庵先生並沒有屈服在敵偽的惡勢力之下。二陳都是深諳中國史學傳統精神的學者，所以能在「古為今用」方面，有充分的了解與共鳴。

《清初僧諍記》一書，論述的是清初東南法門中故國派和新朝派的矛盾，所寫既是宗教派系的爭執，同時又反映了政治上不同趨向的鬥爭。援庵先生在書中，對甘心附逆、投降仕敵者予以指摘，我們如果明白這書是援庵先生在抗日戰爭時期所寫，當能深切體會他的指摘與當時現實有關，並不只是談論清初東南法門的糾紛。試以木陳忞為例，援庵先生在本書中對他極盡挖苦、指摘的能事，只因為他是一個投附新朝的可鄙人物。《清初僧諍記》卷三《新舊勢力之諍》中的第一節《雲門雪嶠塔諍》，援庵先生引述木陳忞《北遊集·越州雲門寺興修疏引》中的話語：

> 今上好善忘勢，居然古帝之風……獨於雪嶠老人之高風逸韻，日理於口，殊切景仰之思。……吾聞君子愛其所親，敬其所尊，凡為臣若子，于君父之所重，疑莫不皆然。……矧今上之嗜好老人如此！……故余不序次雲門之往蹟何如，而獨播宣上意者，蓋欲越諸賢士大夫知宸衷攸尚，將推廣愛敬之思，當有以體君父云爾。【32】

援庵先生對木陳忞的話，加上這樣的按語：

> 此木陳第一次以其新君父之嗜好告越人也。新君父既嗜好雪嶠，則《禪燈世譜》，不得不體新君父之意，增入雪嶠。【33】

讀了援庵先生的按語，木陳忞盡力迎合新君父心意的醜態，也就可想而見了。援庵先生斥責木陳忞，無異是斥責當日投附敵偽的漢奸。又《復

【32】見《清初僧諍記》，1962 年 9 月中華書局，頁 64。

【33】見同上，頁 64-65。

華山見月和尚札》，註明是「順治十七年官舟中作」，其中有幾句話，是木陳忞自炫寵幸的報道：

> 去秋九月，謬承寵召入京，皇上求道方切，再四慰留，今春大壽，遂不能敬致封祝，殊為歉然。【34】

援庵先生引述以後，跟着加以指斥：

> 見月雲南人……順治十七年，即永曆十四年，時西南猶奉中國正朔，木陳乃以此矜見月，何其陋耶！【35】

援庵先生特別點出見月和尚是雲南人，又把「順治」與「永曆」互相對比，同時強調「時西南猶奉中國正朔」，經這樣一提示，木陳忞是個忘本的敗類，也就很清楚了。不過，援庵先生斥責木陳忞的態度固然十分嚴厲，但主要的用意，卻是借了這段材料，來說明抗戰時的中國正朔也在西南；這是援庵先生的「古為今用」手法。《清初僧諍記》成書於1941年，1962年出版，援庵先生在1962年3月的《後記》中追述自己當時撰作的心意：

> 一九四一年，日軍既佔據平津，漢奸們得意揚揚，有結隊渡海朝拜、歸以為榮、誇耀於鄉黨鄰里者。時余方閱諸家語錄，有感而為是編，非專為木陳諸僧發也。【36】

從《清初僧諍記》一書，我們可以看到援庵先生嚴厲地斥責木陳忞和一群投附新朝的僧人。表面看來，他的斥責對象，只是清初時期的歷史人物，但深一層看，他的斥責對象，其實也包括了當時「得意揚揚」的漢奸，他是「有感而為」，斥「古」即所以斥「今」；用援庵先生自己的話，是「非專為木陳諸僧發」！

《南宋初河北新道教考》是繼《明季滇黔佛教考》之後所寫，發表於

【34】見同上，頁68。

【35】見同上。

【36】見同上，頁94。

抗日戰爭時期。本書敘述宋遺民義不仕金，先後創立了全真、大道、太一三教，三教創立之初，本為不仕新朝，因此聚徒訓眾，自謀生計，充分表現了民族的氣節，這對陳氏來說，正好是諷喻當世、古為今用的適當題材。本書沒有正式的前言或序言，但在目錄後卻繫以簡要的說明，其中有些話語，很能表達援庵先生的心聲：

> 右三篇四卷廿三章，都七萬餘言，述全真、大道、太一三教在金元時事。繫之南宋初，何也？曰三教祖皆生於北宋，而創教於宋南渡後，義不仕金，繫之以宋，從其志也。靖康之後，河北黌舍為墟，士流星散，殘留者或竟為新朝利用，三教祖乃別樹新義，聚徒訓眾，非力不食。【37】

三教祖都是宋遺民，都能義不仕金，援庵先生把書名冠以「南宋」字樣，是為了要符合遺民的意願。他特別強調這一點，無疑存有深意。靖康之後，有人為新朝所利用，援庵先生表示非常痛心，而且特意表揚了「別樹新義」的三教祖，其中就聯繫了自己的處境，對投附敵偽的漢奸表達了貶斥之意。援庵先生又說：

> 自永嘉以來，河北淪於左袵者屢矣，然卒能用夏變夷，遠而必復，中國疆土乃愈拓愈廣，人民愈生而愈眾，何哉？此固先民千百年之心力艱苦培植而成，非倖致也。三教祖之所為，亦先民心力表現之一端耳，故樂得而述之。【38】

【37】見《南宋初河北新道教考》，1962年7月中華書局，頁3。這段文字，寫於1941年7月，援庵先生當時身在淪陷區中，因此措詞比較含蓄。到了1957年7月，他在本書的《重印後記》中，就表達得較為清楚：「蘆溝橋變起，河北各地相繼淪陷，作者亦備受迫害，有感於宋金及宋元時事，覺此所謂道家者皆抗節不仕之遺民，豈可以其為道教而忽之也。」「諸人之所以值得表揚者，不僅消極方面有不甘事敵之操，其積極方面復有濟人利物之行，固與明季遺民之逃禪者異曲同工也。」（頁154。）

【38】見同上，頁4。

李學銘　陳援庵先生「通史致用」析論　　17

這是用歷史事實來證明中華民族的堅強，雖有外敵，也能「用夏變夷，遠而必復」。援庵先生把這方面的成果，歸功於先民心力的表現，表面上是談歷史，究其實，他是以史學家的身份，古為今用，強調了抗日必勝的信心。我們如果忽略了他在這方面的用意，未免辜負了他這種「通史致用」的苦心。

《中國佛教史籍概論》，本來是援庵先生講課的舊稿，內容是借了佛教史籍，向學生介紹研究歷史時該怎樣掌握和運用有關材料。據援庵先生在本書《後記》中的自述，「稿成於抗日戰爭時期，時北京淪陷，故其中論斷，多有為而發」【39】，可見這也是一部古為今用的著述。例如介紹《歷代三寶記》的特色時，援庵先生即借「紀年」一事來發揚民族意識：

> 本書之特色在紀年。自司馬溫公著《通鑑》，南北朝以宋、齊、梁、陳紀年，承學之士，以為當然。不知溫公以前，《太平御覽》、《冊府元龜》等，猶以宋、齊、梁、陳為偏霸，為閏位。《元經》號稱法《春秋》，尊中國，猶帝北魏而黜齊、梁，其他可知矣。……《三寶記》獨不然，其紀年乃尊齊、梁而黜北魏。其卷三年表，晉後即繼以宋、齊、梁，陳後即繼以周、隋。……其意以為隋承周，周承梁，實得中國正統。周雖不出於中國，而能奉璽歸隋，則已將取之中國者還之中國。此固非僧人之所知，實當時之一般心理耳。【40】

援庵先生指出《歷代三寶記》以宋、齊、梁、周、隋紀年，因為著者認為這是中國正統。不過周並不出於中國，為甚麼也算中國正統？陳氏認為周能「奉璽歸隋」，「將取之中國還之中國」，所以也在正統之列。

【39】見《中國佛教史籍概論》，1962年11月中華書局，頁161。《後記》中的「北京」，應作「北平」。

【40】見同上，頁7-8。

這樣解釋，民族意識非常明顯。跟着，他又引述《北齊書》卷廿四《杜弼傳》所引高祖(高歡)的話：

> 江東復有一吳兒老翁蕭衍，專事衣冠禮樂，中原士大夫望之以為正朔所在。【41】

根據這段材料，援庵先生進一步加以闡發：

> 此可見北朝士大夫之心理，蓋自晉室渡江後，南北分立者二百六十餘年，中原士夫之留北者，始終以中國為未滅。隋之滅陳，中國之自相兼并耳，隋之滅周，乃為中國人復興中國。故《歷代三寶記》紀年之意義，實較《通鑑》紀年之義更為重大。【42】

援庵先生揭示了北朝士大夫的心理，並加以強調，其實他所說的，正正是抗日時期淪陷區中知識分子的心理！他肯定《歷代三寶記》紀年的意義較《資治通鑑》為大，因為它的著者在當時能力排眾說，尊齊、梁而黜北魏，顯示了中國正朔的所在。援庵先生解釋的是紀年的意義，但他借古喻今，有為而發。他的愛國熱誠與民族意識，在字裏行間發出耀眼的光輝。

《通鑑胡注表微》，無疑是援庵先生最具分量、最出色的作品。本書的內容，主要是分析、闡發《資治通鑑》胡三省注的微意。援庵先生為胡注所表出的，多是含蘊未明言的反元思想，其中發明的大義，往往涉及治國理民的理論。他在本書中，運用了平生擅長的學識，包括史源學、考證學、避諱學、校勘學、目錄學、年代學、宗教史、元史等等，

【41】 見同上，頁8；原文見《北齊書》卷二十四《列傳第十六》，1972年11月中華書局校點本，頁347。援庵先生引文，刪去「蕭衍」後的「者」字。又《通鑑胡注表微‧夷夏篇》中，援庵先生有幾句話，專為高祖(高歡)所說的話而發，可以參考：「至正朔之在江南，乃當時民族意識所公判，非口舌可得而爭，高歡亦知之矣。」(頁322。)

【42】 見《中國佛教史籍概論》卷一，1962年11月中華書局，頁8。

李學銘　陳援庵先生「通史致用」析論　19

他的表現，真能達到「古為今用」、「通史以經世致用」的目的，符合中國史學的傳統精神，完成史學家應盡的責任。【43】

據我們所知，胡注成於至元二十二年乙酉(1285)，這時是臨安淪陷後八年，《通鑑胡注表微》脫稿於民國三十四年乙酉(1945)，也是北平淪陷後八年，前後兩乙酉，相去六百六十年，似乎是偶合，其實正是援庵先生撰作的本意【44】。他在本書的《重印後記》中說得很清楚：

> 我寫《胡注表微》的時候，正當敵人統治着北京；人民在極端黑暗中過活，漢奸更依阿苟容，助紂為虐。同人同學屢次遭受迫害，我自己更是時時受到威脅，精神異常痛苦，閱讀胡注，體會了他當日的心情，慨歎彼此的遭遇，忍不住流淚，甚至痛哭。因此決心對胡三省的生平、處境，以及他為甚麼注《通鑑》和用甚麼方法來表達他自己的意志等，作了全面的研究，用三年時間寫成《通鑑胡注表微》二十篇。【45】

【43】 牟潤孫先生《從〈通鑑胡注表微〉論援庵先師的史學》說：「援庵師在《胡注表微》中真的達到『古為今用』、『通史以經世致用』中國傳統史學的目的，完成史學家應盡的責任，上紹司馬遷、司馬光以迄顧炎武之學。錢大昕深知這番道理，局限於時代不敢為，章學誠雖能知史學之大義在於用，亦不能為。援庵師寫出了《胡注表微》，表現出中國史學的功用，為中國史學家在世界爭回一口氣！」(見《紀念陳垣誕辰百周年史學論文集》，1981年9月北京師範大學出版社，頁36；又見《勵耘書屋問學記》，1982年6月生活·讀書·新知三聯書店，頁72-73。)

【44】 援庵先生《通鑑胡注表微·小引》說：「鑑注成於臨安陷後之八年，為至元二十二年乙酉；《表微》之成，相距六百六十年，亦在乙酉，此則偶合者耳！」(頁1。)他在《小引》中特別強調「偶合」，其實只是掩人耳目，身處淪陷區中，只好如此。到他撰寫《重印後記》時，已是1957年4月15日，再不必有任何顧慮，所以他就把自己的撰作原意說得很清楚了。

【45】 見《通鑑胡注表微》，頁411。《重印後記》中的「北京」，應作「北平」。

可見本書雖然是講史法、談史事，但其中卻蘊藏着胡三省的愛國心意。援庵先生一方面盡力去抉發胡氏的愛國微意，同時又借了胡氏的微意，針對當時的現實情況，古為今用，提供治國理民的意見，發揮民族大義的理論。例如《通鑑胡注表微・感慨篇》引述《資治通鑑》卷七十五「魏邵陵厲公嘉平三年(251)」有關鄧艾的言論：

> 城陽太守鄧艾上言：「單于在內，羌夷失統，合散無主。今單于之尊日疏，而外土之威日重，則胡虜不可不深備也。」又陳：「羌胡與民同處者，宜以漸出之，使居民表，以崇廉恥之教，塞姦宄之路。」司馬師皆從之。【46】

上文所提到的「單于」，指的是留在并州境內的南單于五部；「外土」，指的是塞外左賢王劉豹。胡三省注云：

> 鄧艾所陳，先於徙戎論。司馬師既從之矣，然卒不能杜其亂華之漸。抑所謂「漸出之」者，行之而不究耶？豈天將啟胡羯氐羌，非人之所能為也？【47】

胡氏就鄧艾防範羌胡的言論，提出了「杜漸」的看法，他的立論，着眼在外患方面。援庵先生「古為今用」，借了胡注對內亂、外患的輕重發表了這樣的意見：

> 內亂外患之輕重，蔽於感情者每倒置之。《常棣》之詩曰：「兄弟鬩於牆，外禦其侮。」《杕杜》之詩曰：「豈無他人，不如我同姓。」司馬師、劉裕之簒奪，內亂也；胡羯氐羌之亂華，外患也。味身之此注，內外輕重判然矣。【48】

據《通鑑胡注表微》書前《小引》的記述，本書脫稿於民國三十四年(1945)

【46】見同上，頁163；原文見《資治通鑑》卷七十五《魏紀七》，頁2391-2392。引文中略有刪節。

【47】見同上；原文亦見同上。

【48】見《通鑑胡注表微》，頁163。

七月，是抗戰勝利前一月。但陳氏動筆撰寫本書時，卻開始於三年前。我們不能確知陳氏在表達上述意見時，究竟屬於哪一年、哪一日，但根據歷史事實，我們知道當時的中國戰局，愈接近1945年，就愈為艱苦。在艱苦抗戰期中，全國同胞，都應該同心一德，共禦外侮；這是有中國人一致的心願。為了對外抗戰，國共已暫時捐棄政黨之見，攜手合作，但在合作的過程中，磨擦與矛盾仍然不斷發生，稍一不慎，就會擴大了矛盾，造成分裂，給外敵以可乘之機。援庵先生有見及此，於是借了胡氏的意見，又引述了《詩經・常棣》的詩句，誠懇地表達了自己的心意：他深切期望大家應以防禦外患為重，不要蔽於感情，把內亂、外患的輕重倒置了。由於胡氏的意見全就防禦外患言，因此援庵先生認為，「味身之此注，內外輕重判然矣」，事實上，援庵先生是要大家把內亂、外患的輕重分清楚。他的意見，無疑有時代現實的意義，的確能發揮「古為今用」的作用。

援庵先生又在《通鑑胡注表微・感慨篇》中，引述了《資治通鑑》卷二四〇「唐憲宗元和十二年(817)」的一段文字：

> 初淮西之人，劫於李希烈、吳少誠之威虐，不能自拔。久而老者衰，幼者壯，安於悖逆，不復知有朝廷矣。雖居中土，其風俗獷戾，過於夷貊。【49】

胡三省注云：

> 考之《漢志》，汝南戶口為百郡之最。古人謂汝潁多奇士，至唐而獷戾乃爾，習俗之移人也。嗚呼！吾恐後之視今，亦猶今之視昔。【50】

胡氏由唐代習俗移人的史實，聯想到自己所處現實環境的情況，古

【49】 見同上，頁170；原文見《資治通鑑》卷二四〇《唐紀五十六》，頁7745。引文中略有刪節。

【50】 見同上；原文亦見同上。

今互證，不禁產生「後之視今，亦猶今之視昔」的感慨。援庵先生身處淪陷之區，體會到胡氏當日的心情，於是就作這樣的說明：

> 當地方淪陷之初，人民皆有懷舊之念，久而久之，習與俱化，則有忘其本源者矣。東晉所以不能復西，南宋所以不能復北者此也。【51】

忘其本源，是復國的大障礙，能夠不忘本源，才會有復國的希望。為甚麼南宋不能復北？理由是不少宋人已忘其本源！這是援庵先生從胡注中得出微意。不過，他一方面在談胡注的微意，另一方面卻借了胡注來發切合現實的議論。他期望自己的同胞在艱苦的抗戰時期中，不要安於現狀，「忘其本源」，以免國土淪亡，永遠不能恢復。

又例如《通鑑胡注表微·勸戒篇》引述了《資治通鑑》卷二八七「後漢高祖乾祐元年(948)」的記事：

> 磔重威尸於市，市人爭啖其肉。【52】

胡三省注云：

> 怨杜重威賣國，引虜入汴，而都人被其毒也。【53】

援庵先生就杜重威的遭遇，發表了這樣的言論：

> 爭啖其肉，非果有其事也，史言人之恨之，不比於人類，而以為禽獸耳。千夫所指，不疾而死，引敵人殘害宗國者，可為寒心矣。【54】

史書記述市人爭喫杜重威的肉，援庵先生認為不一定果有其事；這是理推法。但史家這樣記述，卻很能顯示市人對杜重威的痛恨程度。為甚麼

【51】見《通鑑胡注表微·感慨篇》，頁170-171。

【52】見《通鑑胡注表微》，頁196；原文見《資治通鑑》卷二八七《後漢紀二》，頁9384。

【53】見同上；原文亦見同上。

【54】見《通鑑胡注表微·勸戒篇》，頁196。

大家這樣痛恨杜重威？理由很簡單，就因為他賣國，就因為他引敵人殘害自己的國家！援庵先生所論表面是為杜重威的悲慘遭遇而發，內裏卻是嚴厲地斥責淪陷區中的漢奸。在援庵先生心目中，漢奸就像杜重威一樣，是千夫所指的禽獸！在《通鑑胡注表微・臣節篇》中，援庵先生有一段話，很能說明他對漢奸的態度：

> 所謂忠於國者，國存與存，國亡與亡。國亡而不亡，必其無封疆之寄焉可也；國亡不亡，而猶欲保全其祿位，必頑鈍無恥，貪利賣國之徒也。故胡注之論臣節，以能致其身為第一義，抗節不仕者次之，保祿位而背宗國者，在所必擯也，況助敵國以噬宗國者乎。【55】

在古代，忠於君即忠於國，所以胡三省雖在論臣節，其實卻是講愛國。援庵先生就是借了胡氏的愛國言論來抒發自己的愛國感情，並對貪利賣國之徒，表示了深痛惡絕的態度。根據援庵先生的分析，胡氏認為，為國捐軀的人是第一等，不在新朝做官的人是第二等；這兩種人都是愛國者。至於「背宗國者」，必然要受到擯斥，「助敵國以噬宗國者」，就要受到更嚴厲的懲罰！上面的意見，可說是胡氏與援庵先生的共同看法，也正是援庵先生結合時代現實的需要，採取了「通」古之「史」以「致」今之「用」的治史方法。

不過，講求「通史致用」，必須有最嚴格、最精密的考證作為基礎，否則連基本材料都弄不清楚，就急於去講微言大義，所得結論，往往並不可靠。以不可靠的結論來陳古證今，只有歪曲了歷史真相，這是援庵先生所不取的。事實上，「通史致用」的分際，須保存客觀的真相，不能穿鑿附會，一切古為今用的理論，都應該建築在「真」的基礎上。援庵先生在這方面的意見，我們可以從他的一些言論得到證明。

根據《通鑑胡注表微・辯誤篇》的引述，《資治通鑑》卷九十六「晉

【55】 見《通鑑胡注表微》，頁222。

成帝咸康七年(341)」的記載中，有這樣的文字：

> 詔實王公以下至庶人，皆正土斷白籍。【56】

「白籍」一詞，胡三省《資治通鑑釋文辯誤》云：

> 史炤《釋文》曰：白籍，謂白丁之籍耳。(費本同)余按江左之制，諸土著實戶，用黃籍，僑戶土斷，白籍。……不以黃籍籍之而以白籍，謂以白紙為籍，以別於江右舊來土著者也。若以為白丁之籍，則王公豈白丁哉！【57】

援庵先生的按語是：

> 望文生義，為訓詁家大病。東晉之初，政府方獎勵人南渡，如史炤言，是從王師南渡之王公，皆貶同白丁，豈政府優禮勳賢之意。其為害義，何可勝言。【58】

援庵先生認為，望文生義是訓詁大病。表面看來，他的意見只是針對史炤《資治通鑑釋文》的解釋，事實上，他已為我們指出了解釋史文時所應持有的態度。對事實理解不足，隨意望文生義，大發所謂「微言大義」，以求到「古為今用」的目的，那只會歪曲了歷史真相。援庵先生的意見，說明了治史者在「通史致用」時所應維持的分際。

在《辯誤篇》中，援庵先生還針對史炤所犯的錯誤，提出了這樣的意見：

> 因異地同名而誤注，為史炤所常犯。「讀史須考本末」，學者藥石之言也。【59】

【56】 見同上，頁124；原文見《資治通鑑》卷九十六《晉紀十八》，頁3045。

【57】 見同上；原文見《資治通鑑》附錄：《資治通鑑釋文辯誤》卷四，頁59。援庵先生引述時，刪去「余按」兩字。《資治通鑑釋文》三十卷，史炤(生卒年不詳)於南宋紹興間撰成，耗時十年，首創為《資治通鑑》作注之例。

【58】 見同上。

【59】 見同上。

又說：

> 史炤釋《通鑑》，常以《廣韻》、《集韻》諸辭書為據，而不能
> 沿流溯源，究其首尾，所謂無本之學也。【60】

援庵先生對史炤的責備，可謂義正辭嚴。他認為讀史或治史而不考本末，就是無本之學。所謂「無本」，簡單來說，就是缺乏根據。治史而不沿流溯源，追根究柢，就不足以了解史事的真相。真相不明，根本算不得「明古」，要想真正「知今」，哪又從何說起？可見援庵先生對史事的「真」，是非常重視的。

又據援庵先生1945年1月31日《家書》：

> 《胡注表微》，至今始寫定《本朝》及《出處》二篇，成書殊不
> 易。⋯⋯說空話無意思。如果找事實，則必須與身之相近時事
> 實，即宋末及元初事實，是為上等；南宋事實次之；北宋事實又
> 次之；非宋時事實，則無意味矣。因《表微》云者，即身之有感
> 於當時事實，援古證今也。故非熟於宋末元初情形，不能知身之
> 心事，亦不知身之所指為何也。【61】

從《家書》的內容，我們可以看出援庵先生對事實的重視。他清楚地表示，他為《胡注》作表微，是不說空話，尋找事實。他更表示，胡三省身處宋末元初，援古證今，是因為有感於當時的事實，所以只有熟悉宋末元初的情形，才可以了解胡氏的心事，才可以明白胡氏意何所指。至於南宋和北宋的材料，也不是不可用，只是在事實的價值方面，跟宋末元初比較起來，已是「次」而「又次」了。可見要古為今用，一定要掌握最可靠的事實，不能穿鑿附會，作無本的推斷。這樣，才稱得上「明

【60】 見同上，頁125。

【61】 見陳樂素、陳智超編校《陳垣史學論著選》，1981年5月上海人民出版社，頁630；又見陳智超編注《陳垣來往書信集》，1990年6月上海古籍出版社，頁679。

古」，能真正「明古」，然後可以論古知今，達到「致用」的目的。

援庵先生重視事實、尊重證據的態度，我們還可以引述一些實例來說明。例如在《〈廿二史劄記〉——漢王父母妻子條書後》一文中，援庵先生分別引述了《日知錄》和《廿二史劄記》兩種對立的說法：顧炎武據《漢書·高帝紀》所說的「太公、呂后」，認為楚軍中只有劉邦之父太公及妻呂后，並沒有劉邦之母；趙翼(1727-1814)據《史記·高帝紀》的「父母妻子」一語，認為楚軍之中，除劉邦的父妻外，還有劉邦的庶母及庶子【62】。援庵先生遍檢《史記》、《漢書》有關這事的全部記述，發覺其中的真相是：

> 此乃《史》、《漢》用語不同問題，非高祖有無母子在楚軍問題。……《史》亦有稱「太公、呂后」者，則非《漢書》所改也；《漢》亦有稱「父母妻子」者，則此乃家屬通稱，非必各有其人。……《日知錄》據「太公、呂后」句，以為亦無是媼；《劄記》據「父母妻子」句，以為無一字虛設。皆據兩書片面之詞，未統觀兩書全面也。【63】

援庵先生根據《史記》和《漢書》的材料，指出顧炎武和趙翼各執一詞，形成對立的說法，其實兩人都犯了同一毛病，就是根據不全面的材料來下結論。不過，援庵先生只是揭示顧、趙的闕失，自己並沒有輕率地強作解人。因為從材料看來，「父母妻子」和「太公、呂后」兩語，在《史記》、《漢書》中是隨意使用的，不能視為劉邦有沒有母子在楚軍作人質的證據。既然證據不足，寧可存疑，也不可妄下結論，這就是援庵先生所採取的矜慎態度。又例如在《書全謝山與杭堇浦論金史第四帖子後》中，援庵先生對濟南究竟有沒有劉豫墓這個問題，並沒有武斷地表示肯定或否定的意見。原來全祖望在《與堇浦論金史第四帖子》中，駁于欽

【62】 參閱陳智超編《陳垣史源學雜文》，1980年10月人民出版社，頁17-18。

【63】 見同上。

《齊乘》濟南有劉豫墓之說，而施國祁答全氏帖子，持相反意見。援庵先生引述材料，指出對立雙方的論據都不足，但由於缺乏確切的證據，因此他對濟南有沒有豫墓的爭論，也沒有下絕對的結論【64】。從上述兩個例子，我們可以看到援庵先生治史的矜慎，同時他重視事實、尊重證據的求實態度，也就不言而喻了。【65】

「通史致用」，雖以追尋歷史教訓為目的，使能得到「古為今用」的效果。但論據不足，就要闕疑，絕不能勉強附會推測，曲解史實；這是援庵先生所持的分際。胡三省是援庵先生所尊重、敬佩的史學家，但在分際方面，援庵先生仍然維持一貫要求。例如《通鑑胡注表微・書法篇》引述了《資治通鑑》卷二五三「唐僖宗乾符五年(878)」的記事：平盧軍奏節度使宋威薨【66】。胡三省注云：

> 老病而死，固其宜也。史書威死，以為握兵玩寇不能報國之戒。【67】

援庵先生對這一條注文的意見是：

> 書死者多矣，身之推論之如此，所謂「以意逆志」也。趙紹祖《通鑑注商》以為胡注多事，是使讀史者不能自由運用其心思也。【68】

「以意逆志」，本來是「通史致用」的方法之一，援庵先生特別提出，可說是為後學指示門徑。但他跟着引述趙紹祖(1752-1833)的意見，而自己

【64】 參閱同上，頁51-54。

【65】 陳智超《陳垣史源學雜文・前言》說：「陳垣同志一貫主張在學術上也應該以理服人，而不能以勢壓人。……同時，他還強調，在沒有得到確切證據的時候，寧可存疑，也不要輕下結論，特別是不要下絕對的結論。」(見同上，頁7。)

【66】 見《通鑑胡注表微》，頁34；原文見《資治通鑑》卷二四五《唐紀六十九》，頁8208。

【67】 見同上；原文亦見同上。

【68】 見《通鑑胡注表微・書法篇》，頁34。

並沒有再作進一步的按語。按照行文習慣，他這樣做應該是表示認同趙氏的意見。趙氏認為胡注「使讀者不能自由運用其心思」，貶意十分明顯。援庵先生當然不會刻意去貶斥胡氏，但他對胡氏的推論，看來不大同意，所以才會說：「書死者多矣，身之推論之如此」。又《通鑑胡注表微》引述《資治通鑑》卷二六一「昭宗乾寧四年 (西897)」的一件事：

> 右拾遺張道古上疏⋯⋯上怒，貶道古施州司戶。仍下詔罪狀道古，宣示諫官。道古，青州人也。【69】

胡三省注云：

> 張道古見於《通鑑》者惟此事，著其州里，蓋傷之。【70】

援庵先生也針對胡氏的注文說：

> 著州里者眾矣，「傷之」云云，亦身之推論之也。【71】

《資治通鑑》記述張道古是青州人，究竟有沒有深意在其中？大抵誰也不能實指。胡氏卻認為「蓋傷之」，這明顯是一種「以意逆志」的推論。援庵先生說：「亦身之推論之也。」他無疑把這事與「宋威薨」的推論等量齊觀。「以意逆志」，在「通史致用」中是容許的，但不能曲解、穿鑿。胡氏這兩項推論，並沒有歪曲史實以至令人不能接受的程度，但的確限制了讀者「自由運用其心思」，而且不能證明其事之必有，所以援庵先生基於求真的態度，也就委婉地表達了不敢苟同的意思。

不過，求真誠然重要，卻不可過分拘泥。援庵先生在《通鑑胡注表微・邊事篇》中，即有這樣的意見：

> 史貴求真，然有時不必過泥。凡事足以傷民族之感情，失國家之體統者，不載不失為真也。【72】

【69】見同上；原文見《資治通鑑》卷二六一《唐紀七十七》，頁8512。

【70】見同上；原文亦見同上。

【71】見同上。

【72】見《通鑑胡注表微》，頁286。

這是說，有些事情，如果牽涉重大，例如民族感情或國家體統，有時就可以闕而不載。不載，仍「不失為真」，因為並沒有把史實故意曲解、穿鑿。這是援庵先生重視「求真」以外的靈活與通達，也就是所謂「有時不必過泥」。以此例彼，當陳古證今以「致用」時，其中有些事情如果影響到民族感情、國家體統，或與時代的實際需要不符，也可以略過不提，不提只是「闕疑」，可沒有曲解、穿鑿，這在援庵先生的心目中，應該並不違背「史貴求真」的原則。

在《通鑑胡注表微・出處篇》中，援庵先生引述了《資治通鑑》卷五十一「漢順帝永建二年(127)」中的一個例子：

> 張楷謂樊英以不訾之身，怒萬乘之主。【73】

樊英究竟怎樣「怒萬乘之主」？《資治通鑑》並沒有交代。胡三省在注文中，卻詳細引述了順帝與樊英的對話。援庵先生的按語是：

> 溫公既略之矣，身之何為具引之？曰：溫公以其言慢上，故不載；身之則有感於當時之賤士，故先嚴衍而補之，所以振逸民之氣也。溫公、身之，易地則皆然，學者觀二家之棄取，則知史之為用廣矣，考據云乎哉！【74】

司馬光略去順帝與樊英的對話，是因為樊英的話冒犯了君上；胡三省據《後漢書・方術傳上》補上順帝與樊英的對話，則是因為要「振逸民之氣」。時代不同，處境不同，對象不同，史的用處自然不同，因此兩人對史事的棄取，也就截然不同了。不過他們的棄取原則，卻並沒有分別。他們的原則是甚麼？簡單來說，就是為了要切合當時實際的需要。所以援庵先生說：「溫公、身之，易地則皆然。」可見「史之為用」有多方面，並不只限考據，更不是一成不變，而變的重要原則是：要與時

【73】 見同上，頁269；原文見《資治通鑑》卷五十一《漢紀四十二》，頁1648。引文中頗有刪略、改易。

【74】 見《通鑑胡注表微・出處篇》，頁270。

代的實際需要相配合。我們談到援庵先生所主張的「通史致用」，這方面不可不特別注意。

在《通鑑胡注表微・邊事篇》中，援庵先生還有幾句話，特別強調治史該注視時代的實際需要：

> 史家記事，只隨時代所見之需要以為去取。史識遠者，或能預見千百年後之需要而記之，不能巨細畢載也。【75】

史家記事，從常識去理解，我們也知道不能巨細無遺，因此「只隨時代所見之需要以為去取」，是合理的，也是容許的；記事是如此，陳古證今以「致用」時，更何嘗不然！「致用」，一定要有用於當時，如果忽視了「時代所見之需要」，又怎能充分發揮「通史致用」的作用？下面試舉一個陳古證今而配合時代需要的例子。

在《通鑑胡注表微・考證篇》中，援庵先生引述了《通鑑考異》的意見：

> 《考異》不信《五代史》闕文武皇臨薨以三矢付莊宗之說，曰：按薛史《契丹傳》，莊宗初嗣位，亦遣使告哀於契丹。廣本，劉守光為守文所攻，晉王遣將部兵五千救之。然則莊宗未與契丹及守為仇也。此蓋後人因莊宗成功，撰此事以誇其英武耳。【76】

胡三省對莊宗是否與契丹及劉守光為仇，持有不同的看法。他這樣說：

> 余按晉王實怨燕契丹，垂沒以屬莊宗，容有此理。莊宗之告哀於阿保機，與遣兵救劉守光，此兵法所謂「將欲取之，必因與之」也，其心豈忘父之治命哉！觀後來之事可見已。【77】

兩造說法，都有本身理由，援庵先生無意作誰是誰非的判斷，他只是結

【75】見同上，頁296。

【76】見《通鑑胡注表微》，頁115-116；原文見《資治通鑑》卷二六六《後梁紀一》，頁8688。引文中頗有刪略、改易。

【77】見《通鑑胡注表微・考證篇》，頁116。

合司馬光和胡三省兩人的不同時代背景，作這樣的說明：

> 同一事也，身之與溫公觀察不同。溫公以為因有後事乃偽造前事。溫公當平世，故主於息事；身之當亂世，故不主忘仇。【78】

同一事情，司馬光和胡三省的觀察角度不同，所以有不同的結論。為甚麼會有不同的觀察角度？援庵先生認為，這是兩人所處時代背景不同的關係。司馬氏身處太平盛世的時代，所以對事情的看法，主張息事寧人；胡氏身處內憂外患的亂世，所以對事情的看法，主張不要忘記仇恨。同樣是陳古證今，同樣是古為今用，但因時代實際需要的不同，在「陳古」的時候，也就有不同的看法，這完全是受了「今用」的影響。上文援庵先生提到司馬氏、胡氏述樊英「怒萬乘之主」一事的詳略，曾說：「溫公、身之，易地則皆然。」這句話，在這裏也非常適用。

援庵先很重視「史之為用」，所以十分重視「隨時代所見之需要以為去取」，下面引述的一段材料，更能使人領會他在這方面的意見。《通鑑胡注表微‧考證篇》說：

> 《直齋書錄解題》八，姓源韻譜條言：「古者賜姓別之，黃帝之子得姓者十四人是也；後世賜姓合之，漢高帝命婁敬、項伯為劉氏是也。惟其別之也則離析，故古者論姓氏，推其本同；惟其合之也則亂，故後世論姓氏，識其本異。自五胡亂華，百宗蕩析，夷夏之裔與夫冠冕輿臺之子孫，混為一區，不可遽知，此周齊以來譜牒之學所以貴於世也。」直齋之論如此，然今又與直齋之時異矣。昔之言氏族者利言其別，所以嚴夷夏之防；今之言氏族者利言其合，然後見中華之廣。固不必穿鑿附會，各求其所自出也。【79】

【78】見同上。

【79】見同上，頁119。

談到氏族問題，有人着在氏族之別，有人着眼在氏族之合。「別」有「別」的好處，「合」有「合」的優點，主張「別」或「合」，其實都因為受到時代實際需要的影響。援庵先生引述宋人陳振孫(直齋)(？-約1261)之說，目的在指出古今人看法的不同，古人以「別」為利，是為了「嚴夷夏之防」；今人以「合」為利，則是為了要融和各族，擴大中國的版圖；這都與時代背景有關。因此，身為現代人，也就不必穿鑿附會，斤斤計較自己氏族的來源。可見「隨時代所見之需要以為去取」，才可真正切合時代現實的需要。

綜括以上的論述，我們可以知道：援庵先生秉承中國史學的傳統精神，採取「通史致用」的治史方法，來提倡實用的史學和有意義的史學。因此他在著作中，往往陳古證今，提出很多治國理民或其他切合現實需要的意見，供讀史者作為參考。他有許多重要著述，寫於抗日時期的淪陷區中，為了盡史學家的責任，他於是多發揚民族大義，多強調有意義的史學，這正好切合當時現實的需要，但並不表示他不重視治國理民。在抗日時期的著述中，他其實也提供了許多治國理民的實用意見，發揮「通古之史以致今之用」的作用。不過，在重視「通史致用」的同時，援庵先生認為我們必須留意「真」的重要，不能穿鑿附會，因此他也向我們提示一些必須遵守的原則，包括：不望文生義、不可不考本末、不說空話、不妄下結論、不曲解史實、不必過泥。有了「六不」在心，我們在講求「通史致用」時，就沒有那麼容易偏離正軌了。

日本殖民時代臺灣與朝鮮之礦業發展

陳慈玉*

　　臺灣與朝鮮的地下資源，相較於世界其他地區，雖然不甚豐富，但是在日治時期，它是經濟發展的原動力。其中，金礦和煤礦是兩地最主要的礦業，此外，朝鮮的鐵礦業也在日本三菱財閥的開發之下，隨着日本重工業的需求而勃興。二十世紀初期日本大礦業資本家不僅壟斷國內九州、北海道等地的優良龐大礦區，更欲開拓殖民地的礦產，着眼於朝鮮北部和臺灣的金礦和煤鐵礦。兩地的總督府先後頒佈礦業法規，完全排除歐美列強的投資，使日本財閥取得優勢。在臺灣，只有基隆顏家所經營的臺陽公司能成為掌握金、煤兩礦的本土企業。而朝鮮礦產中，朝鮮本地人亦僅佔有10%的地位。再者，兩地所產的金大多輸往日本，有助於日本金融的穩定。朝鮮的無煙煤也幾乎都出口到日本，以為海軍軍艦之燃料，鐵砂則供給日本八幡製鐵所；至於三菱財閥投資的兼二浦製鐵所所製造的生鐵和鋼錠亦出口到日本，有助於日本鋼鐵工業的發展。

　　本文首先說明臺灣金礦和煤礦業的發展，其次論述朝鮮的金、鐵和煤礦業的成長，進一步在結論中比較兩地的礦業特色及其與日本殖民母國之間的關聯性。

一、日本殖民時期的臺灣金礦業

　　根據表1，將日治時期的臺灣金礦業的發展分期如下：

---

*中央研究院近代史研究所。

1. 草創時期：1895M 1903

日本佔領臺灣初期，由於抗日人士仍混雜九份礦區，總督府剿撫無效，乃強制封閉九份礦山，嚴禁採掘。迨明治29年（光緒22年，1896年）9月頒佈實施「臺灣礦業規則」，准許一般礦業之開採。但對於金礦，則唯恐多數人爭奪產金地而發生糾紛，並且顧慮如果一時姑息，將產金區劃分為許多小區時，可能會影響礦脈之完整，難以從事大規模之機械化開採。故以雞籠山為界，規劃西邊九份礦區為礦一號，東邊金瓜石為礦二號，自申請者中選擇最佳人選，核與採礦權，承辦採掘工作。申請者則限於擁有日本國籍者，而當時臺灣人大多國籍未確定（兩年內可自由選擇日本或中國籍），因此悉遭摒棄。10月8日，「藤田合名會社」（社長藤田傳三郎）取得九份礦一號之礦權；同月26日田中長兵衛取得金瓜石礦二號礦權，二人皆為日軍征臺時的「御用商人」，[1] 供應日方軍需，故此可謂臺灣總督府（或許是日本政府）的酬庸他們，也可窺伺到日本商人與軍政當局的微妙關係。

藤田組取得礦權後，於翌年4月開始着手，並經由總督府而得到臺灣銀行的貸款，故能自日本本土招募大量技術人員來臺勘查礦脈，以炸藥開礦，突破清季採金人（如林英芳）的生產瓶頸，能直搗黃金本脈，

---

[1] 臺陽股份有限公司六十週年慶典籌備委員會編輯組編，《臺陽公司六十年誌》（臺北：臺陽公司，民國67年，1978），頁35－36；齋藤讓，《瑞芳及金瓜石礦山視察報文》（臺北：臺灣總督府民政部殖產課，1900），頁39－40，頁48；關於藤田傳三郎，可見司馬嘯青，《櫻花、武士刀－日本政要與臺灣五大家族》（臺北自立晚報，民國77年，1988），頁79－84。又，同氏，《臺灣五大家族》（臺北自立晚報，民國76年，1987）中的「基隆顏家篇」，頁11－80，則描述其崛起、事業規模、傳家哲學和顏家才俊，再者，臺灣礦業會志修志委員會（編纂康羽），《臺灣礦業會志》（臺北：中華民國礦業協進會，民國80年，1991）頁750－753，簡介藤田傳三郎和田中長兵衛。

自山上而山下，開鑿新一號硐（海拔475公尺）、一號硐（445公尺）、二號硐（432公尺）、三號硐（393.6公尺）、四號硐（379公尺）、五號硐（331公尺）和六號硐（336公尺），使九份採礦業展現新面貌。當時技術人員完全採用日本人，臺灣人因不諳鑿孔、炸岩、採脈、支柱等技術，故僅能從事淘洗金砂、硐內外搬運礦砂或雜役工作。在明治32年（光緒25年，西元1899年），員工有日本人54名，臺人200名左右。[2]

據調查，瑞芳九份金山約有189萬多坪（1坪＝3.3平方公尺），和金瓜石（220萬坪左右）、武丹坑（55萬坪左右）的兩金山併稱為臺灣的三大金山，在明治36、7年（光緒29、30年，1903、1904年）之際，三金山全年產量可與日本全國的產金額相匹敵。當時藤田組除了直接從事礦山的開採外，並且開放礦區的溪谷給九份居民去淘洗金砂，向每人每日征收20錢的鑑牌費，而收購其所得之黃金，在19世紀末20世紀初期每日發出之牌數平均450張，[3] 繁榮了當地。

明治32年（光緒25年，1899年），抗日民眾湧進九份礦區小粗坑，每夜槍聲不息，人心不穩，藤田組瑞芳礦山所長代理近江時五郎走訪瑞芳警察署，希望署長永田綱明推薦熟諳日本語而又有能力承包採掘金礦工程的臺灣人，署長乃推薦了該署「巡查補」兼守備隊翻譯的顏雲年。於是顏雲年在永田署長的諒解之下，以留職的身分和當地有力者共組「金裕豐號」，承包小粗坑礦權，開始砂金之採收。同時開設「調進所」，負責調度供應藤田組的物資和勞工，致力於緩和當地居民的人

【2】《臺陽公司六十年誌》，頁36；齋藤讓，《瑞芳及金瓜石礦山視察報文》，頁40－42。

【3】友聲會編纂，《顏雲年翁小傳》（基隆：友聲會，1924），頁26；齋藤讓，《瑞芳及金瓜石礦山視察報文》，頁46－47；林朝棨，〈臺灣之金礦業〉，收入臺灣銀行金融研究室編，《臺灣之金》（臺北：臺灣銀行，民國39年，1950），頁52。

心，扮演橋樑的角色，因而得到日人和臺人的信任。翌年又組織「金盈豐號」來承包大粗坑和大竿林一帶礦區。並為了防止瑞芳產金之流失而成立「金盈利號」（後改名金裕利號）以收購零碎採集的砂金。

2. 成長時期：1904M 1917

此時期顏氏繼續擴展所承包的礦區，在明治39年（光緒32年，1906年），設立「金興利號」，將「金裕豐號」和「金盈豐號」併入其內，進一步自砂金採收事業發展到新礦坑的採掘事業，到明治42年（1909年），他所經營的礦區已達九份金山總面積的90%。[4]

5年後，（大正3年，民國3年，1914年），「藤田組」因瑞芳坑口零散，礦脈不整，管理困難，含金品位低降，以既有的設備已無法收支平衡，乃將全部礦山租借給顏雲年，於是顏氏以七年30萬圓，分期付款的方式，終於在從事金礦業15年之後，取得了管理全權。他除了直營「金興利號」礦區外，將其餘地區分別轉租七家以精心經營，並以「氰化製煉法」冶煉藤田組時代廢棄於坑外的貧乏礦石以得遺利。群策群力的結果，如表1所示，產金量居然於翌年超過了藤田組經營時代的最高記錄的539,126公分（明治37年，光緒30年，1904年），而達650,637公分，大正6年（民國6年，1917年）更高達789,134公分，[5] 締造了九份產金地區最鼎盛時期。

再者，顏氏早於明治36年（光緒29年，1903年），與蘇源泉等人共組雲泉商會，繼續發揮以往「調進所」的供應物資和勞力的功能，業務逐漸進展，而於明治40年和43年進一步供給木村久太郎所經營的武

---

[4] 友聲會編纂，《顏雲年翁小傳》，頁25－29，他於1896年即奉命當瑞芳守備隊的翻譯，見同書頁15－17。

[5] 同上，頁29－31。吉永勘一郎編，《瑞芳礦山概況》（臺北縣瑞芳：臺陽礦業株式會社瑞芳坑場，1933），頁2，頁7－8。

丹坑礦山（明治34年，光緒27年，1901年左右發現），和田中長兵衛
所經營的金瓜石礦山之一切物資和勞工，並同時兼營搬運業，[6]因此
可以說顏家於20世紀初期即掌握了當時臺灣金礦業的勞工和必需物品與
器材，所以才能累積資本在大正3年（民國3年，1914年）承租藤田組
所有金礦。

另一方面，其他兩大金山的產量亦急增，是九份金山產量的3倍
多。但在大正2年（民國2年，1913年），經營權發生變化，亦即金瓜
石礦山合併武丹坑礦山。木村久太郎自從經營武丹坑金礦以來，獲利頗
多。此乃因該處的富礦體規模龐大，每年都有大量產金。但因富礦體綿
延至金瓜石礦山，木村於是越界採金，遭到金瓜石礦山方面嚴厲抗議，
並要求賠償。由於當時木村還同時在基隆田寮港經營煤礦，情況亦佳。
木村在感受到經營金礦之煩及礦業糾紛之苦後，遂在大正2年（民國2
年，1913年）將武丹坑礦山的經營權，轉讓給金瓜石礦山。[7]

3. 停滯時期：1918M 1933

此時期雖然顏家成立包括金、煤兩礦業的臺陽礦業株式會社，但臺
灣金產總量卻呈停滯狀況。

大正7年（民國7年，1918年）3月，雲泉商會改為株式會社（公
司）組織，由其弟國年擔任社長，資本20萬圓；同年10月以30萬圓收
買藤田組在瑞芳的全部礦權，並統一經營「金興利號」、「金裕利號」等
行號和九份子寮的土地、輕便鐵路事業，資本增為150萬圓，改由雲年

---

[6] 友聲會編纂，《顏雲年翁小傳》，頁52－53。

[7] 林朝棨，〈臺灣之金礦業〉，《臺灣之金》，頁34；林興仁主修，盛清沂總纂，
《臺北縣志》，卷21，〈礦業志〉，頁72－73；黃清連，《黑金與黃金：基隆河
上中游地區礦業的發展與聚落的變遷》（板橋：臺北縣立文化中心，民國84年，
1995），頁138。

自任社長。兩年後，瑞芳金山轉移至臺陽礦業株式會社（同年成立，資本500萬圓）的管理網絡之中，[8]於是臺陽株式會社乃成為掌握金、煤兩礦之一大企業，開創臺灣人在殖民地時期經營礦業的新紀元，也是「臺灣五大家族」之一的顏家的一象徵。並與日人後宮信太郎經營的金瓜石礦山株式會社（乃金瓜石和武丹坑二礦山合併後，於大正14年自田中礦山株式會社轉移而來，後為日本礦業株式會社收買，昭和8年，民國22年，1933年改名臺灣礦業株式會社）[9]分霸臺灣金礦界。

4. 蛻變時期：1934M 1945

此時期黃金產量達於顛峰（尤其是昭和13年，民國27年，1938年），這現象與日本政府的相關政策有關。在此之前，雲年於大正12年（民國12年，1923年）去世後，國年繼續乃兄之遺志，全力開發礦區，並引進新技術，建設新型浮游選礦廠和機械選礦廠（昭和元年，民國15年，1926年）；開鑿以鋼鐵為支柱，舖設電動鐵軌以搬運礦石的現代化硐道（昭和8年和11年），並將所產粗金送到日本造幣局製煉，統一品位。昭和12年國年過世，雲年長子欽賢繼任。適逢日本政府頒佈產金法以配合急增之軍備，此為獎勵黃金之基本法令。

在獎勵產金的政策之下，金礦之探勘、採掘、搗碎和冶煉等新工程設備，均可領取鉅額補助金。翌年，隨着戰爭的進展，總督府再訂獎勵產金政策，逐年增加輔助金；並且禁止黃金自由貿易，由臺灣銀行全權負責收購黃金，每公兩補貼52圓（公價142.31圓，故補貼為公價之36.5%）。而瑞芳現代化之機械選礦廠第1、2、3期工程亦分別於

---

[8] 友聲會編纂，《顏雲年翁小傳》，頁53－54；吉永勘一郎編，《瑞芳礦山概況》，頁2。

[9] 島田利吉，〈金瓜石礦山の概況〉、《科學の臺灣》4:6（臺北，1936年12月），頁2；《臺灣之金》，頁30－36，頁39。

昭和12～15年（民國26～29年，1937～1940年）完成，臺陽公司產金量達到顛峰，日本政府於同時期陸續在臺收購黃金高達70公噸，臺灣總督因此得到日皇的頒獎。

再者，昭和14年（民國28年，1939年）12月，日本產金振興株式會社和臺灣拓殖會社各出資一半，成立臺灣產金株式會社，調查基隆河流域和雙溪流域之礦床，預定在七堵附近試錐，並在擢基黎溪採金，亦勘查臺東海岸、臺東縱谷之奇萊和卑南兩河流之砂金。但成績皆不佳，乃於昭和18年（民國32年，1943年）停工。

此時，瑞芳地區的主脈已採掘殆盡，九份的黃金產量開始減少，包工逐漸星散，而且精壯員工亦被殖民地當局徵召服勞役，勞工嚴重缺乏。昭和16年（民國30年，1941年）年底太平洋戰爭以後，國際貿易中斷，黃金已非交易手段，殖民地政府乃於昭和18年（民國32年，1943年）2月指示臺灣電力公司收購瑞芳礦業所的氰化廠、架空索道，交由海軍使用，故該金礦全面停止生產。金瓜石礦山亦被迫停工。19年更根據「臺灣決戰非常措置要綱」，強行徵用現代化選礦設備，[10] 於是瑞芳礦業所浮游選礦場正式閉鑽，五十年前的一大金山在戰備風雲的籠罩下化為廢墟。

二、日本殖民時期的臺灣煤礦業

根據表2，日治時期的臺灣煤礦業可分期如下：

1. 草創時期：1895M 1915 年

此時期是日治初期，臺灣總督府於1896年9月頒佈實施「臺灣礦業規則」，准許一般人民申請開採，獲得許可的只有4個礦區52萬坪（一

---

[10]《臺陽公司六十年誌》，頁38－39；《臺灣之金》，頁38－40，頁42－43。

坪＝3.3058平方公尺）。翌年開始北部煤田之特別調查，1899年發表結果，作為開發煤田之參考。自1897年至1905年，產量雖逐漸增加，但如表2所示，未曾超過年產10萬公噸。[11] 其成長之所以遲緩，與當時礦業經營者的素質、殖民地政府政策和礦業技術有關：[12]

（1）經營者的素質

由於在日本經營煤礦業規模比較大，利用機器生產，需要相當大的資本，所以一般薄資且無經驗者很難打入此業界；而在臺灣仍然沿襲往昔的狸掘法，故欠缺資金和經驗者亦很容易從事此行業，因此在日本事業失敗的人或「山師」（小型礦坑經營者，幾乎無法自銀行取得貸款）紛紛來臺冒險投入，自然無法使煤礦業發展。

（2）「政府」政策

臺灣最優良的煤田是四腳亭（200多萬坪）和金包里一帶（400萬坪），當時都被編為海軍預備煤田，禁止一般民眾採掘，而開放的大多煤質不佳、儲藏量少，故很難使產量增加。

（3）採掘法幼稚

即使有少數優良的煤田被允許開放，但由於採用狸掘法，無法克服自然環境的瓶頸。

（4）小礦區林立

在開於礦權初期，由於礦區數少，故每區平均面積超過10萬坪。但經營礦業者與年俱增，而總面積增加有限，所以在1906年每區平均為

---

[11] 臺灣銀行金融研究室編，《臺灣之煤》（臺北：臺灣銀行，民國39年，1950），頁8。

[12] 藤田喜市編，《臺灣炭礦誌》（臺北：三井物產株式會社臺北煤炭支部，1925），頁17－24。

53,176坪，約僅為10年前的42％而已。由於狹隘的小礦區林立，故即使投資新式設備，也會因礦區狹小、埋藏量少而回收困難，因此有時侵入鄰近礦區開採，以致糾紛不斷，影響了事業的發展。或許由於礦區太小，所以才一直沿襲着狸掘採掘法，而此採掘法又阻滯了大規模機械化經營的可能性，兩者互為因果，遲緩了臺灣煤礦業的成長。

（5）運輸交通的欠缺

臺灣煤礦主要位於北部，而南部的製糖工廠則以煤為燃料，因此有經濟效益的運輸方式是當時一大問題，在1908年全島縱貫鐵路完成之前，南部的需求大多依賴進口煤的供給；此外，運煤的輕便鐵路的敷設或延伸亦影響煤礦業經營的成本。但即使在縱貫鐵路完成之後，南運的煤炭仍因成本昂貴（採煤技術落後），價格反比進口的日本煤和撫順煤高，所以進口煤仍奪取大部分的市場。[13]

這些阻礙煤礦業發展的因素，在1906年以後逐漸消失，首先，日俄戰爭的勝利帶給日本經濟空前的好景氣，於是有力人士遂向當局要求開放海軍所管轄的煤田，[14]結果日人荒井泰治於1907年取得四腳亭一帶約87萬坪的礦業權，翌年開始採掘，但年產量被限制在5萬噸以下，無法發揮採掘能力，直到1915年4月才廢止此限制。[15]

其次，導入新式採煤法亦促進產品的增加和成本的降低。1905年日人秋山義一在基隆田寮港，開始機械採煤，但規模並不大，而荒井泰治的四腳亭煤礦亦使用機械作業，[16]此外，一些資本較雄厚者也加入以

---

[13] 臺灣銀行經濟研究室編，《日據時代臺灣經濟史》第二冊（臺北：臺灣銀行經濟研究室，民國47年，1958），頁180。

[14] 藤田喜市編，《臺灣炭礦誌》，頁25。

[15] 顏惠霖，〈基隆炭礦株式會社創立真相〉，《臺煤》第563期（臺北：中華民國礦業協進會，民國78年，1989年6月），頁29－35。

[16] 藤田喜市編，《臺灣炭礦誌》，頁18，頁26。

機器生產的行列,所以礦區面積如表2所示,在1907年以後逐漸擴大,1912年已為1906年的2倍,每區平均達到11萬5千坪,尤其是在縱貫鐵路完成之後,沿線產業發達,新式糖廠的勃興和製紙、煉瓦等工廠的改用粉炭,增加了煤炭的需求市場,甚至發生供不應求的現象,[17]所以價格高漲,進口煤因此依然能佔有一席之位。

2. 成長時期:1916M 1927 年

刺激臺灣煤礦業成長的外在環境因素是第一次世界大戰,因為在大戰期間,各主要產煤國家(美國、英國、德國)由於勞力不足、運輸交通欠缺、機械減產而降低了生產力,總產量自1913年的13億7千多萬噸減至1916年的11億噸左右。[18]並且由於船舶不足和海難增加,使海上運輸力急速減低;原本供給資本財給世界的歐洲成為戰場,反而極需軍需品和其他工業產品,這種需求的突增和歐洲海運業的後退,導致海運費上昇,於是日本的海運企業獲得巨利,得以擴大事業,對於鋼材和燃料煤炭的需求因此劇增;另一方面,始於海運業的產業連鎖效果,亦波及到日本國內的機械製造業和電氣機械工業,而染料業和工業用藥品業方面,由於進口替代的成功和纖維工業的發展(與出口擴大有關),需求亦增加,化學工業方面的企業乃因此勃興。[19]於是當局和日本財閥除了擴大投資本國煤炭的生產外,並汲汲於自殖民地輸入,以應付戰時興隆的工業之需,結果臺煤開始出口到日本,此現象即使到大戰結束後依然延續着。

更值得注意的是海外其他地區的市場,包括香港、華南和東南亞。其比重遠大於日本,甚至可以說在1916年以前,是臺煤外銷的主要目的

【17】藤田喜市編,《臺灣炭礦誌》,頁29,經常處於10萬噸以上供給不足的狀態。

【18】竹本篁處,《臺灣炭業論》(臺北:南方經濟研究社,1921),頁17。

【19】中村隆英、尾高煌之助編,《二重構造》(東京:岩波書店,1989),頁83－95。

地。戰爭以前，轉口港色彩濃厚的香港是東亞一大煤炭市場，戰爭開始以後，由於輪船運輸的減少，日本煤的出口受限，[20] 所以香港煤炭的進口量大減，1918 年的輸入量甚至只有 1914 年的 47%，其中日本煤和撫順煤的減少最劇，而增多的即為臺灣煤炭。換言之，作為殖民地的產物，臺灣煤多少填補了大日本帝國出口不足之處，使包括臺灣煤在內的「日本煤」，能佔有香港市場 75% 以上的優勢，而中國煤（包括開平、青島、本溪湖、撫順等地）的比例，最高只達 22% 左右。

再者，福建和廣東亦為臺煤的主要市場，其中福州所輸入的煤炭來自日本九州和臺灣，[21] 大戰期間，全賴臺灣之供給，戰爭結束後亦然；而廈門市場上中國煤與外國煤在戰前平分秋色，外國煤中包括日本及其殖民地臺灣的產品，戰後臺灣煤約佔總進口量的 62%。[22] 同時，臺灣煤也替代了日本煤在廣東的地位，供給小輪船和絲廠的燃料。[23]

另一新開拓的市場是東南亞，原本流入此地區的日本煤和開平煤炭因日本國內需要增加、中國境內戰亂、輪船運輸力減退而不再源源不斷，故臺灣煤填補了此空間。[24] 所以臺煤的輸出量從 1917 年開始飛躍地成長，而擔負運輸任務的輪船自然增多，或在臺灣購買燃料，或在香

【20】 竹本篁處，《臺灣炭業論》，頁 71 。

【21】〈臺灣炭と福州〉，《臺灣日日新報》，2871 號（1907 年 11 月 27 日），頁 2；〈煤炭幫之交涉〉，《臺灣日日新報》，6906 號（1919 年 9 月 6 日），頁 6 。

【22】 竹本篁處，《臺灣炭業論》，頁 67；〈廈門と臺灣煤炭〉，《臺灣日日新報》，2903 、 2904 號（1908 年 1 月 7 日、1 月 8 日），頁 2 。

【23】 竹本篁處，《臺灣炭業論》，頁 67 − 70；〈島炭輸移出激增〉，《臺灣日日新報》，8599 號（1924 年 4 月 25 日），頁 5；〈貯炭輸出隆盛〉，《臺灣日日新報》，9318 號（1926 年 4 月 14 日），頁 4 。

【24】 總督府殖產局商工課，《熱帶產業調查書》第 49 卷，《臺灣礦業》（臺北：臺灣總督府殖產局商工課，1935），頁 169 − 170 。

港補給，結果都增加了臺煤的需求量。

據1920年代初期的調查，華南（包括香港、廣東、福建）和東南亞的煤炭產量共約200萬噸，需求量卻高達450萬噸，[25] 所以臺煤在這廣大的印度洋領域中可以找到伸展的天地，而且日本煤礦雖豐富、亦能夠在供給內需之餘出口到海外，卻極難再擴大輸出量，於是擁有地利之便的臺煤乃在「當局」和日本商社的合作之下，完成它作為殖民地商品的使命。

相對應於海外市場的開拓，臺灣煤礦業界呈現欣欣向榮的景象，不但原有的公司擴充設備，實行大規模的開採計劃，而且出現不少新加入者，1917年即許可81個新礦區（2千7百萬坪）的採掘，翌年更增加113區（3千萬坪）的開鑿，採煤地點則從臺北、基隆、桃園擴展到新竹和澎湖島。此時日本財閥扮演重要的角色，以往由於臺煤比日本煤品質粗惡，故日本人誤認為會有自然發火之虞，而不堪長距離輸送，甚至不能充當長途航海的輪船燃料，以致投資風險過大。1917年以後，由於日本煤的增產有限，乃轉而投資臺灣，或與臺灣人合作，或成立純粹日資的公司。值得注意的是相異於往昔的獨資，這些大多為股份有限公司的組織，[26] 其中，執往後業界牛耳的「基隆炭礦株式會社」和「臺北炭礦株式會社」皆在1918年成立，是基隆顏家分別與三井財閥和藤田組共同投資的。兩年後，藤田組退出臺北炭礦株式會社，該公司改名為臺陽礦業株式會社。[27]

第一次世界大戰終止後，前述影響日本經濟成長的「國際」因素消失，日本國內工業一時凋零，導致臺煤供給過剩而煤價暴落，有不少煤礦因此停業。幸虧當時礦坑不深，擁有機器設備的煤礦，生產成本比較

---

[25] 〈南支南洋之煤炭〉，《臺灣日日新報》7643號，（1921年9月12日），頁3。

[26] 藤田喜市編，《臺灣炭礦誌》，頁42－53。

[27] 友聲會編纂，《顏雲年翁小傳》，頁57－58。

低廉，故大多尚可維持經營。而此不景氣也給與業者思考改革的機會，他們淘汰礦工、降低工資，以縮減經費，並且改善品質，強化設備，有助於臺灣煤礦業在質方面的提昇。【28】產量仍每年有少許增加，但也因彼此自由競爭、產銷不能調節，以致出現生產過剩的現象，存煤量不少。1921年下半年達到第一次顛峰，而總銷售量則早於前一年即增加到188萬公噸左右，這是由於華南發生抗英運動，排斥英資的開平煤，臺煤遂能擴充廣東、香港市場的緣故。【29】換言之，在經濟和國際情勢變化之影響下，外銷和船舶燃料的供需問題成為臺灣煤礦業變動之一大因素。

3. 停滯時期：1928M 1935 年

此時期影響煤礦業停滯的要因仍為國際經濟和政治情勢。首先，1928年的濟南慘案引起了中國的日貨排斥運動。臺煤對於福州、廈門、汕頭方面的輸出陷入絕望的深淵，也波及到廣東，而且印度煤趁機流入香港市場，【30】結果臺煤外銷量激減，只有前一年的65％，鼎盛期（1926年）的48.4％，導致該年存煤量將近20萬噸，創下歷年的最高記錄，因此約有三分之二的礦坑不得不停業。【31】翌年世界經濟開始大恐慌，使全世界的煤業不景氣，影響到日本和臺灣的相關產業，所以臺煤外銷更減。1931年「九一八事變」後，日本操縱東北之政治經濟，質優的撫順煤大量輸往日本，甚至廉價傾銷臺灣（因為就日本帝國而言，撫順煤和臺灣煤皆為殖民地的產物），因此不但臺煤的出口銳減，內銷亦成問題，煤產量降低，停業或廢業之煤坑頻頻發生，臺灣煤礦業面臨空前之危機。

【28】藤田喜市編，《臺灣炭礦誌》，頁61－69。

【29】《熱帶產業調查書》第49卷，頁171。又，該年外銷廣東，香港者達75萬公噸。

【30】《熱帶產業調查書》第49卷，頁172。

【31】〈本島煤炭界稀有の不振〉，《臺灣時報》（臺北），1929年8月，頁10－11。

此時，居業界中樞地位的臺陽公司負責人顏國年乃率領業者代表，逕赴日本本土請願，經其折衝口舌，侃談利害，運用他和政界、財閥的關係，終於使日本政府認識到在中國反日風潮日熾的情況下，撫順煤能否長期輸日亦可虞，故決定限制撫順煤輸日，並准臺煤優先流入，[32]所以輸往日本的臺煤從1933年開始增加，甚至超過成長期的數量（34和35年除外）。

相形之下，國內消費量並未受影響，主要原因如下：[33]（1）因甘蔗增產而使製糖廠對燃料煤的需求增加；（2）火力發電用煤之增加；（3）一般產業仍持續發展，故對煤炭的需求不減；（4）民眾生活程度提高和薪材的減少，因此家用煤增加。並且，大資本的公司以工作面的集中、坑內工作的機械化、採煤之科學化和運輸工作之改良等方式來降低成本、增加產量和提高品質，[34]奠定了日後能大量增產的基礎。所以就總產量而言，1933-35年仍維持在150-160萬公噸之譜。

4. 蛻變時期：1936M 1945 年

此時期亦可謂為統制煤業的時期，煤業的統制先由民間有力人士如顏國年領導，繼而殖民地政府正式介入。1933年即已成立的「臺灣炭業組合」的主要目的是為了調節生產和維持煤價，以強化臺灣煤業整體的競爭力，並謀劃礦業之改良，增進及謀求同業之共同利益，類似同業公會的性質。而政府的力量逐漸深入，隨着1936年日本本國煤炭的統制，進一步強化臺灣煤炭的統制，制定「臺灣炭業組合」的各基本規則，使其成為名符其實的強化統制的公會，[35]產銷均在「政府」統制之中。

另一方面，1936年以後，配合着日本重工業的殷盛、海運日盛和臺

---

[32]《臺陽公司六十年誌》，頁49。

[33]《熱帶產業調查書》第49卷，頁174－175。

[34] 長濱實編，《顏國年君小傳》（基隆：尚友會，1939），頁22－24。

灣境內的工業化，對燃料煤之需求大增，刺激生產，1937年的產量高達195萬公噸，銷售量則超過200萬公噸，凌駕成長期的高峰。「七七事變」後，日本政府頒佈「重要礦產增產令」，臺灣亦響應而訂立煤的增產計劃。到1939年，軍需重工業的發展和侵略戰爭的進行，使臺煤產量大增，供給日本本土，東南亞和輪船軍艦的數量亦顯著增加。並且在1941年成立「臺灣煤炭株式會社」（44年改組為「臺灣煤炭統制株式會社」），發揮持續增產、維持適當煤價和「合理」配給的功能，【36】所以1938-1943年的產量和總銷售量都在200萬公噸以上，1944年亦有190公噸左右，但該年以後，由於資材、勞工的缺乏，故生產減少，外銷方面則因運輸船舶不足而陷於停頓，再加上美軍的轟炸，礦山和工廠都遭破壞，煤的生產和消費急劇低減，【37】臺灣煤礦業的發展乃暫告一段落，有待戰後的重建。

三、日本殖民時期的朝鮮金礦業

朝鮮富於各種礦物的蘊藏，礦業的起源相當久遠，但是對於其古代的礦業制度，卻沒有可資徵引的文獻，因此無法得知其詳情。然而在李朝末期，施政百般廢弛，民智不開，資力匱乏，百工萎靡衰沉，除了少數與外資經營有關者外，並無可觀者。到了明治38年（1905年）日韓協約訂定以後，朝鮮政府於明治39年（1906年）發佈了礦業法及砂礦採取法，是為朝鮮礦業制度的一大變革。而明治43年（1910年）日本宣佈合

【35】《臺陽公司六十年誌》，頁50；臺灣礦業史編纂委員會，《臺灣礦業史》下冊（臺北：臺灣省礦業研究會，民國58年，1969），頁839長濱實編，《顏國年君小傳》，頁18－19。

【36】《臺灣之煤》，頁9。

【37】《臺灣之煤》，頁9；《臺陽公司六十年誌》，頁52。

併韓國,到大正5年（1916年）廢除舊法,實施朝鮮礦業令,有關礦業
的制度於焉完備。

此時,適逢歐戰勃發,朝鮮礦業一度呈現空前的活躍,然而由於戰
後對於礦物的需求減退,以及當時一般經濟界的變質,其進展面臨了一
大挫折,一時陷入了相當的苦境。但是我們不能否定朝鮮礦業發展的基
礎,隨着歲月的積累愈加堅實。

再者,從表3可以看出朝鮮礦產值在1910M1930年間成長了4倍,
而1930M1940年間則劇增10倍以上,其主因是金產值的飛躍增長。根
據表3,可以得知金礦產值在第一次世界大戰結束以前,高佔礦產總值
的85％左右。戰後隨着煤鐵礦業的發展,金礦產值比重下降。以下敘述
日治時期朝鮮金礦業的狀況。【38】

1. 沿　革

朝鮮金礦業的由來遠自三韓時期,而到新羅時代後大為發展。然而
新羅滅亡,高麗王朝亦消逝於歷史舞台,進入李朝時代後,金礦逐漸呈
現了衰徵的徵候。迄於李朝晚年,由於其消極政策的結果,金礦業遂至
無足可觀,以至於只剩下些微的砂金採取業。中日甲午戰爭後,韓國政
府雖然開始着眼於礦山的開發,然而當時又適值內政外交極其多事,因
此無法着手於礦業;加上由於朝鮮境內礦源豐富的礦山,悉屬宮廷內府
所有,因此外國人乘此機會,在各所屬國政府的後援之下,競相企圖獲
得礦業權,遂使雲山礦山、遂安礦山、昌城法國人礦山,以及稷山礦山
等著名礦山悉歸外人所有。隨着明治43年（1910年）日韓合併,日本礦
業家着眼於朝鮮金山逐漸增加,帶來了金礦業發展的契機,如表3和表
5所示,於大正5年（1916年）出現最高盛況,然而其後礦業為戰時景

【38】以下主要參考朝鮮總督府殖產局,《朝鮮の礦業》（京城:朝鮮總督府殖產局,
1929）,頁1－12。

氣所騰昂的物價、工資影響而逐漸衰退，迄於大正12年（1923年），呈現不斷減產的狀況，各界對其遂抱以悲觀的看法。可以說是處於衰落期。到1920年代後半，隨着一般業界漸漸歸復平常的步調，礦業乃再度轉趨興盛。進入1930年代，則又開始飛躍成長，1940年的產值超過1億700萬元，而為1910年的35倍。

2. 分佈的狀況

金礦主要存在於前寒武利亞界、古世界、中世界與花崗岩中的含金石英礦脈中，有時也產於接觸礦床中，一如遂安礦山所見。朝鮮到處有含金石英礦脈的蘊存，特別以在寒武利亞界片麻岩類及花崗岩中為胚胎者（含藏在上述岩層的礦脈）為主。多數的礦脈伴隨着一至數種黃鐵礦、方鉛礦、黃銅礦、閃亞鉛礦、毒砂或磁鐵礦等礦化礦物，此外有時還會含有長石、雲母、螢石、方解石、石墨、電氣石、赤鐵礦、菱鐵礦、輝水鉛礦、滿俺鐵礦或重石等礦物。而且，朝鮮的金礦屢屢有自然金的伴隨，又時常在金礦中含銀。至於構成脈石的石英性質與形狀，則有各種不同的變化，有無色透明者，白色者，灰色以至呈暗灰色者。良好的金礦一般富含黃鐵礦，又有些在缺少硫化礦物的部分有肉眼可見的自然金的存在。而含金石英礦脈的幅員，會因其所在地點而有相當大的差異，延伸極大的可達二里（八公里）以上，幅員亦有不少寬達三十尺（九公尺）的。然而一般來說，大脈時常有較多的含金量貧瘠處，而含金石英礦脈為朝鮮的普通金礦。現將其主要金礦蘊藏地列舉如下：

京畿道　：楊平郡、驪州郡、安城郡、開城郡、龍仁郡

忠清北道：清州郡、沃川郡、永同郡、陰城郡、忠州郡

忠清南道：燕岐郡、扶餘郡、保寧郡、青陽郡、洪城郡、瑞山郡、牙山郡、天安郡、禮山郡

全羅北道：全州郡、茂朱郡、金堤郡

全羅南道：光陽郡、順天郡

慶尚北道：高靈郡、漆谷郡、金泉郡、尚州郡

慶尚南道：統營郡、昌原郡

黃海道　：延白郡、瓮津郡、長淵郡、松禾郡

平安南道：陽德郡、成川郡、平原郡

平安北道：義州郡、龜城郡、泰川郡、雲山郡、熙川郡、定州郡、
　　　　　宣州郡、朔州郡、昌城郡、江界郡

江原道　：淮陽郡、通川郡、洪川郡、旌善郡

咸鏡南道：永興郡、安邊郡、新興郡

咸鏡北道：富寧郡、會寧郡

構成接觸礦床的金礦床為數不多，遂安礦山為其巨擘，是在古世代大石灰岩層中石灰岩與花崗岩的接觸部為生成的不規則形礦床。而其主要的礦脈則在笏洞與楠亭。其礦石以黃銅礦及斑銅礦構成，脈石則含有透輝石、硅灰鐵礦與方解石等。楠亭的礦石含有方鉛礦、閃亞鉛礦、硫錫礦、柘榴石、石墨等，含金品位為十萬分之一。

3. 礦區的變遷

官方所許可的礦區數從明治43年（1910年）的246處逐年增加，5年後的大正3年（1914年）增為500處，並於翌年達到1000處的最盛況。然而此後漸次減少，至於大正12年減為519處，但是大正13年又再度轉增，昭和3年（1928年）成為624處。

實際上進行開採的礦區在明治43年（1910年）時只有42處，其後逐漸增加，大正3年（1914年）成為177處，到大正5年（1916年）則多達249處的最盛況。但是爾後因為物價、工資的騰昂，導致金礦經營困難，相繼不斷地出現休礦廢山的現象。在大正8年（1919年）有礦區121處，翌年激減，呈現僅剩52處礦區的狀況。此後伴隨着一般經濟界的低靡，物價和工資漸趨低廉，又受大正13年（1924年）末政府金價政策變更的刺激，礦業逐漸顯示了好轉的構運。昭和2年（1927年）計有

131 個礦區，並且顯示此後還會繼續增加的趨勢。

其次，就日本人和朝鮮人所擁有的礦區狀況而言，在日本殖民前後，外國人所屬礦區的大部都是可開採的礦區，其開工率在日鮮外人中佔有首位，朝鮮人次之，日本人則最低。然而日本人在朝鮮從事礦業者逐年增加，其開採率亦漸增；另一方面外國人由於在舊礦業法實施時獲得了多數的礦區，並有許多從事於探礦者，因此其開採率本來較高。然而大正 5 年（1916 年）4 月以降禁止外國人享有礦業權的結果，外國人的開採率逐漸減少，以至其後日本人與朝鮮人的礦山開採率幾乎可相匹敵，只有外國人的開工率仍然稍高。到 1930 年代，如表 4 所示，金礦的生產逐漸集中在以日本礦業株式會社為主的日本資本。

4. 砂金礦業

（1）沿　革

由於採取方法容易，因此砂金礦業成為金礦業的先驅，自太古時代即行存在。然而其採取法卻至今仍然極為幼稚。大正 6 年（1917 年）末在稷山啟用國內唯一的砂金浚渫機，致使有大規模的採金，為朝鮮砂金礦業界建立一里程碑。然而到昭和 2 年（1927 年）5 月稷山礦山卻因結束預定作業而廢止事業。

（2）分佈的狀況

砂金在朝鮮所有道中到處都有生產，但大抵而言，有北朝鮮較多而南朝鮮較少的傾向。其中跨於京畿道安城郡、忠清南道天安郡的稷山砂金地，以及平安南道平原郡順安砂金地，和咸鏡南道端川郡、長津郡的砂金地等，是砂金地帶中最有希望的產地。

（3）礦區的變遷與現狀

砂金礦區在日韓合併後逐漸增加，明治 43 年（1910 年）時有 176 處

的礦區，到大正3年（1914年）已計245處，而其最盛期是大正6年（1917年），多達367處。然而大正8年（1919年）以後，由於受工資的上漲，礦區逐漸減少，昭和3年（1928年）只有99處。

實際開採的礦區在明治43年（1910年）時有79處，此後逐漸減少，大正3年（1914年）成為43處，在大正5年（1916年）達於103處，但是大正7年（1918年）以降卻顯著減少，至於昭和2年（1927年）僅剩9個礦區。

茲將金和砂金產量列為表3。從表3中可以看出隨着前述礦區的增減，金產量亦有起伏。亦即在1910-1916年為成長期，而於1916年達於第一次高峰。此後逐步下坡，1917-1922年是衰落期，1923年以後漸增，直到有資料的1935年為止，可以說是穩定成長期。至於砂金的產量則較無變化，但自1930年代初期以來有明顯增加的現象。

四、日本殖民時期的朝鮮鐵礦業

1. 沿　革【39】

朝鮮鐵礦業的起源不甚明瞭，然而從其古代的佛像、巨鐘與鐵器等傳世品觀之，可以察知其歷史亦頗長久。若徵之史料，則前三韓時代有辰韓及馬韓曾向日本輸出鐵；而後三韓時代，則有百濟曾向日本獻鐵。其鐵礦業稍隆的時期在新羅時代，當時設置了稱為鐵鑄典的官營製鐵所，以經營製鐵事業。到了李朝時代，鐵礦業與其他產業一樣呈現衰頹，以致只限於供給地方性農具與日用鐵器的原料而已。但是自從明治38年（1905年）所謂日韓協約成立之後，日韓的經濟關係愈形密切，日本遂向朝鮮要求供給日本製鐵業所需的原料。到1910年代後半，又因三

【39】朝鮮總督府殖產局，《朝鮮の礦業》，頁17。

陳慈玉　日本殖民時代臺灣與朝鮮之礦業發展　　53

菱兼二浦製鐵所的設立，【40】朝鮮鐵礦於是煥然一新。

2. 分佈的狀態【41】

鐵礦有磁鐵礦、赤鐵礦、褐鐵礦與菱鐵礦四種。磁鐵礦中有鈦（Titanium）含量稍多者；而赤鐵礦有呈堅實的塊狀者，以及呈脆弱的雲母鐵礦者；褐鐵礦則有呈乳房狀、葡萄狀或纖維狀組織等結晶質者，以及鬆粗的非結晶質者。這些鐵礦中，現在用造製鐵的是磁鐵礦、赤鐵礦及褐鐵礦，大多為氧化鐵。含鈦磁鐵礦則曾經供八幡製鐵所進行試鎔。至於鐵礦床分佈的狀況，大體上南朝鮮地區礦脈甚多，江原道還有接觸磁鐵礦礦床。而平安南道、黃海道地方則有交錯及層狀褐鐵礦和赤鐵礦，咸鏡南北兩道則多有交錯磁鐵礦床。

鐵礦的主要產地，在西朝鮮有黃海道載寧、殷栗、黃州、安岳各郡，以及平安南道价川，江西各郡；東海岸則有咸鏡南道利原郡等。

3. 礦區的變遷

政府許可的鐵礦區在明治43年（1910年）不過57處，其後逐漸增加，大正5年（1916年）有149處，大正7年（1918年）則達到392處的最盛況。但其後卻趨減少，昭和3年（1928年）僅有168處。

至於開採中的礦區，到大正5年（1916年）為止，僅有10餘個礦區，但是大正6年（1917年）以降隨着鐵價的上漲，數量突然增加，到大正

【40】兼二浦製鐵所於1914年開始建設事宜，嗣後因第一次世界大戰而延遲自歐美輸入機械等設備，所以直到1918年6月才完成，其經營權由1917年設立的三菱製鐵株式會社所掌握。見河合和男、尹明憲，《植民地期の朝鮮工業》（東京：未來社，1991），頁74；長島修，〈日本帝國主義下朝鮮における鐵鋼業と鐵礦資源（下）〉，《日本史研究》184（1977年12月），頁30。

【41】朝鮮總督府殖產局，《朝鮮の礦業》，頁17－18。

7年（1918年）有51處，翌年增為60處。然而伴隨着第一次世界大戰後鐵價的暴落，多有休山廢礦的礦山，到大正9年（1920年）驟減為23處。並且每況愈下，昭和2年（1927年）時僅存28個礦區而已。其中最引入注目的就是三菱財閥經營的兼二浦製鐵所。

4. 三菱兼二浦製鐵所

如前所述，兼二浦製鐵所的設備於大正7年（1918年）完成，當時預計從事鐵鋼一貫生產作業，所以也建設了製鋼、軋鋼和壓延工場，可以說是當時朝鮮唯一擁有現代化設備的製鐵所。此所並在翌年4月開始平爐的作業，於同年6月產出了大型厚鐵板的製成品。該所的製生鐵設備為擁有一年號稱有5萬噸製鐵能力的製鐵爐2座；製鋼設備則有一次可裝50噸的平爐3座，年生產量約12萬噸。鋼材設備則有造塊工場、分解工場、大型工場、厚板工場等。骸炭設備是擁有12萬噸的年生產量，然而鋼材由於受到戰後海運界的低靡與縮減軍備等影響而需求量減退，遂於大正11年（1922年）中止了製鋼作業，專門製造生鐵。茲將鐵礦和生鐵產量列為表6。

從表6中可以看出鐵礦的產量在1930年代以前呈現出增加和減少的循環現象，亦即有如礦區的變遷一般，1910-1920年是成長期，而於1920年達到第一次顛峰；經過1921和1922年的短暫衰微後，1923年又開始發展，在1929年達到第二次顛峰；1930年代初期產量驟減，1933年復蘇後，產量直線上升，1944年約為1910年的238倍。相形之下，生鐵的產量卻是穩定增長的，而於1934年創下21萬多噸的記錄，是萌芽時（1918年）的5倍，1944年更高達56萬多噸，是1918年的132倍左右。

至於這些鐵礦和生鐵的消費市場，主要是在日本，由於朝鮮製鐵業的相對落後，所以如表7所示，直到1919年為止，有80%以上的朝鮮鐵礦石輸往日本，供給官營的八幡製鐵所。1918年兼二浦製鐵所開始營運以後，有一部分的鐵礦轉而供應該製鐵所，因此輸往日本的比重逐漸下

降。

再者，兼二浦所生產的生鐵，則幾乎全部流入日本，成為日本鋼鐵工業的重要資材。這主要是由於南朝鮮的金屬工業尚未萌芽，在其本地無法消費生鐵的緣故。即使兼二浦製鐵所建設之初，是採取鐵鋼一貫生產的作業計劃。但事實上由於日本需要殖民地的生鐵，所以兼二浦僅集中製造生鐵。到1930年代後期以後，由於日本積極在朝鮮發展工業，對於生鐵的需求增加，故輸出到日本的比重減少（1932-33年例外）。換言之，在採掘－製生鐵－製鋼的鐵鋼生產過程中，朝鮮和日本之間存在着垂直分工的關係，朝鮮的製鐵業因此被編入日本鋼鐵業生產結構之一環，朝鮮於是成為日本母國重工業的原料供給地。

五、日本殖民時期的朝鮮煤礦業

1. 沿　革【42】

朝鮮的煤礦業雖然無法知其起源，卻可確定遠較其他礦物的採掘為晚。至李朝末葉為止，煤礦業只不過為產地附近的村人採掘而已。然而到明治36年（1903年）前後，無煙煤逐漸為世人所知。而開始有歐美人涉入採煤事業；又為中國人輸出到山東方面，或用做製造陶器的燃料等功能，但狀況不振，主要在日韓合併後才有其開發。至於煙煤，在明治29年（1896年）時俄羅斯人在咸鏡北道慶源和鍾城二郡取得採煤許可，然而卻未經着手就行終止，到合併後靠着內地人方才逐漸開發而及於今日。

2. 分佈的狀況

藏於朝鮮的煤炭有兩種，發熱量皆大。有做為家庭煉炭與海運用燃

【42】朝鮮總督府殖產局，《朝鮮の礦業》，頁26－28。

料而著名的無煙煤,以及其品質雖不優良,但一部分可做為工場用炭和鐵道用煤,而大部分做為暖氣用的煙煤。這些煤炭的地理分佈,則有煙炭主要藏存於北鮮,無煙煤主要藏存於西鮮地區,而至今尚未發現任何煤炭的只有全羅北道而已。然而這兩種煤炭的蘊藏量,無煙煤除了平壤煤田以外尚未進行充分的探礦作業,其蘊藏量號稱大約不下於五億噸;而煙煤的藏量亦甚大。

3. 礦區的變遷

煤炭礦區在明治43年(1910年)不過42處,到大正3年(1914年)增為69處,其後逐漸增加,至於大正11年成為523處,然而逐漸稍微減少,昭和3年(1928年)減為463處。

有開工的礦區數在明治43年(1910年)不過6區,然而至大正3年(1914年)增為16區,大正7年(1918年)成為27區。雖然之後一度減少,但至大正11年(1922年)又成為32區,此後逐年增加,至於昭和2年(1927年)增為57區,而其大部分是靠着日本人的挖掘。

4. 產 量

如表8所示,煤礦業從日韓合併前後起逐漸有順遂的發展,在草創時期(1910-1913年)的產量已具上升之勢;大正3年(1914年)歐戰勃發後各種工業的興起與海運的隆盛,導致各界對煤炭的需求,其價格乃因此上漲,促進了煤田的開發,以至於產量激增,可以說從此進入了成長期。這種趨勢從表3和表8能夠很明顯的觀察。具體而言,明治43年(1910年)不過7萬餘噸39萬左右圓的煤產量,到大正3年(1914年)成為18萬多噸81萬餘圓,之後數年間維持20萬噸內外的產量,但到了大正9年(1920年)驟升為約29萬噸392萬圓左右,更於昭和3年(1928年)增為約81萬多噸577萬圓。進入1930年代以後,工業化的進展和日本軍艦對無煙煤需求的增加,都促使朝鮮煤產量呈現未曾有的高數據。

1935年的產量是1910年的255倍弱,而1940年的產值則為1910年的1161倍強。

再者,至於朝鮮煤炭的銷路方面,煙煤幾乎全供朝鮮內部的所需,而無煙煤則將其產量的大部分輸送至德山燃料廠。到大正13年(1924年)末平壤無煙煤的鮮外輸出解禁,日本的需求頓時增加;1925年除了海軍用煤以外,有約11萬噸的無煙煤輸出到日本。而煙煤雖然很少,但亦運送到日本的京濱阪神及北陸方面。此外,又因為煙煤是主要供給家庭燃料,而隨着人口的增加,使得其在朝鮮內的需求增加,因此每年的需求量遂不斷增加。

六、結論

日本自明治維新以來,一直進口海軍用英國無煙煤和撫順、開平煤,[43]從臺灣和朝鮮等殖民地所輸入的煤炭並不多,因此輕易地將這些殖民地定位為「母國糧食和原料的供給源、成品的輸出市場」並不太正確。或許此定位符合日本的「資源不足、市場狹隘」論,亦與英國的殖民地貿易模式相一致;然而臺灣和朝鮮雖然是主要的糧食供給源,卻不是重要的原料供給源(只佔礦產約7-9%)。[44]並且,雖然兩地區吸收了40%的日本重工業產品,但在第二次世界大戰之前,化學品、金屬

---

[43] 竹本篁處,《臺灣炭業論》,頁47。數量不定,但19世紀末20世紀後是上升趨勢,自1885年的1萬公噸增至1895年的7萬公噸,1905年的30萬公噸和1918年的77萬公噸。

[44] 山澤逸平,《日本の經濟發展と國際分業》(東京:東洋經濟新報社,1988),頁18。單就煤炭而言,1930年代約9.5%來自臺灣和朝鮮,22.5%來自「滿洲國」,但是70%的進口煤炭來自「滿洲」。見中村隆英、尾高煌之助編,《二重構造》,頁240-248。

和機械類的國內生產中，輸出的比重只佔11-12％左右，【45】而殖民地的購買力又有限，故此種輸出所能產生的貿易效果亦有限。

就煤礦業而言，日本不僅掌握了殖民地臺灣的煤業，它在中國大陸的煤業投資額亦於1926年佔中國煤礦總投資額的56.7％，1936年為55.8％，戰爭期間，1942年的日資煤產量則高佔全國總產量的88.3％。【46】而東北的撫順和煙台兩大煤礦更是由南滿鐵道株式會社所經營，兩者的產煤量在1930年佔東北總產量的68％。【47】至於中日合資的本溪湖煤鐵公司則是大倉財閥於20世紀初期投資的，1939年該財閥佔有全資本的40％。【48】所產煤炭專供該礦廠製鐵之用，所製造的生鐵的大部分則流入日本本土；而兼二浦的生鐵幾乎都流入日本。易言之，隨着日本本土重化學工業化的進展和鋼鐵最終產品的增加，殖民地成為原料和中間產品的基地。這也意味着日本意圖對英美自立化（不再仰賴其資源的供給）的同時，殖民地經濟發展的成功與否是一大關鍵。

在此大原則下，日本資本於1920年代末期開始流入朝鮮的工業部門，首先從事電力開發，然後以「廉價電力、廉價土地和廉價勞動力」為號召，誘導日本民間資本投資電氣化學工業、精鍊礦業、紡織業、水泥業、製麻業等，提供鐵砂、生鐵和化學製品給母國。1937年爆發的中

【45】山澤逸平，《日本の經濟發展と國際分業》，頁24。重工業品的輸出、生產比率超過輸入依存度是在第二次大戰之後。

【46】嚴中平，《中國近代經濟史統計資料選輯》（北京：1955），頁126，頁132－133。七七事變後，華北淪陷區的煤礦大多交日本興中公司經營，後來華北開發公司接管。

【47】杜恂誠，《日本在舊中國的投資》（上海：上海社會科學院，1986），頁161－163。

【48】杜恂誠，《日本在舊中國的投資》，頁170，此外，偽滿政府佔20％，滿洲重工業會社佔40％。

日戰爭使朝鮮成為日本「大陸政策」的前進基地，1938年的「時局對策調查會」則計劃擴大鋼鐵、鋁和人造石油等的生產。呼應此號召，日本財閥資本積極投入相關領域，包括三菱系統對無煙煤和片倉系統、東洋紡織系統對普通煤礦的投資。【49】但其主要目的是供給當地製鐵工業和鐵路，俾使朝鮮工業燃料能自給自足，否則必須仰賴撫順煤、開平煤、日本煤和臺灣煤的供給。【50】

　　總之，就日本煤業帝國【51】而言，初期對臺灣煤業的期望是以能自給自足為原則。後來臺煤生產過剩，必須依賴出口以擴大市場，而之所以生產過剩乃是因為當時臺灣工業化尚未全面展開，對燃料煤的需求不擴大的緣故。亦即日本在臺灣僅致力於農業（稻米）和農產品加工業（蔗糖）的發展，甚至到1930年代仍然將經濟開發的重點置於米糖增產計劃，所以煤炭除了供給糖廠和鐵路、船舶外，只得開拓海外市場。而在出口權為三井、三菱等財閥所壟斷的情況下，自然配合日本本國的煤礦發展（例如，三井的三池、山野、北海道炭礦、三菱的高島等大型礦廠的成長），和中國東北煤礦以及庫頁島煤礦的生產；於是臺煤除臺灣和日本的「內銷」市場外，以華南和東南亞為主要的外銷市場。此煤業帝國的結構在第二次世界大戰期間亦未改變，例如1940年，日本帝國煤炭總產量9,384萬公噸中，本土僅產5,731公噸（佔61.07％），「滿洲國」

【49】山本有造，《日本殖民地經濟史研究》（名古屋：名古屋大學出版會，1992），頁143，173－175。

【50】竹本篁處，《臺灣炭業論》，頁62；在1920年代初期，朝鮮的煤消費量一年約75－80萬噸，但只生產三分之一，故必須依賴進口，隨着工業化的進展，煤消費量益增，而開源卻有限。

【51】日本煤業帝國是筆者自創的名詞，意味着日本為了取得當時最重要的能源，不惜一切力量控制東亞的煤礦，而煤炭種類頗多，品質不一，所以日本才會有分配的藍圖。

則供給2,113萬公噸（佔22.52％），殖民地的南庫頁島和朝鮮各生產644萬公噸和612萬公噸，臺灣卻只有284萬公噸（佔3.03％）。【52】所以由於自然環境的限制，工業化程度明顯地比朝鮮和中國東北落後的臺灣，除了能提供黃金給殖民母國外，其煤炭則成為日本軍事南進和經濟入侵東南亞的助力。而朝鮮的黃金和無煙煤是日本財政和軍事的必需品；至於朝鮮的製鐵業則成為日本帝國鋼鐵工業生產結構中的重要原料供給環，卻無法在其本地進一步發展成為獨立的鋼鐵一貫製造工業。

【52】山本有造，《日本植民地經濟史研究》，頁124－125。

陳慈玉　日本殖民時代臺灣與朝鮮之礦業發展

表1　歷年臺灣黃金產量表（1898－1945）

單位：公克

年　代	九　份	金瓜石、武丹坑	合　計
1898	9,184	41,329	50,513
1899	38,777	122,288	161,065
1900	40,500	346,579	387,079
1901	42,236	582,836	625,072
1902	85,762	861,293	947,055
1903	150,693	809,756	960,449
1904	539,126	1,209,771	1,748,897
1905	506,208	974,651	1,480,859
1906	363,053	997,180	1,360,233
1907	330,813	866,370	1,197,183
1908	280,061	1,329,592	1,609,653
1909	250,447	1,329,138	1,579,585
1910	347,846	1,242,134	1,589,980
1911	337,064	1,298,535	1,635,599
1912	355,419	1,209,576	1,564,995
1913	230,550	865,213	1,095,763
1914	352,446	1,574,828	1,927,274
1915	650,637	994,428	1,645,065
1916	693,773	745,023	1,438,796
1917	789,135	754,042	1,543,177
1918	273,493	514,481	787,974
1919	237,493	332,112	569,605
1920	199,295	354,871	554,166
1921	381,547	494,715	876,262
1922	252,437	423,116	675,553
1923	91,817	378,210	470,027
1924	59,429	206,396	265,825
1925	40,021	199,057	239,078
1926	68,620	228,060	296,680
1927	248,959	200,290	449,249
1928	129,912	143,132	273,044

1929	248,075	209,400	457,475
1930	248,361	233,681	482,042
1931	315,517	226,533	542,050
1932	578,660	208,845	787,505
1933	580,720	1,564,000	2,144,720
1934	1,012,197	1,757,000	2,769,197
1935	1,131,902	2,030,000	3,161,902
1936	1,240,937	2,485,000	3,725,937
1937	1,359,302	2,561,000	3,920,302
1938	1,700,313	2,604,000	4,304,313
1939	1,294,862	2,479,000	3,773,862
1940	872,383	2,262,000	3,134,383
1941	991,048	2,506,000	3,497,048
1942	795,018	1,905,000	2,700,018
1943	609,957	855,000	1,464,957
1944	181,330	547,000	728,330
1945	7,269	7,000	14,269

資料來源：

1. 吉永勘一郎編，《瑞芳礦山概況》（臺北縣瑞芳：臺陽礦業株式會社瑞芳坑場，1933），頁7－9。

2. 臺灣銀行金融研究室編，《臺灣之金》（臺北：臺灣銀行，民國39年，1950），頁49－51；頁53－54。

3. 臺灣礦業史編纂委員會編，《臺灣礦業史》（臺北：臺灣省礦業研究會、臺灣區煤礦業同業公會，民國58年，1969），下冊，頁1091－92，〈臺陽礦業瑞芳金礦歷年金產量統計表〉；頁1100，〈臺灣金屬公司金瓜石「日礦」經營時期生產礦砂暨產品統計表〉；頁1101－02，〈臺灣金屬公司光復以來歷年產品統計表〉。

4. 臺灣礦業史編纂委員會編，《臺灣礦業史（續一）》（臺北：臺灣省礦業研究會、臺灣區煤礦業同業公會，民國72年，1983），頁432，〈臺陽公司瑞芳礦業所歷年金銀產量及員工人數統計表〉；頁446，〈臺金公司歷年金銀銅生產量統計表〉。

5. 黃清連，《黑金與黃金》（板橋：臺北縣立文化中心，民國84年，1995），頁139－140。

陳慈玉　日本殖民時代臺灣與朝鮮之礦業發展　　　63

表 2　臺灣煤炭產量表（1897－1945）

單位：公噸

指數：1916＝100

年　代	總　產　量	指　　數
1897	19,274	4
1898	42,262	8
1899	29,818	6
1900	41,944	8
1901	63,319	12
1902	96,585	19
1903	80,553	16
1904	82,020	16
1905	94,216	18
1906	102,384	20
1907	134,186	26
1908	153,099	30
1909	181,956	35
1910	229,802	44
1911	252,898	49
1912	276,246	53
1913	319,371	62
1914	342,787	66
1915	379,368	73
1916	517,581	100
1917	673,008	130
1918	801,520	155
1919	1,086,007	210
1920	1,139,358	220
1921	1,029,410	199
1922	1,347,449	260

31

頁　34－71

1923	1,444,921	279
1924	150,6451	291
1925	170,4581	329
1926	179,4511	347
1927	1,857,257	359
1928	1,583,598	306
1929	1,530,025	296
1930	1,598,728	309
1931	1,421,544	275
1932	1,354,995	262
1933	1,533,103	296
1934	1,520,926	294
1935	1,596,672	308
1936	1734,777	335
1937	1,953,346	377
1938	2,198,542	425
1939	2,618,877	506
1940	2,814,414	544
1941	2,853,832	551
1942	2,356,313	455
1943	2,237,725	432
1944	1,913,937	370
1945	794,558	154

資料來源：

1. 楊選堂，《臺灣之燃料資源》（臺北：臺灣銀行，民國40年，1951），頁25－27。

2. 臺灣礦業史編纂委員會，《臺灣礦業史（續一）》（臺北：中華民國礦業協進會、臺灣區煤礦業同業公會，民國72年，1983），頁6，頁113。

表3　朝鮮礦種別產值表

	金			鐵		煤		其他		合計
	值	%	生產指數	值	%	值	%	值	%	
1910	5,083	83.8	49.1	4.21	6.9	389	6.4	175	2.9	6,068
1912	5,814	85.3	56.2	202	3.0	558	8.2	241	3.5	6,815
1914	7,264	85.2	70.2	293	3.4	811	9.5	154	1.8	8,522
1916	11,759	83.5	113.7	386	2.7	819	5.8	1,114	7.9	14,078
1918	8,678	28.1	83.9	16,296	52.8	1,316	4.3	4,548	14.7	30,838
1920	6,371	26.3	61.7	12,457	51.5	3,917	16.2	1,460	6.0	24,205
1922	5,348	36.9	50.9	6,208	42.8	2,531	17.5	416	2.9	14,504
1924	7,657	39.9	74.0	7,708	40.2	2,961	15.4	850	4.4	19,176
1926	9,130	37.8	79.7	8,079	33.5	4,993	20.7	1,929	8.0	24,130
1928	7,567	28.6	74.8	10,696	40.5	5,769	21.8	2,403	9.1	26,435
1930	8,381	34.0	80.7	8,731	35.4	5,328	21.6	2,214	9.0	24,654
1932	21,769	64.5	135.3	4,863	14.4	5,970	17.7	1,145	3.4	33,747
1934	42,518	61.5	176.3	12,781	18.5	9,941	14.4	3,934	5.7	69,173
1936	71,557	64.8	271.3	15,829	14.3	13,301	12.0	9,742	8.8	110,430
1938	117,177	58.0	394.7	23,345	11.6	25,468	12.6	6,023	17.8	202,013
1940	107,124	35.6	358.7	64,821	21.5	62,797	20.9	66,288	22.0	301,030

資料來源：朴基炷，《朝鮮에서의 金鑛業發展 이 朝鮮人鑛業家》(漢城：漢城大學經濟學部博士論文，1998年2月)，頁135。

表4 朝鮮20大金礦山所有者產值

單位：千圓

礦山	1932 所有者	產值	1935 所有者	礦山	產值	1938 所有者	礦山	產值	1941 所有者	礦山	產值
雲山	東洋合同	2,964	東洋合同	雲山	4,305	東洋合同	雲山	7,691	日本礦業	成興	8,922
大楡洞	大楡洞礦山	2,625	大楡洞礦山	大楡洞	4,110	日本礦業	大楡洞	6,695	日本礦業	雲山	7,350
橋洞	方應謨	1,293	三菱礦業	金堤	1,907	金井礦山	金井	3,945	日本礦業	大楡洞	7,160
光陽	朝鮮礦業礦業	819	日本礦業	成興	1,686	日本礦業	津	3,909	日本礦業	津	6,268
成興	日本礦業	818	金井礦山	金井	1,544	日本礦業	成興	3,745	日本礦業	遂安	3,562
遂安	遂安礦山	742	日本礦業	津	1,340	三菱礦業	金堤	3,200	金井礦山	金井	2,660
義州	義州礦山	605	遂安礦山	遂安	943	朝鮮礦業礦業	光陽	2,879	三菱礦業	金堤	2,427
新延	朴龍雲	512	朝鮮礦業礦業	新興	841	日本礦業	發銀	2,287	住友本社	高原	2,093
三成	三成礦業	483	朝鮮礦業礦業	慈城	806	三成礦業	新延	2,085	中外礦業	九峰	2,017
笏洞	笏洞礦業	444	三成礦業	光陽	795	順安砂金	順安	1,927	三成礦業	新延	1,954
金井	金瓜石礦山	439	三成礦業	新延	781	義州礦山	義州	1,632	義州礦山	義州	1,795
金堤	三菱礦業	438	成歡礦業	稷山	726	日本礦業	樂山	1,581	日本礦業	發銀	1,691
洪川	小林幹三	390	橋洞金山	橋洞	711	寶光礦業	笏洞	1,505	朝鮮礦業礦業	光陽	1,432
有信	玄角仲藏	306	內外礦業	尚州	708	日本礦業	遂安	1,239	朝鮮製鍊	無極	1,404
中央	朝鮮中央	287	笏洞礦業	笏洞	690	三菱礦業	三光	1,120	順安砂金	順安	1,320
仁興	西山吉兵衛	287	月川蘇七郎	月川	659	朝鮮礦業礦業	慈城	1,114	日本礦業	德陰	1,304
青岩	三成礦業	260	朝鮮礦業礦業	吉祥	651	大同礦業	長津	1,105	三成礦業	三成	1,097
安邊里	驪州礦山	251	三成礦業	長津	548	朝鮮製鍊	無極	1,093	朝鮮礦業礦業	慈城	1,081
笠成	李友永	189	三菱礦業	三成	508	朝鮮中央	中央	1,061	三菱礦業	三光	1,071
吉祥	朝鮮礦業礦業	182	小林礦業	洪川	503	日本礦業	德陰	1,046	日本礦業	樂山	1,024

資料來源：朴基炷，《朝鮮에서의 金鑛業 發展과 朝鮮人鑛業家》（漢城：漢城大學經濟學部博士論文，1998年2月），頁141。

陳慈玉　日本殖民時代臺灣與朝鮮之礦業發展　　67

表5　朝鮮金產量表（1910－1935）

單位：公克

指數1910＝100

年　代	金		砂　金	
	產　量	指　數	產　量	指　數
1910	2,981,250	100	765,000	100
1911	3,596,250	121	547,500	72
1912	3,697,500	124	626,250	82
1913	4,500,000	151	873,750	114
1914	4,807,500	161	532,500	70
1915	5,422,500	182	690,000	90
1916	6,112,500	205	825,000	108
1917	5,107,500	171	367,500	48
1918	4,188,750	141	491,250	64
1919	2,835,000	95	408,750	53
1920	2,827,500	95	465,000	61
1921	2,396,250	80	266,250	35
1922	2,257,500	76	315,000	41
1923	3,607,500	121	315,000	41
1924	388,500	130	285,000	37
1925	4,436,250	149	251,250	33
1926	6,851,250	230	3037,50	40
1927	5,340,000	179	300,000	39
1928	5,060,430	170	114,806	15
1929	5,531,993	186	20,726	3
1930	5,876,378	197	310,073	41
1931	8,546,168	287	484,915	63
1932	8,584,826	288	1,115,902	146
1933	10,203,408	342	1,304,757	171
1934	10,710,541	359	1,717,061	224
1935	12,400,951	416	2,309,372	302

資料來源：

1. 朝鮮總督府殖產局，《朝鮮の礦業》（京城：朝鮮總督府，1929），頁9。

2. 朝鮮總督府殖產局礦山課，《朝鮮礦業の趨勢》（京城：朝鮮礦業會，1936），
   頁30。

35

表6 朝鮮鐵礦和生鐵產量表（1910－1944）

單位：噸
指數：鐵礦1910＝100
生鐵1918＝100

年　代	鐵　　礦		生　　鐵	
	產　量	指　數	產　量	指　數
1910	140,365	100	－	－
1911	101,374	72	－	－
1912	122,503	87	－	－
1913	142,049	101	－	－
1914	182,034	130	－	－
1915	209,937	150	－	－
1916	245,418	175	－	－
1917	152,933	109	－	－
1918	430,787	307	42,698	100
1919	416,581	297	78,384	184
1920	447,249	319	84,118	197
1921	232,692	166	83,010	194
1922	185,584	132	83,179	195
1923	306,255	218	99,933	234
1924	323,636	231	99,795	234
1925	376,207	268	99,160	232
1926	387,717	276	115,036	269
1927	422,560	301	129,022	302
1928	559,331	398	146,159	342
1929	559,218	398	153,627	360
1930	581,960	415	150,524	353
1931	415,676	296	147,257	345
1932	376,371	268	161,940	379
1933	522,533	372	161,163	377

1934	570,464	406	210,807	494
1935	598,104	426	211,441	495
1936	629,000	448	209,000	489
1938	899,000	640	295,000	691
1940	1,258,000	896	246,000	576
1942	2,264,000	1613	319,000	747
1944	3,345,000	2383	564,000	1321

資料來源：

1. 朝鮮總督府殖產局，《朝鮮の鐵礦業》（京城：朝鮮總督府，1929），附表頁1－2。

2. 朝鮮總督府殖產局礦山課，《朝鮮礦業の趨勢》（京城：朝鮮礦業會，1936），頁31－32。

3. 長島修，〈日本帝國主義下朝鮮における鐵鋼業と鐵礦資源（上）〉《日本史研究》183，（1977年11月），頁4表1。

4. 堀和生，《朝鮮工業化の史的分析》（東京：有斐閣，1995），頁57，表2－1。

表7 朝鮮鐵礦和生鐵輸出到日本數量表（1910－1944）

單位：噸

年代	鐵礦產量(A)	輸日鐵礦量(B)	B/A%	生鐵產量(C)	輸日生鐵量(D)	D/C%
1910	140,365	—	—	—	—	—
1911	101,374	—	—	—	—	—
1912	122,503	123,405	100.74%	—	—	—
1913	142,049	142,420	100.26%	—	—	—
1914	182,034	162,044	89.02%	—	—	—
1915	209,937	201,978	96.21%	—	—	—
1916	245,418	190,225	77.51%	—	—	—
1917	152,933	120,907	79.06%	—	—	—
1918	430,787	236,611	54.93%	42,698	—	—
1919	416,581	333,521	80.06%	78,384	62,387	79.59%
1920	447,249	332,533	74.35%	84,118	40,743	48.44%
1921	232,692	190,541	81.89%	83,010	48,055	57.89%
1922	185,584	89,827	48.40%	83,179	80,001	96.18%
1923	306,255	95,390	31.15%	99,933	81,916	81.97%
1924	323,636	136,727	42.25%	99,795	73,513	73.66%
1925	376,207	107,368	28.54%	99,160	83,857	84.57%
1926	387,717	98,992	25.53%	115,036	104,717	91.03%
1927	422,560	168,764	39.94%	129,022	102,668	79.57%
1928	559,331	225,389	40.30%	146,159	139,832	95.67%
1929	559,218	314,134	56.17%	153,627	137,598	89.57%
1930	581,960	287,729	49.44%	150,524	109,432	72.70%
1931	415,676	176,585	42.48%	147,257	95,127	64.60%
1932	376,371	151,604	40.28%	161,940	205,9551	27.18%
1933	522,553	255,320	48.86%	161,163	160,429	99.54%
1934	570,464	180,551	31.65%	210,807	164,185	77.88%
1935	598,104	242,197	40.49%	211,441	130,627	61.78%

1936	629,000	243,000	38.63%	209,000	123,000	58.85%
1938	899,000	367,000	40.82%	295,000	215,000	72.88%
1940	1,258,000	439,000	34.90%	246,000	164,000	66.67%
1942	2,264,000	605,000	26.72%	319,000	137,000	42.95%
1944	3,345,000	590,000	17.64%	564,000	245,000	43.44%

資料來源：

1. 表4。

2. 長島修，〈日本帝國主義下朝鮮における鐵鋼業と鐵礦資源（上）〉《日本史研究》183，（1977年11月），頁4表1。此表錯誤之處已訂正。

3. 堀和生，《朝鮮工業化の史的分析》（東京：有斐閣，1995），頁57，表2－1。

表8　朝鮮煤炭產量表（1910－1935）

單位：噸

指數：1910＝100

年	煙　煤	無煙煤	合　計	指　數
1910	3,195	75,285	78,453	100
1911	4,407	116,897	121,304	155
1912	10,639	117,231	127,870	163
1913	8,704	119,285	127,989	163
1914	28,636	154,626	183,262	234
1915	24,523	204,598	229,121	292
1916	28,954	161,806	190,760	243
1917	41,137	154,003	195,140	249
1918	45,632	141,991	187,623	239
1919	57,670	161,884	219,554	280
1920	88,485	202,708	291,193	371
1921	105,804	204,786	310,590	396
1922	138,482	178,848	317,330	404
1923	197,485	182,894	380,379	485
1924	184,207	215,209	399,416	509
1925	262,992	359,312	622,304	793
1926	331,395	351,501	682,896	870
1927	317,255	392,323	709,578	904
1928	350,863	464,954	815,817	1,040
1929	399,657	538,245	937,902	1,195
1930	405,661	478,477	884,138	1,127
1931	417,578	518,704	936,282	1,193
1932	452,032	652,162	1,104,194	1,407
1933	565,517	741,217	1,306,734	1,666
1934	706,277	982,370	1,688,647	2,152
1935	919,823	1,079,330	1,999,153	2,548

資料來源：

1. 朝鮮總督府殖產局，《朝鮮の碳礦業》（京城：朝鮮總督府，1929），頁48－49。

2. 朝鮮總督府殖產局礦山課，《朝鮮礦業の趨勢》（京城：朝鮮礦業會，1936），
   頁33。

重探所謂「胡適博士學位問題」四種類型的論證

葉其忠*

一、前言

二、「胡適博士學位問題」的公案和四種類型的論證

      1、「胡適博士學位問題」的公案

      2、唐德剛的「第二柱」「大修通過」論

      3、夏志清、富路得、胡頌平、沈有乾、白吉庵、石原皋等的「純手續」論

      4、耿雲志、沈衛成的「不通過」論

      5、胡明的「小修通過」論

三、綜合討論代結論

一、前言

如果杜威遺札尚存，哥大紀錄猶在。【，】「胡適學位問題」的官司也就不必再打了。[1]

對正確的問題有個近似的答案，勝過對錯的問題有精確的答

---

*中央研究院近代史研究所。

[1] 唐德剛譯註，《胡適口述自傳》（台北：傳記文學出版社，1981），頁102。本文所使用的斜體字皆是作者為了強調某些極相關用字、辭彙和論點或節省篇幅而有的。按唐德剛沒有注意到或提到「杜威將全部文件書稿捐贈給南伊利諾大學哲學系」。

1

案。」【2】

　　「胡適博士學位問題」是「胡適研究」【3】裏一個仍然具有爭議性的基本議題。自1919年2月胡適根據他1917年哥大哲學系博士論文英文版，加以擴大而正式出版的《中國哲學史大綱》（卷上）【4】以來，即有謠言說他當年的博士論文口試「*沒有通過*」；中經唐德剛1977年在《傳記文學》正式為文指出胡適的博士學位口試結果當是唐氏所謂的「第二柱」（即「大修通過」）而引爆所謂「胡適博士學位問題」，造成熱烈討論之風後，迄今八十多年仍餘波蕩漾。爭議的類型，總括起來，共有五種：（1）胡適「沒有資格」考博士論文口試（唐德剛提倡）；（2）胡

【2】薩爾斯伯格原著（David Salsburg），葉偉文譯，《統計，改變了世界》(*The Lady Tasting Tea: How Statistics Revolutionized Science in the Twentieth Century,* Owl Books Edition, 2001)，（台北：天下文化，2004年第一版15次印行），頁249。原文見頁231："He [John Tukey] is noted for his one-line aphorisms that sum up important experiences. One of these, emerging from his practical work, is 'It is better to have an approximate answer to the right question than an exact answer to the wrong one.'"

【3】周策縱在〈論「胡適研究」與「研究胡適」——一點別識〉，《傳記文學》，卷65期1（總386）（1994年7月），頁76，別出心裁指出，「胡適研究」的意思當然就是「研究胡適」，但他所說的「*胡適研究*」不但是指胡適先生本人做研究，更是指廣義的「胡適哲學」或「胡適思想」，因為「胡適思想」或「胡適哲學」，就它的特別性質說來，也許可說就是「*胡適研究*」，就是他（胡適）對一些大大小小的問題做研究。

【4】胡適1917年英文版博士論文原題名是"A Study of the Development of logical Method in Ancient China"，原中譯為「中國古代哲學方法之進化史」，出中文版時定名為《中國哲學史大綱》（卷上）。此書奠定他在中國學術史上的地位。胡適在1922年隻字不改出版此1917年英文版博士論文時，已改其原英文題名為比較自信的"The Development of the Logical Method in Ancient China"同時也將其第一次出版時的中譯題名改為同樣自信的《先秦名學史》。

適的博士論文學位口試「沒有通過」（即唐氏所謂「第三柱」）（梅光迪（據說）、耿雲志、沈衛威提倡）；（3）胡適的博士論文口試是「大修通過」（即唐氏所謂「第二柱」）（唐德剛提倡）；（4）胡適的博士論文口試是「小修通過」（即唐氏所謂「第一柱」）（胡明提倡）；（5）胡適的博士論文口試沒有「不通過」的問題，只有缺繳一百本論文樣本的「手續問題」（富路得、夏志清、胡頌平、沈有乾、白吉庵、石原皋等提倡）。以上五種類型中的第一類型根本沒有根據，可以略而不談。【5】

【5】唐德剛，《胡適雜憶》（台北：傳記文學出版社，1970人，頁41-2：「其實『胡適學』裏的這個小小學位問題是不難理解的。胡氏在哥大研究院一共只讀了兩年（一九一五──一九一七）。兩年時間連博士學位研讀過程中的『規定住校年限』（required residence）都嫌不足，更談不到通過一層層的考試了。美國所謂『長春藤盟校』領袖學府內，正統的『哲學博士』學位是相當難讀的。以創出哥大成績空前紀錄的顧維鈞先生，在哥大研究院也讀了四年（實修五年）。顧氏的論文也只完成個『導論』。那時因辛亥革命的關係，校方鼓勵他『返國服務』才特別通融畢業的，這是哥大校史中一個有名的『例外』。其他華裔名校友如馬寅初、蔣夢麟、蔣廷黻、馮友蘭、羅隆基、金岳霖等差不多也都是住校四年以上的。所以胡適以兩年時間讀完是不可能的。胡先生之所以放棄學位而急於回國的原因，實是個熊掌與魚的選擇問題。」引文中「連博士學位研讀過程中的『規定住校年限』（required residence）都嫌不足」，可以非常輕易地加以推翻，因為唐氏的第二個看法（「大修通過」）所蘊涵的有資格應試即足以摧毀之，遑論胡適本人以及其他人的證據。前者如：「【1938年5月20日】晚上去訪 Paul Schuman[保羅‧舒曼]和他夫人 Carman Reuten[卡門‧魯縢]，Carman【卡門】習歌曲，現已有名。」「一九一七年，我寫我的博士論文，她替我抄打全部稿子。Paul[保羅]是 Cornell[康奈爾]同學，在校時能寫詩，曾得一九一五年的獎金（詩）。」（均見曹伯言整理，《胡適日記全編（七）：1938-1949》，（合肥：安徽教育出版社，2001），頁105）；後者如（1）沈有乾曾自我介紹他只花不到四年（1922起）遊學四大名校（即士（史）丹佛大學、加州大學【卜格利】、哈佛大學和哥倫比亞大學），

本文大致是因如上幾個論斷間有不同程度的不一致或矛盾，需要在論證上加以澄清或解釋而來的。詳細說來，本文是因為如下更小的實際問題或事實之需要解釋而起：（1）胡適說他在1917年「考過」博士學位，是甚麼意思？是否等於他在唐德剛譯註的《胡適口述自傳》裏所說的"I got my degree"？（2）「據說」胡適在1919年出版的博士論文《中國哲學史大綱》（卷上）中文版署名「胡適博士」著，是否真有其事？[6]

即於一九二六年夏天獲得士大心理學博士。（沈有乾，〈懷念六位美國業師〉，《傳記文學》，卷49期1（總290）（1986年7月），頁109、113。）；（2）五十年代末在《祖國週刊》挑起「大膽的假設，小心的求證」論爭的何浩若，也只花四年（1922-1926）即分別得斯（史）丹佛大學經濟學學士、威斯康辛大學經濟學碩士和博士；（3）夏志清則只花了不到三年即得耶魯大學文學博士。這些人得博士所花的時間皆比胡適的兩校七年少三年！

[6] 《胡適雜憶》，頁42有如下「演義式的」看法：「當年的北京大學——這個擠滿了全國宏儒碩彥的太學，豈可隨便插足？以一個乳臭未乾的小伙子，標新立異，傲視士林，胡適之多少有點膽怯。『夜行吹口哨』，壯膽嚇鬼，所以在《中國哲學史大綱》的封面上，也印上個『博士著』字樣。在博士多如狗的今日，誰要這麼一下，別人會嗤之以鼻的，但是六十年前卻是另外一個時代啊！胡博士的新娘花轎太大，迎親之夕，要拆門而入，在那時是順理成章的。中國土舉人，祠堂門前尚且要加一對旗桿，況高中洋進士乎？」「那時的中國士大夫被洋人嚇昏了頭，對自己的文明完全失去了信心。一個留學七載，行萬里路、讀萬卷書，重洋歸來的洋翰林是大可以嚇人的。他們是那個文化真空時代裏浪頭上的風雲人物，所以胡氏在他底處女作上加個『博士著』來嚇鬼是完全可以理解的。」沈松橋根據耿雲志、唐德剛的看法，也有類似的看法，見其〈一代宗師的塑造——胡適與民初的文化、社會〉，收在周策縱等著，《胡適與近代中國》（台北：時報文化，1991），頁133-4。

其實，胡適到底曾否冒用『博士著』字樣是有爭議的。沈衛威的解釋是蔡元培建議『商務』加上的。（見《學思與學潮：胡適傳》（台北：縣新店：立緒文化，

葉其忠　重探所謂「胡適博士學位問題」四種類型的論證　77

（3）胡適在1922年10月出版隻字未改原1917年英文版博士論文的封面上只稱"Hu Shih (Suh Hu), Professor of Philosophy at the National University of Peking"[7]（4）胡適在1927年正式獲得哥大博士學位。為甚麼遲了十年？

　　本文可說是就以上這些或大或小議題的進一步整理。但仍然發現相關證據與推論或論證並不能完滿解釋所有該解釋的問題。但若論據或根據不足，則事實的真相還是真不容易弄明白。在真相不完全明白前，存疑還是上策。在這點上，若專家互不相讓，我覺得羅素的建議最可取。他說：

　　　　我所主張的懷疑論可總括為下面三點：（一）當專家們同意時，
　　　　反面意見不能被視為不能成立；（二）當專家不同意時，非專家
　　　　不能為沒有意見；（三）當專家對正面意見提出不足夠的理由
　　　　時，一般人大可以懷疑其判斷。[8]

2000），頁131-2。）更甚於此者，若我們根據歐陽哲生所編《胡適文集》（全十二冊）（北京：北京大學出版社，1998）第六冊所提供，註明是在1919年2月以「北京大學叢書之一」名譽，但由上海商務印書館出版的《中國哲學史大綱》卷上的扉頁上圖片看來，則根本沒有所謂「胡適博士著」，而只有「*胡適著*」！無爭的事實卻是，胡適在留學期間和回國後，即在1927年正式領取博士學位之前，早有「博士」的譚號（參見註67）。

[7] 對照上註而言，人們比較少留意的，因此更值得注意的是，此1922年（未正式領取博士學位之前）出版的英文版博士論文原版以及其1928年（已正式獲得博士學位之後）完全相同的再版，並沒有註明是「胡適博士著」，皆只有他的英文名"Suh Hu"(Hu Shih)，以及國立北京大學哲學教授的名稱"Hu Shih (Suh Hu), Professor of Philosophy at the National University of Peking"。這對想要造謠胡適冒用博士頭銜的人更是少了一個證據。

[8] 羅素原著，楊耐冬譯，《懷疑論集》（台北：志文出版社，1995年再版），頁8。中文譯文有些少文字改動。原文見氏著，"On The Value of Scepticism", *Let The People Think*, (London: Watts & Co., 1943, 2nd Impression,) p.2。

本來若讀者對胡適的哥大博士學位沒有爭議，且沒有扯出一大堆相關的事實和解釋，我們實在沒有必要追究。但事實卻偏偏是有人質疑他的博士學位，並諷刺他還沒有拿博士學位即自稱博士。若胡適的博士論文真如唐氏所言，是有些問題，即得「大修通過」，且是胡適一生少有的憾事之一，則胡適生前一定知道他的博士學位問題會被人挑起，但他會想到在他去世後卻是由他的「我的朋友」、「我的學生」、「小門生」；江冬秀所說的「適之的好後學」、「最好的好後學」；稱胡適「胡老師」的「後學」唐德剛提出嗎？胡適當然對他身後的任何論爭不可能有反應。如果胡適本人對本文所討論的焦點在生前有更多說明，則我們的研究將大為簡化，甚至可以平息許多無謂的爭議。但有鑑於胡適可能說得不夠清楚，或覺得不需要說明，但人們（研究者）仍執意要問、追究，因而出現了許多問題（問題有些是因研究才出現，有些則是研究者已先有答案要找根據而發的）。

本文不在用新資料——因為這方面資料，若已像唐德剛所說的是不可得的了，則只好退而求其次——即轉而在於探討相關的看法，以推論出一個更合理可靠的論斷或結論。「雖然，在推論的過程中，所可能從事的步驟是沒有限度的；但步驟的數目越多，則證據的力量越小。」[9]而「論證的手法之一是舉出一個極端的案子。」[10] 邏輯推論的探究是鞏固已有知識並淘汰錯誤意見的重要方法之一。

本文是以唐德剛的研究為基礎，稍為加以小小補充或澄清，如此一來，或可對胡適研究多加一點可靠無爭議的事實。這也是胡適一輩子做研究最關心之點：歷史事實之追求。本文是個「以小見大」的題目，用意在說明不要小看所謂小題目，因為它可能有深遠的意義，且頗爭議

---

[9] J. C. Smith, Criminal Evidence, (London: Sweet & Maxwell, 1995), p.7.

[10] Granville Williams, *Learning the Law*, (London: Stevens and Sons, 1982, Eleventh Edn.), P.121.

性，甚至有重寫歷史的可能。考據的重要性，從胡適的眼光而言是不言而喻的。[11] 但胡適居然對自己如此切身的博士學位問題此事實沒有像他考證《水滸傳》、《紅樓夢》、神會和尚、《水經注》那樣清楚地交代，以致我們只好越俎代庖了。

本文除第一大節前言外，第二大節是具體分析「胡適博士學位問題」四大種類的論證；第三大節是本文作者對「胡適博士學位問題」論證的重述，沒有時間閱讀前面二大節的讀者可以從中窺見所謂「胡適博士學位問題」的大要，以及要進一步突破此議題所需要證據和論證。

二、「胡適博士學位問題」公案的和四種類型的論證

1、「胡適博士學位問題」的公案

關於「胡適博士學位問題」公案最關鍵議題——「博士論文口試」結果——的最早記載，是見於胡適早在1936年即已出版的《藏暉室劄記》（即《胡適留學日記》[12]：

---

[11] 胡適1957年5月2日給陳之藩的信也為此辯護：「所以你說，讀我的文字『連一朵火焰也看不見』，這是很大的讚美辭，我怕很少人能承當。我是不敢承當的。」「這種辨別是非真偽的熱情，也是一種情感，並且是一種有大力量——也有火焰——的情感。」「故我不贊成你說的『考證的路』確實是科學的，然而『並非健康的』。你仔細想想，那有『確實是科學的』東西而『並非健康的』！」（均見胡頌平編著，《胡適之先生年譜長編初編》（十冊），（台北：聯經，1984），第七冊，頁2584-5。）耿雲志，《胡適研究論稿》附錄〈博士學位問題及其他〉（成都：四川人民出版社，1985），頁292：「可以斷言，不能弄清『小事情』的真相的人，他也就不可能弄清複雜而重大的問題的真相。」

[12] 「胡適留學日記」有許多版本。他在〈《四十自述》自由中國版自記〉，頁1-2寫道：「在抗戰之前，亞東圖書館把我留學美國的七年日記排印出來，依我原題的

博士考試（5 月 27 日追記）【13】

五月廿二日，吾考過博士學位最後考試。主試者六人：

Professor John Dewey

Professor D. S. Miller

Professor W. P. Montague

Professor W. T. Bush

Professor Frederich Hirth【夏德】

Professor W. F. Cooley【14】

此次為口試，計時二時半。

吾之「初試」在前年十一月，凡筆試六時（二日），口試三【時】
七年留學生活，於此作一結束，故記之。【15】

這是胡適參加博士論文口試後 5 天的追記。此平鋪直敘文字中的
「考過」兩字，在下述耿雲志於 1985 年提出的胡適論文口試不順利論點

書名，叫做《藏暉室劄記》。這四冊日記，在抗戰勝利之後，改歸商務印書館出
版，改題作《胡適留學日記》。這是我留學時代的自傳原料。」汪菊農，〈許怡
蓀與胡適〉，見顏振吾編，《胡適研究叢錄》（北京：三聯書店，1989），頁 60
云：「胡適在美國前後七年，平日所寫的《藏暉室札記》，字數近於百萬，而且
雜亂紛繁，都由許怡蓀代為整理⋯⋯」

【13】謝軍、鍾楚楚編，《胡適留學日記》（兩合冊）（海口：海南出版社，1994），
下冊，頁 380。雖然這個口試後 5 日（1917 年 5 月 27 日）追記「考過」的記錄的
可靠性當是極高的，但仍可能會被人挑剔。其實，耿雲志，即從強烈質疑此「追
記」「考過」事件，來說明胡適考試「沒有通過」的觀點。

【14】《胡適留學日記》，頁 380。《胡適口述自傳》，頁 85：「哲學系的芒達基（W.
P. Montague）教授是當時〔西方〕六個『現實主義者』（Realists）之一。」

【15】《胡適留學日記》，頁 381。胡頌平在《胡適之先生年譜長編初編》（十冊），（台
北：聯經，1984），第一冊，頁 284-5，也引了《胡適留學日記》上此段文字，
但沒有說明是「追記」。

（「沒有通過」論）裏，卻是成了胡適沒有「通過」論文口試的重要證據；同時也成了反對耿雲志這個論點的胡明於 1996 年所主張的「小修通過」論裏的解釋要點。胡明論稱說，當時的用言，其實「考過」即「通過」。詳下文。

不管是耿雲志的「考過」不等於「通過」，還是胡明的「考過」即指「通過」的解釋，這兩個關於「考過」針鋒相對的解釋皆是因唐德剛更多但互為矛盾的「胡適博士學位問題」討論而起。

2、唐德剛的「第二柱」「大修通過」論

唐德剛是在《傳記文學》1977 年登載的〈七分傳統、三分洋貨〉一文中披露他的「第二柱」論，指出胡適在 1917 年並沒有拿到學位，而是 1927 年才拿學位，因而直接或間接地質疑了胡適是 1917 年得到博士學位之通說。

唐德剛匯集〈七分傳統、三分洋貨〉（後改為〈三分洋貨、七分傳統〉）等連載文章而於 1978 年出版的《胡適雜憶》，雖經夏志清的「純手續」論和富路得的澄清，並沒有改變看法。相反的，他在 1981 年出版的《胡適口述自傳》裏有更進一步澄清或申辯，其中第五章註一（頁 98－103），洋洋灑灑數千言的綴言最為重要。歸納起來，唐德剛針對胡適拿學位為甚麼遲了十年問題，在他的「最後論文考試得大修通過」的大前提下，提出了幾個互為關連、甚至互為矛盾的理由，如修業年限不足、不務正業（包括「撈魚摸蝦」（即搞文學革命）與談戀愛）、「魚與熊掌」（即「再讀兩年」與馬上應「北大之聘」）以及論文氣魄太大，甚至論文選題不對！後來，在 1990 年，唐氏於紀念胡適百年冥誕的學術會議上發表總結性的意見時，更強調了不受六位考委了解，「是一部啟蒙性的不世之作」論。茲從後者談起。唐德剛論道：

> 《先秦名學史》後來衍伸為《中國哲學史大綱》（上卷），實在是中國文化史上，一部劃時代的鉅著。可惜作者不識時務，誤將

「明月照溝渠」，大材小用，把這篇光彩輝煌，有「啟蒙性貢獻」的傑作，誤當成學報性的文章，作為「博士論文」投入哥大這個漢學溝渠。不幸五大主考都不通漢學（夏德略識漢文）、不諳精義，看不懂這篇論文，所以博士生胡適就吃癟了。【16】

「啟蒙性貢獻的傑作，誤當成學報性的文章，作為『博士論文』投入哥大這個漢學溝渠。」此引言既蘊涵胡適寫不符合規格的博士論文，也意味胡適在漢學裏具有「『啟蒙性貢獻』的傑作」得不到哥大哲學家和漢學家欣賞。結論是，胡適的論文是雙重（形式和內容）失誤。關於形式，這會引起如下的疑問：一向對格式最重視，且認為哲學進步可以用方法論之轉變來說明的胡適居然寫出一篇不符格式的博士論文？這不太可能，因為若是如此，則他連考試的資格都沒有！關於內容，其實唐氏的看法本身有矛盾。說胡適的論文內容不被接受是可能的，因為方法論的強調可能不合考委們的胃口，而哲學家都是很有意見的人，不然不成其為哲學家。但我們沒有足夠的證據如此斷論。唐氏如下的考委們看不懂「真正啟蒙性的作品」的說法更是難懂：

真正啟蒙性的作品，不是我輩普通學人都可以寫的啊！它也不是水準不夠的學者，可以隨便看得懂的啊！至於有些教授和秘書們問我，胡適的論文，又不是用中文寫的，為甚麼杜威看不懂？我想這問題還是不回答的好。【17】

此處所提的許多理由事後推測性的合理化成份不少，且與唐氏他處記錄胡適的相關看法不一致：「夏德教授的《中國上古史》和《中國與東羅馬交通史》等著作（註一○），當時深受學術界的重視。但是他那時在哥大卻苦悶不堪，因為他簡直沒有學生——主修、副修都沒有，所

【16】唐德剛，〈胡適的歷史地位與歷史作用——紀念胡適之先生誕辰一百週年〉，周策縱等著，《胡適與近代中國》（台北：時報文化，1991），頁341-2。

【17】同上。

以我【胡適】倒樂於接受他的邀請以漢學為我的兩門副修之一（註一一）。夏德先生待我甚好。」「夏德教授非常喜歡我【胡適】，同時我常常談他自己有趣的故事。有時這些故事也是拿他自己開玩笑的。時至今日我仍然記得他說的一則故事，便是他自己替中國駐紐約總領事當翻譯的笑話。這位中國總領事那時離職回國，紐約市商會為他設宴餞行，夏氏應約為那位總領事臨別致辭的翻譯。夏德【既然身為哥大中文系的教授】這項職務他是不能推辭的。但是當這位總領事起立致辭之時，夏氏卻為之大起恐慌，因為這總領事說的是福州話，夏氏一句也聽不懂。事到臨頭，他當然不能向商會當局來臨時解釋說中國方言太多，福州方言他是一句不懂的。他情急智生，乃做出洗耳恭聽的樣子，默不做聲，並大記其筆記。當總領事講說完畢之時，夏氏乃起立「用英語」為總領事重新演說一番。一開頭夏氏便說，我（總領事）這次離紐返國，心理上充滿了一喜一悲的矛盾。喜的是即將重返祖國與親人久別重聚；悲的是與紐約諸新交舊識從此握別……如此這般，夏氏說得情文並茂。當夏教授『翻譯』完畢之時，全場熱情洋溢，掌聲如雷……」（《胡適口述自傳》，頁89－90。此引文角號內的文字為原有的。）這樣喜歡胡適、且很會應對的漢學教授會擋掉他的得意門生嗎？按夏德（Frederich Hirth）是哥倫比亞大學第一任「丁龍漢學講座」。引文中的原註一〇是指《胡適口述自傳》，頁106如下關於夏德的漢學著作的文字：「Friederich Hirth, *The Ancient History of China to the End of the Chou Dynasty,* Columbia University Press, 1923, 383pp.; *China and the Roman Orient*, Leipsic & Munich; Shanghai & Hong Kong, Kelly & Walsh, 1885.」此外Friederich Hirth與W. W. Rockwill譯有趙汝适的《諸蕃志》：Chau Ju-kuo: *His Work on the Chinese and Arab trade in the Twelfth and Thirteenth Centuries*,（New York: Paragon Book Reprint Corp. 1966。）這樣的漢學教授會是吳下阿蒙嗎？即使是，他讓胡適通過和不通過的機率仍然是五十對五十。

關於夏德當胡適博士論文考試委員或導師之一的評價，唐德剛的看法和夏志清的看法是南轅北轍。此外，我們也不要忘了唐氏對西方漢學的評價比他對東方西學的評價要高：「……我們今日不能小視歐美的『漢學』（Chinese Studies）。西方專才，研究中國，所鑽雖淺，隔靴搔癢尤多；然從西向東看，往往觀念彌新，頗值得吾人借鑑。我們研究『西學』，如能鑽到西人治「漢學」十分的之一的深度，我們的史學界也就要面目一新了。」[18] 如此一來，合理的推論當是寫西方漢學的論文被擋掉的機率不會比寫東方西學來得高。

至於說到杜威，他的漢學當然比不上夏德，但他的哲學造詣和對東方的通識會不足以看懂胡適用英文寫的、啟蒙式的博士論文？此處最重要的事實當然是胡適是杜威的學生，他不可能連胡適在學甚麼都不知道，因為胡適明明告訴我們：

> 1915年，我往哥倫比亞大學（Columbia University），就學於杜威教授（Professor John Dewey），直至1917年我回國之時為止。得着杜威的鼓勵，我著成我的論文《先秦名學史》這篇論文，使我把中國古代哲學著作重讀一遍，並立下我對於中國思想史的一切研究的基礎。[19]

> 一九一四年以後，杜威是實驗大師中的碩果僅存者；他的著作也是我所傾慕的。在哥大我選了他兩門課：『論理學之宗派』和『社會政治哲學』。我非常歡喜『論理學之宗派』那一課。那門課也啟發我去決定我的博士論文的題目：『中國古代哲學方法之進化史』。[20]

哥大是收中國留學生最多的美國大學之一，它替中國訓練的碩、博

---

[18]《胡適口述自傳》，頁106。

[19]〈我的信仰〉，《胡適文集》第一冊，頁15-6。

[20]《胡適口述自傳》，頁92。

士人數排名第二【21】，而杜威也不可能對中國的情形一無所知。事實是，他對東方的留意並不自胡適始。從1920年1月出版的杜威和夫人合著的 Letters from the East 一書中可以清楚看到他們對東方早有所留意。【22】在胡適留學哥大前，蔣夢麟已早他兩三年成為杜威的學生：「胡適1910年8月到1917年6月在美國學習【1915年九月至1917年五月在哥大】。蔣在哥倫比亞大學教授杜威指導下【1912－1917】寫的博士論文完成於【於】1917年，後來在中國以《中國教育原理之研究》為題發表（1924年，上海）。」【23】除同學陶行知外（見頁24），胡適1917年九月到北大時唸三年級的馮友蘭也是在杜威的指導下（1919年－1923年）拿哲學博士學位！與中國同學有如此關係的杜威會對漢學一無所知？

總之，我們不能以杜威或其他考試委員是否讀過胡適的博士論文來論斷杜威無法幫胡適或不幫胡適；至少其他人的批評，以杜威的學問，要回覆一點也不困難。

唐德剛所謂的胡適論文的考試委員看不懂他的博士論文，因而把胡適擋了是可疑的，因為我們可以同樣說，就是因為他們看不懂，所以不敢擋他！當然，更合理的解釋是，若胡適果真是被考委擋了，其原因並不一定是因為他們看不懂，而是因為他們基於派別，性格等等，壓根兒

【21】《胡適雜憶》，頁40。

【22】由 New York: E. P. Dutton & Company 出版。Evelyn Dewey，在 Preface, v 有云："Trip was eagerly embarked on, as they had desired for many years to see at least something of the Eastern Hemisphere."

【23】Chow Tse-tsung（周策縱），*The May Fourth Movement: Intellectual Revolution in Modern China*, (Cambridge, Mass: Harvard University Press, 1960), p.29。此處所引中譯文見周策縱原著，周子平等譯，《五四運動：現代中國思想革命》（南京：江蘇人民出版社，1996），頁33下註。

就不喜歡胡適的博士論文。可見唐氏所謂「胡適的論文，又不是用中文寫的，為甚麼杜威看不懂？」的斷說有言過其實之嫌。

當然，無論如何，考試不過就是不過，其理由不一而足。除非有正式的說明，局外人很難論辯，或有充分的說明。

總之，在這裏唐氏提出了極為複雜的理由。「啟蒙性著作」、「學術性著作」、「漢學水準」好像三者不能並存。而胡適想三者通吃，結果吃了大虧？但唐氏在他處也告訴我們，規規矩矩遵守後兩者（即「學術性」和「漢學」）皆可順利得到博士學位。如此一來，我們既得出弔詭的結論：拿學位的論文要中規中矩，這固然是好建議。實際也是如此。但仍有因原創性的論文獲得學位或獲贈學位的，如維特根斯坦的《名理論》（德文名 *Logisch-philosophische Abhandlung* 或拉丁名 *Tractatus Logico-philosophicus*）【24】還創新了哲學論文的寫作方式呢！

本大節以下進一步的討論是回溯唐氏1990以前的論點，尤其是「大修通過」論，為敘述的線索，因為這些論點不但觸發了「胡適博士學位問題」，而且涵蓋面也最廣，是所有相關論點的參照點。

唐氏所說胡適是在1927年才正式獲領「哲學博士」是定論，因為胡適確是遲至1927年才正式獲得博士學位，但環繞着胡適所說1917年「考過」博士學位論文口試的看法則有相當爭議。唐德剛在他譯註的《胡適口述自傳》【25】（錄製於1957－8年間，出版於1981年），針對胡適自己說他是在一九一七年「考過」博士學位的說法，且仍堅稱 "I got my

---

【24】有牟宗三譯，台北台灣學生書局1987年版。

【25】從出版時間而言，《胡適雜憶》在先，《胡適口述自傳》在後，但從內容而言，是相反。從本論文的要求而言，則以問題的提出先後，以及論證的邏輯關係而決定處理的先後。《胡適雜憶》是「隨筆式的」文字，而《胡適口述自傳》則是譯體文字，能讓唐氏發揮評論的空間比較小、少。《胡適雜憶》與《胡適口述自傳》得互相比讀。

degree"——其中文翻譯當是「我獲得學位（博士）」——一語加了很長註譯，提出推論說胡適可能只考得「第二柱」，即是「大修通過」而已。這就是說，唐德剛認為胡適所說的「我【在1917年】獲得學位『博士』」有蹊蹺，即不是一般認為的，胡適是1917年的哥大博士，因而引爆「胡適博士學位問題」裏為何會遲了十年才拿學位的重大疑問。唐德剛是正式提出「胡適博士學位問題」的始作俑者。他是提出「胡適博士學位問題」邏輯上所有可能的五大論點的人，雖然他主張的重點是「大修通過」論（或「第二柱」論）。茲詳論之。

《胡適口述自傳》記述胡適（在1950年代末）夫子自道曰：

> 我在一九一五年九月註冊進入哥大哲學系研究部。其後一共讀了兩年。在第一年中我便考過了哲學和哲學史的初級口試和筆試。初試及格，我就可以寫論文；我也就【可以】【按：此引言角號內的文字為唐氏所加】拿到我的【哲學博士】的學位了。一九一七年的夏季，我就考過我論文最後口試。所以兩年的時間——再加上我原先在康乃爾研究院就讀的兩年——我在哥大就完成我哲學博士學位的一切必需課程和作業了【註一】。【26】

上述引言中先後出現的「*考過*」（兩次）、「*及格*」、「*完成*」、「*一切*」在在皆指向胡適是在1917年即「獲得」博士學位。與唐德剛同屬白馬社且為唐氏的《胡適雜憶》封面題辭的周策縱即無疑義。他在所寫的經典著作《五四運動史》即曰："……He received his B. A. at Cornell in 1915 and his Ph. D. at Columbia in 1917, both in philosophy."【27】其中譯云：「從1915年在康奈爾大學獲得哲學碩士【學士】學位，1917年在哥倫比亞大學獲博士學位。」【28】

【26】《胡適口述自傳》，頁85。

【27】 *The May Fourth Movement,* p.27 的頁下註。

【28】《五四運動：現代中國思想革命》，頁30頁下註。

其實，除了胡適研究者外（如唐德剛（全面分析）、耿雲志（全面否定）、曹伯言、季維龍幾人（在某種程度上），大概沒有幾個讀者在讀了上述引文後會懷疑胡適是在一九一七年得到哥大哲學系研究部的哲學博士學位。但唐德剛在文中的「註一」先介紹相關背景後，卻加以質疑：

> 「胡適的學位問題」年來頗為海外業餘考據家們或疑或衛的考據對象。到今年夏秋之交，哥大的夏志清教授和已退休的漢學老教授富路得（Luther Currington Goodrich）先生也加入衛胡行列。但不論是疑是衛，筆者皆受池魚之殃。疑胡派（如《北美日報》上的胡祖強先生）便認定筆者「有九分證據，說三分話」，為親者諱。衛胡派（如夏志清先生）則居然認為我也有疑胡之嫌。【29】
> 筆者一直沒有加入他們的筆戰。天熱人忙的原因之外，最主要還是因為兩派皆在說空話。哥倫比亞大學又未關門，紀錄俱在，一索即得，何勞諸公「考據」呢？！筆者二十多年前便已詳細查過，胡氏是哥大一九二七年的「哲學博士」（「哲學博士」非考不可，是「榮譽」不得的），並早有交代。現在實在不想再興師動眾，要哥大具結證明了。【30】

唐氏此處所言二十多年推算起來即是1950年代。此段話，也是本文之所以重視論證之一根據，因為沒有多少事實需要「考據」，反而是有許多論證需要澄清。唐氏接着寫道：

> 不過本篇所譯，胡公還是說他一九一七年通過考試，取得學位的（I got my degree....）。筆者如不稍加簽註，不是又要引起「疑胡玄同」們大譁了嗎？因再綴數語，以釋群疑。【31】

【29】《胡適口述自傳》，頁98。

【30】同上。

【31】同上。

一綴即是數千言！這大概是《胡適雜憶》（頁41）中所說的：「胡適先生也就逐漸地向我說明其中的原委」的內容之進一步澄清？但我們看完此綴言，對照不同的權威和看法，仍然有疑問，雖然唐氏在上引《胡適口述自傳》「註一」強調：

> 【因而】所謂「胡適的學位問題」不是甚麼「真假」的問題。問題在：他拿學位為甚麼遲了十年？這問題因此一牽涉到，他在一九一七年五月二十二日參加口試，所「通過」的是哪一柱（Which column?）的問題了。富、夏二先生都「有疑處不疑」的認為他考得「第一柱」——「小修通過」。【其實，富、夏認為只是「手續問題」而已。下詳】如此，則胡氏的論文便立刻可以在上海出版，一九一七年底便可拿得哲學博士學位了（哥大博士學位是論文隨繳隨拿，可以學期為限），何必等到一九二二年杜威離華之次年始付印；一九二七年親返紐約始拿學位呢？！【32】

【32】同上，頁100。對照唐德剛自述他「一柱擎天」的博士論文口試經驗：「五十年代中期筆者在哥大考口試。有位教授問我『林肯是不是奴隸解放者？』我知道這問題不易回答。因為我如說『是』，他一定要引經據典說『不是』，我都要不及格。這時幸好我情急智生，反問了他一句：『照足下看法，美國史上有沒有一個所謂『奴隸解放者』呢？』這位慣於考人的人，一旦被考，情急智不生，只好馬虎地答了沒有。因而我再追問他一句：『如果有的話，哪個人比林肯更夠資格呢？』想不到我這以問題作答案的問題一出，七位主考和後座一些監考們不覺一陣哄笑。林肯也就變成我的『奴隸解放者』了。」（《胡適雜憶》，頁61）此處所謂「七位主考和後座一些監考們」與考胡適口試時的「六位大主考」確是多了幾個，這至少可用來說明當我們看到唐氏比較他和胡適的口試時，得注意（夏志清指出的）情景已有時過境遷之處。此外，我們要問，難道胡適沒有類似引言中的「機智」對答能力嗎？

唐氏的「第二柱」論最近還有人加以更進一步的演義，且與自己得意的博士考試經歷對照，如胡世凱，《「明主治吏不治民」：中國傳統法律中的官吏瀆職罪研

其實，胡適隻字未改的1917年英文版博士論文是在1922年10月已出版，而不是「一九二二年杜威離華之次年【1923】始付印」！【33】上引《胡適口述自傳》「註一」又曰：

> 如果杜威遺札尚在，【，】哥大紀錄猶在。「胡適學位問題」的官司也就不必再打了。【34】

究》，（北京：中國法政大學出版社，2000），頁455-6：「【我】在【多倫多大學法學院】博士論文答辯時，博得評委會一致青睞，結果是評為論文答辯四等中的最高一等，即立即通過。（其餘三等是：小修改（minor modification），三個月修改期，修改完成後由答辯委員會再書面評審，滿意後通過；大修改（major alteration），修改期為一年，修改完成後重新答辯；不通過（fail）[sic. Failure]，開除出局。在這方面一個著名的典故是，據胡適學生哥倫比蚩大學著名的口述歷史項目主持人唐德剛博士的考證，胡適在哥倫比亞大學博士論文答辯的成績是三等，即大修改。而他其時已獲北京大學教授之聘急於國國應聘，無暇修改答辯，故回國後雖號稱胡博士，但其實是冒牌的。十年之後，以駐美大使之尊揣着修改後的博士論文回母校重新答辯通過，才真除了博士學位。而斯時他的博士論文《中國哲學史》(上卷)早已在國內出版，譽滿海內。成為該領域的壓軸之作。）」此短短引言至少有如下錯誤：（1）唐氏只有三柱說，不是胡氏的「四等」說，因而唐氏的第二柱「大修改」不等於胡氏的第三等；（2）胡氏看來並不知道胡適在1927年獲頒博士學位時，從未修改原來的博士論文，也未有答辯其事；（3）而最離譜的是，胡氏也好像不知道胡適獲頒博士學位的時間距離他1938年當駐美大使還有十一年！（4）胡氏不知道唐德剛所認定的，胡適曾自己先用博士頭銜說法是錯誤的；也不提唐德剛為胡適「大修通過」所做的辯護，結果是只剩下了無端端的，沒有根據的，胡適曾自己冒稱博士的無稽之談了。（5）1994年多倫多法學院的情形如何能與1917年的哥大哲學系比較！

【33】中國社會科學院近代史研究所中華民國史研究室編，《胡適的日記》(北京：中華書局，1985)，下冊，頁399記1922年7月11日：「英文論文《先秦名學史》印成，校改序文寄去。」是書於1922年10月由亞東書局出版。

【34】《胡適口述自傳》，頁102。

葉其忠　重探所謂「胡適博士學位問題」四種類型的論證　　91

　　唐氏所謂官司不必打是指「胡氏是哥大一九二七年的『哲學博士』」
這個經他「考據」（指「考證」？）而大家已接受的定論。但人們還不接
受他另一「考據」，即所謂的胡適1917年博士論文口試得「大修通過」，
即他所謂的「第二柱」，以及為此而提出的大部分理由。此外，為何胡
適遲了十年才正式拿博士學位，也有爭議。總之，唐氏的「*如果杜威遺
札尚在，哥大紀錄猶在。【，】『胡適學位問題』的官司也就不必再打
了*」，確令人困惑，因為它顯示胡適的博士學位問題仍有討論的空間，
如下述諸次大節所述即顯示專家意見之歧異。其實唐德剛上述註一數千
言的綴言有許多段落得進一步分析和澄清而相關討論大都環繞着此綴言
的某一段或數段所提出的問題，加以發揮、質疑或反駁。這是因為唐德
剛從經過他考證後已是毫無疑義的胡適是哥大1927年的博士出發，倒推
出不太令人完全滿意的結果：即胡適1917年的博士論文學位口試得「大
修通過」或「第二柱」而已。之所以仍有疑義是因為他所提出的根據交
代得不清楚或有保留，而推論有矛盾或不一致。這可從其他論者不接受
唐德剛的論點看出。

3、夏志清、富路得、胡頌平、沈有乾、白吉庵、石原皋等的「純手續」論

　　在「大致上」【35】確立了毫無疑義的胡適是1927年的哥大博士後，
唐德剛並沒有完全解決胡適為何遲至1927年才拿博士學位，他的「大修
通過」論也遭到許多反駁。其中夏志清的反駁幾乎是針鋒相對的：「德
剛兄認為胡適在哥大研究院兩年，絕無可能把博士學位修完，這一點我
完全不同意，已在另文〈胡適博士學位考證〉（見《傳記文學》第一九八
期）裏加以辨正，在序文裏不再加以討論。」【36】夏志清認為胡適遲拿學

【35】因為唐氏對胡適參加何種畢業典禮的說法仍有爭議，如下述。

【36】夏志清，〈《胡適雜憶》夏志清先生序〉，（台北：傳記文學出版社，1979），
　　　頁21。

19

位完全只是「手續問題」，即沒有把博士論文印成書出版，並繳交100本樣本。1978年，夏志清在《傳記文學》上介紹他與唐德剛論爭「胡適博士學位問題」背景曰：

> 唐德剛〈回憶胡適之先生與口述歷史〉長文十篇，即將出版，取名《閒話胡適》【後來卻是以《胡適雜憶》出版】。德剛兄囑我為他寫序，我重讀十篇〈閒話〉之餘，也把《四十自述》、《胡適留學日記》等自傳資料重讀一遍，對少年時代、留學時代的胡適之先生更添景仰之意。很不幸的，德剛兄「七分傳統、三分洋貨」那篇閒話（本刊第一八五號）刊出後，紐約左派中文報紙《北美日報》（舊名《星島日報》）到今天還在刊登誣指〈胡適博士非真博士〉的文章。本刊第一九四期（六十七年七月號）雖然刊登了湯晏先生〈胡適博士學位的風波〉這篇闢謠文章，並附錄了唐德剛〈胡適乃真博士〉這封投書，二人都僅強調胡適是真博士，而沒有說明為甚麼哥大哲學系研究生胡適於一九一七年五月廿二日順利考過「博士學位最後考試」後，沒有拿到博士學位，而要在一九二七年春季第二之來美後才補拿。【37】
>
> 胡適到一九二七年才拿到博士學位，年前消息傳出，海內外那些反胡的老學究、新左派想來高興了一陣。他們顯然很看重博士學位，不知道目今美國博士多如過江之鯽，實在一點也不稀奇。【38】
>
> 像胡適這樣修完博士學分，論文繳進【「考過」試，如胡適，但沒有繳交副本一百本；或不參加「考試」，明知可「考過」，如艾略特】而不去領取學位的世界名人，我知道的還有大詩人艾

【37】夏志清，〈胡適學位考證〉《傳記文學》，卷33期5（總198號）（1978年11月），頁28。

【38】同上，頁34。

略特（T. S. Eliot, 1888-1965）。【39】

兩位主修哲學的「文學革命」家，一個是真博士，一個放棄了博士學位。但假如同艾略特一樣，胡適無意領取博士學位，一九二七年春季沒有繳進一百本論文，他的終生成就照樣光芒萬丈，永遠是導引我們子子孫孫走上愛國、治學正路的一盞明燈。

——一九七八年八月十七日【40】

夏志清、《胡適口述自傳》皆曾提到編有 *Dictionary of Ming Biography, 1368-1646*, (Columbia University Press, 1976)的富路得（L. Carrington Goodrich），是1927年陪伴胡適補辦博士學位手續的哥大二任丁龍漢學講座教授。【41】他在1978年因夏志清相關的詢問而澄清說：

【39】同上，頁35。對照（1）愛因斯坦一共兩次提呈博士論文皆被拒的案子，其中「一篇有關熱力學的論文申請蘇黎士學院的博士學位。」；另一篇是「四年之後，他提出了『相對論』作為他在伯恩大學的博士論文。」（參見 Vincent Ryan Ruggiero著，游恆山譯，《實用思考指南》(*The Art of Thinking: A Guide to Critical and Creative Thought*)，（台北：遠流出版事業，1990年初版8冊），頁62。）（2）維特根斯坦、韋根斯坦或韋根什坦（Ludwig Witgenstein）在劍橋大學只讀了五個學期(1912-1913)，第一次大戰時服務於奧國的砲兵前線，寫了*Tractatus Logico-Philosophicus*。在1918年，他以戰俘身份寄此手稿給老師羅素，由後者在1921年出版德文版，1922年出版德、英版。之後，1929年在羅素和 G. E. Moore的支持下，註冊為研究生，並把該書提交劍橋大學做為博士論文，獲頒博士，並在1930年獲選得劍橋三一學院的院士職。（參見Norman Malcolm, *Ludwig Wittgeinstein: A Menoir*, (Oxford: Clarendon Press, 2001, 2nd Edn.), pp.6, 12；陳榮波，《哲學分析的天才—— 韋根斯坦》，（台北：允晨文化，1981年），頁18-9；胡基竣，〈韋根什坦年譜〉，《語言與哲學》，（台北：源成文化，1976年再版））

【40】〈胡適學位考證〉，頁35。

【41】《胡適口述自傳》，頁105。

Columbia University

Interdepartment Memorandum

Date August 15, 1978

To Prof. C. T. Hsia

Subject [:] Dr. Hu Shih's Ph. D. degree

The facts are very simple, I gave them all to T. K. Tong a few days ago. At the time that Hu Shih was a candidate for the advanced degree one of the regulations for qualification was to submit 100 copies of the dissertation to the University. I suppose HS decided that it was more important for him to prove himself before his Chinese colleagues than to take care of publication of his dissertation. So he wrote and published instead the first volume of his Hist. Of Chinese Philosophy in Chinese (1919). Only in 1922 he got around to publishing THE DEVELOPMENT OF THE LOGICAL METHOD IN ANCIENT CHINA, The Oriental Book Co. (Shanghai), *but didn't bother to send any copies to Columbia*. When the british Government invited him and Dr. V. K. Ting to serve on the Advisory Committee of the British China Indemnity, and he found that he was going to the United States again, he cabled to his publisher to dispatch the requisite 100 copies of his dissertation to Columbia.[42]

夏志清譯之如下：

事實很簡單。數日前，我已將全部事實真象提供給唐德剛。緣於胡適攻讀博士學位時，曾有一項規定，要求每位博士候選人要向學校當局呈送論文副本一百份。我想胡適當時認為，對他來說，在中國同儕中展露才華，遠比集中精力去出版他的論文更為重

【42】〈胡適學位考證〉，頁33。

要。因之，一九一九年他撰寫並出版了他的第一卷《中國哲學大綱》。至一九二二年，他又出版了《先秦名學史》（上海亞東圖書公司出版），但他當時沒有想到將副本呈送給哥大當局。迨至英政府聘他和丁文江博士擔任中英庚款顧問委員會工作時，他又要去美國。於是，他電請他的出版商將他所需要的論文副本一百份寄往哥大。【43】

此極重要的英文信是由夏志清全譯成中文，上述乃其中部分。它為耿雲志、胡明等胡適研究學者所長篇徵引或做為正面證據或做為反面證據。夏氏在發表了此信的同時也全部把它加以中譯並附錄之，因此為我們提供了對照的好材料。在此堪稱精準中譯文中，有半句（已標出者），即「*但他當時沒有想到將副本呈送給哥大當局*」，在沒有比較閱讀或只閱讀中文翻譯的讀者，容易因望文生義而誤解。原句 "Only in 1922 he got around to publishing THE DEVELOPMENT OF THE LOGICAL METHOD IN ANCIENT CHINS...*but didn't bother to send any copies to Columbia.*" 夏氏的中譯文是，「至一九二二年，他又出版了《先秦名學史》……*但他當時沒有想到將副本呈送給哥大當局*」，若對照英文看來，本來也無大問題，但在下述的耿雲志看法，卻認為胡適不可能「*沒有想到*」，而是因為當時胡適還不能確知「通過」與否。其實，若把此半句確實譯成「*他當時不屑或不在意將副本呈送給哥大當局*」而不是「*沒有想到*」，則耿雲志的解讀與引申也就無的放矢了。

此引言中所提「全部事實真相提供給唐德剛」包括甚麼？此引言也沒提及論文該不該修改的問題，可能是因認為只是沒「向學校當局呈送論文副本一百份」這個純「手續問題」而延誤學位之領取。此外，文中稱丁文江為「博士」，但丁沒有「博士學位」，雖他是動物和地質雙料學士。路富得的信進一步說：

【43】同上，頁32-3。

When I learned that he was coming I got permission from Dean Woodbridge to invite him to give a series of 9 lectures at the University (6 in the Department of Chinese, 3 to the general public). He accepted. *At Commencement* that year he was duly awarded the Ph. D. I thought at the time and still do that HS regarded the requirement as childish, that after all, he had proved himself; so why bother with it. But then he changed his mind when he knew he was returning to his alma mater.

L. Carringtion Goodrich [44]

當我獲悉胡將返美時，即徵得教務長武德布立奇的同意，約請他在哥大作九次演講（六次對中文系，三次對一般聽眾），他接受了約請。到那年畢業典禮時，他順理成章的獲得哲學博士學位。當時我認為，迄今我仍如此認為，胡適覺哥大這項規定至為幼稚，他畢竟已經展露了才華，何必為此而煩心呢。不過，後來當他曉得他要返回母校時，他又改變了他的想法。***我也有幸，陪他一同走上講台。***〔此處黑斜體字為夏志清原譯文。但對照《傳記文學》所附英文信原文，並不該有此段譯文。〕

富路得於一九七八年八月十五日 [45]

「到那年畢業典禮時，他順理成章的獲得哲學博士學位」雖可能蘊涵「有參加六月畢業典禮」。而「我也有幸，陪他一同走上講台」所蘊藏的「有參加六月畢業典禮」更是明顯。但胡適「有否參加六月畢業典禮」卻是有爭議的。耿雲志的看法是：

【1927年】2月4日，到哥倫比亞大學作講演，並完成其取得該校

---

[44]〈胡適學位考證〉，頁33。

[45] 同上，頁33。胡明，《胡適傳論》兩卷（北京：人民文學出版社，1996），卷上，頁306。

哲學專士學位的最後手續。兩周後去哈佛大學。【46】

此處沒有說有參加六月畢業典禮。唐德剛則寫道：

> 夏、富二教授認為胡公先用了十年，別無他因，只是「論文緩繳
> 了」就是了。富老先生在一九二七已【是】哥大的中日文系主任。
> 是年胡適自英來美便是他籌款請來的——公開講演六次。胡是三
> 月份正式取得學位；六月初的畢業典禮上，胡公接受「加帶」
> （hood）和領取文憑時的「儐相」（escort 這是那時的制度），便是
> 富先生。據說當胡氏披着無帶道袍應召向前接受加帶時，他一九
> 一七年的老同學，斯時已是哥大哲學系的資深教授的施納達
> （Herbert Schneider），曾鼓掌戲弄他，弄得胡博士哭笑不得。【47】

對照「當了【胡適】四年學徒」的胡頌平，認為胡適不可能參加「六
月初的畢業典禮」的相反論據：

> 這年三月中，胡先生在費城演講之後，先到芝加哥。再去西雅
> 圖。四月十二日坐船離美。四月廿四日到橫濱，在日本停留二十
> 三天，再從神戶回國。五月底到上海。跟着租了極司斐爾路四十
> 九號的樓房一座，住到十九年十一月底，才搬去北平。這年六月
> 初，哥倫比亞大學舉行畢業典禮的時候，胡先生剛從美國回到上
> 海。唐君說胡先生曾親身參加了這個『加帶』典禮，就那時的交
> 通情形而言，胡先生絕不可能於六月初從上海又回到紐約的。【48】
> 唐君以為當胡先生接受加帶時，他一九一七年的老同學施納達曾
> 鼓掌戲弄他。這件事，唐君是作為「據說」的。不過我們以為胡
> 先生從離開哥大到一九二七這十年裏，光就他的《中國古代哲學

【46】耿雲志，〈胡適年譜〉，《胡適研究論叢》（成都：四川人民出版塵，1985），
頁412。

【47】《胡適口述自傳》，頁99。

【48】《胡適之先生年譜長編初編》，第二冊，頁681-2。

大綱》及提倡白話文運動、在中國學術文化上的貢獻，已足千古。就是哥大成立以來所有畢業生中能有胡先生這樣的成就的，也沒有幾位。他的老同學施納達如果有理性的人，應該引以為榮，豈有反而『鼓掌戲弄他』。且畢業典禮上，豈是戲弄老同學的機會。這個施納達若是一個稍有理性的人，決不會作出這樣荒唐的事。所以唐君這個「據說」，恐怕只是『毫無根據』的聽說；可能是唐君腦海中偶然有這樣一種幻想，唐君便以為曾有人這樣說的。【49】

類似的胡頌平的「胡適不克出席六月畢業典禮」的看法還有Howard L. Boorman, ed., *Biographical Dictionary of Republican China*, (New York: Columbia University Press, 1967-1979), (5 Vols). Vol. 2, p.169："After returning to China in the spring of 1927, he spent three years in Shanghai teaching philosophy at Kuanghua University." 白吉庵也說：「1927年……4月由美返國，5月底回到上海，與徐志摩等創辦新月書店。7月到12日在上海寫作與講學。開始寫《白話文學史》。」【50】

在富氏的說法（因為他是1927年正式安排胡適完成博士學位手續的當事人）不可能推翻的前提下，而胡頌平等人所提供的胡適不可能參加1927年六月的正式的大型的全校性的畢業典禮的事實也是無庸質疑的，我們最合理的結論是胡適所參加的畢業典禮是特別為他而辦的。從姜義華主編《胡適學術文集：中國哲學史》上冊（全二冊）（北京：中華書局，1991），扉頁圖片（頁3）所附的「胡適獲博士學位圖」判斷，胡適確是可能在一個小型的儀式上正式獲頒博士學位。

十年後的1988年，沈有乾更有的親身經歷的說明。他在致《傳記文

【49】同上，頁682。

【50】《胡適傳》，（北京：人民出版社，1993年第一版；1996年5月第3次印刷），頁500。

學》編者劉紹唐的書簡裏寫道：

> 前有一本已經停刊的《新土》雜誌，見有人說，據他調查，胡適並未在哥倫比亞大學得有博士學位。按胡適之先生的學問，其是否得有博士學位，並不重要。查哥倫比亞大學，規定博士學位條件之一，是必須繳出論文一百本。適之先生返國前未將論文印出，直到一九二七年，應哈佛大學邀請講學之時，始將印出的論文從中國帶來。那時恰巧我在華美協進社服務，代適之先生到哥倫比亞大學，把論文一百本換了一張文憑。文憑上的姓名拼法，我當時並未注意。但我確知適之先生在留學時用「Suh Hu」，「Hu Shih」是後來才通用的。哥倫比亞大學檔案中，當然僅有註冊的姓名。

《新土》雜誌作者的假設如此大膽，其求證何以這樣不精細！【51】

關於胡適在一九二七年春季才繳進一百本論文但沒有參加正式的博士學位授予典禮，白吉庵在1993年寫道：

> 是年12月31日乘船離英，取道美洲返回祖國。【52】
> 胡適本來是可以由原路返國的，他的朋友李大釗等也希望他回來時再多看看莫斯科可能體會更深一些。可是他們並不了解胡適此番出國心裏還有一椿重要的事非得到美國去辦不可。那就是去取博士文憑。因為他畢業考試手續不完備，沒有拿到學位的文憑，所以他要到哥倫比亞大學去領他的博士文憑。這些年因為沒有這張文憑，他可受了不少閒氣。在朋友中就有人挑他的毛病，說：「老胡冒充博士」；又說：「老胡口試沒有Pass」等等。這些傳言他是聽到了，但不好解釋，只當沒聽見。不過有一次是局外人找到門上了，不得已才作了說明，除此人外，別人還是不得而知。

【51】沈有乾，〈我為胡適博士領博士文憑〉（書簡）《傳記文學》卷53期6（總319）（1988年12月），頁50。

【52】《胡適傳》，頁254。

事情是這樣的：1918 年北洋軍閥段祺瑞御用下的安福國會搞選舉，有個韓安曾到胡適家向他借博士文憑，說是要想組織一個留學生小組來選舉一個好參議員。胡告訴他說：*畢業時，因為論文沒有印成繳去，所以我的博士文憑還沒有拿到。* 韓說：不要緊，學士的文憑也行。胡又回答說：學士文憑也不在身邊，因為用不著，留在徽州家中了。這位韓先生感到很失望，快快而別。這個故事，胡適曾在一篇文章裏提到過，但後來改稿時又把它刪去了，可能是怕人家看了，有「文飾」之嫌，乾脆不言語，讓大家去評論好了。【53】

上述引文中的「*畢業時，因為論文沒有印成繳去，所以我的博士文憑還沒有拿到*」，迄今仍未見反駁的文字，若屬實，則是解決整個所謂「胡適博士學位問題」的充足條件。白氏接着寫道：

胡適因為沒有交去（按規定需100本）論文，所以未能領到博士論文。這件事他的朋友，時在美國留學的朱經農是知道的。因此，*1919年朱*便寫信催胡適趕快將論文印出交去以免謠言傳布。胡適沒有反應。次年，朱又寫信催他，說「你的博士論文應當設法刊布，此間對於這件事鬧的謠言不少，我真聽厭了，請你早早刊布罷。」（【原註1：《胡適往來書信》上冊110頁】），之後，胡適才將原來的博士論文拿去付印。1922 年由上海「亞東圖書館」出英文版。【54】

這次胡適出差英國想順便到美國游歷將此事辦了，了卻一椿心事，以免受旁人之譏評。但他到紐約後沒有親自去辦，而是託一位朋友沈有乾代他將論文去交給哥倫比亞大學的……從此關於「老胡冒充博士」的謠言不攻自破，社會也沒有人再議論這椿往事

【53】《胡適傳》，頁254-5。

【54】同上，頁255。

了。從實際出發，以胡適的造詣來說【，】不管是論學術、論成就、論地位、論貢獻，豈是一個博士學位所能範圍得了的。這些胡適心中明白，所以有恃無恐；當然忙於教學，忙於出書，忙於寫文章，忙於社會活動等原因，將這件事耽誤了，心中不免遺憾！現在問題解決自然感到高興，這是不言而喻的。但當初為甚麼不及時把論文印出交去呢？這可能是因為母親病重，催得很緊，及北大已決定聘他去教書，所以來不及修改復印就回國了……【55】

有了沈有乾的親身記錄和白氏1993年的詳細澄清，再回顧十五年前的1978年間，夏志清與唐德剛幾乎針鋒相對的說法，就顯得夏氏的論證和總結幾乎是無庸質疑了：

說穿了，情形就很簡單。原來當年唸博士學位的人數較少，哥大研究院規定博士候選人非待博士論文正式發表後，不授予學位，論文考試通過還不算數。哥大一八九六年創辦研究院，一切條例當然按照歐洲學府的規矩。二十世紀初期，一般教育家認為一個哲學博士（Ph. D.），辛辛苦苦寫了篇論文，假如不出版，怎能證明它有學術貢獻？所以當年在哥大領取學位條件之一是繳進論文一百本，也就是說非出版論文不可（當年還沒有「全錄」影印機，可把論文複印）。為甚麼要一百本呢？我想主要原因是便於分送歐美各大學，這樣別的大學也把它們的博士論文寄給哥大，減少一步手續，每校審定的博士論文，別的學府也同時可以看到，對教授、研究生而言，自是一種方便。【56】

【55】同上，頁255-6；參見頁498。

【56】〈胡適學位考證〉，頁33。但並不是所有名校皆如此規定。一九二六年夏天後得士大（史丹佛大學）心理學博士的沈有乾告訴我們：「士大夫並不像有些大學，論文必須繳進一百本後，博士學位始得正式領取。」（〈懷念六位美國業師〉，頁113。）

博士論文得發表的傳統迄今仍有德國大學遵守（而牛津則只規定品質和形式達到出版的水準即可）。【57】附帶一提，以胡適當年窮困的經濟能力而言，要印一百本的費用不無問題。【58】

以上富、夏、白是全面肯定所謂「胡適博士學位問題」只是「手續問題」。與此同一看法的還有石原皋。他在1990年寫道：

> 一九一七年四月二十七日，他的博士論文寫完，約計九萬字，費時九個月而成。題目是《中國古代哲學方法之進化史》……據哥大規定，必須呈交論文一百本。他急於【於】回國任教，無法付印呈交，直到一九二七年，他才攜帶印好的論文到美國，補行手續，才了結『博士』公案。【59】

4、耿雲志、沈衛成的「不通過」論

但耿雲志卻完全推翻上述「純手續」論。他在1985年出版的胡適〈博士學位問題及其他〉卻很自信地認為胡適所謂「考過」不等於「通過」，並進一步推斷說胡適的口試其實「沒有通過」，且誤解了胡適1922年1月的「附註」（"A Note"）。他寫道：

> 胡適為論文的出版寫了一個簡短的說明【即「附註」（"A Note"）】。其中的幾個要點也是很可耐人尋味的。第一，他指出這篇論文就是

【57】Robert Currie, "The Arts and Social Sciences, 1914-1939" in Brian Harrison, ed. *The History of the University of Oxford, Volume VIII: The Twentieth Century*, (Oxford, Clarendon Press, first published in 1994; reprinted with corrections 1995), p.125。

【58】根據張忠紱1929年間的數字，約需美金八百元。見氏著，《迷惘集》（香港：田風，【1968】），頁55。

【59】石原皋，《閒話胡適》（【合肥】：安徽人民出版社第2版，1990年）。頁29。蘊涵有類似看法的還有《胡適留學日記》編者的話，頁1；〈胡適和三個人〉，《胡適與我》（見《李敖大全集》18），（台北：榮泉文化，1995），頁41。

葉其忠　重探所謂「胡適博士學位問題」四種類型的論證　103

1917年被哥倫比亞大學哲學系「作為博士考試的一部分而被接受的」那篇論文。這個說法非常值得推敲。他不說論文是否被通過，而說它作為「博士考試的一部分被接受」。說論文「被接受」，本來可以理解成「被通過」；但也可以照最普通的意思去理解，即他把論文交上去了，導師收受了，如此而已。胡適正是要表達這個意思。因為他把論文通過與否即口試的結果推到「考試的另一部分」上去了。他此刻是為論文寫說明，自然可以不必細談「考試的全部」事情。如此這般，不知內情者，不致生疑，知內情者也不好說胡適說了謊。第二，他說這篇論文曾受到讀過它的人們的贊許，此次出版就是在國內外朋友們的勸促下實現的。這裏他不談「接受」他的論文的導師們如何評價的問題，而泛說讀過它的曾表示贊許。於是又把要害迴避開了。不特此也，細玩其語意，似乎還包含有對當年主考六教授有眼無珠，不識真貨色，略示譏諷之意。唐德剛曾說，杜威可能根本就不曾讀過這篇論文。我看，胡適本人很可能也認為他的導師們沒有認真讀他的論文。第三，他說，這篇論文所涉及的問題，他於1917年以後繼續做了研究，且有新的材料和新的更為成熟的見解結晶在1919年2月出版的《中國哲學史大綱》（上）中。作為博士論文，當時沒有通過，按理須作大的修改，再求通過，然後才能出版。現在胡適沒有修改，但聲明，他已有新的更成熟的著作問世。這就可以解釋他不加修改的原因。但既然同一課題已有新的著作問世，舊著便沒有出版的必要了。由此又可見，此次出版，確是為補領博士學位的需要。【60】

　　以上「*幾個要點也是很可耐人尋味的*」解讀，沒有一點站得住腳。這得從了解胡適相關英文「附註」說起。胡適原文寫道：

This work on the development of logical method in ancient China was

---

【60】〈博士學位問題及其他〉，頁305-6。

written during my residence in New York City from September, 1915, to April, 1917. It was *accepted* by the Faculty of Philosophy of Columbia University *as partial fulfillment of the requirements for the degree of Doctor of Philosophy*【此處用語為制式用語，見於英、美不是「只以論文」取得學位的任何一本論文】。Since my return to China in July, 1917, I have continued my research work in the history of ancient Chinese philosophy and have embodied the results of my researches in the first volume of my *History of Chinese Philosophy* which has gone through seven editions and had a circulation of 16,000 copies in the course of two years. That volume, covering the same period as this dissertation, has made use of practically all the material contained in this earlier work in English. Continued research and maturer judgment as well as better facilities in books and expert consultation have enabled me to incorporate in my Chinese work many new materials which were inaccessible to me when I wrote this dissertation in America. During the last four years I have longed for an opportunity to make a thorough revision of this work. *Pressure of work, however, has so far prevented me from fulfilling this wish.* This accounts for the long delay in its publication. *My English and American friends in China who have read this volume in the manuscript form, have repeatedly persuaded me to publish it as it was written four years ago.* I have now decided to do so with much reluctance, but *not without the consolation that the main position taken in this dissertation and the critical methods in the treatment of its source-materials have received the warm approval of Chinese scholars* as is shown in the cordial reception accorded to my first volume of *History of Chinese Philosophy* which is essentially a Chinese version and expansion of this earlier work on what I consider to be the most essential part in every history of philosophy, -- the development of logical method. January, 1922, The National University of Peking.[61]

66年後的1983年，胡適的英文版博士論文終於有了中國邏輯史研究會主持的中譯本。其「附註」譯文曰：

這本關於古代中國邏輯方法的發展的著作，是我於1915年9月至1917年4月住在紐約時寫的。它是哥倫比亞大學哲學系接受我申請哲學博士學位的部分要求。1917年7月，我回國後，繼續研究中國古代哲學史，並寫成《中國哲學史》第一卷。（註1：編者注：即指《中國哲學史大綱》（卷上），後改名為《中國古代哲學史》。）它在兩年中共印了七次，發行一萬六千冊。它所涉及的時期與這篇學位論文相同。而實際所使用的資料都包括在這本較早的英文著作中。但是，不斷的研究，較成熟的判斷，文字的簡明以及專家的指教，使我的中文著作增加了許多新材料，這都是我在美國寫這篇學位論文時所得不到的。最近四年，我很想有機會對這篇論文作徹底的修訂，但由於工作的繁忙而擱置下來，這就是它長期未能出版的原因。在國內的英、美友人曾讀到我這本書的手稿，屢次勸說我把這本四年前寫的書出版，我現在勉強地把它發表了。可以高興的是這篇學位論文的主要論點、資料的校勘，都曾得到國內學者的熱情贊許。這表現在他們對於這本書的中文修訂版《中國哲學史》第一卷的真誠接受，特別是關於我所認為的每一部哲學史的最主要部分——邏輯方法的發展。1922年1月於國立北京大學[62]

【61】見 Hu Shih (Suh Hu), *The Development of The Logical Method in Ancient China*, (Shanghai: The Oriental Book Company, 1922; 1928)。

【62】《胡適文集》第六冊「前言附記」，頁4-5。

此「附註」中清楚表明此論文在1917年「已被接受」（"accepted"），它是整個博士學位要求最後三個條件之一。另二最後條件即是博士論文口試及格和出版論文。於此若我們想像力夠豐富，我們可以大做文章。若我們要在「不疑處有疑」，則可以指出胡適只提到「在國內的英、美友人曾讀到我這本書的手稿，屢次勸說我把這本四年前寫的書出版，」而沒有提到他的國外讀者，尤其是他的老師杜威和另五位考委；事實是，那時杜威確是在中國，因此胡適提到的「在國內的英、美友人曾讀到我這本書的手稿」，到底是否包括杜威，似不能斷說絕無此事。至於此處耿雲志文中的「我看，胡適本人很可能也認為他的導師們沒有認真讀他的論文」和下述耿氏的反問「難道是那時杜威沒有細讀其論文，沒有領略其好處，等胡適考試失敗回國之後，杜威才又重新細讀他的論文而發現其妙處嗎？當然不可能。」與唐德剛臆說「杜威可能根本就不曾讀過這篇論文」在義涵上可能不能共存，因為「可能根本就不曾讀過」與「沒有認真讀」確是有差別的；「不斷的研究，較成熟的判斷，文字的簡明以及專家的指教，使我的中文著作增加了許多新材料，這都是我在美國寫這篇學位論文時所得不到的」和「最近四年，我很想有機會對這篇論文作徹底的修訂，」可以用來解說為甚麼他的論文可能出問題，但馬上接下來的「但由於工作的繁忙而擱置下來，這就是它長期未能出版的原因」，則否定了「論文可能出問題」的結論。而論文至少在形式上沒有出問題也可以從「它是哥倫比亞大學哲學系接受我申請哲學博士學位的部分要求」中的「接受」得到些引證。此外，從實質觀點而言，我們也可以從《中國哲學史大綱》（卷上）之成就來加強英文版確是一樣好，因為他告訴我們：「它所涉及的時期與這篇學位論文相同。而實際所使用的資料都包括在這本較早的英文著作中。」而此論文主要是「特別是關於我所認為的每一部哲學史的最主要部分——邏輯方法的發展」，也足以打破胡適寫不合形式的論文！當然 *"not without the consolation that the main position taken in this dessertation and the critical methods in the* treatment of its source-materials have received the warm approval of Chinese scholasrs"（「可以高興的是這篇學位論文的主要論點、資料的校勘，都曾得到國內學者的熱情贊許。」）一句卻可能蘊涵唐德剛等人所言的考委們看不懂胡適這篇開創性的漢學論文。

再說「杜威可能根本就不曾讀過這篇論文」也沒有堅強的證據（詳見頁8－9），因為既然胡適是杜威的信徒，杜威難道翻一翻胡適的博士論文都沒有嗎？總之，唐德剛的「杜威可能根本就不曾讀過這篇論文」和（1）上述耿氏的「杜威可能根本就不曾認真讀過這篇論文」與（2）下述耿氏的反問「難道是那時杜威沒有細讀其論文，沒有領略其好處，等胡適考試失敗回國之後，杜威才又重新細讀他的論文而發現其妙處嗎？當然不可能。」就根本不一致！像唐、耿間這種矛盾說法，我們如何採信呢？

回到耿氏「幾個要點也是很可耐人尋味的」解讀。關於第一點。對照胡適的英文和耿氏的解讀，可以看出耿雲志不知道美國博士攻讀的情形以及繳交博士論文參加博士論文口試的形式規定和用語！關於第二點，胡適並沒有說此論文的出版是在「國內外朋友們的勸促下實現的」，他只說在國內的外國朋友！關於第三點，胡適的英文是在做事實的陳述，因為沒有任何博士論文不需要修改或不可能修改。這可以有種解釋，即本身是「通過」的，或謂「大修通過」而不是「不通過」。如今不必修改既出版最簡單的解釋是，此時（1922年1月）已獲得通過。暫不談是如何通過的（參見註83），既是如此，即使仍可以改善，但做為「補領博士學位的需要」確可以不必修改。只能如此，不然出版了沒「通過」的博士論文後，如何以它拿學位呢？即如何打通各種說法，以達致最後只是「手續問題」而已？耿氏在修介唐德剛的「大修通過」看法時不也是認為若「沒有通過」得回校交論文並重新考試嗎？【63】但耿氏仍堅持曰：

【63】〈博士學位問題及其他〉，頁294。

既然胡適自己只說「考過」了最後考試而沒有說「通過」了最後考試，我們誰也無權替他更改。「考過」，只是說明參加了考試，而「通過」則包含考試合格之意。如果胡適當日順利「通過」考試，他決不會只說「考過」。一字之差，其意大殊。胡適自己是當事人，用不着費甚麼斟酌，也斷不會用錯了詞。而且，我們必須注意到，胡適的這篇日記是事隔五天之後追記的。他為甚麼當天沒有記呢？可能有兩種原因，一是因為考試不順利，情緒不佳，不願記此事，二是當日不知道考試結果，故未說。這後一種可能性極小。一般地說，這類考試的結果都是當日當面告知。所以前一種可能性最大。就是因考試不順利，心緒不好而未記。但過了幾天，情緒稍平，又感到「七年留學生活於此作一結束」，乃不可不記。於是經過五日躊躇之後終於在5月27日，補寫了22日的日記。既然是經過了幾日躊躇之後而寫的，就更不會發生用詞疏忽的問題。因此，我們完全有理由推斷，胡適是有意選擇了一個純粹中性的詞「考過」，而迴避通過與否的問題。【64】

關於胡適是否每日都有寫日記的習慣，所見報導有些出入。(《胡適留學日記》編者的話（頁1）是：「胡適把他這部自己稱為『自言自語的思想草稿』(thinking aloud)，說他『無論怎麼忙，每天總要騰出一點工夫來寫札記，有時候一天可以寫幾千字』。」《胡適雜憶》(頁200)則說：「胡先生是位日記作家。但他和我輩普通人一樣，沒有每日皆記的恆心。加以他認為寫日記要『多記個人思想，和學術心得；不應專記日常小事！』」至於「博士學位」對胡適是否屬於當日必記的事則不能斷論。

耿氏的另一重要證據是：

除了胡適的日記以外，還有朱經農的信可以證明我們的判斷……

【64】同上，頁297。

葉其忠　重探所謂「胡適博士學位問題」四種類型的論證　109

它告訴我們：（一）胡適的博士學位問題早在1919年（甚至更前）就已為「昔日好友，今為讎仇」的某人（據筆者推斷，此人很可能是指梅光迪）發現了。某人明確宣稱「老胡口試沒有pass」。（二）朱經農說這是謠言，並說胡適的朋友都不相信。後一句是真的。胡適的好友們的確不曾懷疑他的博士身份。比如，趙元任1921年6月1日與楊步偉結婚，發給親友的札函中就明寫證婚人有胡適博士。陶知行【陶行知】曾與胡適同在杜威處受學，他也承認胡適為哲學博士。這說明胡適一直沒有把口試真相告訴他的朋友。朱經農咬定說「口試沒有pass」是謠言，這是錯的。如果確是無根的謠傳，則胡適只要叫他的朋友到哥大一查便得真相，可以輕而易舉地擊破謠言。【即使胡適「通過」考試，但若沒繳上一百本論文副本，他的名字照樣不會出現在畢業名單上！】但胡適沒有這樣做。朱經農催促胡適趕緊採取自衛手段，刊布論文胡適也沒有採取這一行動。1920年8月9日，隔了將近一年之後，朱經農再次寫信給胡適，說「你的博士論文應當設法刊布，此間對於這件事，鬧的謠言不少，我真聽厭了。請你早早刊布罷」。（註1：見《胡適來往書信選》上冊，第110頁。）他的朋友為此事如此著急，難道胡適本人卻絲毫不介意嗎？不，當事情涉及到名譽問題時，他是萬不能不介意的。人家指名說他「口試沒有pass」而「冒充博士」，這確是涉及名譽的問題。連他的朋友都為此感到很不好受，胡適自己豈能無動於衷。那麼，既然胡適對於名譽受到損害的傳言，不能自衛，那就說明人家的說法不是無根的謠言，而是言之有據。【65】

這裏所提的「謠言」是我們所見最早質疑胡適博士學位的文字，流傳於胡適朋友間。關於耿氏的推論，除了上述已提及的白吉庵的批駁

【65】同上，頁298-9。

外，我們要看耿雲志如何從「胡適的好友們的確不曾懷疑他的博士身份」推出「這說明胡適一直沒有把口試真相告訴他的朋友」。這完全與論證的要求和辯論的技巧、不言之辯比滔滔之辯更強的原則不符；針對流言根本不必反擊；不是有謠言止於智者嗎？朱經農、趙元任、陶行知不是與胡適關係很密切的人嗎？難道我們要指摘他們隱瞞真相？「朱經農催促胡適趕緊採取自衛手段，刊布論文。」一語說明，若有辛祕，只是「手續問題」，因為沒有人會以出版沒「通過」的論文去回答「口試沒有pass」；即使加上「胡適也沒有採取這一行動」，也不能證明說他沒有「通過」，因為不出版論文可以有許多原因，如認為博士不博士不重要或遲早都會到手，何必急。在自認已確定胡適「沒有通過」後，耿氏接着想推翻敵對的說法。【66】關於後者我們可以免談，因為即使我們接受耿氏用以推翻相反看法的「不通過」論的種種根據，他的「不通過」論還是比不上「大修通過」、「小修通過」和只是「手續問題」等論，因為「不通過」論無法解決為甚麼哥大終於頒發博士學位給胡適：沒有一間名校會如此踐踏自己的名譽！不過，耿氏如下站不住腳且為了克服此障礙的推論倒是值得一提：

> 如果兩年前杜威「極贊」胡適的論文，豈不是一切順利。難道是那時杜威沒有細讀其論文，沒有領略其好處，等胡適考試失敗回國之後，杜威才又重新細讀其論文而發現其妙處嗎？當然不可能。從另一方面看，如果像夏志清與富路德【得】兩人說的那樣，1917年5月，胡適的博士論文順利通過，也就是說，當時受到了杜威的讚賞，那麼，事隔兩年之後，杜威有何必要「極贊」他兩年前的論文呢？【67】

> 看來事情只能是這樣：兩年前杜威對胡適的臨別贈言是對考試受

【66】同上，頁298-301。

【67】同上，頁304。

挫的學生的安慰。兩年後極贊胡適的論文，則是表示改變態度，換取已經顯赫了的胡適的諒解，以便在中國講學取得成功。實在不愧是實用主義大師。其態度的變換何等實用？！稍後，杜威親自給胡適寫信，談他對訪問中國的興奮。這封信也給我們留下一點痕跡，可以證明胡適兩年前「口試沒有pass」屬實。按理，凡口試通過，即已獲得博士學位，即可稱其為博士。然而杜威在信中，只稱胡適為教授而不稱他博士。而信中提到郭秉文時，便稱他為博士。這同樣不是杜威疏忽，而是反映了一個事實。【68】

若胡適已是博士又是教授，稱教授可能是更大的尊重！（如他的英文版博士論文1928年再版時仍只有北大哲學教授的稱謂而已。）「*看來【的】事情*」竟變成了「『*口試沒有pass*』*屬實*」！如何突然跑出來個污蔑杜威人格的文字？【69】為何不像其他人如唐氏所言，乾脆說他們看不懂胡適的著作？其實，耿氏在他處不也如此認為嗎？耿氏的結論是：

博士論文，直到考試後兩年才得到他的導師的贊賞，顯然來得太晚了，但「有終勝於無」。這樣他就可以考慮論文的出版了。【70】

耿氏以上胡適博士論文口試未通過論的簡要版也見於他於1997年出版的文章中：

【68】同上。對照，1922年稱胡適為博士的兩例子：美國評論家 J. E. Spingarn（參見註86所提供的線索）和羅素在 *The Problem of China*, (London: Goerge Allen & Unwin, 1922)一書。（見羅素著，宋調平譯，《中國問題》，台北：有志圖書出版公司，1973年，頁229）。其實，介於《中國哲學史大綱》（卷上）和《先秦名學史》出版期間（即胡適正式取得博士學位之前）和之後，人們以胡博士稱呼他，和以教授稱呼他的機率恐怕仍是不一致的。

【69】思考：耿雲志、聞黎明編，《現代學術史上的胡適》（北京：三聯書店，1996年第2次印刷）的封面有胡適的「做學問要在不疑處有疑，待人要在有疑處不疑」。而書內標題頁則有胡適的「大膽的假設，小心的求證。」

【70】〈博士學位問題及其他〉，頁305。

當他的文章在國內激起波浪的時候，胡適還在趕寫他的博士論文。直到1917年5月，這篇叫作《中國古代哲學方法的演進史》的論文才交上去。在緊接著進行的答辯中，這位在國內已『暴得大名』的人，卻並不順利。主考的教授們除了夏德教授略懂漢語、漢學，其餘他的導師杜威先生，對中國古代學術幾乎懵然無知。所以胡適的論文竟未獲順利通過。期之數年的博士學位未能即得，不免悵悵。然而，國內文學革命已如春潮澎湃，隨之更有思想解放的呼聲。胡適感到，他的事業，他的未來，已經在向他招手，區區學位，不足計也。是年6月，胡適告別他視為『第二故鄉』的美國，踏上歸國的旅途。【71】

總之，耿雲志是從質疑胡適考試「沒有通過」的觀點而找證據。他挑剔了口試後5日（1917年5月27日）追記「考過」的記錄，做為他主張胡適口試沒「通過」的最重要證據之一。此處對「五天之後追記」所說的「可能有兩種原因」是站不住腳的。其實，胡適雖曾誓言要每天寫日記，但是否真正如此做到，尚非毫無例外。按理而言，若胡適考試不過，不記日記當是情理中事；而若考試過了，高興極了，則大事慶祝，而不馬上加以記載，也是情理中事，兩者做為推論的依據不分軒輊。至於耿氏認為朱經農信中所提供的資訊，做為另一胡適考試不通過的重要證據，也可以有不同的、有利於胡適的解釋（如白吉庵所言）。當一個證據可以有完全相反的解釋或推論時，其可信度要大打折扣，甚至不能用。

【71】耿雲志，〈影響最大，爭議最多的知識界領袖——胡適〉，宋嘉沛主編，《民國著名人物傳》第四卷，（北京：中國青年出版社，1997），頁32。對照耿氏在《胡適語萃》編序，（北京：華夏出版社，1993），頁3：「1917年7月，胡適自美國歸國，9月到北京就任北京大學教授……」此處沒有提「考過」是否「通過」的問題。是否可說耿氏的相關看法就有不一致？

上述已提及關鍵的事實：胡適是在一九一七年五月二十七日追述他在五月二十二日「考過」博士論文口試。對此耿雲志加以強烈的質疑，但如下要提的另一關鍵事實他則沒有注意到：*胡適是在一九一七年五月二十九日告別杜威歸國，六月間在日本「皇后號」輪上寫其博士論文的"Preface"（「序言」）*[72]。雖然此「序言」中沒有提及是否「考過」博士論文口試，但在1922年1月，他在北大為出版此隻字未改的1917年英文版博士論文時也用了此*同一*「序言」。此英文版博士論文在1928年已有3版（即3次印刷），並重覆上述「序言」和上述「附註」。基於幾乎沒有人會在論文「出問題」不久後，還有空或心情寫為了未來出版此論文的「序言」的常理，我們可以推論，胡適是在說或認定他的博士論文沒出問題。當然，實際上是否真是如此仍不能斷論，因為迄今仍有人在懷疑！總之，此「序言」太重要了，因為它是證明胡適至少「考過」博士論文最堅強的證據之一。但它向不為研究者所注意到。特此誌之。

附帶一提，2000年，沈衛威的看法與耿雲志類似：

> 此時，遠在美國的胡適正在撰寫長達九萬字的博士論文《中國古代哲學方法之進化史》（一九二二年由上海亞東圖書館用英文出版，一九八三年上海學林出版社印行中文版時，譯名為《先秦名學史》），四月方完稿。五月二十二日進行博士學位的最後考試——口試（答辯）時，因主考的杜威等六位教授均不懂「漢學」，看不懂胡適的論文，加上胡適這幾年【其實不到兩年！】讀書頗不安分，導師杜威對此也有不滿，所以這次考試就沒讓他通過。這時，對胡適來說，在美國要想拿到學位，至少還得過兩年的老

【72】此「序言」寫作的地點和日期原文："June, on board S. S. Empire of Japan"，見 The Development of The Logical Method in China, p.2。周質平、韓榮方整理，《胡適全集卷35：英文著述（一）》，頁298有注意到此序言，但沒有談其意義。

童生生活；而北京大學文學、哲學、英文系教授的寶座正向他招手。博士學位和北大教授，如魚和熊掌不可兼得，於是就捨魚而求熊掌，選擇了後者。十年之後，胡適旅美，杜威看到這位東方大弟子已蜚聲華夏，馳名域外，今非昔比，乃補授他哲學博士學位。【73】

以上耿雲志、沈衛威的「沒讓他通過」看法比唐德剛的「大修通過」更加負面。若夏、富的看法已是與唐德剛的看法幾乎針鋒相對，則耿雲志、沈衛威的看法則是有過之而無不及。當然所有批評唐氏相關的看法的文字同樣可用上。

5、胡明的「小修通過」論

我們可以胡明作為胡適博士「小修通過」論類型說法的代表。1996年，他在《胡適傳論》裏的推論是這樣的：

> 首先筆者認為胡適的論文答辯口試確是通過的，但需作一些修改。修改完了，交上一百冊副本即可，幾時交來，幾時授予……胡適一生以不打誑不欺世自警，他晚年在自傳中這麼說顯然是誠實的。至於他用「考過」而不用「通過」，則是我們當今時代的人的習慣用語與胡適彼時不同的緣故，故不可輕易斷言「如果胡適當日順利『通過』考試，他決不會只說『考過』。」胡適這裏用的「考過」顯然也不僅僅是「參加了考試」的意義。如果「考過」僅僅是「參加了考試」而未能考試合格之謂，那麼他上面的「在第一年中我便考過了哲學和哲學史的初試口試與筆試」一句話也發生問題了。我們能據此斷定胡適在1916年的哲學與哲學史的「初試」成績也未獲通過，那麼他的「博士候選人」的資格也就成問題了。筆者這裏可以舉一個十分堅挺的例證說明這一點：中共

【73】《學思與學潮：胡適傳》，頁119。又同書頁445。

建黨最早發起人之一陳公博，1923年2月黨中央發生意見分歧後，便東渡太平洋到美國攻讀研究生去了。他在回憶錄《寒風集》的〈我與共產黨〉一章中說到，「抵紐約之後，我入了哥倫比亞大學的大學院（即研究生院），那時我又由哲學而改研究經濟」。三年後，他獲哥大碩士學位。他在書中說：「倏忽三年，大學算是名義上研究完畢了，碩士學位已考過。」陳公博通過「碩士學位」就稱「考過」，而且恰恰又正是在同一個「哥倫比亞大學的大學院」！我們能說陳公博也是碩士學位「沒有順利通過」而改稱「考過」的嗎？僅舉這一證例，便可掃盡「考過」這個問題上的烏雲。唐德剛說：「事實上縱使他說是『通過』也沒有大錯。」我說，事實上胡適這裏說的「考過」就是「通過」。時代差異用詞習慣不同而已。【74】

「考過」即是「通過」的內證也是胡適曾用過的用法（見上引文及頁10）。茲再補上另一證據：「這一件【文學革命】是非，也便是一九一七年前半年的中心議題。但是我自己卻一直等到我在哥倫比亞大學考過博士學位的最後口試之後，才於七月回到國內。」（《胡適口述自傳》，頁165。）

胡明在總結唐氏上述澄清和各家意見後，即曰：

> 博士論文畢竟是「通過」了，受銜儀式可以暫時拖着。這個受銜儀式一直拖到1927年才補辦，而且是在杜威本人的請求勸說近乎陪禮道歉的十分體面的情景中補辦的。先受用博士頭銜，再補辦授予儀式在當時美國高校中是十分普遍的……【75】

不介入上述針鋒相對的看法的，則有1986年曹伯言、季維龍。他們在引述了胡適上述博士口試日記資料後，只評曰：「日記中，未說明此

【74】胡明，《胡適傳論》兩卷（北京：人民文學出版社，1996），卷上，頁311-2。

【75】《胡適傳論》，頁303-4。

次口試是否通過。」！【76】

可見上述《胡適口述自傳》引文，以及此引文末近乎五頁，數千言的「註一」中，雖確是企圖以「隨筆式的文章」對「胡適博士學位問題」做最客觀、最忠實的陳述，並加以公平、公正、且合理評論，以期平息先前他在《傳記文學》上連載的「胡適口述自傳」所引起，針對「胡適博士學位問題」的「反胡」、「詆胡」和「衛胡」論爭。但唐氏的企圖並沒有完全成功。

四、綜合討論代結論

堅持「有幾分證據，說幾分話。有七分證據，不說八分話」【77】、「為人辨冤白謗，是第一天理」【78】的胡適處處講懷疑、講考證、講考據、講客觀、講求真、講證明和講無徵不信，當然會對證據和論證很注意，因此當我們發現胡適本人對他生前的「胡適博士學位問題」傳言沒有提供了斷性的證據和論證不免會感到「遺憾」，而對胡適去世後，此傳言竟會由唐德剛（《胡適雜憶》的作者）、《胡適口述自傳》的譯述者）把它變成胡適研究裏的一個爭議性課題一事，卻會感到十分「驚奇」。

【76】曹伯言、季維龍編著，《胡適年譜》（合肥：安徽教育出版社，【1986】），頁119。

【77】 胡適紀念館把此名言製成明信片發售。李遠哲在《中央研究院重要研究成果》（九十二年）〈寫在前面〉說：「我最近常想起胡適故院長的一句名言：『有幾分證據說幾分話。』胡先生指的可能是他所專長的考據或歷史研究，也可能另有指涉或深意。其實這樣的認知也適用於其他學術領域。」周策縱的堂弟周叔厚在《證據法論》（台北：海天印刷，2000年第四版）的扉頁也用了「有幾分證據，說幾分話。有七分證據，不能說八分話。」

【78】曹伯言整理，《胡適日記全編（八）：1950-1962》，頁243。民國四十七年十二月胡適在羅爾綱的《師門五年記》再校本的扉頁用了「做學問要在不疑處有疑，待人要在有疑處不疑。」

唐德剛在1979年出版的《胡適雜憶》，除了提出胡適是在1927年正式拿博士學位這個沒有爭議的事實外，也正式質疑了胡適自己所說的（和一般人接受的），他（胡適）是在1917年即「通過」博士論文口試，獲得學位的說法。唐的質疑分為兩個互為衝突的層面，一是胡適連考試的資格都沒有；另一個是，他博士論文口試得了個「大修通過」的成績。這個互為矛盾質疑的兩個層面，馬上引起強烈的反應，批胡、反胡派趁此加油加醬，說胡適是冒牌博士等；衛胡者認為胡適的所謂博士學位問題，只是手續問題，或至多是小修問題而已。

為了回答對他的種種質疑，唐德剛提出了種種合理化的原因和解釋，而這種種也同樣引起更多爭議，其焦點是，若胡適在1917年已「通過」，則他為何要到1922年才出版英文版博士論文，並遲至1927年才正式辦完整個手續，獲得博士學位？

唐德剛是從兩個事實推論胡適的學位問題。其一是，胡適的名字沒有出現在1917年畢業名單上；其二是胡適是在1927年才正式拿博士學位。唐氏進而推演出種種可能原因。這些原因很不一致，從全盤否認（本文認為沒有必要討論的「沒有資格考試」論）到極力辯護，但皆沒有真正或完全澄清該澄清的問題。反是富路得和夏志清的澄清最明確。因此我們有兩組極權威，且是近乎針鋒相對的看法，因此不可能兩個皆對！

唐德剛說他做了考據，但從論證的觀點看，他所說的定案和最內幕的消息並沒有說清楚。若說是避諱，這在胡適死前可能說得過去，但在胡適死後，在爆發胡適是1927年的哥大博士，以及夏、富等人的挑戰下，他仍沒有交代清楚，並做出矛盾的辯護，我們不免要質疑他自己所聲稱的內幕（胡適告訴他的內情）以及他認為是定案的「考據」是否如他所言那樣是無懈可擊。其實，在他提出看法和澄清後仍然有不同的看法既足以說明仍有澄清的必要。而我們確在唐氏的說法中發現他的說法確不完整，且有矛盾。

夏志清從胡適不可能沒有「通過」博士論文口試立論，但因不屑接

受荒謬的「手續問題」而耽誤領取學位，並引極相關的艾略特事件和親自參加一位台大肄業生的哥大博士口試，來說明胡適的確有超過口試的水準。但實際上是否真如此？唐氏說他有疑處不疑可是真的？我認為夏志清的看法最合邏輯、合理，但並不一定就是事實，唐德剛的「大修通過」看法也合理，但也不一定就是事實。

唐是哥大博士，該是最清楚整個攻讀博士學位的歷程。我們也有同樣權威的夏志清的看法，他既是長春藤盟校耶魯博士也是哥大的教授。我們也有哥大校長1922年的聘任信，以及唐氏、夏氏所談的許多哥大人如何解決實質和形式問題而獲得哥大博士學位的證據，其中在更可靠且權威的證據出現之前，最最關鍵，但並不充足的證據，當然就是胡適本人的日記記錄。此外，我們也有無可爭議的歷史事實，但綜合起來，整個答案還是有點不完美：即胡適到底是小修通過，還是大修通過，仍然有點疑問。

至於耿雲志，他的看法是全盤推翻，即是說胡適考試不過。若是如此，且按照唐氏的說法就得再回美國參加考試且得修改論文，但我們知道胡適沒有修改論文，即拿學位，也就是說，若我們接受唐氏的「大修通過」，胡明的「小修通過」，更不要說夏、富、白吉庵和石原皋的只是「手續問題」，則我們就無法考慮耿雲志的「不通過」看法。但耿雲志對「考過」不等於「通過」的討論可以有如此的安慰：「如 J. L. 奧斯丁教授所說，我們可以用『對詞的深化認識去加深我們對現象的理解』。」【79】

本文的貢獻是批評並折衷可以折衷的「胡適博士學位問題」主要類型之看法，同時補上了被忽略的一個考慮、因素之意義，即1922年英文版的博士論文已出版，並要強調澄清說，考到學位和正式領取學位證書

【79】 H. L. A. Hart（哈特）原著，張文顯等譯，《法律的概念》（The Concept of Law）（北京中國大百科全書出版社，1996），「序言」，頁1。原文為："As Professor J. L. Austin said, 'a sharpened awareness of words to sharpen our perception of the phenomena.'"

葉其忠　重探所謂「胡適博士學位問題」四種類型的論證　119

是不同的兩件事。顯然的事實是，胡適博士論文英文版在1922年已出版，而不是1927年，且他是以隻字未改的方式出版原是1917年的博士論文而完成博士學位的正式手續。有鑑於此，可以說幾乎所有論者可能沒有考慮到通過博士學位或得到博士學位和正式拿博士學位的時間兩者可以有時差，甚至可以有缺席領取博士學位之可能。整理起來，我所根據的事實以及推論是這樣的：

事實1：胡適在1917年既參加博士論文口試。

事實2：胡適在1919年出版他的中文版博士論文，獲得盛名。有數國學者[80]、甚至哥大校長[81]、美國出版社[82]，聞名而至，或要翻譯之成為本國語文、或要請他出書、講學；並對英文版也感趣[83]，也要譯成本國語言，而此英文版在66年後的1983年終於第一次有了完整

---

[80]《胡適的日記》，上冊，頁125記1921年7月4日曰：「……俄國人……Polevoy
（柏烈偉）專治中國哲學，他要把我的《古代哲學史》譯成俄文，我允許了。」
《胡適的日記》上冊，頁237記1921年10月10日曰：「……Paul Demiéville……
君能讀中文書，曾讀我的《哲學史》，有翻譯成法文的志願，但尚未能自信。」
《胡適的日記》，下冊，頁347記1922年5月4日曰：「……德國……頭等參贊
尉禮賢博士（Dr. Richard Wilhelm）精通漢文，曾把十幾部中國古書譯成可讀的
德文。去年他動手譯我的《哲學史》，今年因事忙擱起了。使館卜爾熙君（Von
Borsch）說，漢學家傅爾克（A. Forke，曾譯《論衡》的）曾託他代買我的《哲
學史》，也是想翻譯成德文的。不知這兩個譯本之中，那一本先成功。」他們
（印（美）人、俄人、法人、德人（兩人））要譯的是胡適中文版博士論文，於此
可見此中文版是胡適確立學術地位極重要著作。

[81]《胡適的日記》，上冊，頁271記1922年2月23日日曰：「哥倫比亞大學校長
Nicholas Monroe正式寫信來聘我去大學教兩科，一為中國哲學，一為中國文
學。年俸美金四千元。此事頗費躊躇，我已決計明年不教書，以全年著書。若去
美國，《哲學史》中下卷必不能成，至多能作一部英文的《古代哲學史》罷了。
擬辭不去。」

中譯本（且被收錄在多處相關的文集裏），雖其中文擴大修正版早在1919年已先行54年！

　　事實3：胡適在1927年補交1922年出版的隻字未改的1917年5月22日口試時的英文版博士論文而正式獲得博士學位。1922年英文版的出現說明胡適的論文已實質通過，不然如何說明他以後拿博士學位用的就是此英文書？難道在他成名後，連不成功的論文也可以過關？我們沒有此方面的證據。【84】有的倒是無可爭議的胡適是在1927年補交早在1922年已出版原是1917年博士論文英文版而領取博士學位。

　　再多的合理推論都抵不上已發生的事之實在。解決此「胡適博士學位」歷史公案之途是，我們至少可從上述三個沒有疑問的事實推論為起點：事實當然是胡適在1917年「考過」博士論文口試後沒有拿博士學位，因為：(1)1917年博士名冊上沒他的名字，造成此事實的原因，可能如唐氏所言，得「大修通過」；也可能是調和兩者，如胡明所言的，「小修」和「手續問題」。但更可能如夏志清、富路得所言的，只是「手

【82】《胡適的日記》，下冊，頁379記1922年6月15日曰：「美國批評家 J. E. Spingarn 現代表 Harcourt, Brace & Co. (1 West, 47ᵗʰ St, N. Y. C.)寄信來，要我做一部英文的說，注重在中國文化方面的貢獻。此與我上月的計劃相投，書還沒有動手，已有了出版社，也是一件好事。」

【83】《先秦名學史》的初版是1922年10月；1928年3月已出「三版」（即指「三刷」），且在1927年至少已有日文翻譯本（井出季和太譯，《胡適の支那哲學論》，（東京：大阪屋號書店，1927））。

【84】參考〈博士學位問題及其他〉，頁306：「從1922年論文出版到1927年胡適拿到學位，這期間沒有見到任何有關的資料。究竟是如何達成妥協，已無從準確判斷。此事的細節，大約胡適與哥大當局都不便說明。這事成了胡適一生埋在心底的一件憾事。1948年，胡適填寫中央研究院院士表格時，在學位一欄先寫上美國康奈爾大學文學士，並注明『1914』的字樣；接着寫哥倫比亞大學哲學博士，便沒有注明係何年所得。其難言的苦衷，可以想見。」

續問題」，因為胡適的確只是完成繳一百本的「手續問題」，而沒有「大修」或「小修」即在1927年正式拿到學位。（2）1919年出版的中文版博士論文可以有完全相反的解釋：其一，即是因為他可能在1917年的論文考試出了問題，所以急着修改出版以建立他在中國的地位並表示某程度的抗議。另一是因為他可能「考過」而急與國人分享其成果，先以中文出版（如富氏所言）。但為甚麼要修改後才出版，為甚麼要再花一年多？我們在此文檢討幾個主要類型的看法，但並沒有得到一致的看法。這是因為在1917年「考過」的事實與1927年正式拿學位的事實之間有模糊的地方，所以可以有種種解釋。（3）1922年10月出版英文版意味着胡適一定是在這之後才可能獲得一紙證明取得學位，至於正式畢業證書可等空閒時領取。（4）若已正式拿到博士學位證書，就不能再參加典禮，更不能補辦儀式。若是一紙正式證明通過學位，但不是正式學位證書，則可以參加畢業典禮式，因為一紙證明獲得學位不等於拿到畢業證書，因拿畢業證書有兩種方式：一種是缺席領取；一種是出席畢業典禮後領取。胡適是在1927年正式請人代領其博士學位。

證據有時足夠，但通常不足。而最惱人的是，最關鍵證據常找不到或無從找起。因此只好以合理解釋或常識或理論代替！填事實與事實之間的漏洞。但再似真的事實都不是真事實，而真事實有時也弄不清楚，但這並不等於沒有真事實，如胡適在某一年拿學位，在這之前他得參加學位考試，其成績如何都是已發生的事，我們是否正確知道其事是一回事，但其存在是不可質疑的。

本人曾經寫過一篇小文章【85】，強調歷史事實及其解釋之不同，本文也有此味道。針對胡適在1917年是否「考過」（即「通過」）博士學位和他該不該拿到博士學位做了一個澄清。前者（是否「考過」（即「通

【85】〈張東蓀生卒年記載誤差之省思：歷史事實與歷史解釋關係間的一個小個案〉，《中央研究院近代史研究所集刊》，第三十一期（1999年6月）。

過」)博士學位)是鐵一般的事實認定——不管是1917年即已「通過」，還是1927年才「通過」——，後者（即他該不該拿到博士學位）則是其解釋、評價。前者是本文得優先處理的問題，是歷史問題，後者（該不該拿到博士學位的澄清）是預設了前者，是第二層次的問題，是針對事實加以評價，賦予意義的做法，可以屬於哲學探討的範圍。

歷史事件並不一定能用合理解釋所解決——有發生即是有發生，推測並不等於歷史。雖然有些推測的結論幾乎等同事實，如我們皆有至少十八代以上的祖先。若不是真正發生的歷史事件，我們實在沒有必要探討的博士學位問題。但他是否在1917年「通過」博士學位口試；為何要到1927年才正式拿博士學位；以及因之而來所涉及的次要問題：如為何他的博士學位問題會成為某些人取笑他的根據、打擊他的名譽的籌碼，等等皆確是歷史事件。可惜的是，可能是認為無聊，也可能是他的寬厚，也可能是確有令人懷疑的事情，胡適的相關文字若放在顯微鏡下，確可以做些文章或大吹大擂一番。但歷史事實的確並不如想像中容易確定。至於有爭議的歷史事實之認定則就更難了。但這並不意味沒有比較可以接受的說法。總之，合理推論並不難，難的是歷史事實之重建。余英時最近已有最清楚的說明：

> 事實上，即使沒有後現代史學的挑戰，我們也早就知道歷史世界已一去不返，沒有人具此起死回生的神力了。然而不可否認的，一直到目前為止，這一重構的理想仍然誘惑着絕大多數的專業史學家，甚至可以說，這是他（她）們畢生在浩如煙海的史料中辛勤爬搜的一個最基本的動力。史學家誠然不可能重建客觀的歷史世界，但理論上的不可能並不能阻止他（她）們在實踐中去作重建的嘗試。這種嘗試建立在一個清醒的認識之上：歷史世界的遺跡殘存在傳世的史料之中，史學家通過以往行之有效和目前尚在發展中的種種研究程序，大致可以勾劃出歷史世界的圖像於依稀彷彿之間。同一歷史世界對於背景和時代不同的史學家必然會呈

現出互異的圖像，因此沒有任何一個圖像可以成為最後的定本。
但歷史世界的圖像畢竟不能與文學或藝術上的虛構完全等量齊
觀，因為它受到歷史證據的內在制約，否則不僅不同圖像之間將
失去評判的共同標準，而且我們也沒有任何根據可以不斷修改史
學界目前接受的一切關係了。【86】

也就是說，針對同樣的歷史事實——以本文而言，即胡適在1917年
5月22日「考過」博士論文口試，1919年2月出版《中國哲學史大綱》
（卷上），1922年10月出版《先秦名學史》，以及1927年才正式拿博士
學位——可以有不同的解釋。這是因為對同樣的事實之觀察、記載和態
度仍有不清楚、不明白的地方，所以推論就不同，甚至錯誤。若一定要
下結論，且記住上述羅素的建議，以及胡適得自吳稚暉的「實事求是，
不做調人」的箴言，本文還是認為胡適的夫子自道最可靠、可接受。【87】
本文所舉的胡適專家，除了耿雲志一人推翻胡適自己的1917年「考過」
論外，其他人皆只修正胡適的「考過」論為「大修通過」論、「小修通
過」論或只是「手續問題」論而已，而最後一類型是多數。

【86】 余英時，〈我為甚麼探求朱熹的歷史世界〉，《錢穆先生紀念館館刊》年刊第
八期（錢賓四先生逝世十週年紀念年專刊）（台北：台北市立圖書館，民國89年
12月），頁12。

【87】 季羨林主編，《胡適全集》（全44卷），（合肥：安徽教育出版社，2003），中
有季維龍編，《胡適全集卷43：胡適生平年表》，頁5透露了季氏已改變先前中
立的看法（本文註77）云：「【1917年】5月22日，通過哲學博士學位的最後口
試。」這大概是最近、最新、且可能是最權威的論斷之一了。又參見余英時類似
的結論：《重尋胡適歷程：胡適生平與思想再認識》，（台北：聯經中央研究
院，2004），頁3-13，尤其頁12有云：「總之，胡適的『博士學位問題』延遲
了十年之外，別無其他可疑之處。至少到現在為止，尚未出現任何足以致疑的證
據……」此看法可算是本文兩三年來坎坷經歷的一個小小安慰了。

景印香港新亞研究所《新亞學報》（第一至三十卷）

基督教和儒教在十九世紀的接觸【1】
——基督教入南洋先驅米憐研究

龔道運*

　　米憐（William Milne, 1785-1822）是耶教在十九世紀到東方傳教的先驅人物【2】。他於1813年7月4日抵達澳門。同年7月16日抵達廣州。

---

*新加坡國立大學中文系。

【1】基督教包括天主教舊教，耶穌新教、希臘東正教。它在十九世紀和儒教的接觸，所涉地區包括東北亞的中國、日本、韓國和東南亞的新加坡、馬來西亞、越南等。本文只針對耶穌新教（後簡稱耶教）先驅之一米憐（William milne, 1785-1822）在東南亞和中國的活動加以論列。

　　儒學不是一般的宗教，如果依據蒂利希（Paul Tillich, 1886-1965）以終極關懷（Ultimate concern）定義宗教信仰（見所撰 *Dynamics of Faith*, New Yord: Harper & Row, 1957），則儒學可說是具有極深的宗教性。本文即據此將儒學定性為儒教。

【2】關於米氏的生平，參考，William Milne, *A Retrospect of the first ten years of the Protestant Mission to China* (Malacca: The Anglo-Chinese Press, 1820), PP.108-119, 137-142, Robert Morrison, *Memnoirs of the Rev. William Milne*, D. D. - *late missionary to China and principal of the Anglo-Chinese College* (Malacca: the Mission Press, 1824), PP. i-viii, 1-33; Alexander Wylie, *Memorials of the Protestant missionaries to the Chinese: giving a list of their publications and obituary notices of the deceased with copius indexes* (Shanghae: American Presbyterian Mission Press, 1867) pp. 12-13; Robert Philip, *The life and opinions of the Rev. William Milne* (London: John Snow, Paternoster Row, 1840), PP. 1-216, 291-325; E. Stevens, "A brief sketch of the life and labors of the late Rev. William Milne, D. D." *The Chinese Repository*, 1:8 (December 1832), pp.316-325.

由於當時中國對基督教仍未解禁，以致他在華的活動殊為短暫。米氏的主要事業是在馬六甲展開。這些事業都環繞「傳耶教於中國」的目標而建立。一些學者因為馬禮遜（Robert Morrtison, 1782-1834）偶然批評米氏「向少數歐洲人傳教」[3]，便對他蔑視而使他得不到應有的重視[4]。又由於享年不長，米氏的聲望大半為馬禮遜所掩。實則米氏在耶儒接觸史上有不容忽略的貢獻。米氏的活動雖在南洋，但他的事業所涉及的耶儒接觸問題，卻對中國本土有重大意義。茲先略述其習漢文經歷，再從各方面論列其成就和限制。

1、學習漢文

米氏學習漢文，從入華迄去世，從未間斷[5]。他抵澳門之始，便從馬禮遜學習漢文。但他只學了三天，澳門當局即將他驅逐出境。在廣州短暫居留期間，他繼續努力學習漢文。開始時，他在幾無助手的情況下學習，後來才得到馬禮遜的親自教導。馬氏要求他心無旁騖，從早到晚專注於學習[6]。米氏聚精會神學習了四個月後，自覺進步甚慢，但並不沮喪。稍後，他以苦澀的幽默語氣描述對漢文的掌握，謂需有銅體、鋼肺、石首、彈簧鋼雙手、鷹眼、傳道者心腸、天使般的記憶力以

---

[3] 米氏曾向馬六甲的荷蘭耶教徒佈道。見 Milne, *Retrospect*, pp. 144-145.

[4] T. W. Marshall, *Christianity in China: A fragmen* (London: Longman, Brown, Green, Longmans & Roherts, 1858), p. 68.

[5] Morrison, *Memoirs*, p. vii.

[6] Philip, *Life*, pp. 129-134; 米氏在1813年9月10日致倫敦會董事函，見 London Missionary Society Records（以下省稱 LMS.）S. China; Eliza Morrison, *Memoirs of the life and Labours of Robert Morrison*, vol. 1, (London: Longman, Orme, Brown, Green, and Longmans, 1839), PP. 367,377。

及瑪士撒拉（Methuselah）般的長壽【7】。除最後一項外，米氏大體具備了他自訂的學習漢文的條件。從米氏自道學習漢文的甘苦，可以概見其意志之堅定。

米氏隨馬禮遜學了六個月華文後，便離廣州到馬來群島尋找傳教基地。臨別對過早離開馬禮遜而喪失學習漢文的機會，表示惋惜【8】。米氏在1814年9月回到廣州，再從馬禮遜學習漢文。第二年春，即赴馬六甲籌建英華書院（Anglo-Chinese College）【9】。米氏在廣州從馬禮遜學習漢文前後合計不滿一年。

抵達馬六甲後，米氏學習漢文的熱忱雖然毫不鬆懈，曾自稱不願放棄任何學習漢文的時刻【10】。但當地學習漢文的環境顯然遠不及廣州。據英華書院的教員名錄，可知教導過馬禮遜華文的李先生於1818年在該院教導中國經典【11】。米氏即曾從其學習《書經》【12】。米氏學習漢文的毅力堅決不移，遂為他從事耶儒接觸的工作奠定基礎。但從米氏為時不長的學習漢文經歷看來，他雖然具有學習語文的天賦和毅力，也不可能有很深的造詣【13】。然則米氏的漢文譯作或撰述，除一部份得到馬禮遜

【7】 米氏在1813年9月10日和1814年1月16日致倫敦會董事函；1814年2月4日致 Rev. Tracy 函；見 LMS. S. China; Philip *Life*. 137; Richard Lovert, *History of the London Missionary Society, 1795-1895*, vol. II (London: 1899), p. 431.

【8】 Eliza, *Memoirs*, vol. 1, p. 380.

【9】 Wylie, *Memorials* p. 13.

【10】 米氏在1815年12月致倫敦會函，見 LMS Mallacca; 米氏1816-1817的日記，見 *London Missionary Society, Journals* (S. China).

【11】 Brian Hasrrison, *Waiting for China* (Hong Kong: Hong Kong University Press, 1979), p. 191；鄒明德，〈鴉片戰爭前基督教傳教士在華的文化活動〉，《近代史研究》期5（1986年9月），頁2。

【12】 米憐於1820年9月20日致馬禮遜函，見 Eliza, *Memoirs*, Vol. II, P. 54.

3

的修正外【14】，其餘部份很可能還經過精通漢文的中國助手的潤飾【15】。

2、翻譯《舊約聖經》

米氏受遣入華的重要任務之一是協助馬禮遜漢譯《聖經》【16】。他所譯的是《舊約》的〈復講法律傳〉（或稱〈申命記〉，Denteronomy）、〈若書亞傳〉（或稱〈約書亞記〉，Joshua）、〈審司書傳〉（或稱〈士師記〉，Judges）、〈撒母以勒上、下〉（或稱〈撒母耳記〉，Samuel）、〈列王傳上、下〉（或稱〈列王紀〉，Kings）、〈歷代史記上、下〉（或稱〈歷代志〉，Chronicles）、〈以士拉傳〉（或稱〈以斯拉記〉，Ezra）、〈尼希末亞傳〉，（或稱〈尼希米記〉，Nehemiah）、〈以士得耳傳〉（或稱〈以斯帖記〉，Eather）、〈若百書傳〉（或稱〈約伯記〉，Job）【17】。

馬禮遜漢譯《聖經》時，最感棘手的是譯名問題；尤其是對"God"一名的漢譯更費踟躕。馬氏斟酌再三，最終雖依佛教的「格義」，以「神」和「神主」為譯名，但在其他場合，則兼用他自鑄的

【13】米氏於1815年主編《察世俗每月統記傳》月刊。他自覺該刊文章有許多不足之處，並自我期許學好漢文以後，當能有所改進。見所撰 *Retrospect*, p. 154.

【14】米氏早期編撰的《救世者言行真史記》（廣州：1814），便經馬氏大量的修改。參考，Philip, *Life* P. 171.

【15】米氏曾一再發願要把漢文寫得一如中國人。（見米氏1820年1月1日日記。轉錄於 Morrison, *Memoirs*, P. 80），惜其享年不永，終未能遂其所願。

【16】參考，馬六甲基督教堂（Christ Church）〈米氏記念匾文〉。

【17】*The Indo-Chinese Gleaner*, 1:3 (February, 1818), P. 68; Morrision, *Memoirs* P. vii; Milne, *Retrospect*, pp. 139, 157; Wylie, *Memorials*, p. 19; Philip *Life*, p. 177; Arnold Foster, *Christian progress in China: Gleanings from the writings and speeches of many workers* (London: 1889), P. 42.

新詞【18】。米氏譯《舊約》時，雖依據馬氏沿用「神」為 "God" 的漢譯，但他也認為神的別名還包括「主」、「神主」、「神天」、「天地之大主」和「天」等【19】。到了晚年，米氏則主張改用「上帝」以代替「神」。米氏在1821 年，發表題為〈表達至上神的中文詞彙〉（"On 上帝 as the fittest Chinese term for Deity"）一專文，列舉不以「神」而以「上帝」譯 "God" 的理由。他指出漢文典籍絕少用「神」表示「至上神」（The Deity）的觀念；並謂「神」的名稱雖然在日常上普遍使用，但它不具備高度神性的意義。又謂「神」廣泛表示神靈、精神存在、或某種神性以及理性的精神如人的靈魂。凡此都顯示「神」不適於作 "God" 的譯名。反之，「上帝」一詞由於具備至上神的意蘊，如用它來譯 "God"，則較為適宜【20】。因此米氏於1821 年所撰的《聖書卷分論》，即採用「上帝」為 "God" 的譯名【21】。馬禮遜也曾指出米氏認為中國古代所認識的上帝等同於耶教的 "God"【22】。馬氏在1832 年出版的《古聖奉神天啟示道家訓》【23】，也使用和「天」或「帝」相類似的名稱如「天帝」、「上帝」取代「神」等為 "God" 的漢譯【24】。此或許是受米氏影響所致。

【18】馬氏在所撰《神道論贖救世總說》（廣州：1811）用「真神」、「真活神」為 "God" 的漢譯；在所譯《神天聖書》（馬六甲：英華書院藏版，1827）的目錄則以「神天上帝」稱呼 "God"。

【19】米憐《張遠兩友相論》（新嘉坡：堅夏書院藏版，道光十六年，1836），頁3-4。

【20】 *The Indo-Chinese Gleaner*, 3:16 (April, 1821), pp. 97-105.

【21】《察世俗每月統記傳》（道光辛巳年1821 二月），頁9-11。

【22】Robert Morrison, *Chinese Miscellany* (London: The Longdon Missionary Society 1825), p. 41.

【23】馬禮遜《古聖奉神天啟示道家訓》（馬六甲：1832）。

【24】 麥都思 (W. H. Medhurst), "An inquiry into the proper mode of rendering the word God in translating the sacred Scriptures into the Chinese language" *The Chinese Repository*, 17:7 (July, 1848), P. 342; "Reply to the essay of Dr Boone on the proper

按：在中國宗教史上，神和鬼並稱，其地位甚低，不能和古代儒教典籍所謂「上帝」相提並論。因此如果採用中國固有名詞翻譯 "God" 一名，自以「上帝」為宜【25】。米氏最終採用「上帝」為譯名，可見其對儒教經典有相當深入的了解。

馬、米二氏對 "God" 所用的譯名，後來在《聖經》修訂的過程中引起很大的爭論，即 "God" 一名的漢譯，究竟以「神」或「上帝」為適宜。當時多數的英國倫敦會傳教士受米氏啟發，主張用「上帝」為譯名【26】。至於主張用「神」為譯名的則多為美部會傳教士【27】。兩派的爭論相持不下，而且曠日持久，但最終「上帝」的譯名為大多數教士接受【28】。米氏在 "God" 的譯名問題上所表現對儒教的睿見，於此獲得肯定。

---

rendering of the words Elohim and Theos into the Chinese language" *The Chinese Repository*, 17:11 (November 1848), p. 571.

【25】 不論以「上帝」或「神」為 "God" 的漢譯，都是根據佛教譯經的格義方式。如以「上帝」為譯名，固然較用「神」為宜。但《聖經》God的意義和儒教經典所謂「上帝」不盡相同。故採用格義方式翻譯外來觀念，則外來觀念難免受傳統觀念所扭曲。參考，Arthur F Wright, " The Chinese Language and foreign ideas" in A. F. Wright ed; *Studies in Chinese Thought* (Chicago: Chicago University Press, 1953), p. 293.

【26】 身為修訂《聖經》委員會祕書兼英國倫敦會傳教士發言人的麥都思，在爭論以「神」或「上帝」為 "God" 譯名的過程中，即屢次提及米氏的主張，見所撰 "An inquiry into the proper mode of rendering the word God in translating the sacred scriptures into the Chinese language" The Chinese Repository, 17:6 (June, 1848), p. 302; No. 7 (July 1848), p. 342; "Reply to the essay of Dr. Boone on the proper rendering of the words Elohim and Theos into the Chinese language", *The Chinese Repository,* 17:11 (November 1848), p. 571.

【27】 Frederick Wells Williams, *The life and letters of Samnel* Wells Williams (New York: G. P. Putnam's Sos, 1889), p. 175.

【28】 據統計，在1920年出版的各種《聖經》譯本，以「上帝」為 "God" 譯名者佔

米氏協助馬禮遜漢譯《聖經》，在選擇譯文文體時，幾經考慮，二人最終決定兼仿《三國演義》的小說體和朱熹的經傳注疏體。此決定一則為適應上中下各階層的讀者，一則所以迎合儒教學者之所好【29】。

米、馬二氏合譯《舊約聖經》於1819年11月25日譯畢【30】。到1823年，馬氏合《新約》（於1813年由馬氏獨自譯成）和《舊約》，取名《神天聖書》（目錄則稱《神天上帝啟示舊、新遺詔書》，在馬六甲出版【31】。時距米氏下世已一年。

米、馬二氏的漢譯《聖經》出版後，即獲華人信徒梁阿發的宏揚。梁氏於1828年受委為宣教士，並於1830年出版《勸世良言》。其書常引米、馬二氏所譯的《聖經》章句。同年，廣州基督教探索者聯合會（Union of Christian inquirers）派人到馬六甲來取米、馬二氏所譯《聖經》。1832年，郭實獵（Karl Friedrich August Gutzlaff）潛訪中國沿海各地，也乘機分發上述《聖經》【32】。所以，米、馬二氏譯本之出版，雖晚於馬希曼（Joshua Marshman）和拉沙（Joannes Lassasr）的漢譯《聖經》問世之後一年【33】，但後者甚少在中國流通，故對中國影響而言，前者較後者為大。

絕大多數。其中文言譯本中，以「上帝」為譯名者佔百分之九十八，以「神」為譯名者只佔百分之二；至於在白話譯本中，以「上帝」為譯名者百分之八十九，以「神」為譯名者只佔百分之十一。參考，Milton T. Stauffer, *The Christian occupation of China* (San Francisco: Chinese Materials Center, 1979), p. 453.

【29】 Milne, *Retrospect*, pp. 89-93.

【30】 Morrison, *Memoirs*, p. 75; Foster, *Christian*, p. 42; W. G. Rhind, *China: its past history and future hopes* (London: John B. Bateman, 1850), p. 154.

【31】 Rhind, *China*, p. 155.

【32】 Ibid; pp. 156-157.

【33】關於馬、拉二氏的譯本，參考Alexander Wylie, *The Bible in China* (Foochow: 1868) p. 9; also in The *Chinese Recorder*, 1:8 (December, 1868), p. 145；馬敏，〈馬希曼、拉沙與早期的《聖經》中譯〉，《歷史研究》期4（1998年），頁45-55。

7

3、傳教活動

米氏由於教禁,不能在中國公開傳教。他抵達廣州之初,只得在他自己的斗室向少數人講解《聖經》[34]。其後,米氏的傳教活動大致上限於東南亞一帶。1814年初,他從廣州到爪哇訪問佈道。他常沿戶和沿村向華人散發《新約聖經》和宣教小冊[35]。1814年7月5日,米氏離開爪哇時,特撰〈告別爪哇華人書〉,向當地華人簡要說明他所散發《新約聖經》的內容,並指出華人所信的鬼神不曾創造天地,不能似天地之持久而終歸滅亡[36]。

1815年春,米氏開始在馬六甲的佈道工作。他除向歐洲人佈道外,主要向當地華人傳教。米氏傳教的地點有時在廟堂,有時則在市集或住家。他的聽眾人數通常不超過二十人[37]。這些聽眾聽講時精神很不集中。據米氏描述,他們或笑談、或抽煙管。甚至自由進出。但米氏認為這些舉動未必存心對上帝不敬,而實出於他們的傳統陋習和無知[38]。據米氏進一步觀察,聽眾的動機有些出於好奇、有些則可能希望受僱。一旦好奇心得到滿足或世俗利益無望獲取,則涉足的次數驟減。聽眾質

---

[34] Eliza, *Memoirs*, Vol. 2, pp. 182-183; Stevens, *Sketch*, p.320.

[35] Morrison, *Memoirs*, P. vii; *Eleventh report of the British and foreign Bible Society, 1815*, p. 332; Murray A. Rubinstein, *The origins of the Anglo-American Missionary Enterprise in China, 1807-1840* (Lanham, Md., & London: The Scarecrow Press, Inc; 1996), p. 106.

[36] 〈告別爪哇華人書〉原用漢文撰成,惜未見原文。此由英文譯文轉譯。該篇譯文 "A farewell letter to the Chinese on Java" 轉載於 Morrison, *Memoirs*, pp. 34-36; Philip, *Life*, pp. 150-152.

[37] Morrison, *Memoirs*, p. 41.

[38] Milne, *Retrospect*, p. 165.

龔道運　基督教和儒教在十九世紀的接觸——基督教入南洋先驅米憐研究　**133**

素之劣，可見一斑。但米氏憑其傳教熱忱，誓願向聽眾昭示中國的異端系統難以支持他們對真道的信仰【39】。

1816年11月米氏為梁阿發施洗禮【40】。梁氏以刻書為業，受僱於米氏為刻印技工。受洗之日，梁氏希望禮儀在正午，即當日影正中而不偏之時舉行。米氏指出這是一般中國人對時間的迷信。米氏也要求梁氏根除殘餘的異端迷信【41】。

1817年，米氏到檳城派發八千宣教小冊予當地華僑。他也訪問曼谷的兩萬名華僑，並向他們分發宣教小冊，耶教問答手冊和《聖經》【42】。

1817年9月，米氏再度到中國作短期訪問。在廣州時，米氏曾偕僕人乘夜將幾千冊中文宣教小冊和若干冊《聖經》潛置於廟堂、學校和居民的門口。他也曾在澳門散發傳教小冊。1818年2月，米氏回到馬六甲，即利用他新譯的《祈禱真法註解》【43】，每周在馬六甲大伯公廟向華人佈道【44】。

米氏在馬六甲傳教，由於受當地華人方言的限制而深感困難【45】。此外，他也歸咎於儒教的懷疑哲學，認為它是構成傳教的另一障礙【46】。其實，如上文所述，米氏的聽眾質素殊劣。這些聽眾如果有先

【39】 Ibid; pp. 158-159.

【40】 梁阿發或作梁發。原名恭發，或作功發、公發。參考，簡又文，《中國基督教的開山事業》（香港：基督教輔僑出版社，1960），頁19。

【41】 Milne, *Retrospect*, pp. 177-178.

【42】 "Malacca", *London Missionary Socity Twenty-Fourth Annual Report* (1818), p.8.

【43】 米憐《祈禱真法註解》（馬六甲，1818）。

【44】 Morrison, *Memoirs*, p. 46.

【45】 當地華人以講福建方言者佔多數，廣東話次之，官話則佔少數。米氏最熟練者為官話，廣東話次之，福建話則未學。故米氏只能用少數人能懂之官話或廣東話，甚至夾雜英語以佈道。參考Milne, *Retrospect*, p. 162; Harrison, *Waiting*, p. 24.

【46】 Milne, *Retrospect*, p. 166.

入為主的儒教成見，充其量也不過是意識形態而已。

綜觀米氏的傳教活動雖局限於東南亞一帶，但因不受中國教禁約束，其活動反較馬禮遜在廣州為自由。米氏在東南亞傳教的對象為社會低層平民。他們多為文盲，即令識字，文化水平亦不高。故早期屈指可數的皈依教徒都非士林中人【47】，更遑論期望儒教學者的皈依。米氏如果想從他的傳教對象或信徒中了解儒教的思想，則勢所不能。

4、辦理書院

馬禮遜在1815年10月向不列顛和愛爾蘭基督徒建議，在印度東岸以外的馬六甲設立英華書院（The Anglo-Chinese College at Malacca），以方便英國和其他國家藉漢文為媒介，而作友好的文化交流【48】。在此前提下，馬、米二氏心目中的學院對學術便頗為注重。

米氏於1817年9月到廣州和馬氏討論創辦學院的計劃。1818年初回馬六甲後，米氏即致函倫敦會董事，謂將來的書院不是一傳教所。其唯一目標，是為宣揚福音而進修漢文者提供住所和教學；或提高人們對一般文學之興趣。他強調傳教的任務，依創辦者的計劃，雖置於顯著的地位，但非唯一的急務【49】。

馬、米二氏在1818年10月合擬了一份學院總計劃書。它開宗明義

【47】 如第一位中國基督徒蔡高，即為性情暴燥之印刷技工。他在1814年7月受洗禮於馬禮遜。米氏依馬禮遜《福音雜誌》（1815年10月）摘錄蔡氏所作懺悔和受洗經過，復加評論，謂一般基督徒自幼受耶教陶冶，尚難臻於圓滿，然則如蔡氏者，更難要求其於短期內完全拋棄民族偏見，或根本斷絕過去習俗之影響。見所撰，*Retrospect*, pp. 124-127.

【48】 Eliza, *Memoirs*, Vol. 1, pp. 335, 377-379, 426-427; Harrison, *Waiting* p. 34.

【49】 米氏於1818年1月24日致倫敦會董事函，見 LMS, Malacca.

闡明該院的宗旨乃在兼重中英典籍的教導和傳播基督教。學院一方面向歐洲人教授中國語文；另一方面，英文以及歐洲文學和科學則傳授予恆河之外，能閱讀漢文的國民。它希望最終能對和平傳播基督原則以及東方世界文明有良好的影響。

對於學生而言，它進一步說明學院對歐洲學生只會負責教授中國語文，至於學習語文的目的是為宗教、文學或商業，則聽學生自由選擇。此外，英文、歷史、道德哲學和基督神學等則傳授予當地學生。但它聲明不強制當地青年信奉耶教或參加耶教崇拜【50】。

這是一份充滿崇高理想和遠見的歷史文件。它一再強調中國語文的重要性。自長遠視之，它對耶儒接觸甚至中外文化交流都具有重大的意義。

英華書院在1818年11月11日舉行奠基禮【51】。米氏在奠基禮上以院長身份發表一篇動人的演講。他進一步解釋該院注重中國研究是期望獲得對中國更多的知識和了解。他從客觀分析，認為龐大的中華帝國，無論在自然和道德的歷史，年代學和地形學、法律和法理學、獨特的禮儀和習俗以及遠古和奇特的語文等方面，都為自然學家、史學家、博古家和哲學家提供廣闊的研究園地。他深知語文是獲取各種知識的媒介，更切身感受漢文的艱深。雖然在歐洲一些地區曾對漢文展開研究，但成績迄不理想。歐洲學者從事漢文學的著述或學習漢文，除非獲得天主教傳教士或中國助手的指導，否則都難成功。更令米氏關注的是，耶教國家對中國的文學和哲學思想所知甚少。那些熱衷於宗教改革的耶教中

【50】 Robert Morrison and William Milne, "General Plan of the Anglo-Chinese College, forming at Malacca" *The Indo-Gleaner* 1:6 (October 1818), p. 217. (The "General Plan" is printed as a separate three-page prospectus after p. 217 of the microfilm copy (No. 2437) of *The Indo-Chinese Gleaner* in the National Library Singapore.

【51】 *The Indo-Chinese Gleaner*, 1:6 (October 1818), p. 213; Milne, *Retrospect*, p. 350.

人，對中國發展所作的接觸，乍看之下，其成果只像一堆從濃雲密霧中所得到而未經處理的材料。即使將天主教國家所已作的接觸計算在內，其成果也微不足道。由於將來須作的接觸工作還很多，米氏於是急切欲知究竟有多少重要項目仍然受困於黑暗的濃雲之中；還有多少問題留下讓人推測、遲疑，而不能在相異或相反之間作出結論。

米氏認為絕少外國像中國那樣重要，而值得不列顛去探索。雖然學院並未放棄對中國周邊國家語文的教導和研究，但米氏最終坦言，傳教會駐足馬六甲，而「意在中國」。由於當時教會不能涉足中國，不得已求其次，只得藉馬六甲鄰近中國的位置，便中獲取中國的資料。因此，有關中國事物的研究便成為該書院的當務之急【52】。

英華書院偏重於中國研究的立場，引起倫敦會的不安和不滿。該會雖大致接受馬、米二氏所提出的書院總計劃，但希望書院將傳教事務置於最首要的發展方向【53】。馬、米二氏置若罔聞，仍堅持書院的既定計劃。此反映於書院所開設課程。在1820年，書院除教導學生學習《聖經》外，還讓他們學習孔子的著述和《書經》【54】。米氏作為書院第一任院長，除主管院務外，還教授漢文和中國通史【55】，米氏在1820年9月20日致函馬禮遜，向他報告學生學習的情況。其中提及漢文典籍的學習，除儒教經典《書經》和《四書》外，學生還學習《幼學》和《明心寶鑑》等通俗讀物【56】。

米氏在1820年9月發表《書院計劃的進展》小冊。他報告書院從

【52】Milne, *Retrospect*, pp. 355-359; LMS (Quarterly Journal Transactions, I, pp. 400-405.

【53】Eliza, *Memoirs*, Vol. I, pp. 539-540.

【54】Robert Morrison, *To the Public, concerning the Anglo-Chinese College* (Malacca: The Mission Press, 1823), p. 6.

【55】馬禮遜於1819年2月8日致倫敦會董事函，頁 LMS, S. China.

【56】Eliza, *Memoirs*, Vol. II, p. 54.

龔道運　基督教和儒教在十九世紀的接觸——基督教入南洋先驅米憐研究　**137**

1818年3月開始（書院校舍動工前），便每天教授漢文。雖然「作始也簡」，它卻是中國以外唯一以漢文從事研究學問的教育機構。他在結論中，重申該書院的獨立性，並宣稱它完全和任何政治系統無關，也和任何亞洲或歐洲的政治團體沒有聯繫[57]。

米氏不受政治團體甚至教會的影響[58]，盡其心力促進漢文的教學和研究，以表現學術的獨立和自由。但有趣的是，米氏的一個同工卻批評他因埋首於中國典籍，以致在行為上受塑造為傳統的中國家長。該教士指出，米氏對佈道會的指導原則是純中國式的，它取自儒教《四書》中的各種條規和箴言。在此原則下，唯家長如米氏享有指導之權[59]。如果該教士的評論正確，則儒教意識形態對不同文化背景的傳教士如米憐，其影響力之大，真乃不可思議。

為配合英華書院注重漢文的教學和研究，米氏積極建立以亞洲為重點的圖書館。在1823年，書院藏書共計3380冊，其中漢文典籍竟達2850冊之多[60]。

為提高英華書院的地位和傳播東西文明，米、馬二氏都認識到設立印刷機構的重要性。早在1815年，梁阿發即隨米氏從廣州到馬六甲，主持中文的印刷事務。到1818年書院成立後，原稱「佈道會印刷所」（The Mission Press）的書院印刷機構，便正名為「英華印刷所」（The Anglo-Chinese Press）。從1815年到1840年，該所出版許多重要書籍和刊物。

【57】 "Angol-Chinese College Pamphlet" (1820),見 LMS, China, Personal, R. M.; Horrison, *Waiting*, p. 61.

【58】 米氏同工貝頓（Beighton）和英士（Ince）即曾批評米氏公開宣稱英華書院不接受倫敦母會督導，而攬書院管理之權。見貝頓和英士致倫敦會董事函（1820, LMS, Penang）。

【59】 史拉達（Slater）於1821年11月12日致漢基（Hankey）函，見 LMS, Batavia.

【60】 Harrison, *Waiting*, p. 56.

13

茲擇其有關耶儒性質之重要者臚列如下：

A、馬禮遜：

（a）*To the public, concerning the Anglo-Chinese College 1823*（《為英華書院告公眾人士書》）。

（b）*Memoirs of the Rev. William Milne 1824*（《米憐牧師回憶錄》）。

（c）《古聖奉神天啟示道家訓》，1832（*Domestic Instructor*）。

B、馬禮遜和米憐合撰：

（a）"General plan of the Anglo-Chinese College forming at Malacca," 1818（〈馬六甲英華書院總計劃〉）。

（b）《神天聖書》，1823（*The Holy Bible in Chinese*）。

C、米憐：

（a）《察世俗每月統記傳》1815-1821（*Chinese Monthly Magazine*）。

（b）*The Indo-Chinese Gleaaner 1817-1822*（《印華搜聞》）。

（c）*A retrospect of the first ten years of the Protestant Mission to China*, 1820（《耶教佈道會入華開始十年的回顧》）。

（d）《聖書節解》，1825（*Commentary on Ephersians*）。

（e）《靈魂篇大全》，1824（*Treatise on the Soul*）。

（f）《張遠兩友相論》，1819（*Dialogues between Chang and Yuen*）。

（g）《古今聖史記集》，1819（*Sacred History*）。

D、種德（亦作高大衛 David Collie）：

（a）《天鏡明鑒》，1826（Celestial Mirror）。

（b）《聖書憑據總論》，1827（*Essay on the evidences of Christianity*）。

（c）*The Chinese classical works, commonly called the Four Books*, 1828（《四書》）。

E、修德（Samuel Kidd）：

（a）《人心本惡總論》，1828（*The fallen state of man*）。

（b）《天下新聞》，1828-1829,（*Universal Gazette*）。

（c）《千字文》，1831，（*The Thousand Character Classic*）。

F、戴雅（Samuel Dyer）：

（a）*A Selection of Three Thousnad Characters being the most important in the Chinese lauguage*, 1834（《三千重要漢字選》）。【61】

以上的出版物都和耶、儒二教有密切的關係，也是二教接觸的重要媒介。

綜觀英華書院在米氏主持下的成就，借用馬禮遜的話，則「書院廣搜典籍，網羅教師，讓人自由而從容並迅速獲得中國語文、宗教和哲學的知識」【62】。馬氏作此評論時，米氏剛下世不久。米氏畢生盡相當大的精力在書院提倡漢學研究，甚至主張研讀中國經典。他的動機當然是從耶教為出發點。他認為不論當地或外國學生，都須重視他們將來傳教國家（主要是中國）的經典，把有關歷史、宗教和哲學的經典置於學習日程的首要地位。他指出，一個當地佈道師，如不熟悉本國的文學和歷史，必受有識之士輕蔑；至於外國佈道者如未曾閱讀傳教國最受人尊重的經典，不能和該國人士談論他們的歷史和政治，則傳教工作難免阻礙，也得不到尊重，並將喪失極大的精神滿足。此外，佈道者如果缺乏上述知識，也易於無的放矢。他企圖推翻異教徒的偶像崇拜也失去正當的方向，而時常陷入誤把輔助者當為敵人的危險境地，即忽略異端也有可以借助的地方【63】。米氏不諱言他在英華書院提倡學習儒教經典的動機和目的，在於借助儒教經典以推翻儒教的偶像崇拜【64】。這

【61】 Eliza, *Memoirs*, Vol. II, p. 58; Wylie, *Memorials* pp. 5-6, 8, 16-17, 19-20, 46-48, 53; Harrison, *Waiting*, 195-196.

【62】 馬禮遜於1822年11月12日致漢基（W. A. Hankey）函，見 Eliza, *Memoirs*, Vol. II, p. 181.

【63】 Milne, *Retrospect*, p. 366.

【64】 英華書院曾開設儒教的《四書》課程。米氏卻批評《四書》為異端而有極大的缺失，常和錯誤的原則相混淆，並傾向於偶像崇拜。見所撰*Retrospect*, p. 365" Note".

是米氏的主觀願望。從深一層分析，米氏主持英華書院，自客觀方面言，他希望擺脫倫敦母會的干預，以從事純正的學術特別是客觀的漢學研究。但學院的終極目標究竟是傳播耶教。在此前提下，學院的漢學研究客觀成果不免在教士的主觀傳教策略應用下失去平衡。由此可見，學院的客觀漢學研究和主持人米氏的主觀傳教策略存在着一種微妙的辨證關係。作為一個忠誠的傳教士，米氏欲藉研究儒教經典以顛覆儒教系統，此一主觀願望無可厚非，但在客觀上，他卻開啟耶儒接觸的契機。

5、主編期刊

米氏鑒於印刷出版對傳播人類和神學知識的益處，更認識到漢文是世人閱讀最多的文字。在全中國和它周邊的國家，漢字的字形和成語都是統一。此外，當時中國教禁未解，只能藉文字由境外向中國傳播耶教。基於上述因素，米氏和馬禮遜便於1815年8月5日在馬六甲創辦一份漢文月刊。該刊的日常編輯事務不但由米氏獨任其勞，而且大部份文稿亦出自米氏手筆。他以「米憐」的名義，邀請中國讀者表達他們對該刊的要求【66】。

米氏謂該刊宗旨在結合普通知識和宗教、道德，而以宣揚耶教為首要任務。在米氏心目中，該刊當然以華人為宣傳對象。他指出華人受潛在力量束縛而形成單調乏味的心態已超過二千年。一旦企圖喚醒此一心態，實非易事。為達此目的，該刊便傾向於刊載有關宗教和道德的文章【67】。米氏在該刊序言中說：

> 學者要勤功察世俗人道，致能分是非善惡也。看書者之中，有各

【65】 Milne, *Retrospect*, pp. 153-154; Philip, *Life*, pp. 194-186.

【66】《察世俗每月統記傳》，1815年12月。

【67】 Milne, *Retrospect*, p. 155.

種人，上中下三品，老少、愚達、智昏皆有，隨人之能曉，隨教之以道。故察世俗書，必載道理各等也。神理、人道、國俗、天文、地理、偶遇都必有些【68】。

依米氏的設計，該刊是以宣傳耶教的教義，即米氏所謂「神理」為主體，而以儒教的倫理，即米氏所謂「人道」為輔助工具。

米氏常以「博愛者」為號，發表編者的意見。他大概以為耶教的博愛宗教觀念和儒教的博愛倫理觀念有若干相似之處。此外，他在該刊的封面右側顯赫印上「子曰：多聞，擇其善者而從之」的字樣。此為斷章取義，將《論語・為政》篇的第18章和〈述而〉篇的第21章合而為一。《論語・為政》第18章的原文為：「子張學干祿。子曰：多聞闕疑，慎言其餘，則寡尤；多見闕殆，慎行其餘，則寡悔。言寡尤，行寡悔，祿在其中矣。」【69】至於《論語・述而》第21章的原文則為：「子曰：三人行，必有我師焉。擇其善者而從之，其不善者而改之」【70】。有學者指出，此或許是米氏的誤置【71】。實則米氏引用《論語》章句，其意本不在提倡學術，不過隨文取義，以取悅於儒教讀者，而誘導他們閱讀耶教的神理。

為貫徹「以耶教教義為主體，而以儒教倫理為輔助工具」的方針，該刊刊載的傳教文章便常有所反映。如米氏在所撰〈神聖〉一文中則謂：

> 萬道之根基本源者，乃神聖也。何謂神聖？曰：神理者，乃一團道理也。是教人知道真活神之情，又世人分內之事也。或有問：

【68】《察世俗每月統記傳》（嘉慶乙亥年，1815），頁1n-2a。

【69】朱熹，《四書章句集註》（北京：中華書局，1983），頁58。

【70】同上，頁98。

【71】Roswell S Britton, *The Chinese Periodical Press 1800-1912* (Shanghai: Kelly & Walsh, Limited, 1933), p. 18.

人倫豈不是根本之道理麼？答曰：人倫固是甚重之事，但不能算
為根本，蓋必須先有人，然後以有人倫；無人，則尚有人倫乎？
非也。惟若無神，則不能有人。蓋神原造人也。因此神理乃在
先，人倫乃其次耳。可見神理獨是根本的道理了【72】。

米氏以耶教神理為本【73】，而以儒教人倫為次要，即可見其以耶補
儒的主旨。

米氏在所撰〈立義館告帖〉一文中也表達同一意旨：

《禮記》曰：玉不琢不成器，人不學不知道。誠哉！蓋人雖有頭、
面、手、足，全身之樣與禽獸不同；若不知道理，其性與禽獸亦
不多異。故即不會敬畏神，不明五倫，不守本份也。……蓋不會
讀《聖書》，則何能知孝、悌、忠、信？【74】

米氏援引儒教經典《禮記》和儒教慣用的術語，說明學所以敬畏神和明
五倫；但要知孝、悌、忠、信，則須讀《聖書》（耶教《聖經》）。他援
儒入耶的立場至為明顯。

米氏援儒入耶，有時只取儒教術語的表層意義而乖離其本義。如在
〈神天以耶穌要復和世界人於己〉，一文中，謂「神天原來生民時，莫不
與之以仁義禮智之性矣【75】」。依耶教教義，上帝創造亞當和夏娃時，原
本與之善性；但二人因破戒偷食智慧果而墮落，遂構成人之原罪。此

【72】《察世俗每月統記傳》（嘉慶乙亥年，1815，8月），卷一，頁6a-6b。

【73】除〈神理〉一文外，該刊歷年所刊載的耶教神理尚有下列各篇：〈聖經之大意〉、
〈解信耶穌之論〉（以上1815年）。〈古今聖史記〉（連載至1820年）、〈進小
門走窄路解論〉（以上1816年）。〈萬人有罪論〉、〈神主無所不知無處不在論〉
（以上1817年）。〈聖事節註〉（1818-1819連載）。〈引聖經句證神原造大地〉
（1820）、〈聖書卷分編〉、〈舊遺詔書卷分〉、〈論新遺詔書〉（以上1821年）。

【74】《察世俗每月統記傳》（嘉慶乙亥年，1815年8月），卷一，頁4a。

【75】同上，（道光壬午年，1822），頁14b。

後，人只得匍匐於上帝之下以祈求贖罪，而難以藉自力以復其性。至於儒教所謂仁義禮智之性，即義理之性，係人與生俱有的絕對善性，也是人所以能實踐道德之義理根據。此性雖可因染污而不呈現，但也可由踐德以復之，儒教即依此講道德自律而立人道之尊。米氏輕率比附，只欲達到傳播耶教之目的，至於耶儒立教之根本差異則在所不計。

鑒於外界對中國和它鄰近國家的各種信息、歷史、哲學和文獻等所知甚少，米氏因此興起創辦英文季刊的念頭。他設想該刊除溝通教士之間的信息和維繫彼此友好關係外，也能展露異教徒的特有思想和情感。依此構想，米氏寄望教士除閱讀同工的通信和研究外，也能研讀上述國民的典籍和熟悉他們的各種習俗，這是教士為傳教的一般利益而必須做的份內工作。米氏所辦的季刊稱為 The Indo-Chinese Gleaner（《印華搜聞》）。該刊於1817年5月在馬六甲發刊【76】。

米氏大概鑒於《察世俗每月統記傳》的宗教色彩過於濃厚，於是對新刊物便採取中庸的編輯方針。用他自己的話說，「它對學者言之，則學術性不足；對宗教家言之，則宗教性不足；對世俗之士言之，則世俗性不足【77】。」該刊所兼顧的目標雖然過多，但漢學家仍然視之為最有價值的佈道會文獻之一【78】。

該刊也不似《察世俗每月統記傳》，幾乎由米氏一人演獨腳戲。它的撰稿人相當多，如馬禮遜即常以 "Amicus"（愛米氏。其字原為拉丁文，義為朋友）為筆名，發表許多關於儒教的文章【79】。米氏作為主要

【76】 Milne, *Retrospect*, pp. 190-193.

【77】 米氏於1819年11月26日致馬禮遜函，見 Eliza, *Memoirs* Vol. p. 13.

【78】 Britton, *Periodical*, p. 26.

【79】馬氏在《印華搜聞》發表有關儒教的文章，其重要者如下："Chinese Metaphysics"（〈中國人的形上學〉），Vol. II, pp. 144-153; "On the Logos"（〈論道〉），Vol. II, pp. 82-83;" The Worship of Confucius"（〈祭孔〉），Vol. II. pp. 254-256; "Philosophy and Paganism"（〈哲學和異教〉），Vol. II. pp. 79-81.

撰稿人，則常用 "Too-yu"（蠹魚）筆名撰寫文章。他所撰寫的文章以「中華文庫」（Bibliotheca Sinica）為最重要。那是一系列簡要介紹中華文獻的文章。米氏以蠹魚的口吻寫了一篇幽默的序言。他說偶然讀到蘇格蘭西北大學一位教授的信，信中建議將有價值的中文典籍作簡要介紹並加以編輯。米氏對該建議作積極反應，並保證：自己雖然不過是條書蟲，卻關心人類，也對輿論開誠佈公。他以自負的語氣，宣稱在英文世界，他即將從事的是一項破天荒的工作。米氏指出弗摩（Formount）雖曾用法文編輯《中華文獻日報》（Catalogus Librorum Sinicorum）一書，但該書編者不諳漢文，未能妥善編排材料，以致缺失甚多。至於米氏編輯的《中華文庫》，則列出個別文獻的內容、文體、作者、出版日期和摘要，偶爾也附有說明和評論【80】。米氏的《中華文庫》系列所選典籍共達十四種，由於米氏原文已極為難得，所以《中華叢報》（The Chinese Repository）自卷16期8起，便將米氏文章擇要轉載。

在《中華文庫》的十四種典籍中，和儒教思想相關者有《論語》、《孟子》、《大學》和《中庸》。至於和儒教意識形態相關者則有《三字經》和《聖諭廣訓》等。米氏特別聲明，他所編的文庫對傳教士有利，也能為他們所接受【81】。文庫的編纂既以傳教為前提，則和《察世俗每月統記傳》以「耶教為主體，而以儒教為輔助工具」的方針相輔而相成。

米氏不論辦理書院或主編期刊，都為宣揚耶教而注重對儒教典籍的研究。此舉一方面固然是由於儒教的典籍可以利用為傳播耶教教義輔助工具；另一方面，則可能由於米氏對儒教認識不深，以為儒教是一種懷疑哲學，對耶教的傳播構成很大的障礙【82】，於是決定先認識儒教，以

【80】 *The Indo-Chinese Gleaner*, Vol, I, pp. 157-160. 該序文亦轉載於 *The Chinese Repository*, 16:8 (August, 1847), pp. 406-408.

【81】 *The Indo-Chinese Gleaner*, Vol. I, p. 159; Milne, *Retrospect*, p. 191.

【82】 Milne, *Retrospect*, p. 166.

便知己知彼，再將儒教視為異端而加以推翻【83】。總之，不論米氏視儒教為輔助工具而加以附會，或視儒教為異端而排斥推翻，都不免為先入為主的一偏之見。

6、論述儒教

米氏創辦書院和主編期刊，都是以實際行動假借儒教以宣揚耶教，達到推翻儒教而建立耶教的最終目標。至於在理論上，他對儒教的論述也始終不離此一目標。以下試就各方面加以論列。

一、神學系統

為達到推翻儒教的目標，米氏當務之急是批判儒教的神學系統。他留意有人斷言中國人的早期經典，對上帝具有清楚和正確的感情。但他認為即使承認上述論斷正確，並不意謂中國人的上述情感還繼續存在。因為中國人早期的經典如《五經》，特別是《書經》，是中國早期歷史的人為著作。在當時，傳統「啟示的光輝」受偶像崇拜和迷信的蒙蔽還不深；但隨着人的墮落，太古的純潔信仰便不能維持【84】。米氏於是指出中國人對至上神（上帝）的觀念非常模糊，即常將至上神和可以目見的自然相混淆。他們也不理解或充分承認天道的意蘊，以至在天和鬼

【83】米氏回顧耶教入華十二年，他的結論認為，教士研究中國政府、文學、歷史、宗教和習俗的努力，足以影響教會期望完全征服中國的重大目標。他們的研究也有助於發現耶教傳播上的多方面阻礙，並為《聖經》所開示的傳教途徑找出有效排除困難的方法。見所撰 *Retrospect*, pp. 299-300。米氏也嘗作一專論，闡述中國人的意見和偏見對傳播福音的障礙，並謂欲推翻儒教系統，則必須對儒教經典有相當的認識。該文收在所撰 *Retrospect*, p. 373。

【84】Milne, *Retrospect*, p. 25.

神、或天地和人，或在佛教所講的三寶之間，劃分它們對世界的輪流統治權。他們不承認上帝紆尊示惠，僱人為臣工以宣揚其道；反而認為上帝如果缺少聖人，則不足以君臨天下【85】。

米氏不了解儒教講天命、天道的獨特宗教性，而將它和世俗信仰相混淆。米氏反對儒教對聖人的尊崇，一則由於不明瞭儒教講聖人參贊化育的道德形上學的意蘊【86】；再則鑒於它對宣傳福音構成障礙【87】。

米氏觀察所及，發現不論在古代或現代的儒教都有許多感人的格言、正確的人生觀、涉及人類相互關係和商業管理等方面的光明正當的思想以及規範家庭、國家和個人氣質的有用條規。但由於儒教對上帝的存在和圓滿存而不論【88】，以致上述儒教各種美好言論的效果大為抵銷。儒者也因此轉而着重貪婪取巧的祭司、星占學家和巫師，終於在社會上形成勢力強大的偶像崇拜和迷信【89】。

米氏進一步探索儒教的偶像崇拜和迷信的根源，認為是出於它對宇

【85】 Ibid; pp. 368-369; 372.

【86】 參考《中庸章句》第 22-23 章，見朱熹，《四書章句集註》，頁 32-33。

【87】 Milne, *Retrospect*, p. 372.

【88】 米氏依據孔子曾說：「未能事人，焉能事鬼，……未知生，焉知死？」（見《四書章句集註》，頁125），論斷孔子對上帝的本質和來世的觀念一無所知，（見所撰〈論語〉，在 *The Indo-Chinese Gleaner*, Vol, II, pp. 277-278）。米氏誤以為孔子不事鬼和不知死，因而誤會儒教對上帝抱存而不論的態度。實則儒教的宗教精神注重由道德踐履以契證天之創造。至於鬼神，則視之為德性所帶起的夾縫存在。故欲探討儒教相當於耶教上帝的觀念，唯有從儒教對天的體會入手。（參考牟宗三，《心體與性體》，第一冊，台北：正中書局，1968 年，頁 479-480）。米氏在論述《論語》時，雖曾徵引孔子對天的言論，如「天將以夫子為木鐸」，「君子有三畏：畏天命，畏大人，畏聖人之言」（*The Indo-Chinese Gleaner*, Vol. II, p.277），但未能體悟其中的宗教奧義，致有上述的誤會。

【89】 Milne, *Retrospect*, p. 27.

宙缺乏正確的理解。米氏質問，當人們注視中國最賢明的國君和最光輝的聖人如孔子，發現他們對任何神祇都加以崇拜，則人們將如何看待他們的內心、道德和成就【90】。

米氏於孔子的祭祀態度誤解殊深。孔子祭祀的神祇固然包括祖先和外神【91】，但孔子說過「非其鬼而祭之，諂也。」【92】。可見孔子並不奉承不應當祭祀之鬼神。至於對祖先、聖賢等應當祭祀的神祇以及創生萬物的天地，孔子都以誠敬之心加以祭祀，而表現一種特殊的宗教情操，此不能視為偶像崇拜【93】。

米氏對俗儒的偶像崇拜責備尤深。他指出儒教的學究雖然傾向於鄙視民眾迷信，除了天地和大而可見的自然對象之外，他們嘲笑一切崇拜的對象；實則他們並不能超越於他們自己所屬的系統之外，而對它施以批判。當面臨生死存亡之際，他們才感覺神祇的需要，於是委託祭司乞求「偽神」（False gods）保佑他們康復，以及死後靈魂安息，甚至再生於世。他們既不知道希望的真源所在（耶教的上帝），則一切求助也不能成真【94】。

米氏基於耶教的立場，譏諷俗儒貪生怖死，託佑於「偽神」的窘態。實則米氏所嘲諷的迷信，只是儒教末流所表現的一種意識形態。儒教大儒臨危而從容就義；或易簀時坦然無愧於心，所謂「沒，吾寧也」【95】，這才是儒教心性和天命思想的體現【96】。

【90】Ibid; p. 28.

【91】《論語・八佾》：「祭如在，祭神如神在。」朱熹引程子曰：「祭，祭先祖也。祭神，祭外神也。」見《四書章句集註》，頁64。

【92】《論語・為政》，見《四書章句集註》，頁60。

【93】唐君毅，《中國人文精神之發展》（香港：人生出版社，1958），頁392-396。

【94】Milne, *Retrospect*, pp. 30-31.

【95】張載，《張載集》（北京：中華書局，1978），頁63。

【96】關於意識形態和思想的區分以及兩者的關係，參考，Daniel Bell, *The end of*

米氏對儒教大儒臨終所表現的崇高情操不但未能欣賞，而且也大加諷刺。他引述曾子易簀的故事【97】，並加評論，謂如將曾子之死和雅各（Jacob）、大衛（David）以及西門（Simeon）相關事件比較，則相差甚大。米氏譏曾子過於注重細節，臨終之言毫無啟發性。他也說曾子不知道福音，其異端哲學也從來不知道上帝的魅力足以清除對死的憂慮，而使人臨終時表現合理的行為【98】。

對於曾子之易簀，如不諳中國之倫常，則可視為細節而微不足道；但就中國倫常視之，則關係社會之秩序甚大。曾子臨死而守禮不變，其義在此。耶教徒視死為上帝之光寵，此只是宗教信仰所激起的宗教之情，自不能與儒教所重之社會倫常相提並論。

二、哲學系統

米氏繼而批判中國的哲學系統。米氏所謂哲學是取其寬廣的意義，即包含宇宙學說、自然律則系統、物質研究、道德原理和未來果報等。

米氏指出，在中國的宇宙論中，它說明天地肇始，宇宙的動源是由於較輕微的物質從較重大物質分離出來。此與古希臘唯物主義哲學家伊

---

ideology: on the exhaustion of political ideas in fifties (Glencoe Ill: Free Press, 1960), p. 370; H. Stuart Hughes, *Consciousness and Society: the reorientation of European Social thought, 1890-1930*, (London: Macgibbon & Kee, 1959), chapter 1.

【97】《禮記・檀弓》：「曾子寢疾，病。樂正子春坐於床下。曾元、曾申坐於足。童子隅坐而執燭。童子曰：華而睆，大夫之簀與？子春曰：止！曾子聞之，瞿然曰：呼！曰：華而睆，大夫之簀與？曾子曰：然。斯季孫之賜也。我未之能易也；元，起易簀。曾元曰：夫子之病革矣，不可以變，幸而至於旦，請敬易之。曾子曰：爾之愛我也不如彼。君子之愛人也以德，細人之愛人也以姑息。吾何求哉？吾得正而斃焉斯已矣。舉扶而易之。反席未安而沒。」見孔穎達《禮記正義》（北京：中華書局《十三經注疏》本，1957），卷六，頁272。

【98】William Milne, (Too-Yu),〈大學〉, in *The Indo-Chinese Gleaner*, Vol. II, pp. 456-457.

壁鳩魯（Epicurus, 341-271 B. C.）的學說相似。伊氏以為世界由原來相似的原子所產生的固有和偶然的運動所構成。米氏進一步推論，謂如果以為中國哲學家和柏拉圖主義者（Platonists）異趣，而主張物質具有永恆性；則他們須清楚說明物質的起源，但他們並未作此說明【99】。

米氏所引述中國人的宇宙論，大概是指漢代劉安所說：「天墜未形，馮馮翼翼，洞洞灟灟。故曰大昭（始）。道始於虛霩，虛霩生宇宙，宇宙生氣。氣有涯垠，清陽者薄靡而為天，重濁者凝滯而為地【100】」。劉安是雜家，他的思想雜糅儒道而成。如果米憐心目中所批判的宇宙論是針對儒教而說，則米氏以他所誤為儒教的宇宙論和伊壁鳩魯的學說相提並論，並設定它和柏拉圖主義不同，其意圖是要坐實儒教為物質主義。按：儒教從聖人道德踐履之充其極以契證天道之創生不已，實與伊壁鳩魯講「原子碰撞和結合是自發的物理歷程」有別【101】；而與柏拉圖主義講「健全的道德體系足以反映宇宙的性質」【102】卻有相似之處。

米氏也指出《中庸》宇宙論中所講的鬼神和柏拉圖主義所謂「世界靈魂」（Anima Mundi）相同。後者以為天是靈魂的身體，風是靈魂的呼吸，天光則從靈魂的眼睛放出，物質的流體則是靈魂的唾沫和眼淚。米氏同時認為《中庸》所講的鬼神也和阿翁（AEons）的系統相似【103】。

米氏所述柏拉圖主義的靈魂說大概是出自普羅提諾（Plotinus, 205-

【99】 Milne, *Retrospect,* pp. 31-32.

【100】《淮南子·天文訓》，見劉文典，《淮南鴻烈集解·上》（北京：中華書局《新編諸子集成》第一輯，1989，頁790。

【101】 Paul Edwards, *The encyclopedia of Philosophy* (London: Collier-Macmillan Limited, 1967), Vol. 5, p. 214.

【102】 Ibid; Vol. 5, p.214.

【103】 Milne, *Retrospect*, p. 32.

270）的學說。普氏認為低級的靈魂決定可感世界（the visible world）的物質結構。至於阿翁系統則屬於諾斯士派（Gnostic）神學。該派神學認為阿翁係從至上神所流出，是介於神與世界之間，或神與人之間的似神而非神者。

米氏所具體比附於《中庸》的部份，據他在《中庸》簡介所說，則為下列一段話：「子曰、鬼神之為德，其盛矣乎！視之而弗見，聽之而弗聞，體物而不可遺【104】」。米氏所引述而用作比附的原文是在《中庸》的第16章【105】。在米氏所引原文之下，尚有以下一段文字：「使天下之人齊明盛服，以承祭祀。洋洋乎！如在其上，如在其左右。《詩》曰：『神之格思，不可度 思！矧可射思！』夫微之顯，誠之不可揜如此夫【106】」。《中庸》此章講鬼神是從祭祀說。如自祭祀言，則鬼神是曾經存在的生命之歸於幽冥，可視為幽冥中之實然存在。儒教謂人祭祝鬼神而以誠敬之心感格時，即覺其洋洋乎周流充滿而無所不在。如就宗教言之，此中自然具有一虔誠的宗教之情。但如上文「附注」所指出，儒教所重者乃由道德踐履以契證天之創造生化，故「仁」與「天」才是儒教宗教精神之所寄，鬼神則只為德性所帶起之夾縫存在。就鬼神地位不高言之，則米氏將它和柏拉圖主義所講的低級靈魂或諾斯士派所講的「阿翁」相比附，固無不可；但他企圖說明的是《中庸》的宇宙論。他把《中庸》所說：「（鬼神）體物而不可遺」，理解為「鬼神體現在一切物質之中，是一切物質所不可少者」【107】。按：《中庸》的本義是要人以誠敬之心感格鬼神，而覺其為類於無限的存在。實則鬼神既為實然之精氣，自屬有限之物；只由於人以主體誠敬之心感通之，而將其擴大以臻

【104】 *The Indo-Chinese Gleaner*, Vol. II, p. 386.

【105】 朱熹，《四書章句集註》，頁25。

【106】 同上。

【107】 *The Indo-Chinese Gleaner,* Vol. II, p. 386.

龔道運　基督教和儒教在十九世紀的接觸——基督教入南洋先驅米憐研究　151

於無限，遂即以為鬼神之盛德無所不包。總之，《中庸》所謂「體物而不可遺」是從主體的感通言，而不是一客觀的肯定【108】。苟明此義，則《中庸》所講之鬼神，其本義只就祭祀言，而不涉及宇宙論【109】。米氏的比附，實為誤解。

　　米氏繼討論陰陽的觀念，他說此兩原則貫通和影響萬物。他於是引述《禮記正義·曲禮·上》說明陰陽對進食之禮的影響：「骨是陽，故在左；肉是陰，故在右；食，飯燥為陽，故居左；羹濕是陰，故右設之【110】。」米氏引述孔穎達《禮記正義》所講陰陽和飲食的意義，只是儒教講陰陽的通俗思想。儒教在哲學思想的層面，則從宇宙論討論陰陽的觀念。

　　從哲學思想層面說，米氏認為儒教的陰陽之說和埃及人講物質和精神（或質料和主動原理）相同。但他認為物質和精神不足以概括陰陽的觀念。米氏於是由陰陽的作用影響自然界的活動，把它們定義為「雌雄異性而同體」，或「在自然界的雌雄之勢能」（a masculine and feminine energy in nature）。具言之，天的氣體是雄（陽），地則為雌（陰）；即所謂「天為萬物之父；地為萬物之母【111】」。

【108】 參考，牟宗三，《心體與性體》第一冊，頁480-481。

【109】宋儒以陰陽二氣之屈伸解釋鬼神，則鬼神在幽冥中為一個體式的存在之義即融化而不存，此即為宇宙論之解析。參考，張載，《張載集》，頁9；牟宗三，《心體與性體》第一冊，頁477-482。

【110】 Morrison, *Memoirs*, p. 189。按《禮記·曲禮·上》原文為：「凡進食之體，左殽右胾，食居人之左，羹居人之右」。孔穎達《正義》：「左殽右胾者，熟肉帶骨而臠曰殽，純肉切之曰胾。骨是陽，故在左，肉是陰，故在右。食居人之左，羹居人之右者，食，飯燥為陽，故居左；羹濕是陰，故右設之，並在殽胾之內。」見《禮記正義》，頁87-88。

【111】 Milne, *Retrospect*, pp. 32-33.

新亞學報第二十三卷

米氏再由陰陽而論及儒教所講的「理」。他指出理無所不在。如果缺少理，事物便不圓滿。他認為儒教毋寧視理為不具人格（personality）義或「智力的動因」，而非至上神（上帝）手上的工具【112】。

米氏既從哲學思想的層面講陰陽，卻只注意陰陽為純形而下的材質觀念，如《周易‧繫辭傳‧下》所謂：「天地絪縕，萬物化醇。男女構精，萬物化生」【113】，即是此義【114】。實則從本體論言之，儒教以為陰陽是形而上本體的妙用【115】。米氏於此，似無所知。至於米氏對「理」的理解，則純從西方的辨解形上學和耶教教義為出發點。如依儒教道德形上學，則理為人踐德所以可能的客觀根據，故理是客觀說的形而上實體（動因）。此實體之理藉陰陽氣化之不滯即圓融體現為創造活動。米氏只知耶教上帝的創造活動，但對儒教講「理」和陰陽的創造生化則毫無體會。

米氏也許從他所理解的陰陽觀念，誤解儒教中人多為物質主義者。他說這些儒者認為靈魂（或觀念和思想的原理）來自物質結構，而必須依存於身體，就如利依存於刀。他們因此常用「沒了」、「消了」、「散了」說明肉體死亡後的知力原理【116】。

【112】 Ibid.

【113】 孔穎達《周易正義》（北京：中華書局《十三經注疏本》，1957），頁424。

【114】 孔穎達疏：「天地絪縕，萬物化醇者，絪縕，相附著之義；言天無心，自然得一；唯二氣絪縕，共相和會，萬物感之變化而精醇也⋯⋯男女構精，萬物化生者，構，合也；言男女陰陽相感，任其自然得一之性，故合其精則萬物化生也。」見《周易正義》，頁424。

【115】 周敦頤，《太極圖說》：「大極動而生陽。動極而靜，靜而生陰。」見《周敦頤集》（北京：中華書局，1990），頁3；牟宗三，《心體與性體》第一冊，頁357-368。

【116】 Milne, *Retrospect,* p. 34; 369.

龔道運　基督教和儒教在十九世紀的接觸——基督教入南洋先驅米憐研究　153

米氏曾撰《靈魂篇大全》，對儒者主張靈魂在肉體死亡後即歸於湮滅的見解大加駁斥【117】。米氏也在他的著名佈道小冊《張遠兩友相論》中深入討論此問題。

> 遠曰：我屢次聽人言，人死，靈即消散；若果消散，則如何享得永常之福乎？張曰：我也屢聽此言，但是大錯了。蓋人靈永不消、永不散，永不沒。身死了，靈恆活，至世世不滅，所以能享常永之福也。遠曰：我素聞人言，靈身二者相屬相靠。靈在，則身存；靈不在，則身亡。又身活，則靈存；身死，則靈亦亡。看此，與尊駕之言不相似。張曰：大不相同。蓋若身死時靈亦亡，則人何貴於禽獸之有哉，而怎能說人為萬物之靈乎？且若身死時靈亦亡，則因何人常去山墳拜祖先乎？這拜祭死人一定不好，但以人年年如此行，可知人口雖言靈已亡，而其心卻估之還存，蓋若不以祖先之靈為存，則向誰而獻祭物乎？……夫今世之福不常久，又不能滿人心之本願，而今世既無常久，且無能滿人心本願之福，則知來世定有人；不然，則人豈作妄生乎？遠曰：……但齊朝武帝時人范縝云：神之於形，猶利之於刀，未聞刀沒，而利存，豈容形亡而神在？……張曰：……此話大錯。蓋刀沒而利不存，此人皆知；然靈神於肉身不同；身有靈，則活；無靈，則死。此是身靠靈。若刀、雖無利而亦可存。此是刀比利更重，蓋雖失其用，其形體尚可存。惟靈之於身，若無靈，則身死形敗，此是靈比身更重也【118】。

【117】米憐《靈魂篇大全》（馬六甲：英華書院，1824）第一至第四章；米氏於1821年8月致倫敦會董事函，轉錄在 Mirrison, *Memoirs*, pp. 86-87; W. H. Medhurst, *China: Its State and Prospects, with especial reference to the spread of the gospel* (London: John Snow, Paternoster row, 1838), p. 314.

【118】米憐《張遠兩友相論》，頁14b-16a。

《張遠兩友相論》是米氏影響後世最大的中文著述【119】。文中假設「張」和「遠」兩友相為問答。「張」代表耶教,「遠」則為異教徒而向「張」請教有關耶教的問題。上文已引述米氏所陳述的「儒者」神滅論。在此小冊中,米氏藉「遠」之口,重申該儒者(范縝)的神滅論,並假手於「張」,反復駁斥靈魂不在之說。按范縝雖曾從學於儒教學者劉瓛而精於《三禮》【120】,但就〈神滅論〉的思想而言,范氏實不能視為「儒者」。試察其論神滅之根據,有所謂:「人之生也,資氣於天,稟形於地,是以形銷於下,氣滅於上【121】。」其論說和東漢王充謂人稟天地形氣以生,亦與之俱化相同【122】。由此可見,范氏所祖述者只是漢代的材質主義。

儒教的靈魂觀如果和鬼神相聯繫,則如上文所論述,不論從祭祀或從宇宙論言,都非材質主義所能概括。如就祭祀言,則鬼神為已存在生命之歸於幽冥,此可視為幽冥中之實然存在。具言之,可視之為自然或德性個體生命之精靈不散。生命之精靈屬於精氣之實然。既是精氣之實然,則無永久不散之理。但儒教祭祀鬼神之重點不在此。儒教所祭祀的鬼神包括祖先和聖人。祖先未必都有極高的德性,所以必祭之者,只是崇始報本之意。至於祭聖人,則重視對其德性之人格之崇敬。此外,對於祖先和聖人死後是否成神或精靈(靈魂)不滅,則

【119】 Daniel H. Bays, "Christian tracts: The Two Friends", in Suzanne Wilson Barnett and John King Fairbank, ed; *Christianity in Chine: early Protestant Missionaary Writings* (Cambridge, Massachusetts: The committee on American-East Asian relations of the Department of history, 1985), pp. 22-23.

【120】《梁書》(北京:中華書局,1973),卷48,頁664。

【121】 范縝〈答曹舍人〉,見《弘明集》,(中華書局珍仿宋版)卷九,頁10b。

【122】 王充〈無形篇〉,見黃暉《論衡校釋》(北京:中華書局,1990),頁65-66;唐君毅,《中國哲學原論》(九龍:人生出版社,1966),頁579-581。

龔道運　基督教和儒教在十九世紀的接觸——基督教入南洋先驅米憐研究　155

不重視【123】。孔子所謂「祭如在【124】」，只意謂從精神上感格死者，而
回憶其生前的聲音笑貌，非謂從理智上肯定其靈魂作何種形式之存在。
總之，儒教寧依康德（Immanuel Kant, 1724-1804）所講的實踐理性，從
祭祀去體驗靈魂的問題；或從立德，即「盡心、盡性以知天」以肯認個
人生命的不朽；而不願據理論理性或神學去智測靈魂的存在。準上以
觀，則米氏對靈魂的論證以及對儒教祭祀的批評，和儒教相關的思想相
去甚遠。因此，米氏對儒教此方面的評論遂作無關痛癢之談。

　　米氏也指出中國往聖之智慧，不足以從事靈魂之拯救；而且個人靈
魂之得救也不能憑藉自力，而須依靠耶穌救贖的恩典。但米氏論述大審
判的復活時，竟徵引中國儒教慣用的「去惡從善」、「改舊惡、常行善」
等術語【125】。當代學者貝士丹尼（Daniel H. Bays）指出，該術語的使用
乃暗示個人靈魂之得救以臻永生之境，也可依靠個人的成就，而不徒藉
信仰之助。貝士認為此一暗示的意蘊和中國（儒教）強調由踐德以臻於
宗教最高境界相當【126】。按：在耶教發展史上，關於靈魂獲救以得永生
的取徑，原本即存在「自力」和「恩典」兩種不同方式的緊張關係。若
依貝士的理解，則米氏似有意拉近耶儒的距離。但衡諸上述米氏對儒教
的態度，則米氏之徵引儒教慣用術語，充其量只可視為一種方便之手
段，未必真有意縮短耶儒之間的差距【127】。

【123】牟宗三，《心體與性體》第一冊，頁479-480。

【124】《論語・八佾》，見《四書章句集註》，頁64。

【125】米憐《張遠兩友相論》，頁27b；30b。

【126】Bays, "Christian tracts: The Two Friends", in Barnett ed., *Christianity*, pp. 32-33.

【127】如上所論述，米氏在他的英文著述中，常明目張膽宣稱，他提倡儒教經典的研
　　究，只是一種權宜的手段，以便達到否定儒教而傳播耶教於中國的目的。米氏
　　在《張遠兩友相論》中，對儒教的態度較為溫和，措辭也很謹慎。此乃由於該
　　宣教小冊用漢文撰寫，而以中國民眾為對象，故不願過分宣染耶儒之差異，以
　　免激起中國人之反感。

至於儒教的道德系統，最吸引米氏注意者是《中庸》和其他儒教典籍所彰顯的事物之宜或不宜之道，尤以涉及個人和社會生活者為然。米氏以此為儒教完整道德理論的基礎。因為儒教絕少對至上神的彰顯，也不承認人的行為和上帝的意志以及指命有任何聯繫和依傍，所以只有「宜和不宜」的某種抽象觀念，而缺少賞或罰、生或死以及時間或永恆的概念。儒者即因此常為某種行為辯護。如祭祀，即因覺其適宜於從事而行之；雖然他們未見及此舉的目的，也忽視神對他們行動的制約；他們所設定的道德規則和義務彷彿是永恆和不變，而超越於人們所有對上帝的存在和屬性的觀念，此一對「適宜」原則的推理，讓米氏聯想及西方某些道德學家用「道德美」（moral besauty）以定義道（德）之性【128】。

儒教從義理層次肯認人性為絕對的善，由此鑒賞人性之至美。米氏如依耶教以人具原罪的教義，必不同意儒教善美圓融的思想。米氏比附西方道德學家於儒教所講道（德）性之美，只是偶然興之所至。米氏所耿耿於懷者還是儒教的道德系統乖違了耶教的教義。所以，他鄭重指出，對真上帝一無所知者言，儒教的道德系統雖充份說明在有限生命中的各種義務，但如果將它和《新約》的耶教倫理相較，即可覺察它在許多細節上都存有嚴重的缺失甚至謬誤；在對待人們行為的動機和結果以及他們所應從事者而言，該系統的失誤尤為明顯。其中有些重要的義務完全受忽略，有些則做得過分，以致使人不勝其煩，甚至有受壓抑之感【129】。米氏由此論斷儒教對善惡缺少明確的觀念，他指責儒教的哲學家和形而上學學者將善惡的觀念加以解釋和提煉。以至將其變成相對的名辭；而人則成為目的，神和法律。他也指責儒教道德學者忽視「善」在普遍上的重要基礎和本質；他們過於關注個別的情況，以致「善」喪

【128】 William Milne, "Chung-Yung"（《中庸》）, *The Indo-Chinese Gleaner,* Vol, II, pp. 387-388.

【129】 Milne *Retrospect*, pp. 34-35.

失其意義，而淪為一種在壓制、難忍和行不通情況下的「現成之善」。米氏繼指出，儒教以為惡的構成乃出於反對古人以及危害個人和社會的惡性【130】。

米氏進一步探討儒教道德系統的弊病和宗教信仰的關係。他特別指出，儒教中人所引以為豪的「中庸」之道，實未曾為多數儒者所履行；也未曾為不獲上帝啟示的任何國民所掌握。米氏一再強調，儒教的道德系統雖佳，但由於不承認至上立法者的權威而失其依傍；也缺少源於理性和永恆幸福的動機以及缺乏對神聖、正義上帝於將來所施加懲罰的畏懼，遂導致道德力量喪失助援，而顯得薄弱無力。再就動機言之，米氏力陳儒者將促使道德實踐之動力和行為之改良，都從利益立場加以考慮；無論為個人或祖先，為家庭或君主，為至親或後代子孫，凡涉及功利的種種計議，不論遠近，總不離世俗的性質【131】。

米氏批判儒教實踐道德的動機純然從世俗功利着眼，實則此只是俗儒之所為。真儒則盡心盡性，實踐義理之當然而不容已【132】。米氏依耶教立場，以為儒者之自盡其心性而不藉上帝之力，不免喪失助援而力量不足。但由儒教「求諸己」的道德準則言之，耶教倫理則難免淪為他律

【130】Ibid; pp. 371-372。按儒教所謂善性之善，即從普通意義的「絕對之善」為說。米氏謂中國哲人大都以為人的心地都天生賦有道德之正直，並謂此說與耶教《聖經》的箴言和日常經驗大有逕庭。見所撰〈三字經〉，在 *The Indo-Chinese Gleaner,* Vol. II, pp. 90。米氏以為中國哲人的性善說和日常之惡行相背馳，可見他對儒教所謂普通而絕對之善未能善加體會。

【131】Milne, *Retrospect*, p. 35.

【132】米氏在日記中，曾記錄一儒者自我充分實現其心性，以臻於善。此儒者為米氏的助手兼馬六甲英華書院漢文教師李某。李氏坦言雖信仰耶穌，但所信者不離儒教所說「去惡就善」。至於耶教所講對原罪之寬恕、基督以身為世人贖罪，則難以理解。李氏也不完全相信靈魂不朽和來世的報應。見米氏1817年5月18日的日記。轉引在 Morrison, *Memoirs*, p.40。

道德，而成為一種神學的道德。

但米氏對儒教的自律道德似非毫無所知。他對《中庸》所謂「率性之謂道」曾加詳細的討論。他批評法國漢學家呂摩薩（Jean Pierre Abel Remusat, 1788-1832）對《中庸》此語之翻譯未當。按：呂氏譯「率性之謂道」為 "Conformari naturae dicitur regula"【133】。米氏謂其譯文之誤有二：其一、將「率」視為被動義，以致不能與「道」相聯繫；其二、譯「道」為法則，米氏指出中國的註釋家都認為「率」具有主動的意義。「道」則意謂道路，亦即道德或道德取向的意義。米氏因此將該句譯為 "To follow nature, is denominated virtue"。他參考朱熹等人的註解，以為道（德）之性（the nature of virtue）和古代西方道德學家與哲學家稱道（德）為「率生於性」（A life according to nature）和「依循於性」（a complying with nature），在意義上極為相似。但其中的困難在於對性字的定義。米氏於是提出疑問：人是否依據「性」而了解良心為其最高官能？而且人是否以為依據良心行事即為「率性」【134】？

一般西方哲學家和宗教家大多從形而下的層面將儒教所講的性視為生物本能、欲望和心理情緒。如依米氏對「率性之謂道」的模糊體會，則「性」字可能從形而上層次的良心加以理解。但如上文所論，米氏對此性所具的普通和絕對之善終未善會，故對儒教講自律道德的精義一間未達，於是轉而批評《中庸》的道德系統難以理解和充滿神秘之感。但他加以澄清，謂此一神秘感並非源於崇高的層次，而是來自心靈在探索過程中，能穩定附着於對象時所欠缺的某些事物；它也來自對任何事物

【133】 Jean Pierre Abel Remusat, *Linvariable Milieu*, Ouvrage moral de Tseu-sse, en Chinois et en Manchou, Avec une Version litterale Latine, une Traduction Francoise, et des Notes, Precede Dune Notice Sur Les Quatre Livres Moraux Communement Attribures A Confucius (A Paris: Delimprimerie Royale, 1817).

【134】 Milne, "Chung-Yung"（《中庸》）in *The Indo-Chinese Gleaner*, vol. II, pp. 387.

龔道運　基督教和儒教在十九世紀的接觸——基督教入南洋先驅米憐研究　**159**

所作的無稽之論和矛盾之說。米氏一反前說，謂中國人對較為健全的倫理系統一無所知，於是他們對上述神秘感所蘊具的種種欠缺，便往往視若無睹【135】。米氏純從西方的思辨哲學和耶教神學對儒教的道德系統加以批評，但儒教的道德系統注重主體的踐履，實不能純從思辨或神學加以範圍。

米氏在討論儒教的神學系統時，曾譏諷俗儒乞求偽神護佑，希望死後靈魂得以安息，甚至再生於世。至於在儒教的哲學系統中，米氏則指出儒者雖不承認來世的存在，但卻希望其子女和後世子孫享福於世。儒者之期望既不過如此，則其恐懼和希望似亦終止於此【136】。

米氏繼而說明儒者所以不承認來世的存在乃由於孔子未嘗論及死後之事，故不願自尋煩惱，對不能見聞或接觸的事物加以討論【137】。如實言之，如上文「附注」所引，孔子雖曾說：「未能事人，焉能事鬼？未知生，焉知死」，但並不意謂孔子未嘗論及死後之事。米氏自以為儒者太執着於現世而對來世一無所知，於是在其所撰《靈魂篇大全》中，提出耶教的「救贖觀」作為補救之道【138】。

總之，米氏於儒教對來世的態度，不論從神學或哲學系統加以觀察，都不離意識形態的層面。實則儒教雖注重現世，但亦未嘗不措意於未來。孔子「未知生，焉知死」之說，其意旨在先處理現實的人生之道，再解決死後的問題。對死後即來世的問題，儒教不重意測，而強調由主體的道德實踐以昇華精神生命，終臻於不朽；不似耶教須藉客體上帝之恩賜、救贖，或懲罰、審判，以得到永生或沉淪之果報。

【135】 Ibid; pp. 387.

【136】 Milne, *Retrospect*, p.35.

【137】 William Milne, "Sentiments of the Chinese concerning a future state", in Morrison, *Memoirs*, p.185.

【138】 米氏於1821年8月致倫敦會董事函，轉錄在 Morrison, *Memoirs*, pp. 86-87.

三、法政系統

米氏由儒者輕忽至上神對來世的主宰作用，聯想及受儒教影響的一切現世措施都將喪失其效用。他引述一女學者摩耳（Hannah More）的研究，說明一般具異端思想的民族，如採用孔子哲理以經世，則無疑足以凝聚社會，而且藉此繫帶也可促進良好秩序。但其中缺少令人崇敬的神命，以致其民不敬法律，進而不崇敬甚至不承認立法者，可見法律如喪失神命對賞罰的制裁，則難以令人遵守[139]。

米氏藉摩耳的研究，確定孔子哲理是中國人修身，齊家和治國的原則，並肯定中國社會由於缺少神命而不遵守法律。米氏對中國社會的理解並不全面。儒教對待天命的態度，從古代的《詩》、《書》和孔、孟以迄宋明儒者，雖因時代而略有不同，但大體都肯認天命的存在[140]。但儒教別宗的荀子則否定天命。法家師承荀子的思想，並將儒教之政治理想以意識形態加以歪曲，遂成秦以後的專制格局[141]。在法家的專制格局下，天命既喪失其制裁的作用，世俗立法者之專橫即無所不用其極，人民則屈伏於嚴刑峻法之下而毫無自由，以致強悍者鋌而走險，甚至衝決羅網。此即所謂「民不畏死，而以死懼之」的法家社會。米氏依耶教教義所論斷的中國社會弊病，顯然是法家政治意識形態的產物，而非儒教講「行其所當為，以順受天命」的思想所引致者。

米氏對中國社會受法家影響所招致的弊病雖有所忽略，但他肯認孔子的哲理是中國人修身、齊家和治國的原則，此說則相當正確。他在論述《大學》時，更具體說明曾子依孔子之意，由格物、致知、修身、齊

---

[139] William Milne, "Sentiments of the Chinese concerning a future state", in Morrison, *Memoirs*, pp. 185-186.

[140] 唐君毅，《中國哲學原論》上冊，（九龍：人生出版社，1966）頁 500-612。

[141] 牟宗三，《荀學大略》（台北：中央文物供應社，1953），頁 32-33。

家和治國等步驟以達到平天下的最高目標【142】。按:《大學》對修養工夫只提供一綱領,雖未必純出於孔子的思想,但《大學》將它和政治相聯繫,則合於儒教講德政的理想。儒教所講的德政固然較法家的專制政治具有理想性,但儒教以為由修身可以直接開展政治,則不知道德與政治分屬不同領域,不能一以貫之。米氏如欲批評儒教之政治,則應着眼於此。

米氏對中國社會習俗的批判,更是每下愈況。他將中國社會種種陋習歸咎於中國人自欺於空洞的哲學以及缺乏上帝的指引。他肆無忌憚,譏諷中國人沉醉於孔子哲學二千年之後,竟淪落於斯境地【143】!米氏以救世主代言人自居,其評論已失去客觀的學術意義。

四、意識形態

米氏在論述儒教的神學、哲學和法政等思想系統時,已羼入大量的儒教意識形態。在清代,最能代表儒教意識形態的《聖諭廣訓》更受米氏的注重。他早在1815年即將全書翻譯【144】。並在1817年將該譯本出版【145】。米氏批評該書對每一宗教形式,都持無神論者漠不關心的態度,也缺少對至上神或人類最終命運的觀念【146】。

按:清聖祖在1670年頒佈《聖諭》十六條【147】。世宗在1724年將《聖諭》詳加申解,成《聖諭廣訓》一卷【148】。不論《聖諭》或《聖諭

【142】 William Milne, (Too-Yu),〈大學〉, in *The Indo-Chinese Gleaner*, Vol. II, pp. 459-460.

【143】 Milne, *Retrospect*, pp. 35-41.

【144】 William Milne, (Too-Yu), 〈聖諭廣訓〉, in *The Indo-Chinese Gleaner*, Vol. II. p.31.

【145】 William Milne, trans; *The Sacred Edict* (London: Printed for Black, Kingsbury, Parbury and Allen, 1817), pp. 299.

【146】 Milne, 〈聖諭廣訓〉, in *The Indo-Chinese Gleaner*, Vol. II, p.35.

【147】《大清聖祖仁皇帝寶錄》(台北:華文書局影印),卷34,頁10-11。

廣訓》都是附會和利用儒教經義作為駕御庶民的意識形態【149】。因此，在《聖論廣訓》中，米憐自然無由窺見儒教對天和天命的思想。

此外，影響中國社會最巨以及代表自宋以降儒教意識形態的《三字經》，也受到米氏的重視。在他的「中華文庫」專欄，他曾特別撰文介紹【150】。該書原為幼童識字而編，雖偶而涉及儒教經義，但因用語過於簡略，實難據此理解儒教思想的來龍去脈。米氏卻從開卷所見「人之初，性本善」而大詫於中國哲學家性善說和耶教《聖經》所說之異【151】。實則米氏果欲確實體會中國哲學家性善之說，則須從孟子之性說為出發點。

總之，米氏對儒教的論述，無論在神學、哲學和法政的思想系統，以至各思想系統所衍生的意識形態，都從耶教立場尋找其弊病或不足之處。自米氏視之，儒教的各種缺失都足以構成對耶教傳播的障礙。米氏勇於任事，為傳教同工披荊斬棘，企圖動搖儒教的各個系統，而為日後入華傳教鋪平道路【152】。

【148】《大清世宗憲皇帝聖訓》，（台北：文海出版社影印），卷九（法祖卷），頁2。

【149】 參考，王爾敏，《明清社會文化生態》（台北：台灣商務印書館，1997）， pp. 3-18；大村興道〈清朝教育思想史に於ける《聖論廣訓》の地位につひて〉林友善編，《近世中國教育史研究——その文教政策と庶民教育》，（1958）；Albert Feuerwerker, "Comments on Kwang-Ching Liu's Nineteenth-Century China: The disintegration of the old order and the impact of the west," in Ho Ping-ti and Tsou Tang ed., *China's Heritage and the communist political system* (Chicago: The University of Chicago Press, 1968). pp. 181-182.

【150】 William Milne, (Too-Yu),〈三字經〉，in *The Indo-Chinese Gleaner*, Vol, II, pp. 88-94.

【151】 同上。

【152】 Milne, *Retrospect*, pp. 368-376.

龔道運　基督教和儒教在十九世紀的接觸——基督教入南洋先驅米憐研究　163

7、結語

　　米憐和馬禮遜都是十九世紀耶教到東方傳教的先驅。米氏身在南洋，心存中國。他在華活動的時日雖短，但始終和定居在廣州的馬氏維持密切的關係，故對華的聯繫從未中斷。只由於當時中國教禁未解，米氏不能在華直接傳教，乃轉而在南洋馬六甲辦書院和刊物，同時協助馬氏漢譯《舊約聖經》。米氏漢譯《聖經》是一項客觀的開創性事業，其譯本雖未盡善盡美，但它對耶儒接觸甚至中西文化交流自有其不可磨滅的貢獻。他晚年依據儒教典籍確定以「上帝」為 “God” 的譯名，為日後在華耶教士修訂漢譯《聖經》所採用，其意義亦不容抹煞。至於米氏的其他文教活動也時常涉及儒教。米氏的文教事業雖然只是一種手段，因為他的主觀意願是要藉此達到傳教於中國的目的；但在客觀上，他卻開啟耶儒在中土接觸的契機。

　　米氏在客觀上觸發耶儒接觸之機，其事頗為吊詭。他鑒於儒教的神學、哲學和法政各系統都對耶教的傳播構成障礙，於是在自己主持的書院大力提倡儒教經典的研究，也在他所主編的期刊親自撰文闡述儒教的各種思想和意識形態。以期揭發儒教的缺失，而動搖它的各個系統，最終則以耶教取而代之。套用一位著名傳教士的話，此是一場「生死存亡的鬥爭[153]。」如果和馬禮遜相較，則馬氏對儒教雖頗輕蔑，尚不至企圖從根本上動搖儒教的各個系統[154]。米氏在企圖動搖儒教的過程中，所採取的手段常隨機制宜。在他以漢文撰寫涉及耶儒的文章，因以華人讀者為對象而投鼠忌器，常援儒入耶，穿鑿附會；至於英文的有關論述，則肆無忌憚，對儒教批判不遺餘力，其手段雖殊，但以耶代儒的目

【153】 Alexander Michie, *Missionaries in China,* (London: Edweard Stanford, 1891), p.36.

【154】 參考拙文〈基督教和儒教在十九世紀的接觸——基督入華先驅馬禮遜研究〉香港中文大學《中國文化研究所學報》期12（新）（2003 年），頁 263-288。

的則始終如一。米氏對儒教的批判，偶爾確能發聾振聵，對儒教社會不無貢獻；但由於米氏的傳教對象大都是東南亞華人，他們多為社會低層的民眾，所以米氏所接觸和揭發的儒教弊病也大體屬於意識形態的層次。他常有意把儒教的意識形態和思想混為一談，甚至以儒教的意識形態代表儒教的思想，以貶低儒教思想的價值，此則不免流於主觀的偏見。

儒教思想雖然因受米氏歪曲而可能使人誤解【155】，但由米氏大量的英文日記，書信和論著多少可以讓他所屬的教會甚至西方社會了解儒教的意識形態，以及這些意識形態所變現的文化習俗；而且米氏盡其心力辦理書院、主編中英文期刊以及大量搜集儒教典籍，以供學者研究，此種種文教活動畢竟在客觀上提供某種方便，從而開啟人們接觸儒教的契機。此一貢獻，不能因為他主觀上的傳教意願而加以忽視。

耶教不欲在中國土地生根則已，如欲在中國土地生根，則它和中國文化主流的儒教接觸，必須借鑒佛教，而從更廣的文化層次着眼。但以耶教獨斷的宗教特性，殊難期望它在文化層次和儒教接觸而取長補短【156】。它充其量只在細節上接受儒教的形式，以從事《聖經》的漢譯，米氏也允許在他所辦的華人義學校舍中懸掛孔子像【157】；但在根本教義上，則絕無回旋妥協的餘地。米氏曾宣稱，中國的異端哲學不足以引導

【155】本文於米氏對儒教的附會和誤解，常隨文或加附注以指正之。本文無意為儒教立言，但願為真欲了解儒教者提供真象，以便為將來耶儒的文化交流略盡綿力。

【156】當代一學者指出，耶教視天主教更具排他的獨斷性。耶教自以為不但是唯一真理的代表，而且是一種進步和成功的文明，必將流佈於全世界。若中國之落後而具異端之思想，對耶教之需尤切。參考Arthur F. Wright, "The Chinese language and foreign ideas", in A. F. Wright, ed., *Studies in Chinese Thought*, p.291.

【157】Milne, *Retrospect*, p. 149; Editorial: "Then and now", *The Chinese Recorder*, 65:8 (August, 1934), p. 474.

龔道運　基督教和儒教在十九世紀的接觸——基督教入南洋先驅米憐研究　**165**

人獲得關於真神的知識和尊崇【158】。然則作為中國哲學主流的儒教，對耶教的教義自然也沒有任何助益可言【159】。米氏的立場，可說是耶教獨斷主義的典型。米氏固不願虛心吸收儒教宗教和哲學的精華，遑論在更廣的文化層次擷取儒教的優點【160】。

【158】William Milne, (Too-Yu),〈聖諭廣訓〉，in *The Indo-Chinese Gleaner*, Vol. II, pp. 300.

【159】米氏借用儒教的「上帝」一詞以漢譯 "God"，而摒棄天主教的「天主」譯名。按天主教自鑄新詞，而不認同於儒教的「上帝」，自表面視之，似不及米氏用「上帝」譯名之具文化妥協性。但米氏之妥協性卻因其蔑視儒教的哲學和宗教而減損。某傳教士曾指出，除非耶教謙虛和忠誠地承認受惠於中國聖人，否則，它借用「上帝」之詞以譯 "God"，即難逃盜竊孔子高尚思想並企圖在中國取而代之的罪過。參考Leonard M. Outerbridge, *The lost churches of China*, (Philadelphia: 1952), p. 27.

【160】米氏態度獨斷而不欲和儒教在文化上交流，表面上似可說是基要主義者（Fundamentalist）。他也強調對異教徒直接傳播《聖經》的重要性（參考Medhurst *China*, p. 312），雖然他不似後來的基要派只採取「直接佈道」的方式。因為如上所述，他主持馬六甲英華書院時大力提倡客觀的漢學研究。有學者或因此指出他和馬禮遜對中國社會和文化傳統的仰慕近似於早期的耶穌會教士，故不同意將米氏視為基要派教士（Harrison, *Waiting*, Preface, xii-xiii）。按米氏提倡客觀的漢學研究容或接近早期的耶穌會教士，但他欲藉漢學研究以顛覆儒教系統，則和耶穌會教士不同；也和自由派藉各種文教活動以促進耶、儒在文化上的交流有別。如依上文的分析，則米氏在客觀的漢學研究和主觀的傳教態度之間存在着微妙的辨證關係。因此對米氏不能籠統以基要派或自由派加以定位。關於十九世紀在華耶教的兩種傳教方式，可參考柯恩（Paul A Cohen），"Missionary Approaches: Hudson Taylor and Timothy Richard" *Paper on China*, Vol. II. (Havard University, 1957), pp. 29-62; 王立新，〈十九世紀在華基督教的兩種傳教政策〉，《歷史研究》期3（1996 年），pp. 70-81。

41

至於儒教雖有宗教寬容的精神，但在鴉片戰爭之前，中國門戶未開，對國外一切事物採取深閉固拒的態度【161】，加以二千多年來講華夷之辨而形成的文化優越感，促使儒者自晚明以降，即把基督教視為異端邪說。處此形勢下，十九世紀初期的儒者雅不願將馬禮遜、米憐等人苦心孤詣所譯《聖經》平心靜氣加以評估，以便取其長而補己之短【162】；更談不上在較廣層次擇取耶教所代表的西方文化精華。當時一般儒者大概只秘密充作傳教士如馬禮遜和米憐的漢文教師、譯經助手、論述潤色人以及宗教讀物分發者。這些都是為稻粱謀的被動角色。此外，沒有大儒以平等地位對外來耶教文化作從容而相應的交流【163】。

總之，耶儒在十九世紀初期的接觸，如以米氏個人所反映的事實，及當時儒者因應耶教之道言之，則雙方在文化層次都不願虛心、真誠以了解對方。終致未發展為相與取長補短的雙程交通。即因此故，上述米氏有關方面的貢獻，其影響力對當時而言，遂不免大受限制。

【161】王爾敏，〈十九世紀中國士大夫對中西關係之理論及衍生之新觀念〉，《清華學報》新卷十一期一、二合刊（1975 年 12 月），頁 163-164；Medhurst, *China*, pp. 508-509.

【162】馬、米二氏的漢譯《聖經》經梁發《勸世良言》的轉手，為落第儒士洪秀全所歪曲而加以利用。參考：鄧嗣禹，〈勸世良言與太平天國革命之關係〉，梁發，《勸世良言》（台北：台灣學生書局影印哈佛大學藏本，1965），頁 4-5。

【163】曾就讀於馬六甲英華書院的何進善（Ho Tsun-Sheen, 按：何氏於 1838 年受洗禮，並於 1846-1871 年任牧師職），在馬、米二氏歿後，發表大量著述，宣揚「聖經為體、儒教為用」。費業仁（Lauren Pfister）因此推崇其為第一位中國現代神學家。見所撰 "A transmitter but not a creator, Ho Tsun-Sheen (1817-1871), The first modern Chinese Protestant theologian" in Irene Eber, Sze-Kar Wan, Knut Walf eds, *Bible in Modern China: The Literary and Intellectual Impacr* (Sankt Augustin: Institut Monumenta Serica, 1999), pp. 165-197.

取象釋禮：張惠言《虞氏易禮》中的《公羊》思想

盧鳴東*

　　《五經》為儒家經典之學，諸經經義多有會通之處，可供互証。從西漢經儒專攻一經之學，至東漢「通儒」的治學風尚，「以經註經」方式日趨成熟，其中鄭玄(127-200)和何休(129-182)多取《三禮》經文發明諸經經義，「以禮註經」條例俯拾皆是。從字義上來理解，「以禮註經」是指以禮來解釋經義，但經義之間是相互印證的，漢儒自然也可以通過諸經經義來推明禮制，捉緊經義與禮制之間的交接點，勾勒彼此相合之處。「取象釋禮」便是指根據《周易》卦爻中所顯示出來的卦象來解釋禮制。

　　清儒在探討禮與諸經的關係上，用力尤深，特別重視漢註本中《春秋》、《毛詩》和《周易》中的「以禮註經」的經註條例。例如凌曙(1775-1829)溯源何休《公羊》禮說，撰成《春秋公羊禮疏》和《春秋公羊禮說》；陳立(1809-1869)傳其師說，亦於《公羊義疏》中援禮註釋《公羊》。陳奐(1789-1863)以《三禮》非能盡錄古禮之由，撰《公羊逸禮考徵》，根據《公羊》補述古代逸禮。此外，清儒認為《左傳》、《穀梁》亦能徵明禮制，這從侯康(1798-1837)《穀梁禮證》和張其淦(1859-)《左傳禮說》可証之。至於桂文燦(1823-1884)審明《鄭箋》禮註，撰成《詩箋禮注異義考》，藉此探討禮制與《毛詩》的關係。[1]自凌曙以後的百餘年間，

---

*香港浸會大學中文系。

[1]有關清儒的生卒年及著作，參嚴文郁編：《清儒傳略》(臺北：商務印書館，1990年)。

清儒以禮為切入點的經註研究累積了大量成果，當中的發現不囿於豐富的名物訓詁、典章制度，亦包含了《三禮》禮義及與其相關的思想內容，可視為獨立研究課題。

張惠言(1761-1802)，蘇州武進人，生於乾隆二十六年，卒於嘉慶七年，其與莊存與 (1719-1788)、莊有可 (1744-1822)、惲敬 (1757-1817)、劉逢祿(1776-1829)等都是常州學派的代表人物。[2]張惠言早年善於詞賦、古文，後師從惠棟(1697-1758)習虞氏《易》，又受學於金榜(1735-1801)治鄭氏《禮》。[3] 其於《茗柯文・序》云：「先生求陰陽消息於《易》虞氏，求前聖制作於《禮》鄭氏。」[4] 其友惲敬亦稱其「言《易》主虞氏翻，言《禮》主鄭氏元(玄)。」[5] 可以說，張惠言兼受吳派《易》學和皖派《禮》學薰陶，從而得以貫通《周易》和《三禮》經義；其中，《虞氏易禮》便最能代表他在《易》、《禮》之間的經義發明，從其援禮註《易》的條例中，可審視出《周易》卦爻逸象與禮制相應之處。事實上，張惠言雖曾於《周易鄭荀義》中列出「禮象」一條，並根據《周易》鄭註註出二十三條禮文(頁680-690)，但由於他認為鄭玄取象之法「遠而

---

[2] 張惠言於〈先府君行實〉中自述云：「先府君……姓張氏，其先自宋初由滁州遷常州。」見〈茗柯文二編〉，載《四部叢刊初編・集部》(臺灣：商務印書館，1967年)，第99冊，頁44。其友惲敬於〈張皋文墓誌銘〉中云：「張皋文，名惠言，先世自宋初，由滁州遷武進，遂世為武進人。」載《大雲山房文稿》(上海：商務印書館，1935年)，第二冊，頁132。

[3] 張惠言於《祭金先生文》中云：「嘉慶之初，問鄭學於歙金先生。」〈茗柯文四編〉，載《四部叢刊初編・集部》，第99冊，頁58。徐世昌於〈茗柯學案〉中云：「茗苛經學出於惠氏，定于江氏慎修，兩家精心過人，於虞氏《易》為專家絕學。」載《清儒學案》(臺北：世界書局，1966年)，卷117，頁1。

[4] 〈茗柯文〉，載《四部叢刊初編・集部》，第99冊，頁1。

[5] 《大雲山房文稿》，第二冊，頁132。

少變」，故另撰《虞氏易禮》兩卷，目的是以虞翻(164-233)多變取象之法，闡釋《周易》中所見的禮象，所以，《虞氏易禮》的撰作動機像是「據禮注《易》」，但實際上是「取象釋禮」。【6】

張惠言出生的常州是清代《公羊》學的發源地。自莊存與重整《公羊》學旗幟後，歷經莊述祖(1751-1816)、劉逢祿等常州學者，常州《公羊》學遂自承一系，聲勢也日益壯大。張惠言累世居常州，年代與莊述祖、劉逢祿、宋翔鳳(1776-1860)相若，在學問上也曾與他們砌磋、交流。因此，張惠言雖不曾為《公羊》學註經立說，但在治經的路途上也受到常州學風感染，帶有《公羊》學的色彩。本文先說明張惠言「取象釋禮」的意圖，然後通過《虞氏易禮》中的經註條例，揭示《周易》卦爻中所見的婚禮「禮象」及取象方法，並進一步申明他襲取漢代《公羊》學說中的王者改制思想，藉此取象釋明易代禮變的原理。

一·「取象釋禮」的由來

兩漢之世，治《易》有占驗與註經之途。西漢孟喜(昭、宣二帝時人)、焦延壽(宣帝至新莽時人)、京房(公元前77-37)、費直(元帝王新莽時人)、高相(元帝王新莽時人)諸家著重《周易》卦象的占驗作用，經由他們傳授的取象之法有「卦氣」、「八宮」、「世應」、「十二月卦」等。簡單來說，「取象」是根據卦爻的升降秩序，而與陰陽五行、干支曆法、星宿節氣等結合的方法，用來推算人事，占驗吉凶。東漢以來，取象之法續有新發展，鄭玄、荀爽(128-190)、虞翻皆用之註《易》。雖然，三家取象相同，但旨意有別。張惠言於《周易鄭荀義·敘》中指出：「鄭氏言禮；荀氏言升降；虞氏言消息。」(頁671)鄭玄長於《三禮》

【6】《虞氏易禮》二卷，《周易鄭荀義》三卷皆載《續修四庫全書》(上海：上海古籍出版社，1995年)，第26冊。以後皆據此版，僅列明頁數。

之學，故其註《易》取象集中於釋禮方面，這是很自然的事。同時，在漢代的天道思想上，普遍認為《周易》卦象起到釋禮的作用。《禮記·禮運》云：「夫禮必本於天。」又云：「夫禮，先王以承天之道，以治人之情。」[7] 天是禮的導源，作為王者制禮的憑據。《禮記·喪服四制》云：「凡禮之大體，體天地」鄭玄註云：「禮之言體也，故謂之禮，言本有法則而生也。」(第12冊，頁2565)莊有可云：「此亦以取象為說。」[8] 鄭玄認為禮是按照天道法則來制定出來；而莊有可直指這便是天象。《周易·繫辭傳上》云：「是故法象莫大乎天地。」又云：「天垂象，見吉凶，聖人象之。」(第1冊，頁593-594) 由於《周易》卦爻逸象無所不包，故聖人據此可象示出不能窮盡的天道，並參透當中的制禮成法。這便是鄭玄以《周易》卦象註明禮制的一個重要思想根據。

張惠言治《易》漢學尤重視卦象所起的象示作用，他在《丁小疋鄭氏易注後定序》中云：「《易》者，象也。《易》而無象，是失其所以為《易》。」又云：「漢師之學謂之言象可，謂之言數不可。」[9] 張惠言認為尋常行事言理，也要「比事合象，推爻附卦」，即一切以《易》象為依歸。《虞氏易事·序》云：「夫理者無跡，而象者有依，舍象而言理，雖經姬、孔靡所據以辯言正辭，而況多岐之說哉！」[10] 大抵漢儒治《易》取象，上至天文星宿、山川氣候、雷風雨澤，下至人事諸物、宮廷器物，無所不包。《周易·繫辭傳下》云：「是故《易》者，象也。象也者，像也。」(第1冊，頁621)可見，張惠言實繼承了漢學餘緒。此

【7】本文徵引《禮記》、《周禮》、《周易》、《左傳》、《公羊傳》、《論語》諸經經註，皆據(清)阮元輯：《十三經注疏》(臺北：新文豐出版社，2001年)，第11冊，頁1032。以後僅列明冊數及頁數。

【8】(清) 莊有可：《禮記集說》(臺北：臺北力行書局，1970年)，卷49，頁1419。

【9】〈茗柯文二編〉，載《四部叢刊初編·集部》，第99冊，頁31。

【10】〈茗柯文二編〉，載《四部叢刊初編·集部》，第99冊，頁20-21。

外，張惠言指出漢儒取象以喻象人事，乃始自孟喜。《周易虞氏義‧序》云：

> 孟喜傳《易》家陰陽，其說《易》本於氣，而後以人事明之。八卦、六十四象、四正，七十二侯，變通消息，諸儒皆祖述之。【11】

時至鄭玄，《周易》取象人事則集中於禮制方面。《茗柯文‧馬氏》云：「鄭《易》之于馬，猶詩之于《毛》。然注《詩》稱《箋》，而《易》則否，則本之于馬者蓋少矣……馬于象疏，鄭合之以爻辰；馬于人事雜，鄭約之以周禮。」【12】鄭玄雖師從馬融(79-166)門下三年，但治《易》之法多由己出，主要是根據「爻辰」來取象明禮。張惠言於《丁小疋鄭氏易注後定序》中云：

> 爻辰者，鄭氏之所以求象，而非鄭氏言《易》之要也。鄭氏之學，盡于爻辰而已乎。《記》曰：「夫禮本于太一，分而為天地，轉而為陰陽，變而為四時，其降曰命也。」韓宣子見《易象》，曰：「周禮在魯矣。」是故《易》者，禮象也，是說也。諸儒莫能言，唯鄭氏言之。故鄭氏之《易》，其要在禮。若乃本天以求其端，原卦畫以求其變，推象附事以求其文王周公制作之意。文質損益，大小該備，故鄭氏之《易》，人事也，非天象也。【13】

張惠言認為鄭玄以爻辰取象，要旨在於禮。根據《左傳》記載，晉侯於昭公二年使韓宣子聘魯，「觀書於大史氏，見《易》象與魯《春秋》，曰：『周禮盡在魯矣。』」杜預注：「《易》象、《春秋》，文王，周公之制。」(第15冊，頁1857-1858)西周凌夷，周禮崩壞，其典章禮制存於魯地，故魯《春秋》自然得以存而述之。至於韓宣子視《易象》如同周禮，乃因聖人制禮必本於天，而《周易》卦爻有象示天法之用，故韓宣

【11】〈茗柯文二編〉，載《四部叢刊初編‧集部》，第99冊，頁19。

【12】〈茗柯文二編〉，載《四部叢刊初編‧集部》，第99冊，頁27。

【13】〈茗柯文二編〉，載《四部叢刊初編‧集部》，第99冊，頁31。

子驟見《易象》，便知周禮存於魯地。這也是張惠言稱《易》為「禮象」之故。

可以說，張惠言有繼承鄭玄的志向，其於《周易鄭荀義》中已置「禮象」一條，補述鄭氏「取象釋禮」之義，並以為《易》象能「列貴賤之位，辯大小之序，正不易之倫」(頁671)，其用合乎禮義。可是，漢學典籍不存，使鄭玄《易》象無法盡顯其貌。誠如惠棟於《易漢學·自序》中所言：「王輔嗣以假象說《易》，根本黃老，而漢經師之義，蕩然無復有存者矣。」【14】張惠言於《周易虞氏義·序》中曰：

> 自魏王弼以虛空之言解《易》，唐立于學官，而漢世諸儒之說微，獨資州李鼎祚，作《周易集解》，頗采古《易》家言，而翻注為多，其後古書盡亡。【15】

王弼(226-249)以義理治《易》，其學於東漢以後，普遍流行，更被孔穎達(574-648)納入官學，自此漢《易》學幾近殆盡。因此，張惠言於《虞氏易禮·敘》中云：「《易》家言禮者惟鄭氏，惜其殘闕不盡存。」(頁601)

除此以外，張惠言有感於鄭玄取象之法過於狹隘，以為僅用「爻辰說」不能盡得陰陽消息之用，難以充分體現卦爻所示之禮象。張惠言於《周易鄭荀義·敘》中曰：

> 鄭氏贊《易》實述之至，其說經則以卦爻無變動謂之象辭……爻象之區既隘，則乃求之于天，乾坤六爻上繫二十八宿，依氣應宿謂之爻辰。若此則三百八十四爻，其象十二而止殆，猶濂焉。此又未得消息之用也。(頁671)

取象之法以卦爻為本，卦爻變化愈是繁複，其用愈能發揮，所顯示的逸象也愈豐富。相反，若卦爻位置不變，顯見之象自受限制。鄭玄「爻

【14】 (清) 惠棟：《易漢學》，《叢書集成初編》(北京：中華書局，1985年)，頁1。

【15】 〈茗柯文二編〉，載《四部叢刊初編·集部》，第99冊，頁20。

辰」以乾、坤各十二爻納十二地支。乾卦由初九至上九分別配子、寅、辰、午、申、戌六辰；坤卦由初六至上九分別配未、酉、亥、丑、卯、巳六辰，六十四卦皆限於此相應之法。例如凡是初九爻皆按乾卦初九上屬子辰；又如所有的初六爻皆據坤卦初六上屬未辰。由此來說，六十四卦共三百八十四爻僅限於與十二辰相配，故張惠言評「爻辰者，遠而少變，未足以究天地消息」，也使其另撰《虞氏易禮》，期望「以虞氏之註推禮以補鄭氏之缺」(頁601)。

二·「取象釋禮」的方法

漢代《易》學分別門派，述旨不一：鄭玄、荀爽及虞翻三家，張惠言皆有著述。《周易鄭荀義·敘》曰：「漢儒說《易》大恉，可見者三家：鄭氏、荀氏、虞氏。」(頁671)荀、虞二家註《易》在於發明陰陽「升降」、「消息」之義。《九家易》註云：「泰卦曰：『陽息而升，陰消而降。』」[16]凡陽氣長為「升」、「息」，凡陰氣長為「降」、「消」。荀爽註升卦上六云：「陰用事為消，陽用事為息。」[17]虞翻註剝卦《彖傳》云：「乾息為盈，坤消為虛。」[18]若用卦爻表示，陽爻主陽氣，陰爻主陰氣。二氣消息盈虛，循環不斷，卦爻之位隨之升降變化，遂使卦爻逸象增多，由此釋明的禮制自然豐富起來，足以糾正鄭玄「爻象之區既隘」之弊。

然則，在荀、虞二家之中，張惠言所以選取虞《易》註取象釋禮，誠如其於《周易鄭荀義·敘》中謂：

> 荀氏言陽常宜升而不降，陰常宜降而不升，則是姤、遯、否之義

---

[16] 《易漢學》，頁7。

[17] (唐) 李鼎祚：《周易集解》(北京：北京市中國書店，1987年)，頁10。

[18] 《周易集解》，頁14。

大于既濟也。(頁671)

張惠言治《易》貴於卦爻能各當其位。既濟六爻為初九、六二、九三、六四、九五、上六，此見陽爻當陽位，陰爻當陰位，六爻各得其正。可是，荀爽不管卦爻之位是否得正，認為凡陽爻皆有上升九五之勢，而陰爻則有下降六二之勢，譬如姤、遯、否三卦之陰陽六爻不盡其位，陰爻皆在陽爻之下。這種「陽升陰降」的必然規律自然減少爻變的靈活性，取象之法也因而受到限制。從張惠言評虞翻《易》學「與荀同原而闊大遠矣」(頁671)之言，大底明白其取虞捨荀之由。

虞翻，三國吳人，始於高祖父「少治孟氏易」，先祖「世傳其業」，至其五世，堅稱「經之大者，莫過于《易》。」[19] 今觀虞氏《易》註，其學不止於孟喜，乃匯集兩漢《易》學之大成。虞氏《易》取象類目繁多，靈活多變，其卦爻逸象可彌補鄭玄推禮方法的局限。張惠言於《虞氏易禮‧敘》中曰：

虞氏于禮，蓋已略矣。然以其所及，揆諸鄭氏原流本末，蓋有同焉。何者其異者？所用之象也。而所以為象者不殊，故以虞氏之註推禮以補鄭氏之缺，其有不當則闕如，一以消息為本。(頁601)

鄭、虞取象之法同源，但用象之旨有別。虞翻註《易》略於釋禮，卦爻之象不一定為釋禮而發，若虞氏《易》象有不能釋明禮制的情況，張惠言便個別以陰陽消息加以推導。所以，在《虞氏易禮》中，張惠言在沿用虞氏《易》註之餘，還有個人的釋禮方法。就此，本文例舉張惠言所言的婚禮「禮象」來分析他的取象方法。在《周易鄭荀義》中，張惠言把泰六五和歸妹上六納入「中春嫁娶」條中，並承襲鄭玄《易》象釋明婚禮；然而，基於鄭氏獨以「爻辰說」釋禮，張惠言有嫌釋禮不足，故於《虞氏易禮》「歸妹」條中，採用虞氏《易》象釋明泰、歸妹卦爻中之禮象。從中可反映出張惠言取象釋禮的具體方法，及其據虞翻取象多變

---

[19]《易漢學》，頁54。

盧鳴東　取象釋禮：張惠言《虞氏易禮》中的《公羊》思想　　175

的特色，以補述鄭玄推禮不足的情況。以下歸納三方面來說明：

(一) 鄭玄雖釋明禮制，卻沒有註明取象之法，故張惠言據虞氏取象
之法，以《易》象釋之。

張惠言於《周易鄭荀義》「中春嫁娶」條中，徵引《周易》鄭註云：
「歸妹上六爻，女承筐。注云：『士昏禮云：婦入三月，然後祭行。』」(頁
680)鄭玄認為歸妹上六爻象示婦人嫁後三月祭廟之象，然而，他沒有解釋
取象之法。在《虞氏易禮》「歸妹」條中，張惠言徵引虞氏《易》象補述
之。《周易》歸妹上六云：「女承筐，無實。」虞翻註云：「女謂應三兌
也。自下受上稱承，震為筐。」(頁621)根據「世應法」，歸妹爻的上六與
兌三相應。兌三象妹，為出嫁之婦，則與上六為婦人相應。又歸妹震上兌
下；兌在震下，兌象婦人，震象為筐，由此象示婦人出嫁後承筐祭祀。

進一步，張惠言把「歸妹」這個禮象分析得更仔細。《周易》歸妹
上六云：「士刲羊，無血。」虞翻註云：「刲，刺也。震為士。兌為羊。
離為刀。故刲羊。」(頁621)就「世應」而言，「歸妹」震四為士，與兌
三易位而與上六相應。張惠言註曰：「謂四反三為士應上」(頁621)。所
以，歸妹震六又象喻祭士。震六在上，兌在其下；兌為羊，由此推出祭士
在羊上的逸象。再據「互體」言之，歸妹二至四爻為離，離的逸象為刀，
結合之前的說法，張惠言便推出祭士在上操刀宰羊的逸象。張惠言註曰：

> 上，宗廟爻也。《曾子問》曰：「三月而廟見，稱來婦也。擇日
> 而祭于禰，成婦之義也。」鄭注云：「謂舅姑歿者，也必祭。成
> 婦之義者，婦有供養之禮，猶舅姑存時，盥饋特豚于室。此云：
> 『士刲羊，女承筐』，則此也。」(頁622)

再者，張惠言根據「世應說」多取一個逸象，以歸妹上爻為宗廟，而與
兌三祭婦相應，說明婦人祭祀的場合是在宗廟舉行。由此可見，虞氏釋
歸妹上六為「女承筐」、「士刲羊」；張惠言發揮其說，以「承筐」、
「刲羊」象喻祭祀時的祭物，並配合婦人、士和宗廟等逸象，致使婦人嫁

9

後三月臨廟祭祀的禮象更完整。

(二) 鄭玄沒有註明取象之法，也沒有釋明禮制，張惠言根據虞氏《易》象推之。

張惠言於《虞氏易禮》「歸妹」條中，徵引虞氏註云：「歸，嫁也。兌為妹。泰三之四，坎月離日，俱歸妹象。陰陽之義配日月，則天地交而萬物通，故以嫁娶也。征凶謂四也。震為征。」(頁620)虞翻根據泰一爻之變，示明歸妹喻象嫁娶。歸妹、泰同是三陰三陽卦，而當泰九三升至六四，泰則變成歸妹，即虞注所謂「泰三之四」。泰坤上乾下，象示天地氣交，陰陽相接。按照「爻變」的次序而言，歸妹是承泰變來，繼有陰陽相接之象，故虞翻以此卦喻象嫁娶。張惠言據《乾鑿度》釋曰：

> 泰者，正月之卦也。陽氣始通，陰道執順，故因此以見湯之嫁妹，順天地之道，立教戒之義也。(頁621)

此外，張惠言再取虞氏「兌為妹」之象，推明歸妹喻象兄嫁妹及夫婦關係。「歸妹」震上兌下。虞翻以兌為妹，以震為征。張惠言釋曰：

> 歸妹之象，震兄嫁妹，有婦象而無夫。爻變，四反三，三反四。二五易位，則离在震四，坎在兌三，日東月西，二五相望得為夫婦。(頁622)

張惠言先從虞氏以兌為妹，另把震由出征改為兄象。《周易‧說卦》云：「震一索而得男，故謂之長男。」(第1冊，頁678)這樣，歸妹震上為兄，兌下為妹，便取得兄嫁妹之象。同時，張惠言以一連串的爻變方式，推導出歸妹六三(兌三)與九四(震四)易位，使歸妹變成泰卦，再把泰九二與六五易位，變出既濟卦。既濟坎上離下。因在歸妹卦中，兌三和震四曾經易位，故當變成既濟後，便得出兌三在坎上，震四在离下之象，二爻的上下位置與原來的歸妹相反，從而得出陰陽合和的意義。《周易‧說卦》云：「离為日」又云：「坎……為月。」(第1冊，頁677，682)离象為日，坎象為月。日陽月陰。陽為夫，陰為婦，故兌三在坎上

盧鳴東　取象釋禮：張惠言《虞氏易禮》中的《公羊》思想　177

為婦，震四在離下為夫，由此陰陽相配，取得夫婦人倫的逸象。

除此以外，婚禮有陪送出嫁之制，即媵制。張惠言亦取歸妹虞氏逸象釋之。《周易》歸妹曰：「初九歸妹以娣，跛而履征吉。」虞翻註云：「震為兄，故嫁妹謂三也。初在三下動而應四，故稱娣。」(頁620)歸妹震上兌下。虞翻視震四為兄，兌三為妹，即出嫁女，象示兄嫁妹。初九(兌初)與震四相應，喻象兄妹；由於初九在六三(兌三)之下，故又象示出嫁女的妹妹，即是娣。張惠言註云：

> 初變而應四，本體兌女，亦四之妹，是同姓所媵之娣也。必變而
> 應四者，四未變為兄，媵女必致之兄也。(頁622)

原來，歸妹兌初與震四相應，為兄妹之象。但當歸妹變成既濟後，兌三與震四易位，故之前與兌初相應的震四便變成為兌三，由此兄妹變成為姊妹的逸象。同時，由於既濟喻象夫婦，故兌三出嫁女在其中已成人婦，其與兌初(妹)相應，則其妹的身分也象示為媵婦，由此張惠言便可釋明婚嫁媵制。

根據《左傳》記載，大夫以上嫁女，婦入三月以後，須行「反馬留車」婚制。《左傳》宣公五年云：「冬，來，反馬也。」杜預註云：「三月廟見，遣使反馬。」孔疏云：「大夫以上，其嫁皆有留車反馬之禮。」又云：「至三月廟見，夫婦之情既固，則夫家遣使反其所留之馬，以示與之偕老，不復歸也。」(第14冊，頁976)張惠言亦取虞翻「歸妹」逸象釋明此禮。《周易》歸妹六三云：「歸妹以須，反歸以娣。」虞翻註云：「震為反，反馬歸也。」(頁621)張惠言註曰：

> 四下三，則二五為夫婦。三反四，象反馬者。禮，送女不下堂。
> 震為馬，故以四之三，為女家之馬；三之四，反之也。鄭氏《箋
> 膏肓》云：「大夫以上，至天子皆留車反馬。」(頁622)

歸妹震上兌下，震為兄，兌為妹。張惠言以歸妹變卦，震四降至兌三，象示震兄送妹出嫁。但因兄送妹不下堂，故張惠言又以震象為馬，喻象兄遣馬送妹出嫁。當既濟已成，夫婦之位既立，則又推想既濟九三升至

六四，使既濟變成隨卦。隨兌上震下，兌為妹，震為馬，為女家之馬，象示反馬於女家。

(三) 鄭玄雖註明取象之法及釋明禮制，但張惠言為了抒發己見，再自行取象釋禮，即使虞氏《易》沒象可據。

在《周易鄭荀義》中，張惠言稱鄭玄用泰六五爻之象，推述婚禮正時是在仲春二月。《周易》泰六五卦云：「泰六五，帝乙歸妹，以祉元吉。」鄭玄註云：「五爻辰在卯，春為陽中，萬物以生。生育者，嫁娶之貴，仲春之月，福祿大吉。」(頁680)鄭玄根據爻辰取象，以乾、坤十二爻主六十四卦爻。因泰卦六五屬坤卦六五爻，而坤卦六五與十二辰相配為卯辰，即仲春二月，故鄭玄認為親迎禮當在二月舉行。《丁小疋鄭氏易注後定序》云：

> 余往嘗疑鄭君箋詩，以婚期盡仲夏以前，于經無所徵驗，及就歸妹之注考之，六五爻辰在卯，二月中……然後知《箋》義，蓋出于此。【20】

張惠言根據泰六五爻，明白鄭玄以二月仲春為婚期正時的原因。然而，他據此發揮個人見解，進一步申明夏、商、周三代改制之義。張惠言於《虞氏易禮》中云：

> 《詩》、《禮》疏說婚期，孫卿、韓嬰、毛公之義，自季秋至于孟春……馬融、鄭康成之義，據《周官·媒氏》仲春為婚月之正……以《易》義言之，歸妹九月之卦，泰正月之卦。其辭皆云：「帝乙歸妹。」則季秋王于孟春，殷禮婚期審矣。歸妹之名，庖犧所作，則殷因于古。《夏小正》：「二月，綏多士女」，則周因于夏，實改殷制。(頁621)

兩漢經儒稱婚期正時有二說：一為季秋至孟春，即九月至正月；二為仲

【20】〈茗柯文二編〉，載《四部叢刊初編·集部》，第99冊，頁31。

盧鳴東　取象釋禮：張惠言《虞氏易禮》中的《公羊》思想　179

春二月。張惠言取泰、歸妹卦爻逸象，證明婚期九月至正月為殷商婚制。泰、歸妹皆有「帝乙歸妹」的卦辭，說明二卦所主的月份皆有可能為商湯嫁妹的婚時。於是，張惠言沿用孟喜卦氣說找出二卦所主的月份。孟喜卦氣說中的四正卦即坎、震、离、兌，各主一年中的三個月；餘下的六十卦分配二十四節氣。因一節氣分為三侯，即初侯、次侯、末侯，故一年二十四節氣共有七十二侯。若以六十卦整除之，則六十卦之中有十二卦分佔二侯，如此方能把七十二侯以整數除盡。基於這個原因，六十卦中便有十二卦分為內、外二卦，其中包括歸妹。【21】歸妹九月外卦主九月初侯；泰主正月次侯，所以，商湯嫁妹有可能在九月或正月。不過，婚禮不可能分隔二時舉行，因此，張惠言認為商制在九月至正月皆可為婚嫁正時。至於周代不從商制婚時，張惠言乃以易代改制之義申明之，指出周改殷制，婚時從夏，行於仲春二月。

　　通過以上的分析，可見虞氏《易》學取象多變，此實為兩漢取象法之大成。從取象的方法而言，張惠言根據虞氏《易》釋明婚禮，其法繼有孟喜的卦氣說、京房的世應法(初與四應，二與五應，三與上應)，並及爵位(以歸妹上六為宗廟)；虞翻的卦變、爻變、互體及逸象等。相比之下，鄭玄爻辰說規定六十四卦與乾坤十二爻相應，並固定上值十二辰、二十四節氣、二十八星宿，其可變性已少，又僅喻象節氣、星辰，而遠離人事，遂以「遠而少變」。相反，虞翻不限於在已形成的卦爻中取象，更按照六爻升降的位置，有系統地由一個卦象演變成另一個卦象，直至轉變至一個適合的卦象，用來釋明禮制為止。同時，虞翻逸象多能貼近人事，並兼容前人取象之法，有助推明禮制，「補鄭氏之缺」。

　　然而，虞翻治《易》略於說禮，不少逸象須經張惠言刻意安排，加工改造，才能勾勒出一個完整的禮象面貌。事實上，卦爻純粹是一組排列符號，而張惠言往往為了釋明禮制，就在卦爻的排列上，作出多方面

─────────────

【21】參《易漢學》卷一，「卦氣圖說」、「唐一行開元大衍歷經」，頁1-6，28-34。

13

頁 34 － 187

的遷就，種種的改變，方能使卦爻逸象與禮象取得平衡對應。可見，取象之法貴在多變，且具有靈活性，這說明張惠言為何有取虞，棄荀、鄭之決定，也反映出其在處理「取象」與「釋禮」的關係上，禮是佔著主導的地位。

三・《公羊》思想的「《易》象化」

從年代的發生先後而言，取象釋禮之法在漢代才開始使用，當時《三禮》和有關的經典已有古禮的具體記載，漢儒自可按圖索驥，就古代禮制的儀式、禮數、器物形狀等方面，精心塑造出卦爻逸象，達到釋禮的目標。可是，禮是變動不居的，它有動態的一面，取象之法雖可象示出禮變的規律，不過，它不是規律的本身。在上一節的第三種情況中，張惠言申明周承夏制，改革殷商，而以仲春為周代婚時，這反映出易代禮變的情況。《論語・為政》云：「子曰：『殷因於夏禮，所損益可知也；周因於殷禮，所損益可知也。』」(第19冊，頁52)周承夏、商二制，損益具備，雖可考而得之，但異代禮制各有成法，因襲不盡相同。虞翻治《易》之旨不在於禮，固然不涉及禮變的規律，而鄭玄雖長於《禮》學，但註《易》也不曾辨明王者改革的逸象。因此，張惠言在取象釋禮之前，必須掌握禮變的規律，然後才能參透出《周易》卦爻中易代改制的逸象。這裡，漢代《公羊》學中的禮變思想便成為了當中的重要思想根據。

《周易・繫辭傳下》云：「《易》，窮則變，變則通，通則久。」(第一冊，頁615)卦爻善變，其用恆久，張惠言用之取象釋禮，自可揭示易代禮制之不同。然而，三代禮制雖可窮盡，但變化之理難以審明。張惠言「少學為時文」，「其後好《文選》辭賦」，乃以「無其道而有其文者，則未有也。故迺退而考之于經。」(《文稿自序》)【22】張惠言早年工

【22】〈茗柯文三編〉，載《四部叢刊初編・集部》，第99冊，頁58。

於辭賦，後轉治經術，其在徘徊於經、文之間，曾於賦中提出易代改制之成法。張惠言於《館試天以為正周以為春賦》中云：

> 且夫正朔三改，文質再旋順，三才以為序，實百王所同然。軒轅以尚赤為統，虞媯以建子為年，夏規殷革，商紀周遷，並改時以命月，明稽古以同天。【23】

軒轅、虞媯、夏、商、周易代興衰，皆改革遷禮，而賦中「正朔三改」、「文質再旋順」、「尚赤為統」等說，實為漢代《公羊》學三代禮變的成法。董仲舒在《春秋繁露‧三代改制質文》篇中以「三統」、「文質」和「正朔」申明三代變制；何休繼而承之，撰《春秋公羊解詁》發明此義。依此來看，張惠言對漢代《公羊》的禮變思想當有一定的認識。

1. 受命改制

漢代《公羊》家倡言三代禮變之義，是以《春秋》新王「受命改制」說為根據。《春秋》隱公元年云：「元年春王正月。」《公羊傳》云：「王者孰謂？謂文王也。曷為先言王，而後言正月？王正月也。何言乎王正月？大一統也。」《公羊》據文王即位申明《春秋》「大一統」之義。何休註曰：

> 以上繫王於春，知謂文王也。文王，周始受命之王。天之所命，故上繫天。端方陳受，命制正月，故假以為王法……以上繫於王，知王者受命布政施教，所制月也。王者受命必徙居處，改正朔，易服色，殊徽號，變犧牲，異器械，明受之於天，不受之於人。（第17冊，頁22-27）

何休以為新王受命即位，必須改革前制，表示受命於天，不是繼位於人。他根據文王受命制正月，變法度，從而倡明新王「受命改制」之義。這說明大凡新王受命即位，便有改革禮制的必要，而三代禮制損益

【23】〈茗柯文三編〉，載《四部叢刊初編‧集部》，第99冊，頁52。

不同，也是基於新王易代改制之故。於是，張惠言源於文王受命改制之說，指出文王演譯伏犧八卦時，已把其受命革商，變法改制之義著於卦爻之中。《茗柯文‧干氏》云：

> 故《易》者，文王考河洛、應圖書，革制改物，垂萬世憲章。周公監之以制作者也。鄭氏知之，故推象應事。《周官》典則，一一形著于《易》，故曰：「制而用之，謂之法，舉而措之天下之民，謂之事業。」若乃應期受命，革而用師，商周之所以興廢固亦見焉。【24】

張惠言揉合了《易》象思想和《公羊》「受命改制」說，從而把《公羊》學說融入卦爻逸象的闡釋中，使其「《易》象化」起來。《彖傳》革卦云：「湯、武革命，順乎天而應乎人。」又師卦云：「能以眾正，可以王矣。」(第1冊，頁412、108)二卦皆示明文王受命革商之象。

張惠言認為文王「受命改制」，目的是為了「垂法後王」，因而他把「垂法後王」之義亦同樣套入《周易》的卦象中來解釋。張惠言於《虞氏易禮》中云：

> 凡文王繫辭稱王，以為後王法。孔子推言其義，以文王受命說之。文王未嘗諱伐殷，于臨明改商正，何稱王之嫌乎？(頁603)

事實上，張惠言稱文王據《周易》繫辭垂法後王，此義也是借鑒《公羊》。漢代《公羊》家嘗言孔子制《春秋》垂法後王。《公羊傳》以孔子「制《春秋》之義以俟後聖」(第18冊，頁1073)；董仲舒以「仲尼之作《春秋》也……以待後聖」【25】；何休謂《春秋》為「聖人之極致，治世之要務」(第17冊，頁7)，乃孔子「知漢當繼大亂之后，故作撥亂之法以授之」(第18冊，頁1072)。由此來說，新王受命改制是易代禮變的憑

【24】〈茗柯文二編〉，載《四部叢刊初編‧集部》，第99冊，頁26。

【25】(清) 蘇輿：《春秋繁露義證》(北京：中華書局，1996年)，〈俞序〉，頁158-159。

據，也是王者垂法後王的基礎，由於受到《公羊》思想的影響，張惠言於《虞氏逸禮》中，便先取象釋明文王受命改制之義。

張惠言於《虞氏易禮》篇首，已釋明文王受命之卦象，為周革商制確立理據。張惠言註云：

《易》著殷周革命之文，《彖傳》言之，緯言之，漢儒莫不言之。後人不敢道文王受命稱王改制，遂使大義淪晦……具說此三卦，其餘隨文而見者，多有以義可推。(頁604)

在「周家受命三卦」中，張惠言取象於晉、升、明夷三卦，並據虞氏《易》註述明文王受命革商之經過。《周易》云：「晉：康侯用錫馬蕃庶，晝日三接。」虞氏註云：「觀四之五。」張惠言註云：「四觀之五，天子也。五柔進，康侯輔王之象。」(頁602)虞氏變卦以觀、晉皆為二陽四陰卦，當觀四爻進至五爻，則變為晉。因京房「世應法」以四爻為諸侯，五爻為天子，故張惠言以觀變為晉，用來象示文王輔商。張惠言註云：「晉為文王，為方伯服事殷之象。」(頁602)但同時，張惠言也指出文王於商紂時已承有受命之符瑞。虞氏註云：「初動體屯震為侯，故曰康侯。」張惠言註云：

初則侯，二三體屯震，皆初之上行也……蓋王者受命之符也。晉當以初動，屯建侯為王。(頁602)

張惠言據屯推出晉之逸象。屯坎上震下。《周易·說卦》云：「震，動也。」(第1冊，頁677)屯初爻與四爻相應，為諸侯；震表震上，象示諸侯上至天子之位。《周易》屯云：「利建侯。」(第1冊，頁73)屯卦辭明言有利諸侯創業。由於晉初爻與四爻相應，象諸侯，此象與屯初爻合，而晉二三與屯二三互體，故張惠言以屯震下三爻比擬晉三爻，示明文王始由諸侯進至為王。《史記》載文王南征前，諸侯已稱「西伯蓋受命之君。」[26] 這恰如晉卦所示的逸象。

【26】(漢) 司馬遷：《史記》(北京：中華書局，1992年)，頁117。

張惠言依據晉卦示明文王有受命之符，接著以升卦象喻示文王受命創業經過。根據《史記》記載，文王脫羑里之困後，德澤被化，使周地「耕者皆讓畔，民俗皆讓長」。此後文王自歧山南伐諸國，先伐犬戎、密須，後敗耆國、崇侯虎，周室基業鞏固。【27】《虞氏易禮》載《周易》云：「升，元亨。用見大人。勿恤，南征吉。」虞氏註云：「臨初之三，又臨象二當之五為大人。」(頁602-603)虞氏卦變以臨初爻至三，卦變為升；又以臨二爻升至五爻，變為屯。升繫辭為「用見大人」，屯為「利建侯」，二卦相應，象示大人為諸侯而創業。張惠言據臨二至五為屯之象，示明文王受命之義。張惠言註云：

> 《乾鑿度》曰：「孔子曰：昇(升)者，十二月之卦也。陽氣升上，陰氣欲承萬物始進。」譬猶文王之修積道德，宏開基業，始即昇平之路，當此時也。鄰國被化，歧民和洽……陽之息卦始于升，王者受命之義也。柔以時升，主五升二，為二作階，使以五為尊位，則堯舜之薦舜禹也。(頁603)

在孟氣六日七分法中，始於復卦十一月，陽氣震動，至十二月，陽氣漸進。升為十二月卦，有陽升陰承之義，喻象文王受命以後，始開基業。同時，臨二爻升至五爻為屯，屯「利建侯」，而五為天子之位，亦象文王受命為王。繼而，張惠言再說明文王南征諸國之象。虞翻註升卦云：「離，南方卦，二之五成离，故南征吉，志行也。」(頁603)升卦變至臨卦，臨坎上震下。《周易‧說卦》稱離為「南方之卦也。」(第1冊，頁673)坎與離旁通，離為南方，喻示文王南征；而升繫辭有「南征吉」，乃示明文王出征為吉。張惠言註曰：「卦辭曰南征，吉。四曰：王用亨于西山，則文王巡南國諸侯，禪于歧山，告受命也。孚乃利用禴者，巡守在時祭之後；南征，故用禴也。此始受命稱王之象。」(頁603)

　　文王南征以後，諸侯歸服，張惠言指出明夷卦見周革殷商之象。虞

【27】《史記》，頁118。

翻註明夷卦云：「臨二之三而反晉也。五失位。」張惠言註云：「明夷于消息次升，于序卦反晉。殷周之文，莫著于此。」(頁603-604)臨二爻升至三爻，臨變為明夷。明夷坤上離下；晉離上坤下，彼此上下二卦剛好相反。因此，晉坤離二卦互調上下位置，則成為明夷，這便是「反晉」的意思。晉上卦為離，本有「離日麗乾」之義，殷商天子居於五爻，下有四爻諸侯存其政，國祚不為所傷。張惠言註云：「謂之晉，謂四晉而麗五也。是天子衰，下有方伯存其政，率諸侯以朝天子。」(頁602)可是，明夷卦之變成，使晉上下二卦相反其位，離反置於坤下，日為土所埋沒，導致「五失位」之象。晉五本為殷商天子，但經過明夷卦的變成後，便喻象被周革命失位。

2. 三代正月

沿於《公羊》思想，新王受命即位以後，定必改制，而改制又以改革正月為先務。何休註曰：

> 天王者，始受命改制，布政施教於天下，自公侯至於庶人，自山川至於草木昆蟲，莫不一一繫於正月，故云政教之始。(第17冊，頁28)

正月代表新王政教之始，天下萬物皆據之生息運作。《尚書大傳‧甘誓》云：「周以至動，殷以萌，夏以牙。天有三統，物有三變，故正色有三。」【28】三代正月為草木初生的三個月份，而物有三色，則周尚赤，殷尚白，夏尚黑。由於三代正月不同，物色有異，故制禮成法自有分別。何休註云：

> 夏以斗建寅之月為正，干旦為朔，法物見，色尚黑。殷以斗建丑之月為正，雞鳴為朔，色尚白。周以斗建子之月為正，夜半為

【28】 (清) 皮錫瑞：《尚書大傳疏證》，《續修四庫全書》(上海：上海古籍出版社，1995 年)，第 55 冊，頁 788。

朔，法物萌，色尚赤。(頁27)

十二月與十二辰相配，子、丑、寅三辰之序相隨，建子、建丑、建寅由
先至後相隔一個月。所以，周正比殷正早一個月，殷正又比夏正早一個
月。在這方面，張惠言於臨卦中發明文王改制之象，以為周革商命，先
改殷正。《周易》云：「臨，元亨利貞。至于八月，有凶。」虞氏註云：
「與遯旁通。臨消于遯，六月卦也。于周為八月。遯，弒君父，故至于八
月有凶。」(頁604) 臨與遯旁通。孟喜十二月消息卦，使臨為十二月卦，
陰衰陽長；遯為六月卦，陽衰陰長。這是以夏曆來計算。相對商、周二
曆，若臨為夏之十二月，則為殷的正月，為周的二月。因在十二月卦
中，臨、遯二卦相隔六個月，故遯於夏為六月，於殷則為七月，於周則
為八月。虞翻以遯為文王改殷正之象，乃依繫辭以君父之弒發生在八
月，這是以周曆定之。張惠言註云：

> 鄭氏云：「人之情盛，則奢淫，奢淫將亡，故戒以為凶也。」臨
> 卦斗建丑而用事，殷之正月也。當文王之時，紂為無道，故于是
> 卦為殷家著興衰之戒，以見周改殷正之數。(頁604)

臨象殷商正月，以陰陽消息言之，主陽氣長，象商代興盛。然而，臨與
遯旁通，遯主陽衰陰長，國家有衰亡之象，示明商紂奢浮無道，商祚由
盛轉衰。本來，臨主殷正月，則遯當為七月。然而，張惠言認為文王於
繫辭特意用周曆言之，稱八月見商喪君父之凶，此乃為示明周已革商，
改殷正。

從以上所見，張惠言通過卦爻取象，說明文王改革殷正之義。事實
上，在《虞氏易禮》中，張惠言也多次從卦爻取象，舉例釋明文王革改
商制。例如張惠言註既濟九五云：

> 殷禮四時之祭，春曰礿，夏曰禘。周則改之。春曰祠，夏曰禴
> (礿)，以禘為王者之大祭……舉一時以該三，且以明改制也。(頁
> 606-607)

《禮記·王制》云：「天子諸侯宗廟之祭，春曰礿，夏曰禘，秋曰嘗，冬

曰烝。」鄭玄註曰：「此蓋夏、殷之祭名，周則改之。春曰祠，夏曰礿，以禘為殷祭。」(第10冊，頁606-607)殷商稱夏祭名為「禘」，周則改之，稱為「礿」。又如張惠言註同人云：

> 《五經異義》許君謹案云：「《易》曰：同人于宗，吝。言同姓相取，吝道也。」……百世而婚姻不通者，周道然也。此文王所制。(頁602)

《禮記·大傳》云：「雖百世而昏姻不通者，周道然也。」孔疏云：「此作《記》之人，以殷人五世以後可以通婚。」(第11冊，頁1548)。孫希旦云：「愚謂百世而昏姻不通者，周道然也，則自殷以上，男女別姓之禮固不如周之嚴矣。」[29]殷制以同姓五世後可通婚，文王改之，以為同姓雖過百世也不可嫁娶。由此周革商制甚明。

3. 文質禮變

漢代《公羊》學有用「經權」、「三統」、「正朔」、「文質」諸說作為禮變成法，而張惠言專取文質，並透過虞氏逸象釋明王者改制的途徑。《虞氏易禮·敘》云：「至於原文本質，使周家一代之制損益具備，後有王者監儀在時不可得而廢也。」(頁601)張惠言指出周代制禮以質文為據，以為王者「尚文尚質者，所由以入禮樂之途也。」(《答吳仲論文質書》)[30]這說明王者以質文禮變，大凡衣帶食糧，舟車宮室、器械之用，世更世變，直至適合生民為止。所以「質之不得不變而文也，勢也。文之不得不變而質也，亦勢也。」(《文質論》)[31]如此來說，新王易代改制，其勢為取得文、質平衡，彼此各有偏重，這一思想導源於《公羊》學說。董仲舒云：「王者以制，一商一夏，一質

【29】(清) 孫希旦：《禮記集解》(北京：中華書局，1995年)，中冊，頁910。

【30】〈茗柯文補編〉，載《四部叢刊初編·集部》，第99冊，頁21。

【31】〈茗柯文二編〉，載《四部叢刊初編·集部》，第99冊，頁3。

一文。」【32】董仲舒視質文為夏、商二代禮變成法。至何休，質、文之內涵更豐富。何休註曰：

> 天道本下親親而質省，地道敬上尊尊而文煩，故王者始起，先本天道以治天下。質而親親，及其衰敝，其失也親親而不尊，故后王起法地道以治天下。文而尊尊，及其衰敝，其失也尊尊而不親，故復反之於質也。(第17冊，頁188)

何休以尚質樸則親親，尚文飾則尊尊。王者制禮，主親親則失於尊，主尊尊則失於親。所以，一代禮法主於質，後代必返於文，此後質文復返。何休稱「《春秋》變周之文，從殷之質」，這使周從文，尚尊尊。

張惠言在《虞氏易禮》中，鑑於質文有異，使周代制禮有所損益，故參以文質，取象釋禮，著明周改商制，顯示出易代禮變的痕跡。例如張惠言註鼎初六云：「明長子死，雖無適孫，猶立妾子，不立世子之弟也。此周道也。」(頁610)這反映出殷、周立君制度之不同。《禮記・檀弓》鄭玄註云：「周禮適子死，立適孫為後。」又「微子適子死，立其弟衍，殷禮也。」孔疏云：「殷禮若適子死得立弟也。」(第10冊，頁269、271)殷禮立弟，尚親親；周禮立孫，尚尊尊。何休註曰：「質家親親，先立弟。文家尊尊，先立孫。」(第17冊，頁34)張惠言註鼎初六之象，使周道從文，假以長子、嫡孫皆死，亦不得立弟，另立妾子。又如張惠言註益上云：「益上為宗廟，震長子主器。」(頁607)張惠言註震云：

> 《序卦》曰：「主器者，莫若長子。」此周道尊尊，立適之文。(頁612)

周道尊尊，嫡長子地位最為尊隆，繼有爵位繼承權及宗廟祭祀權。

雖然，王者制禮以一質一文為法，各有偏重，但這不代表尚質便棄文，尚文便棄質，兩者實可兼而備之。董仲舒云：「質文兩備，然後其

【32】《春秋繁露義證》，〈三代改制質文〉，頁204。

禮成。」【33】《禮記‧大傳》云：

> 立權、度、量，考文章，改正、朔，易服色，殊徽號，異器械，別衣服，此其所得與民變革者也。其不可變革則有矣。親親也，尊尊也，長長也，男女有別，此其不可得與民變革者也。(第11冊，頁1540)

一代之典章制度、器械服色可易代變革，然而，親親、尊尊之道並存於一代之中，不可革去。所以，文質有相合之理，卻沒有相離之嫌。誠如張惠言云：「是故文質之為禮，猶麴糵之為酒也。聖人合文質於禮而輕重之以為教，猶酒。人之輕重其麴糵以為齊也。」(《文質論》)【34】《虞氏易禮》也體現出這種思想。張惠言於損卦中徵引鄭玄《禮》註云：

> 〈特牲饋食〉：「設兩敦、黍、稷及簋、佐食分簋、鉶。」鄭注云：「敦有虞氏之器也。周制，士用之，變敦言簋，容同姓之士，得用周器耳。」然則二簋用亨同姓之士，祭宗廟禮也……王者制禮始于士。周道親親，故以二簋用亨，為制體之大也。(頁607)

敦、簋皆為祭廟盛物之器。張惠言雖以周制從文，尚尊尊，但其於上註中，卻以周制從質，尚親親，使同姓之士可用二簋。就此，張惠言於《答錢竹初太令書》中云：「天子祭八簋，降損至士而用二敦，同姓則二簋，謂禮之別尊卑，定親疏也。」【35】禮有尊卑降殺之序，從天子下至士人，祭廟用簋之數遞減。天子八簋降至士用二簋，顯見尊卑之義；而士用二簋，亦分明親疏之別。由是禮兼文質，親親尊尊並濟其效。

再舉爵位為例，《公羊》有文家五等、質家三等之說。何休註曰：「質家爵三等者，法天之有三光也。文家爵五等者，法地之有五行也。」(第17冊，頁188)張惠言取比卦說明文、質制定爵位的分別。《虞氏易

【33】《春秋繁露義證》，〈玉杯〉，頁27。

【34】〈茗柯文補編〉，載《四部叢刊初編‧集部》，第99冊，頁3。

【35】〈茗柯文四編〉，載《四部叢刊初編‧集部》，第99冊，頁71。

禮》載《周易》云：「《象》曰：地上有水。比，先王以建萬國親諸侯。」(頁612)比坎上坤下。坎為水，坤為地，故稱「地上有水」，喻示天子封侯建國。虞翻指出比五爻象示先王，並使其封侯始於復。虞氏註云：「先王謂五。初陽已復。震為建，為諸侯。坤為萬國，為復。」(頁612)復坤上震下，震下象諸侯震動，坤上象諸侯封國。依照虞翻卦變，比和復皆為一陽五陰之卦，始於復初爻一陽震動，至一陽升至五爻位，遂成為比。這卦變經過說明殷、周爵位封國制的確立。張惠言註曰：

> 比……以五為天子。初正震象諸侯。本象以五陰一陽，故文家封五等。然上象後，夫王化不及初，己正九五，三毆不及于初。坤，國之象，唯三爻，故五等為三位。質家則三等，取坤爻也……周地雖為五等，唯七命以上成國，則三而已。通文質之制，故言萬國。(頁612)

凡一陽五陰之卦，變化皆始於復。復卦一陽在下，五陰爻在上，一陽象先王，五陰象諸侯，一陽震動象天子封諸侯爵位，五陰象示文家立公、侯、伯、子、男五等爵。但當一陽爻升至五位，復卦變成比卦後，原來象示先王的一陽爻已居於五位，其王化雖能下達於二、三、四爻，但遠不及初爻。因比二至四爻皆為陰爻，而三陰爻成坤，坤又為國之象，所以，當復變成比後，原先復象示文家的五等爵位，於比中所取得封國者便僅有公、侯、伯三個爵位，這所以謂文家「五等為三位」。據《周禮》言之，〈大宗伯〉稱「五命賜則」、「七命賜國」。鄭玄釋「則」為「地未成國之名」。大夫五命而出，封為子男，賜之方百里、二百里之地，然而「方三百里以上為成國」(第6冊，頁734、766)，則子、男未得以建國。〈大司徒〉以公地五百里、侯地四百里、伯地三百里，故公、侯、伯得以建國(第6冊，頁396)。張惠言認為，由於質家以坤國為象，合文家伯、子、男為一等，取坤三爻象示公、侯、伯三等爵各得建國。因此，雖周制從文，封爵五等；商制從質，封爵三等，爵位數量不同；但周爵建國者僅得公、侯、伯三等，於封國爵位上與質家相同。由此顯

示出文、質會通之處，也說明了王者變禮損益之所由。

四‧結語

明清之際，鑑於宋儒空談心性之反動，經學掀起經世匡時之風。當時，顧炎武 (1613-1682)、黃宗羲 (1610-1695) 倡言於儒家經籍中覓求改革良方，務使經學合於世用。直至乾嘉時期，潛伏多時的統治危機逐一暴發，社會動亂也動搖了清代基業，朝中上下倡議「改革」呼聲日益高漲。今文經學倡言聖人「微言」之旨，而《公羊》中的「大一統」、「新王改制」、「通三統」、「張三世」等學說均可作為政治改革的基礎，致使其成為晚清鼓吹改革者的重要思想憑據。張惠言蒙受常州學風的思想薰陶，乃於取象釋禮中滲入漢代《公羊》思想成分。這使《虞氏易禮》與晚清的一些《公羊》論著同樣流露出改革變制的時代氣息。

清代今文經學以研治《春秋》和《周易》為主，認為二經分別載有孔子、文王二聖遺法。莊存與於《春秋要指》云：「《春秋》以辭成象，以象垂法示天下。」又云：「《春秋》之辭，禮不備，則雖有事焉而不書。」【36】在《虞氏易禮》中，張惠言以卦爻逸象揭示文王法度，所據的理念基本上與莊存與相同，惟取法對象由《春秋》變成《周易》，並分別於《春秋》以辭成象垂法，而《周易》則以爻卦取象成法。事實上，莊有可也曾指出《易》可推明禮制，其於《禮記集說》中以《夏時》為夏《易》，並稱「夏禮可由此而推」；而《坤乾》為殷《易》，亦指「殷禮可由此而推」。【37】再從《虞氏易禮》中所挪用的《公羊》思想來看，便可反映出張惠言在治《易》的過程中，《公羊》思想所起的指導作用。

【36】(清) 莊存與：《春秋要指》(上海：上海古籍出版社，1995 年)，第141 冊，頁 120。

【37】《禮記集說》，頁 481。

後來，劉逢祿論述《公羊》乃承用張氏之說，其於《春秋公羊經何氏釋例》中云：

> 文王雖受命稱王，而于《繫易》以庖犧正乾五之位而謙居三公。晉、明夷、升三卦言受祖得民而伐罪也。臨，商正言改正朔也。夫文王既沒，文不在茲乎？故明《春秋》而後可與言《易》。《易》觀會通以行典禮，而示人以《易》。《春秋》通三代之典禮，而示人以權，經世之志，非二聖其孰能明之。【38】

劉逢祿為莊存與外孫，其《易》、《禮》之學皆出自張惠言，撰《虞氏易言補》補述張氏《易》說。上文劉逢祿以晉、明夷、升三卦為文王受命之象，又據臨卦指出周改商正，諸說顯然來自張惠言《虞氏易禮》。然則，劉逢祿更以文王已沒為據，主張先明《春秋》而後言《易》，進一步把二經垂法關係拉近。可見，在常州公羊學的發展上，《虞氏易禮》起了承先啟後的作用，由此也標誌著張惠言在《易》、《禮》研究中的經學成就。

總的來說，清代作為經學的總結時代，由漢代遺下的經今古文對壘，漢學、宋學之間的爭駁問題，俱在嚴峻的政治環境下擱下來，清儒為求於諸經中尋求改革良方，於經學研治上皆作出多方面的嘗試和融合。張惠言治學兼得吳派《易》學和皖派《禮》學的精髓，又不拘泥於經今古文的界限，遂結合今文虞氏《易》和兼備經今、古文的鄭氏《禮》學，撰成《虞氏易禮》，這既消融地區間隔上的學派分野，也打破了經今古文之間的界限。雖然如此，張惠言援禮註《易》，其旨已與鄭玄不同：卦爻取象已不止是用來釋禮，而是在明確的政治目的下，引入《公羊》思想為據，解釋王者改制的沿革，藉以先導的身份為晚清改革的思潮作出初步的嘗試。

【38】(清) 劉逢祿：《公羊春秋經何氏釋例》，《皇清經解》(香港：藝文印書館)，頁14031。

淺談郭璞〈游仙詩〉之形式美

韋金滿*

一、 緒論

「游仙」詩的起源很早,自從屈原《楚辭》的〈離騷〉、〈遠遊〉等含有游仙色彩的文學作品出現之後,「游仙」一類借描述仙境以寄托詩人情思的詩歌,隨日而增。譬如秦始皇因好仙,曾使博士為〈仙真人詩〉;[1] 漢武帝有〈車子侯歌〉;漢樂府有〈長歌行〉、〈步出夏門行〉;曹操有〈氣出唱三首〉等,都是我們現在能見到的游仙詩。[2] 到了魏晉時代,神仙道教形成,堅信神仙實有、仙人可學。道教仙真,即是體道得仙的人。這些人有靈異,有神通,被載入仙人傳記,成為後世修道者的榜樣。換言之,仙人就是得道的人,因之,對仙的追求,即是對道的信仰,這就是游仙詩產生的主觀因素。何況,自從晉室南遷之後,又有王敦、蘇峻、桓氏之亂。以及宋、齊、梁、陳等朝代的遞換,昏君亂臣,迭相為禍,導致社會不安,給與知識分子的精神負擔,日甚一日。在這些主觀和客觀的因素激盪下,「游仙」一類的題材,便蔚成一股風氣,成為當時詩壇上的巨大潮流。譬如曹操、曹植,嵇康、阮籍、成公綏、張華、何劭、陸機、張協等人,都有這一類題材的作品。至於當時游仙詩的作者,依近人洪順隆的統計共有二十三位,六十四篇

---

* 新亞研究所、香港浸會大學中文系。

[1] 見《史記‧秦始皇本紀》。

[2] 參見蘇者聰〈析郭璞的游仙詩‧雜縣寓魯門〉。《漢魏六朝詩歌鑒賞集》,頁二八八,人民文學出版社,一九八五年七月。

詩作。【3】其中，尤以郭璞的〈游仙詩〉十四首最為後世所津津樂道的。

郭璞 (276-324)，字景純，河東聞喜(今山西聞喜縣)人。父瑗，尚書都令史。璞好經術，博學有高才，而訥於言論。詞賦為中興之冠，通曉古文奇字，又善五行天文卜筮之術。西晉滅亡，他隨晉室南渡，後因反對王敦謀反作亂，被處斬首之刑。及王敦平，追贈弘農太守。璞占前後筮驗六十餘事，名為《洞林》；更撰《新林》十篇，《卜韻》一篇；注釋《爾雅》，別為《音義圖譜》；又注《三倉》、《方言》、《穆天子傳》、《山海經》及《楚辭》、《子虛》、《上林賦》數十萬言，皆傳於世。【4】所作詩、賦、誄、頌亦數萬言，對學術上有多方面的貢獻。明代張溥輯有《郭弘農集》。【5】郭璞的詩傳於世共二十二首，而奠定他在中國詩史上的地位的，卻是他的十四首游仙詩。

郭璞的游仙詩，從內容上看大概可分為兩類：一類是歌詠高蹈遺世，蔑視榮華富貴，流露出對現實的不滿；另一類則是進一步超離現實、企求登仙的。【6】近世研究郭璞游仙詩的，或考其寫作背景，或探其詩歌內容，縱使偶有析說它的藝術技巧，亦祇選取一二篇而已，皆未能盡窺全豹。至於它的唯美色彩或形式技巧，絕少加以探討。

更何況藝術是以美為生命的，離開了美，藝術便不能存在。文學是藝術的一種，自然也是以美為生命的。談到中國文學的美，要從兩方面

【3】 詳見洪著：《六朝詩論》〈試論六朝的游仙詩〉，台北文津出版社，中華民國六十七年五月，頁一○二至一○四。

【4】 參見《郭弘農集・本傳》。明張溥輯：《漢魏六朝百三名家集》，頁二二三三至二二三九， 台北文津出版社，中華民國六十七年五月。

【5】 明張溥輯：《漢魏六朝百三名家集》，台北文津出版社，中華民國六十七年五月。

【6】 參見蒲震元〈郭璞游仙詩・京華游俠窟試析〉，《漢魏六朝詩歌鑒賞集》，頁二八二，人民文學出版社，一九八五年七月。

來看：一從內容方面看，一從形式方面看。【7】因此，筆者試從「整齊美」、「諧協美」、「深刻美」及「辭采美」等四方面，【8】談論郭璞〈游仙詩〉之形式美，作一新的探討。【9】

二、郭璞游仙詩之「整齊美」——

由於中國文字的形體，是一字一形體，一字一音節的方塊字，這樣便給中國文學的形式帶來了「整齊美」。【10】最能表現這種美的形式，莫過於「對仗」的運用了。竊以為對偶為詩之容色，亦為修辭之功。其字型即天然而可以雙排並寫，無長短不齊之弊；其字音即然而可以陰陽清濁，左右相應；其字義即天然而可以鴛鴦鶼鰈，比翼聯鑣，此為中國文字天然而特具之美質。

細看郭璞〈游仙詩〉十四首，共有一百五十八句，其中屬於對仗的，多達三十九次七十八句，幾佔一半。譬如：

【7】先師高明先生在〈中國文學的特色〉一文中曾說：「中國文學的特色，我要從兩方面來說明：一是從中國文字說明中國文學在形式方面的特色，二是從中國文化說明中國文學在內容方面的特色。」《高明文輯》下，頁一，台北黎明文化事業股份有限公司出版，中華民國六十七年三月。

【8】關於中國文學的形式美，根據先師高仲華先生在他的《高明文輯》下冊(談中國文學的形式美)一文中，可以分為「整齊美」、「深刻美」、「諧協美」、「蘊藉美」、「明確美」和「簡潔美」等六點。 (台北：黎明文化事業公司，民國六十七年三月，頁九三。)

【9】本文所錄郭璞十四首游仙詩，純以明張溥輯：《漢魏六朝百三名家集》為本。台北文津出版社，中華民國六十七年五月。

【10】參見先師高明先生〈談中國文學的形式美〉，《高明文輯》下，頁九五，台北黎明文化事業股份有限公司出版，中華民國六十七年三月。

京華游俠窟，山林隱遯棲。　（其一）

臨源挹清波，陵岡掇丹荑。　（其一）

進則保龍見，退為觸藩羝。　（其一）

左挹浮丘袖，右拍洪涯肩。　（其三）

蓁榮不終朝，蜉蝣豈見夕。　（其七）

左顧擁方目，右眷極朱髮。　（其十四）

案：以上六次屬於的名對。【11】

漆園有傲吏，萊氏有逸妻。　（其一）

翹迹企穎陽，臨河思洗耳。　（其二）

燕昭無靈氣，漢武非仙才。　（其六）

案：以上三次屬於事類對。【12】

雲生梁棟間，風出窗戶裏。　（其二）

潛穎怨清陽，陵苕哀素秋。　（其五）

姮娥揚妙音，洪崖領其頤。　（其六）

圓丘有奇草，鐘山出靈液。　（其七）

王孫列八珍，安期鍊互石。　（其七）

悠然心永懷，眇爾自遐思。　（其八）

鱗裳逐電曜，雲蓋隨風迴。　（其九）

手頓羲和轡，足蹈閶闔開。　（其九）

東海猶蹄涔，崑崙若蟻堆。　（其九）

案：以上九次屬於同類對。【13】

【11】所謂的名對，即上下兩句正正相對的意思。譬如：上句用「南」而下句用「北」。

【12】所謂事類對，即上下兩句使用典故而能互相成對的意思。

【13】所謂同類對，即上下兩句所用的詞並同類別的意思。譬如：上句用「葵」屬草木類，而下句用「葛」，亦屬草木類。

臨川哀年邁，撫心獨悲吒。 (其四)

逸翮思拂霄，迅足羨遠遊。 (其五)

珪璋雖特達，明月難闇投。 (其五)

吞舟涌海底，高浪駕蓬萊。 (其六)

奇齡邁五龍，千歲方嬰孩。 (其六)

寒露拂陵苕，女蘿辭松柏。 (其七)

迴風流曲櫺，幽室發逸響。 (其八)

仰思舉雲翼，延首矯玉掌。 (其八)

希賢宜勵德，羨魚當結網。 (其八)

登仙撫龍駟，迅駕乘奔雷。 (其九)

總轡臨少廣，盤虯舞雲軺。 (其十)

縱酒濛汜濱，結駕尋木末。 (其十四)

案：以上十二次屬於異類對。【14】

綠蘿結高林，蒙籠蓋一山。 (其三)

案：以上一次屬於聯緜對。【15】

陵陽挹丹溜，容成揮玉杯。 (其六)

瓊林籠藻映，碧樹疏英翹。 (其十)

丹泉漂朱沫，黑水鼓玄濤。 (其十)

振髮晞翠霞，解褐被絳綃。 (其十)

翹手攀金梯，飛步登玉闕。 (其十四)

案：以上五次屬於顏色對。【16】

【14】所謂異類對，即上下兩句所用的詞並非同類的意思。譬如：上句用「車」屬器
　　物類，而下句用「人」則屬人倫類。

【15】所謂聯緜對，亦名雙聲疊韻對，即上下兩句都用雙聲字或疊韻字相對的意思。

【16】所謂顏色對，即上下兩句都用顏色字以相對的意思。

登嶽採五芝，涉澗將六草。（其十一）

四瀆流如淚，五嶽羅若坯。（其十二）

案：以上兩次屬於數字對。【17】

升降隨長煙，飄颻戲九垓。（其六）

案：以上一次屬於互成對。【18】

由以上所舉各例，它們不單是字數相等，而且詞類又完全相同，這樣完美的對句，最能突顯郭璞〈游仙詩〉的「整齊美」。

二、 郭璞游仙詩之「諧協美」——

劉勰曾說：

夫音律所始，本於人聲者也。聲含宮商，肇自血氣，先王因之，以制樂歌。【19】

又說：

夫才量學文，宜正體制，必以情志為神明，事義為骨髓，辭采為肌膚，宮商為聲氣。【20】

【17】所謂數字對，即上下兩句同用數字以相對的意思。譬如：上句用「五」而下句用「三」。

【18】所謂互成對，據日人遍照金剛說：「互成對者，天與地對，日與月對，麟與鳳對，金與銀對，臺與殿對，樓與榭對，兩字若上下句安，名的名對；若兩字一處用之，是名互成對，言互相成也。」《文鏡祕府論》，台北‧學海出版社，中華民國六十三年一月，頁九二。

【19】語見劉勰：《文心雕龍‧聲律》。(台北：文史哲出版社，中華民國七十四年三月初版，頁一〇五。)

【20】語見劉勰《文心雕龍‧附會篇》。(台北：文史哲出版社，中華民國七十四年三月初版，頁一〇五。)

韋金滿　淺談郭璞〈游仙詩〉之形式美

近人黃季剛亦說：

> 至於調和聲律，本愜人情。觀乎琴瑟專壹，不能為聽，語言哽
> 介，不能達懷。故絲竹有高下之均，宣唱貴清英之響。然則文詞
> 之用，以代語言，或流絃管，焉能廢斯樂語，求諸鄙言，以調喉
> 娛耳為非，以塞吃冗長為是哉。【21】

由以上兩家所言，可知為文貴乎聲律之理。先師高仲華先生嘗曰：
「重疊，常常使文辭的聲音和美。」【22】又曰：「促使文辭的聲音和美，
最要緊的還是聲音的各種基本條件的錯綜；而平仄的錯綜和雙聲、疊韻
的錯綜，尤為重要。」【23】何況中國的字音錯綜複雜，變化無端，這樣
便給中國文學的形式帶來了「諧協美」。劉彥和曾說：

> 凡聲有飛沉，響有雙疊。【24】

今試就其說，分為三點，談論郭璞〈游仙詩〉所表現出的「諧協
美」。

（一）、飛沉

所謂「飛」，乃指字的平清；所謂「沉」，乃指字的仄濁。二者須
互用成句，音律方得和諧，此即沈約所說：「前有浮聲，後須切響」，
「兩句之中，輕重悉異」的意思。【25】試看郭璞〈游仙詩〉中，「飛」、

【21】語見黃侃〈書後漢書論贊〉一文，轉載自張仁青：《魏晉南北朝文學思想史》上，
　　頁八二，台灣文史哲出版社，中華民國六十七年十二月初版。

【22】參見先師高明：《高明文輯》下冊〈論聲律〉一文。(台北：黎明文化事業公司，
　　民國六十七年三月，頁四三六。)

【23】仝上，頁四三七。

【24】語見劉勰：《文心雕龍‧聲律第三十三》。(台北：文史哲出版社，中華民國七
　　十四年三月初版，頁一〇五。)

【25】語見沈約《宋書‧謝靈運列傳‧論》。台北：台灣商務印書館，中華民國七十
　　年一月，頁一〇二三。

7

「沉」的配合，最能表現和諧的。譬如：

> 京華游俠窟，山林隱遯棲。
> 漆園有傲吏，萊氏有逸妻。
> 進則保龍見，退為觸藩羝。
> 高蹈風塵外，長揖謝夷齊。 (其一)
> 中有冥寂士，靜嘯撫清絃。
> 放情凌霄外，嚼藻挹飛泉。
> 左挹浮丘袖，右拍洪涯肩。
> 借問蜉蝣輩，寧知龜鶴年。 (其三)
> 吞舟涌海底，高浪駕蓬萊。
> 神仙排雲出，但見金銀臺。
> 陵陽挹丹溜，容成揮玉杯。
> 燕昭無靈氣，漢武非仙才。 (其六)
> 呼吸玉滋液，妙氣盈胸懷。
> 登仙撫龍駟，迅駕乘奔雷。
> 鱗裳逐電曜，雲蓋隨風迴。
> 手頓羲和轡，足蹈閶闔開。 (其九)
> 璇臺冠崑嶺，西海濱招搖。
> 瓊林籠藻映，碧樹疏英翹。
> 丹泉漂朱沫，黑水鼓玄濤。
> 尋仙萬餘日，今乃見子喬。
> 總轡臨少廣，盤虬舞雲軺。
> 永偕帝鄉侶，千齡共逍遙。 (其十)

案：以上各例，上句的末字為仄聲，而下句的末字則全為平聲。至如：

> 雲生梁棟間，風出窗戶裏。
> 借問此何誰，云是鬼谷子。
> 翹迹企穎陽，臨河思洗耳。

韋金滿　淺談郭璞〈游仙詩〉之形式美　　201

閶闔西南來，潛波渙鱗起。

蹇修時不存，要之將誰使。　(其二)

時變感人思，已秋復願夏。

淮海變微禽，吾生獨不化。

雖欲騰丹谿，雲螭非我駕。　(其四)

晦朔如循環，月盈已復魄。

寒露拂陵苕，女蘿辭松柏。

蕣榮不終朝，蜉蝣豈見夕。

王孫列八珍，安期鍊互石。

長揖當途人，去來山林客。　(其七)

朱霞升東山，朝日何晃朗。

迴風流曲櫺，幽室發逸響。

悠然心永懷，眇爾自遐思。

嘯傲遺世羅，縱情任獨往。　(其八)

登嶽採五芝，涉澗將六草。　(其十一)

縱酒濛汜濱，結駕尋木末。

翹手攀金梯，飛步登玉闕。　(其十四)

案：以上各例，上句的末字為平聲，而下句的末字則全為仄聲。

(二)、雙疊

所謂「雙疊」，即指字之雙聲疊韻。凡兩字聲母相同而韻母不同連成一詞的，謂之雙聲；凡兩字韻母相同而聲母不同連成一詞的，一謂之疊韻。近人林尹亦說：「發音相同之字，謂之『雙聲』……古稱收音相同者，謂之『疊韻』。」[26]大抵雙聲疊韻之用，須二字聯綴，始能使人

【26】語見林尹：《中國聲韻學通論》。台北：世界書局，民國七十年九月，頁一七及頁四九。

9

讀之琅琅悅耳，意思圓融。

郭璞〈游仙詩〉十四首，句中使用相同之聲紐或韻目者，共有二十次，其中：雙聲字連用，共十一次，而疊韻字連用者九次。舉例如下：【27】

綠蘿結高林，蒙籠蓋一山。（其三）

案：「綠蘿」二字，同屬來紐；而「蒙籠」二字，則同屬東韻。

左把浮丘袖，右拍洪崖肩。（其三）

案：「浮丘」二字，同屬幽韻。

借問蜉蝣輩，甯知龜鶴年。（其三）

案：「蜉蝣」二字，同屬幽韻。

六龍安可頓，運流有代謝。（其四）

案：「六龍」二字，同屬來紐。

珪璋雖特達，明月難闇投。（其五）

案：「特達」二字，同屬定紐。

升降隨長煙，飄颻戲九垓。（其六）

案：「飄颻」二字，同屬宵韻；而「九垓」二字，則同屬見紐。

寒露拂陵苕，女蘿辭松柏。（其七）

案：「女蘿」二字，同屬來紐。

蓱榮不終朝，蜉蝣豈見夕。（其七）

案：「蜉蝣」二字，同屬幽韻。

【27】本文所論雙聲疊韻字，是依據下列二書：

(一)、林尹《中國聲韻學通論》。台灣世界書局出版，中華民國七十年九月。

(二)、郭錫良《漢字古音手冊》。北京大學出版社出版，一九八六年十一月。

韋金滿 淺談郭璞〈游仙詩〉之形式美　203

朱霞升東山，朝日何晃朗。（其八）

案：「晃朗」二字，同屬陽韻。

東海猶蹄涔，崑崙若蟻堆。（其九）

案：「崑崙」二字，同屬文韻。

遐邈冥茫中，俯視令人哀。（其九）

案：「冥茫」二字，同屬明紐。

璇臺冠崑嶺，西海濱招搖。（其十）

案：「招搖」二字，同屬宵韻。

永偕帝鄉侶，千齡共逍遙。（其十）

案：「逍遙」二字，同屬宵韻。

四瀆流如淚，五嶽羅若垤。（其十二）

案：「五嶽」二字，同屬疑紐。

尋我青雲友，永與時人絕。（其十二）

案：「雲友」二字，同屬匣紐。

縱酒濛汜濱，結駕尋木末。（其十四）

案：「縱酒」二字，同屬精紐；而「結駕」二字，則同屬見紐；「木末」二字，同屬明紐。

　以上諸句，讀來聲調諧美，悅耳動聽，誠如劉勰所指「玲玲如振玉」、「纍纍如貫珠」者也。【28】

【28】語見劉勰：《文心雕龍・聲律》。(台北：文史哲出版社，中華民國七十四年三月初版，頁一〇五。)

(三)、錯綜

「錯綜」就是劉彥和所說的「異音相從謂之和」。【29】各種不同的字音，錯綜地連綴在一起，才能顯出文辭的「諧協美」。否則，就是不諧協了。先師高仲華先生嘗說：「促使文辭的聲音和美，最要緊的還是聲音的各種基本條件的錯綜。」【30】譬如聲紐雖錯綜，若清聲、濁聲不能錯綜；或是韻母雖錯綜，若平、上、去、入不能錯綜，開、齊、合、撮等呼不能錯綜，則仍不能顯出文辭的「諧協美」，此即劉勰所說「流靡以自妍」的意思。【31】關於「流靡」二字的涵義，近人楊明照解釋說：「〈沈約答甄琛書〉：『作五言詩者，善用四聲，則諷詠而流靡。』《高僧傳・經師傳論》：『詠歌之作，欲使言味流靡，釋韻相屬。』是『流靡』謂釋韻調和也。」【32】

試檢看郭璞十四首游仙詩，句中的聲紐與韻目不獨相異，同時清濁平仄等聲調亦能錯綜使用的，今試舉其第十一首〈登嶽採五芝〉及第十二首〈四瀆流如淚〉二詩為例如下：【33】

【29】仝上。

【30】語見先師高明：《高明文輯》下冊 (論聲律) 一文。(台北：黎明文化事業公司，民國六十七年三月，頁四三七。)

【31】語見劉勰：《文心雕龍・明詩》。(台北：文史哲出版社，中華民國七十四年三月初版，頁一〇五。)

【32】語見楊明照《文心雕龍校注拾遺》。

【33】表中所列聲紐及韻目等項，悉以下列二書為依歸：

　　(一)、林尹《中國聲韻學通論》。台灣世界書局出版，中華民國七十年九月。

　　(二)、郭錫良《漢字古音手冊》。北京大學出版社出版，一九八六年十一月。

韋金滿　淺談郭璞〈游仙詩〉之形式美　　　205

(其十一)

例句	聲紐	韻目	開合	聲調	清濁
登	端	蒸	開	平	清
嶽	疑	屋	開	入	濁
採	清	之	開	上	清
五	疑	魚	合	上	濁
芝	章	之	開	平	清
涉	禪	葉	開	入	濁
澗	見	元	開	去	清
將	精	陽	開	去	清
六	來	覺	合	入	濁
草	清	幽	開	上	清
散	心	元	開	去	清
髮	幫	月	合	入	清
蕩	定	陽	開	上	濁
玄	匣	真	合	平	濁
溜	來	覺	合	入	濁
終	章	冬	合	平	清
年	泥	真	開	平	濁
不	幫	之	開	平	清
華	曉	魚	合	平	清
皓	匣	幽	開	上	濁

13

(其十二)

例句	聲紐	韻目	開合	聲調	清濁
四	心	質	開	去	清
瀆	定	屋	合	入	濁
流	來	幽	開	平	濁
如	日	魚	合	平	濁
淚	來	質	合	去	濁
五	疑	魚	合	上	濁
嶽	疑	屋	合	入	濁
羅	來	歌	開	平	濁
若	日	鐸	合	入	濁
垤	定	質	開	入	濁
尋	邪	侵	開	平	濁
我	疑	歌	開	上	濁
青	清	耕	開	平	清
雲	匣	文	合	平	濁
友	匣	之	開	上	濁
永	匣	陽	合	上	濁
與	余	魚	開	上	濁
時	禪	之	開	平	濁
人	日	真	開	平	濁
絕	從	月	合	入	濁

從以上例句的分析，可知各字句的連綴，聲紐和韻母大部分是不同的。有時開合相同而聲調又不同；有時聲調相同而清濁又不同。這樣的字句錯綜地連綴在一起，讀之均能唇吻調利，悠揚悅耳，即如劉彥和所謂：「左礙而尋右，末滯而討前」的意思，【34】自然會表現出「諧協美」來了。

四、郭璞游仙詩之「深刻美」──

中國文字的形、音、義是三位一體的，形、音、義的結合，常常給人一種深刻的印象。譬如班固〈西都賦〉：「鳥則玄鶴白鷺，黃鵠鵁鶄，鶬鴰鴇鶂，鳧鷖鴻雁，朝發河海，夕宿江漢，沉浮往來，雲集霧散。」賦中用了這許多從鳥形的字，使人讀之，就如同看見一幅群鳥爭飛的圖畫；又從這許多字所注的音，好像聽到了一片群鳥爭鳴的聲音，在河海江漢這些水流沉浮往來，深深的印入人的腦海。至於如何反映這種「深刻」的印象，筆者以為莫過於使用「對比」這種技巧了。因為詩歌中的「對比」，能產生強烈的藝術效果，給讀者留下「深刻」的印象。譬如：

> 京華游俠窟，山林隱遯棲。朱門何足榮，未若託蓬萊。
>
> 臨源挹清波，陵岡掇丹荑。靈谿可潛盤，安事登雲梯。
>
> 漆園有傲吏，萊氏有逸妻。進則保龍見，退為觸藩羝。
>
> 高蹈風塵外，長揖謝夷齊。　（其一）

這首詩詩人巧妙地運用了多種對比手法，因而能較好地觸發讀者的對立、類似、接近聯想，使詩歌境生象外、搖曳多姿。「京華」與「山林」、「朱門」與「蓬萊」、「游俠窟」與「隱遯棲」、「保龍見」與「觸藩羝」等，都是相互對立的兩個方面，實際上是「仕」與「隱」兩個

【34】語見劉勰：《文心雕龍・聲律》。(台北：文史哲出版社，中華民國七十四年三月初版，頁一○五。)

不同的矛盾心態，這樣的對舉，不但引發讀者哲理之思，通俗之情，更構成了有鮮明立體感的形象。

又如：

> 翡翠戲蘭苕，容色更相鮮。綠蘿結高林，蒙籠蓋一山。
> 中有冥寂士，靜嘯撫清絃。放情凌霄外，嚼藻挹飛泉。
> 赤松林上游，駕鴻乘紫煙。左挹浮丘袖，右拍洪涯肩。
> 借問蜉蝣輩，寧知龜鶴年。　(其三)

這首詩，前四句「翡翠戲蘭苕，容色更相鮮。綠蘿結高林，蒙籠蓋一山。」詩人先寫神仙的居處，翡翠珍鳥與蘭苕芳草的交相輝映，清新悅目，綠蘿藤纏繞在松柏之上，山色蒙朧。中間八句「中有冥寂士，靜嘯撫清絃。放情凌霄外，嚼藻挹飛泉。赤松林上游，駕鴻乘紫煙。左挹浮丘袖，右拍洪涯肩。」寫那個隱逸山林、淡泊人生的高士那種或放聲長嘯，或撫琴操曲，或放情山水，或飢食花蕊、渴飲飛泉的逍遙自在及出入仙鄉、神遊天界的生活，在大膽想象中，能生動形象地表現了出來。最後兩句「借問蜉蝣輩，寧知龜鶴年」，更用設問的手法作結，正是對那些目光短淺、追逐名利、企羨富貴的「蜉蝣輩」，表示了極度的輕蔑，亦表達了詩人對現實強烈的不滿。至如：

> 逸翮思拂霄，迅足羨遠遊。清源無增瀾，安得運吞舟。
> 珪璋雖特達，明月難闇投。潛穎怨清陽，陵苕哀素秋。
> 悲來惻丹心，零淚緣纓流。　(其五)

由於郭璞是一個「好經術，博學有高才，而訥于言論」的人，【35】但他出身寒微，其父只任過尚書都令史，建平太守等職，與上層社會及貴冑之士無涉，【36】所以不能入清淡之流。這首詩中「珪璋雖特達，明月難闇投」兩句，正是用對比的手法表達了詩人更為明確、更為強烈的憤

【35】語見《晉書·郭璞傳》。

【36】參見《晉書·郭璞傳》。

世嫉俗的心情，與第一首相同。又如：

> 雜縣寓魯門，風暖將為災。吞舟涌海底，高浪駕蓬萊。
>
> 神仙排雲出，但見金銀臺。陵陽挹丹溜，容成揮玉杯。
>
> 姮娥揚妙音，洪崖領其頤。升降隨長煙，飄颻戲九垓。
>
> 奇齡邁五龍，千歲方嬰孩。燕昭無靈氣，漢武非仙才。 (其六)

這首詩，詩人先描寫了神仙世界一派和樂的景象，抒寫了對于神仙們隨長煙而升降、千歲尚為嬰孩的羨慕之情，最后兩句「燕昭無靈氣，漢武非仙才。」筆鋒一轉，借燕昭、漢武求仙不得的傳說，諷刺帝王權貴雖享有榮華富貴，卻無法像自己這樣達到與仙人同樂的境界，從而通過游仙使自己獲得了擺脫君權和豪貴羈絆的力量，獲得了對于現實的超越，獲得了人生的絕對自由。

此外，郭璞在詩中常用色彩字以加深讀者的印象。茲列舉於下：

「朱」

> 朱門何足榮，未若託蓬萊。 (其一)
>
> 朱霞升東山，朝日何晃朗。 (其八)
>
> 丹泉漂朱沬 (其十)
>
> 左顧擁方目，右眷極朱髮。 (其十四)

「白」

> 蓐收清西陸，朱羲將由白。 (其七)

「綠」

> 綠蘿結高林，蒙籠蓋一山。 (其三)

「青」

> 青溪千餘仞，中有一道士。 (其二)
>
> 尋我青雲友，永與時人絕。 (其十二)

「丹」

> 臨源挹清波，陵岡掇丹荑。 (其一)
>
> 雖欲騰丹谿，雲螭非我駕。 (其四)

悲來惻丹心，零淚緣纓流。 (其五)

陵陽把丹溜 (其六)

丹泉漂朱沫 (其十)

「紫」

駕鴻乘紫煙 (其三)

「碧」

瓊林籠藻映，碧樹疏英翹。 (其十)

「黑」

黑水鼓玄濤 (其十)

「玄」

黑水鼓玄濤 (其十)

「玉」

靈妃顧我笑，粲然啟玉齒。 (其二)

容成揮玉杯 (其六)

仰思舉雲翼，延首矯玉掌。 (其八)

呼吸玉滋液，妙氣盈胸懷。 (其九)

飛步登玉闕 (其十四)

「翠」

翡翠戲蘭苕，容色更相鮮。 (其三)

振髮晞翠霞 (其十)

「金」

神仙排雲出，但見金銀臺。 (其六)

翹手攀金梯 (其十四)

「銀」

神仙排雲出，但見金銀臺。 (其六)

「玄」

黑水鼓玄濤 (其十)

散髮蕩玄溜 (其十一)

「絳」

解褐被絳綃 (其十)

「皓」

終年不華皓 (其十一)

以上例句，抽秘逞妍，儷紅媲白，深深的予人在視覺方面有莫大的印象。

五、郭璞〈游仙詩〉之「辭采美」

文辭必須講求色采，劉勰曾說：

聖賢書辭，總稱文章，非采而何！……若乃綜述性靈，敷寫器象，鏤心鳥跡之中，織辭魚網之上，其為彪炳，縟采名矣。故立文之道，其理有三：一曰形文，五色是也。二曰聲文，五音是也。三曰情文，五性是也。[37]

又說：

莊周云辯雕萬物，謂藻飾也。韓非云艷采辯說，謂麗也。綺麗以艷說，藻飾以辯雕，文辭之變，於斯極矣。[38]

可見劉彥和完全是強調為文不但重視文采，尤須重視色澤。本人以為色采表現於文辭者，約有三方面：[39]

【37】語見劉勰《文心雕龍・情采》。(台北：文史哲出版社，中華民國七十四年三月初版，頁一〇五。)

【38】仝上。

【39】參見先師高明《高明文輯》下冊〈論色采〉，第四四八頁。

(一)、夸飾

劉勰論文，以「夸飾」為修辭主要技巧之一。他認為「自天地以降，豫入聲貌，文辭所被，夸飾恒存。」【40】漢王充曾說：

> 世俗所患，患言事增其實；著文垂辭，辭出溢其真，稱美過其善，進惡沒其罪。何則？俗人好奇，不奇，言不用也。故譽人不增其美，則聞者不快其意；毀人不益其惡，則聽者不愜於心。聞一增以為十，見百益以為千。【41】

亦即劉彥和所說：

> 言峻則嵩高極天，論狹則河不容舠，說多則子孫千億，稱少則民靡孑遺，襄陵舉滔天之目，倒戈立漂杵之論。【42】

換言之，所謂「夸飾」，實際上是採用美言壯語以為鋪飾形容的一種技巧，冀能突出本體的特徵，強化語言表達效果，使人讀之，有鮮明及深刻的印象。至於夸飾的技巧，一般而言，可分時間的夸飾、空間的夸飾、人情的夸飾及物象的夸飾等四種。

郭璞的游仙詩，夸飾手法的運用，亦可以說是它的特色之一，譬如：

> 青溪千餘仞，中有一道士。（其二）
> 暘谷吐靈曜，扶桑森千丈。（其八）

案：以上兩例，乃空間的夸飾。

> 放情凌霄外，嚼藥挹飛泉。（其三）

【40】語見劉勰《文心雕龍‧夸飾》。(台北：文史哲出版社，中華民國七十四年三月初版，頁一〇五。)

【41】語見王充《論衡‧藝增篇》。

【42】語見劉勰《文心雕龍‧夸飾》。(台北：文史哲出版社，中華民國七十四年三月初版，頁一〇五。)

悲來惻丹心，零淚緣纓流。　(其五)

奇齡邁五龍，千歲方嬰孩。　(其六)

翹手攀金梯，飛步登玉闕。　(其十四)

案：以上四例，乃人情的夸飾。

吞舟涌海底，高浪駕蓬萊。　(其六)

東海猶蹄涔，崑崙若蟻堆。　(其九)

四瀆流如淚，五嶽羅若垤。　(其十二)

案：以上三例，乃物象的夸飾。

尋仙萬餘日，今乃見子喬。　(其十)

永偕帝鄉侶，千齡共逍遙。　(其十)

在世無千月，命如秋葉蒂。　(其十三)

案：以上三例，乃時間的夸飾。

這些夸飾的手法，交錯運用，真是妙絕。

(二)、事類

所謂「事類」，即引事比類。凡詩人意難直陳，情有隱曲，於是引用事類，藉以影喻，亦即所謂「用典」。劉勰曾說：

> 事類者，蓋文章之外，據事以類義，援古以證今者也。【43】

近人劉永濟亦云：

> 文家用典，亦修辭之一法。用典之要，不出以少字明多意，其大別有二：一用古事，二用成辭。用古事者，援古事以證今情也；用成辭者，引彼語以明此義也。【44】

【43】 語見劉勰《文心雕龍・事類》。(台北：文史哲出版社，中華民國七十四年三月初版，頁一〇五。)

【44】 語見劉永濟《文心雕龍校釋・事類》。

21

其實，用典隸事，由來已久，屈宋諸騷，已著先鞭，逮乎漢魏，引用日繁。試看郭璞十四首游仙詩，亦不乏用典隸事的詩句。譬如：

　　朱門何足榮，未若託蓬萊。（其一）

「朱門」，紅漆大門，指富貴之家。「蓬萊」，相傳為海中仙山名。根據《漢書‧郊祀志》記載，海中有三座仙山：蓬萊、方丈、瀛洲。《世說新語‧言語》中記載，晉簡文帝時有個道人叫竺法深，常常出入朱門，有人問他：「道人何以遊朱門？」他答道：「君自見朱門，貧道如游蓬戶。」《史記‧孝武本紀》中又記載，「李少君曰：『臣嘗游海上，見安期生。安期生食臣棗，大如瓜。安期生，仙者，通蓬萊中，合則見人，不合則隱。』」郭璞這兩句詩引用典故，目的是說明自己寧託「蓬萊」，不求「朱門」，反映了他鄙棄富貴、向往隱逸的情懷，怪不得鍾嶸說他「乖遠玄宗」了。【45】

　　漆園有傲吏，萊氏有逸妻。（其一）

上句出自《史記‧老莊申韓列傳》：莊子嘗為漆園吏，……「楚威王聞莊周賢，使使厚幣迎之，許以為相。周笑謂楚使者曰：『……子亟去，無污我……』」。

下句出自《列女傳》：老萊子逃世，耕於蒙山之陽。楚王駕至老萊之門，請他出仕，老萊許諾。妻曰：「今先生食人酒肉，受人官祿，為人所制也。能免於患乎？妾不能為人所制。」投其畚而去，老萊乃隨而隱。

郭氏引用這兩個典故，目的是對絕意仕進的莊子和堅定了老萊子隱遁之志的老萊子妻，發出內心的讚美。

　　進則保龍見，退為觸藩羝。（其一）

「龍見」，出自《易‧乾文言‧九二》：「見龍在田，利見大人。」王弼注云：「出潛離隱故曰見龍，處於地上故曰在田。德施周普，居中不

──────────

【45】語見鍾嶸《詩品》中。

廢，雖非君位，君之德也。」

「觸藩羝」，亦《易‧大壯‧上六》：「羝羊觸藩，不能退，不能遂，無攸利，艱則吉。」

郭璞引用這兩個典故，乃承接上兩句。大意是說：如果像莊子、老萊子那樣的著名賢者，如果進仕，保證可以見重於君王。但是，假使一旦陷入困境，那時再想退隱便來不及了，就好像羝羊觸藩一樣，陷入進退兩難的困境了。

　　高蹈風塵外，長揖謝夷齊。（其一）

此二句係用伯夷、叔齊的典故。根據《史記‧伯夷列傳》記載：伯夷、叔齊都是商代孤竹君之子，先是兩人互相推讓王位而逃到西伯昌（即周文王）那裏；後來武王伐紂，他們就不食周粟，逃入首陽山，采薇而食，結果餓死。郭璞這兩句詩是說自己的隱逸更高於夷、齊，完全更徹底的超離世俗的。

　　赤松林上游，駕鴻乘紫煙。（其三）

「赤松」，即赤松子，是古代傳說中的神仙。據《列仙傳》記載：「赤松子者，神農時雨師也。服水玉以教神農，能入火自燒。往往至崑崙山上，常止西王母石室中，隨風雨上下。炎帝少女追之，亦得仙俱去。」

　　左挹浮丘袖，右拍洪崖肩。（其三）

「浮丘」，即浮丘道人；「洪崖」，即黃帝的臣子伶倫。二人都是傳說中的神仙。

以上四句，郭璞引用了三個傳說中的神仙，旨在說出隱逸時的超脫，恍彿與仙人同游。

　　愧無魯陽德，迴日向三舍。（其四）

「魯陽」，即魯陽文子，楚平王孫司馬子期之子。楚僭號稱王，其守縣大夫皆稱公，故又稱魯陽公。根據《淮南子‧覽冥》所載：「魯陽公與韓搆難，戰酣，援戈而撝之，日為之反三舍。」

郭璞引用這個典故，是慨歎自己沒有像魯陽公那種人力勝天的本能，只

得臨川長嘆，撫心獨悲，充分表現出詩人生當亂世的強烈情緒。

　　陵陽挹丹溜，容成揮玉杯。姮娥揚妙音，

　洪崖領其頤。(其六)

以上四句，詩人引用了四個傳說中的神仙。第一個「陵陽」，即陵陽子明，相傳他從魚腹得書，知服食之法，後服丹溜三年而成仙。第二個「容成」，即容成公。他已二百歲，傳說他是黃帝之師，也是老子之師。第三個「姮娥」，即嫦娥，傳說她丈夫后羿從西王母得到不死藥，她因偷吃而逃往月中。第四個「洪崖」，即第三首詩中的伶倫。

詩人所以引用這四個傳說中的仙人，旨在借群仙悠然自樂的情態與上四句「雜縣寓魯門，風暖將為災。吞舟涌海底，高浪駕蓬萊」的海上慘況，兩兩映襯，從而更強烈地表現了詩人心中的理想境界。【46】

　　燕昭無靈氣，漢武非仙才。(其六)

第一句是用燕昭王典故。據《拾遺記》記載：「燕昭王召其臣甘需曰：『寡人志於仙道，可得遂乎？』需曰：『上仙之人去滯慾而離嗜愛，洗神滅念，游於太極之門。今大王所愛之容，恐不及玉，纖腰皓齒，患不如神，而欲卻老雲游，何異操圭爵以量滄海乎？』」第二句是用漢武帝求仙的典故。根據《漢武帝內傳》的記載：「劉徹好道，然形慢神穢……殆恐非仙才也。」

由於燕昭王、漢武帝均因不能擺脫塵俗，忘卻利慾，所以詩人說他們「無靈氣」，「非仙才」，皆不能成仙。詩人借這兩個典故，目的是暗示了要想進入各得其樂的理想境界，就得「洗神滅念」。

【46】參見蘇者聰〈獨標高格的游仙詩〉一文。《漢魏六朝詩歌鑒賞集》，頁二九一，
　　人民文學出版社出版，一九八五年七月。

(三)、比喻

劉勰解釋比興時說：

> 比者，附也；興者，起也。附理者切類以指事，起情者依微以擬
> 議。……夫比之為義，取類不常，或喻於聲，或方於貌，或擬於
> 心，或譬於事。【47】

質言之，比興實皆由於聯想。聯想但取譬喻者為比，聯想而推及他義者為興。其實，比喻的運用，在六朝游仙詩中是一種常用的修辭技巧，所以，這種修辭技巧在郭璞的游仙詩中，亦常見用。譬如：

> 雜縣寓魯門，風暖將為災。吞舟涌海底，
>
> 高浪駕蓬萊。 (其六)

「雜縣」，海鳥名，又名爰居。據《國語・魯語上》記載：「海鳥曰爰居，止于魯東門外三日。展禽曰：『今茲海其有災乎？夫廣川之鳥獸恒知風而避其災也。是歲也，海多大風，冬暖。」詩人聯想到海鳥的出現，海上將呈現風災。果然在茫茫大海中，海風騰起，波濤洶湧，吞噬舟楫，駕走蓬萊。此句是借喻當時社會的動盪和險惡，百姓毫無生命的保障，準確而生動，新穎而獨特。

他如：

> 珪璋雖特達，明月難闇投。 (其五)
>
> 鱗裳逐電曜，雲蓋隨風迴。 (其九)
>
> 東海猶蹄涔，崑崙若蟻堆。 (其九)
>
> 四瀆流如淚，五嶽羅若垤。 (其十二)
>
> 在世無千月，命如秋葉蔕。 (其十三)

以上數例，或喻於景，或擬於心，或譬於事，無一而非突顯它的「辭采美」的。

【47】語見劉勰《文心雕龍・比興》。(台北：文史哲出版社，中華民國七十四年三月初版，頁一〇五。)

六、結論

從以上的分析，可以知道郭璞的游仙詩，是詩人通過對隱遁仙境的形象鮮明的描繪，發揮超然物外的旨趣，確與一般的玄言詩有著莫大的區別。換句話說，他的十四首游仙詩，突破了「列仙之趣」，【48】是借游仙來抒發他個人對現實人生的感慨即詠懷。所以，他的游仙詩，情懷飄逸，想像豐富，辭采典雅，韻律諧和，使人讀來，不但覺得饒有趣味，更具有濃厚的抒情色彩和美聽，完全擺脫了玄言詩抽象概念的桎梏。故此，後世詩評家對他的游仙詩，都給予高度的評價。譬如：劉勰說：

> 江左篇制，溺乎玄風；嗤笑徇務之志，崇盛忘機之談。袁、孫已下，雖各有雕采，而辭趣一揆，莫與爭雄。所以景純仙篇，挺拔而為俊矣。【49】

又說：

> 景純艷逸，足冠中興。【50】

陳沆亦說：

> 景純（游仙），振響兩晉。【51】

檀道鸞《續晉陽秋》曾載道：

> 正始中，王弼、何晏好莊、老玄勝之談，而世遂貴焉。至過江，佛理猶盛，故郭璞五言，始會合道家之言而韻之。【52】

【48】語見鍾嶸《詩品》中。

【49】語見《文心雕龍·明詩》。(台北：文史哲出版社，中華民國七十四年三月初版，頁一〇五。)

【50】語見《文心雕龍·才略篇》。(台北：文史哲出版社，中華民國七十四年三月初版，頁一〇五。)

【51】語見《詩比興箋》卷二。

【52】引見《世說新語·文學》注。

何焯說：

> 景純〈游仙〉，當與屈子〈遠游〉同旨。蓋自傷坎壈，不成匡濟，
> 寓旨懷生，用以寫鬱。【53】

鍾嶸說：

> 晉弘農太守郭璞，憲章潘岳，文體相輝，彪炳可玩。始變永嘉平
> 淡之體，故稱中興第一。【54】

從以上所載，固可知郭璞在詩壇上的地位了。

【53】語見《義門讀書記》。

【54】語見《詩品》中。

景印香港新亞研究所《新亞學報》（第一至三十卷）

明代「格律派」之格律詩說及其理論發展

李銳清*

第一節　明人對於聲調和格律的認識
　　（一）格律和格調的問題
　　（二）格律論的形成及其主張
第二節　前七子的格律論
　　（一）七子以前的明代詩壇
　　（二）格律派的先導
　　（三）前七子的格律論
第三節　後七子的格律論
　　（一）前期的格律論
　　（二）後期的格律論

　　明初的詩歌，承接元末的風氣，卑靡纖弱。雖然初期有高啟等大家的出現，但也不能改變這種卑靡的風格；一直到中葉以後，前後七子提倡復古，才將這種風氣改變，世稱「格調派」，或稱「格律派」。但是七子之理論多在聲律上模古，宜稱「格律派」。本文先作「格調」、「格律」之辨，再就七子之文論本身，客觀地描述明代復古派詩論之衍生與流變。

---

*香港大學教育學院。

第一節　明人對於聲調和格律的認識

(一) 格律和格調的問題

後人對七子的復古，有人叫他們做「格律派」，也有人稱為「格調派」。至於「格律」和「格調」的名稱，驟眼看來好像相同，但是仔細分析，這二者之間卻又有所分別。而「格律」、「格調」二詞，又可以再細分為「格」、「律」、「調」三個不同的詞。以下試先敘述「格」、「律」、「調」三個詞語的來源，然後再討論「格律」、「格調」的分別。

甲. 格

格是通過字詞的組合而成，或者稱作「體格」[1]。某個時代的詩，在用詞上面有特定的形式，可以稱作這個時代的風格；至於在個人表現時，便是這個人的詩「格」。

在文學理論上用上「格」一詞的，最早見於日本弘法大師（774-835）《文鏡祕府論》所引的王昌齡（698-757）《詩格》：

> 夫文章興作，先動氣。氣生乎心，心發乎言，聞於耳，見於目，錄於紙。意須出萬人之境，望古人於「格」下，攢天海於方寸。詩人用心，當於此也。[2]

「望古人於『格』下」，連同上句，即是在「意」方面出奇制勝；在「格」方面，把古人也比下去的意思。其次，《文鏡祕府論》引皎然的《詩議》說：

> 何水部雖謂「格」柔而多清勁，……柳惲、王融、江總三子，江

---

[1] 參考鈴木虎雄《支那詩論史》頁124。日本 東京弘文堂書房 昭和27年(1952)。

[2]《文鏡祕府論》南卷，頁391。《文鏡祕府論》(日) 釋空海 撰 (日) 興膳宏譯注《弘法大師空海全集》第五卷 日本東京筑摩書房排印本 昭和61年(1986)。

則理而清，王則清而麗，柳則雅而高。予知柳吳興名屈於何，
「格」居何上。【3】

這裏也提到「格」字。以上是「格」字的最早出處。又同書第一節
有說：

格高而詞溫，語近而意遠。【4】

這裏題到「格高」一詞。

乙. 律

「律」是指文字組合得來的音節。《文鏡祕府論》也提到「律」，但
是它通常與其他字連用在一起，如《詩格》：

夫詩格律，須如金石之聲。……〈天台山賦〉能律聲，有金石
聲。【5】

這裏提到「格律」和「律聲」。又《文筆眼心抄‧十二種調聲‧調聲》節
有「律調」之說：

律調其言，言無相妨。【6】

丙. 調

調指音調，通過音節組合所得出的旋律就是調。《文鏡祕府論》說
到「調」的有數處，如〈南卷‧詩議〉：

又柔其詞，輕其調。【7】

同卷〈集論〉：

雅調仍在，況其他句乎？故詞有剛柔，調有高下，但令詞與調

【3】同上卷，頁444。

【4】同上卷，頁438。

【5】同上卷，頁418。

【6】《文鏡祕府論》頁956。

【7】頁452。

合，首末相稱，中間不敗，便是知音。【8】

又〈西卷·論病·文二十八種病〉：

五音妙其調，六律精其響，銓輕重於毫忽，韻清濁於錙銖。【9】

丁. 格、律、調的解說

上引王昌齡的《詩格》曾提到「格」、「律」、「調」三者的關係，說：

凡作詩之體，意是格，聲是律。意高則格高，聲辨則律清。格律全，然後始有調。【10】

又〈天卷·調聲〉第一節「須整理其道格」句下「格」字註說：

格，意也。意高為之格高，意下為之下格。【11】

我曾經在拙文〈沈德潛「格調說」的本源及其理論〉中說過：

這裏所說的「格」，屬於內容意思方面，用意、見解的高低影響到「格」的高低。「律」屬於聲的部分，詩的平仄、用韻，關乎到聲音的響亮暗啞，這會影響到律的清濁。由內容見解的高低，加上聲音的響啞情況，決定了這首詩的風格；這一種風格就叫做「調」。……由於調是單音詞，後人加上「格」字做成複音詞，叫做「格調」，重點在說「調」；同樣，在「律」字上加「聲」字或「格」字，便變成「聲律」和「格律」的複音詞了，重點也只在「律」字上。所以，當我們稱「格律」的時候，偏重點是在聲律的清濁響啞方面。【12】

【8】頁510-1。

【9】《文鏡祕府論》頁573。

【10】《文鏡祕府論》頁383。

【11】頁28。

【12】〈沈德潛「格調說」的來源及其理論〉頁167-8，見《香港中文大學中國文化研究所學報》第十六卷，1985年。又見《香港地區中國文學批評研究》陳國球編，臺北學生書局排印本，民國80年（1991）。

至於「格律」和「格調」二詞，是相近但又有不同的。「格律」一詞在《文鏡祕府論》中曾經提到：

夫詩「格律」，須如金石之聲。【13】

「須如金石之聲」，可以看到「格律」與聲律有關。至於「格調」一詞，《文鏡祕府論》未見。「格律」所著重的是聲律問題。拙文以下繼續說：

它是通過聽覺感受到的形象意義；是基於「平仄」、「對仗」、「押韻」等的基本創作形式綜合而來的向上一層的感覺。寫詩的方法也可以叫做詩的「格律」，王力著有《漢語詩律學》，就是講作詩方法的；裏面提到「平仄」、「叶韻」、「對仗」等方式。而文學批評上的「格律」與作詩法上的「格律」不同，它是以作詩法的「格律」──即是「平仄」、「叶韻」、「對仗」等作為基礎，通過聲音的諧協、形式的勻稱，和鮮明的感覺，綜合而得出的具體印象，這個印象可以顯現作者的精神境界和風格。它是源於詩法的「格律」而又高於詩法的「格律」的。【14】

至於講「格調」時，它連同內容、聲律一起說。這時作品的高下，除了聲律以外，它還有思想內容的問題。如果作者的胸襟開闊，思想超邁，則他的作品格調也就高，否則便低。所以《文鏡祕府論・天卷・調聲》下「格」字小註說的「格，意也。意高為之格高，意下為之下格。」就是說作品的格調，除了聲律以外，意的高下也可作為決定的因素。可以說，「格律」只就聲律方面而言，「格調」則除聲律以外，作品意格的高低也包括在內。明代的詩歌復古理論主要在聲律上模仿古人，雖然講究「格調」，但主要在「聲律」方面，至於是否「格高」、「調逸」，則並非其核心所在。所以稱他們為「格律派」比較適合。

【13】南卷，頁418。

【14】同註【12】，頁168，註30。

（二）、格律論的形成及其主張

在文學批評史上，首先用「格調」一詞來論詩的，最早有《河岳英靈集》。殷璠評論儲光羲的詩「格高調逸」，以後「格高調逸」，或者「格古調高」就成為「格調派」論詩的最高理想。直到明代前後七子，本著嚴羽（1197-1241？）的「第一義」說，又加上「辨體製」說，要求詩歌要學習最高最好的作品，於是便產生「格律派」（或稱「格調派」）了。

在明七子出現之前，元人楊士弘曾經用聲律來作標準，將唐詩分類，並說明詩歌的發展。他在《唐音》序言中說：

> 審其音律之正變，而擇其精粹，分為「始音」、「正音」、「遺響」，總名《唐音》。【15】

《唐音・凡例》又說：

> 始音不分類，編者以其四家（按：指初唐四傑）製作，初變六朝，雖有五七之殊，然其音聲則一致也。

又在唐初四傑的目錄後說：

> 自六朝來，正聲流靡，四君子一變而開唐音之端，卓然成家。觀子美之詩可見矣。然其律調初變未能純。今擇其粹者，引為唐詩始音云。

可見他編選「始音」，目的在說明六朝以後，唐詩的承繼發展情形。至於論「正音」則說：

> 正音以五七言古律絕，各分類者，以見世次不同，音律高下，雖各成家，然體製聲響相類。

這是說：雖然五七言近體相同，但是其間音律高下不一，因而「體製聲響」有別。他又批評「遺響」說：

> 諸家之詩篇，長短參差，音律不能諧合。

【15】《唐音》，《湖北先正遺書》本。（民國）盧靖輯。民國12年（1923）沔陽盧氏慎始基齋影印本。

就可以見到本書的分類是以聲律為劃分標準的。黃鎬說《唐音》：「因時以審音律。」【16】正是這本書的特色。

《唐音》的選詩方法，與以前唐詩選本的標準不同，以聲律為著眼點。明人高棅（1350-1423）仿照《唐音》的方法編選《唐詩品彙》，但是他所分的「正始」、「正宗」、「大家」、「名家」、「羽翼」、「接武」、「正變」、「餘響」、「旁流」九門，主要以詩人風格作為劃分標準，與《唐音》依從聲律的分法不一樣。後來由於《唐詩品彙》卷帙浩繁，閱讀不便，他又選「取其聲律純完而得性情之正者」【17】為《唐詩正聲》。在這方面《唐詩正聲》則以聲律為主，與《唐音》同一類型。二書雖然同以聲律為選詩標準，但是也有分別。胡纘宗在《唐詩正聲》序說：

> 伯謙(楊士弘)其主於調，廷禮（高棅）其主於格。

這是說《唐音》重視「調」，而《唐詩正聲》卻重視「格」。這個說法，只要一看〈凡例〉也就大致可知了。〈凡例〉開首引有嚴羽的詩話多則，重點在說明「入門須正，立志須高」，要學「第一義」的詩。所以高棅自己說：

> 以《正聲》採取者，詳乎盛唐也。次初唐、中唐，元和以還，間得一二聲律近似者，亦隨類收錄。若曰：以聲韻取詩，非以時代高下而棄之，此選之本意也。【18】

他並不以時間先後為選取的標準，而以「正聲」的盛唐為主，凡初、中、晚唐能與盛唐、古律相近的才加以收錄。所以這也是就「格律」方面選唐詩，與《唐音》單以聲律排比的方式不同。

明代講究詩歌格律的先行者是李東陽。他對詩歌的聲律很有研

【16】見《唐詩正聲・序》，《唐詩正聲》二十二卷，（明）高棅輯（明）吳中珩校（日本）享保14年（1729）皇都島本作十郎刊本

【17】見《唐詩正聲・凡例》頁3a。

【18】頁3b - 4a。

究，《四庫總目提要》評論他的《懷麓堂詩話》說：「其論詩主於法度音調。」[19] 李東陽對自己的詩論，頗為自得，「懷麓堂詩話」論聲說：

> 陳公父論詩專取聲，最得要領。潘禎應昌嘗謂予詩宮聲也，予訝而問之，潘言其父受于鄉先輩曰：「詩有五聲，全備者少，惟得宮聲者為最優，蓋可以兼眾聲也。李太白、杜子美之詩為宮，韓退之之詩為角，以此例之，雖百家可知也。」予初欲求聲於詩，不過心口相語，然不敢以示人。聞潘言，始自信以為昔人先得我心，天下之理，出於自然者，固不約而同也。[20]

他認為通過聲音，可以知道詩歌屬於五音中的哪一聲。[21] 至於詩歌的聲調節奏，他認為通過歌誦，便可知道作品是否入律。他說：

> 古詩歌之聲調節奏不傳久矣。比嘗聽人歌〈關雎〉、〈鹿鳴〉諸詩，不過以四字平引為長聲，無甚高下緩急之節。意古之人，不徒爾也。今之詩，惟吳越有歌：吳歌清而婉，越歌長而激，然士大夫亦不皆能。予所聞者，吳則張亨父，越則王古直仁輔，可稱名家。亨父不為人歌，每自歌所為詩，真有手舞足蹈意。仁輔性亦僻，不時得其歌。予值有得意詩，或令歌之，因以驗予所作，雖不必能自為歌，往往合律，不待強致，而亦有不容強者也。[22]

---

[19] 卷一九六，頁1792。《四庫全書總目》，（清）紀昀總纂。北京中華書局影印本，1961 年第一版，1987 年第四次印本。

[20]《歷代詩話續編》本頁1373。《歷代詩話續編》，丁福保輯，北京中華書局標點排印本(1983)。

[21] 所謂宮聲、角聲，未知何所指？《少室山房類藁》卷一百十八〈與顧叔時論宋元二代詩〉第二通信說：「辱諭韓、柳、元、白諸家，皆大方材具也。昌黎五七言古及東埜倡和諸篇，窮竟筆力，司空圖謂掀雷挈電，撐扶天地之垠，信矣！而揆之昔人，則和平溫厚之義缺焉。李賓之(東陽)謂為角音，似也。」(頁4b)如此說，宮音指的即是「和平溫厚」之音。《少室山房類藁》，（明）胡應麟撰 明刊本。

[22]《懷麓堂詩話》頁1376-7。

他又分辨古詩、律詩說：

> 古律詩有音節，然皆限于字數，求之不難。惟樂府長短句，初無
> 定數，最難調疊。然亦有自然之聲，古所謂聲依永者。謂有長短
> 之節，非徒永也，故隨其長短，皆可以播之律呂，而其太長太短
> 之無節者，則不足以為樂。【23】

所以寫古詩與律詩時要辨別其體，不可滲合混亂：

> 古詩與律不同體，必各用其體乃為合格。然律猶可間出古意，古
> 不可涉律。【24】

另外，他又說長篇的詩歌也有各別的自然節奏，並非一成不變的：

> 長篇中須有節奏，有操，有縱，有正，有變。若平鋪穩布，雖多
> 無益。唐詩類有委曲可嘉之處。惟杜子美頓挫起伏，變化不測，
> 可駭可愕，蓋其音響與格律正相稱。【25】

可見得李東陽對詩歌的聲律認識之深了。胡應麟（1551-1602）說：

> 成化以還，詩道旁落，唐人風致，幾於盡隳。獨李文正(東陽)才具
> 宏通，格律嚴整，高步一時，興起李、何，厥功甚偉。是時中、
> 晚、宋、元諸調雜興，此老砥柱之間，故不易也。【26】

從胡氏的評論，就可以知道他在聲律方面鑽研之深了。另外，饒師選堂
教授(1917 -)在〈談龍錄跋〉也稱李東陽諳熟音律說：

> 李東陽〈長江行〉七字句，多作三平。其《懷麓堂詩話》間《論
> 聲律》。(註：如陳公父論詩專取聲條，詩有純用平側，自相諧協
> 條，五七言古詩仄韻上句類用平，杜多用仄條。)【27】

【23】同上書，頁1370。

【24】同上書，頁1369。

【25】同上書，頁1373。

【26】《詩藪》續篇卷一，頁345。《詩藪》(明)胡應麟 撰 上海 上海古籍出版社 1979。

【27】見《饒宗頤二十世紀學術文集》卷十四〈文錄、詩詞〉分冊，頁97。《饒宗頤

9

也可以證明李東陽不單只對聲律有所認識，而且也能實際運用於創作上。

前後七子中最諳熟聲律的人是謝榛(1495-1575)。錢謙益(1582-1664)稱他「刻意為歌詩，遂以聲律聞於時」[28]；又說他「工力深厚，句響而字穩」、「聲律圓穩，持擇矜慎」[29]。《四溟詩話》中論聲律的地方不少，而且講得比李東陽還深刻。如他論詩的起結句說：

> 凡起句當如爆竹，驟響易徹；結句當如撞鐘，清音有餘。鄭谷〈淮上別友〉詩：「君向瀟湘我向秦。」此結如爆竹而無餘音。予易為起句，足成一首，曰：「君向瀟湘我向秦，楊花愁殺渡江人。數聲長笛離亭外，落日空江不見春。」[30]

這是以爆竹、撞鐘來比喻起、結句的效果的。他又有從字的四聲來論詩句的四聲的：

> 予一夕過林太史貞恆館留酌，因談詩妙法在平仄四聲而有清濁抑揚之分。……夫四聲抑揚，不失疾徐之節，惟歌詩者能之，而未知所以妙也。……若夫句分平仄，字關抑揚，近體之法備矣。凡七言八句，起承轉合，亦具四聲，歌則揚之抑之，靡不盡妙。如子美〈送韓十四江東省親〉詩云：「兵戈不見老萊衣，歎息人間萬事非。」此如平聲揚之也。「我已無家尋弟妹，君今何處訪庭闈？」此如上聲抑之也。「黃牛峽靜灘聲轉，白馬江寒樹影稀。」此如去聲揚之也。「此別應須各努力，故鄉猶恐未同歸。」此如入聲抑之也。[31]

二十世紀學術文集》，《饒宗頤二十世紀學術文集》編輯委員會編 臺灣新文豐出版股份有限公司 民國92年（2003）。

[28] 《列朝詩集小傳》頁423。《列朝詩集小傳》，古典文學出版社標點排印本1957年。

[29] 同上註，頁424。

[30] 《四溟詩話》卷一，《歷代詩話續編》本，頁1154。

[31] 同上註卷三，頁1186-7。

字分平仄，一般人都知道，至於他以四聲來比喻詩句的清濁抑揚，則非普通人所能領悟了。同卷他又用入聲來論詩句的抑揚勻促說：

> 夫平仄以成句，抑揚以合調。揚多抑少，則調勻；抑多揚少，則調促。若杜常〈華清宮〉詩：「朝元閣上西風急，都入長楊作雨聲。」上句二入聲，抑揚相稱，歌則為中和調矣。王昌齡〈長信秋詞〉：「玉顏不及寒鴉色，猶帶昭陽日影來。」上句四入聲相接，抑之太過；下句一入聲，歌則疾徐有節矣。劉禹錫〈再過玄都觀〉詩：「種桃道士歸何處，前度劉郎今又來。」上句四去聲相接，揚之又揚，歌則太硬；下句平穩。此一絕二十六字皆揚，惟「百畝」二字是抑。又觀〈竹枝詞〉所序，以知音自負，何獨忽於此邪。」【32】

他又用韻來論詩說：

> 詩宜擇韻。若秋、舟平易之類，作家自然出奇；若眸、甌，粗俗之類，諷誦而無音響；若鍒、搜，艱險之類，意在使人難押。【33】

又說：

> 九佳韻窄而險，雖五言造句亦難，況七言近體？押韻穩，措詞工，而兩不易得。自唐以來，罕有賦者。皮日休、陸龜蒙〈館娃宮〉之作，雖弔古得體，而無渾然氣格，窘於難韻故爾。【34】

在在都可以見到他對詩律的體會之深。又「格律派」詩人都輕視宋詩，認為宋詩纖弱；但是謝榛卻從用韻來較量唐宋詩的高下，說：

> 七言絕句，盛唐諸公用韻最嚴，大歷以下，稍有旁出者。作者當以盛唐為法。盛唐人突然而起，以韻為主，意到辭工，不假雕飾；或命意得句，以韻發端，渾成無迹，此所以為盛唐也。宋人

【32】 同上註卷三，頁1187。

【33】 同上註卷一，頁1140。

【34】 同上註卷四，頁1223。

專重轉合，刻意精鍊，或難於起句，借用傍韻，牽強成章，此所以為宋也。【35】

可見得從聲律方面論詩是「格律派」的特色。謝榛在聲律上的研究，可以說很高；而且也是七子講究聲律的代表人物。

後七子的領袖人物王世貞(1526 - 1590)，論聲律雖然不如謝榛的老到深入，但是他對於詩歌的聲律也是熟識的。如《藝苑巵言》論王維的七律說：

摩詰七言律，自〈應制早朝〉諸篇外，往往不拘常調。至「酌酒與君」一篇，四聯皆用仄法，此是初盛唐所無，尤不可學。凡為摩詰體者，必以意興發端，神情傳合，渾融疏秀，不見穿鑿之跡，頓挫抑揚，自出宮商之表可耳。雖老杜以歌行入律，亦是變風，不宜多作，作則傷境。【36】

他認識到王維的四聯用仄法是初唐人所無，而且也沒有一定的常法，所以不能學；杜甫的歌行入律，也是一種變體，這種說法也是確然有見的。此外，論詩意見與王世貞相同的胡應麟，在論詩的音節時，提出他的「體格聲調，興象風神」說：

律詩全在音節，格調風神盡具音節中。李、何相駁書，大半論此。所謂俊亮沉著，金石韝鐸等喻，皆是物也。【37】

他要求通過聲律來表現「興象風神」：

作詩大要不過二端，「體格聲調，興象風神」而已。「體格聲調」有則可循，「興象風神」無方可執。故作者但求體正格高，聲雄調鬯；積習之久，矜持盡化，形迹俱融，「興象風神」，自爾超邁。譬則鏡花水月，體格聲調，水與鏡也；「興象風神」，月與

【35】 同上註卷一，頁1143。

【36】 卷四，《歷代詩話續編》本，頁1009。

【37】 《詩藪》內篇卷五，頁103。

花也。必水澄鏡朗，然後花月宛然。詎容昏鑑濁流，求覩二者？
故法所當先，而悟不容強也。【38】

通過上述，可見「格律派」都是注重聲律的。

明人論詩雖然「格」、「調」並用，正如前節所述，「格」和「調」
有所不同。《詩藪》說：

明詩流談漢、魏者徐昌穀，談六朝者楊用修，談盛唐者顧華玉。
三君自運，大略近之。然昌穀才本麗而澄之使清，故其為漢、魏
也，間出齊梁；用修才本穠而炫之以博，故其為六朝也，時流
溫、李；華玉持論甚富，見亦甚超，第主調不主格，又才不逮二
君，故但得唐人規模，而骨力遠矣。【39】

這裏「格」、「調」並舉。由於顧璘(華玉，1476 - 1547)只從調方面學
盛唐，所以流於晚唐的溫、李。從上文中，很容易看到「格」和「調」的
分野。

謝榛的《四溟詩話》有這樣一段論晚唐詩的話，就更加清楚看到
「格」和「調」二者的分別了：

唐人歌詩，如唱曲子，可以協絲簧，諧音節。晚唐格卑，聲調猶
在。及宋柳耆卿周美成輩出，能為一代新聲，詩與詞為二物，是
以宋詩不入絃歌也。【40】

既然說晚唐詩「格卑」，又說「聲調猶在」，這就是認識到詩的「格」和
「聲調」不同之處了。

至於詩「格」的內容和要求，李東陽論「格」說：

昔人論詩，謂「韓不如柳，蘇不如黃」。雖黃亦云「世有文章名
一世」，而詩不逮古人者，殆蘇之謂也，是大不然。漢魏以前，

【38】 同上註，頁100。

【39】 同上，外編卷四，頁194。

【40】 卷一，頁1146-7。

詩格簡古，世間一切細事長語，皆著不得。其勢必久而漸窮，賴杜詩一出，乃稍為開擴，庶幾可盡天下之情事。韓一衍之，蘇再衍之，於是情與事，無不可盡。而其為格，亦漸粗矣。然非具宏才博學，逢原而泛應，誰與開後學之路哉？【41】

這是說漢魏以前的詩，語言簡樸、平實，到了杜甫以後，詩歌的境界開闊了；歷經韓愈、蘇軾等人，題材更加繁富。但是這時的詩格已不再簡古了。以上是李東陽從詩歌的發展來論格。又前七子之一的王廷相 (1474 - 1544)〈與郭价夫學士論詩書〉說得很清楚：

何謂四務？運意、定格、結篇、鍊句也。意者，詩之神氣，貴圓融而忌闒滯。格者，詩之志向，貴高古而忌蕪亂。篇者，詩之體質，貴貫通而忌支離。句者，詩之肢骸，貴委曲而忌直率。【42】

他所說的「詩之志向」，就正與《文鏡祕府論》天卷「調聲」一節所講的「最要立文，多用其意，須令左穿右穴，不可拘檢。」(頁28)的說法相同。【43】但是意多則易蕪亂，所以王廷相提出「貴句古」的說法，以為統制，要人立意要高。「調聲」又說「意高為之格高」，意思完全相同。

明人詩論中以「調」來論詩的很多，如《懷麓堂詩話》評明初四傑說：

國初稱高、楊、張、徐。高季迪才力聲調，過三人遠甚，百餘年來，亦未見卓然有以過之者。【44】

他就是由聲調入手，把高啟和三人區別起來。

又如前引《藝苑巵言》卷四說：

摩詰七言律，自〈應制早朝〉諸篇外，往往不拘常調。……老杜以歌行入律，亦是變風。【45】

【41】《懷麓堂詩話》，《歷代詩話續編》本，頁1386。

【42】《王氏家藏集》卷二八，頁5a。台灣文海書局影印本。一九七六年。

【43】據興膳師宏教授說：此文語氣與《詩格》相近，可能是王昌齡所作。

【44】《歷代詩話續編》本，頁1375。

【45】《四溟詩話》卷四，《歷代詩話續編》本，頁1009。

都以調來區分各種文體和特徵。至於以「調」來分別時代特色的,那就更多了。胡應麟批評王世貞的七律說:

> 七言律,唐人名家不過十數篇,老杜至多不滿二百,弇州乃至千數,誠謂前無古人。然亦最不易讀。其總萃諸家,則有初唐調,有中唐調,有宋調,有元調,于鱗調。【46】

這是說王世貞的詩中有仿照初唐、中唐、宋、元,甚至是李夢陽、李于鱗的聲調的地方。《四溟詩話》又說:

> 詩至三謝,迺有唐調;香山九老,迺有宋調;胡元諸公,頗有唐調;國朝何大復、李空同,憲章子美,翕然成風。吾不知百年後,又何如爾。【47】

這是說三謝詩的聲律已經成為唐調了。而白居易等人平易的詩風,又漸漸與宋調變得相同。至於元代則學唐調,何景明(1483-1521)、李夢陽則學杜甫的聲調。但是七子的論聲調另有目的,他們想通過聲律來學習古人的詩,——指高格調的詩,從而鄙棄卑下的調子。如《四溟詩話》說:

> 〈古詩十九首〉,平平道出,且無用工字面,若秀才對朋友說家常話,略不作意。如「客從遠方來,寄我雙鯉魚。呼童烹鯉魚,中有尺素書」是也。及登甲科,學說官話,便作腔子,昂然非復在家之時。若陳思王「遊魚潛綠水,翔鳥薄天飛。始出嚴霜結,今來白露晞」是也。此作平仄妥帖,聲調鏗鏘,誦之不免腔子出焉。魏晉詩家常話與官話相半,迫齊梁開口,俱是官話。官話使力,家常話省力;官話勉然,家常話自然。夫學古不及,則流於淺俗矣。今之工於近體者,惟恐官話不專,腔子不大,此所以泥乎盛唐,卒不能超越魏,進而追兩漢也。【48】

【46】《詩藪》續編卷二,頁361。

【47】卷一,《歷代詩話續編》本,頁1139。

【48】卷三,《歷代詩話續編》本,頁1178-9。

這是分析漢、魏、晉詩不同之處，指古詩與曹植詩的不同在平仄、聲律方面；而魏晉與齊梁則在語言方面。謝榛又評杜牧〈清明〉詩說：

> 杜牧之〈清明〉詩曰：「借問酒家何處有？牧童遙指杏花村。」此作宛然入畫，但氣格不高。或易之曰：「酒家何處是，江上杏花村。」此有盛唐調。予擬之曰：「日斜人策馬，酒肆杏花西。」不用問答，情景自見。【49】

謝榛的改作，則在模仿盛唐的音調。又如王世貞〈復張佳胤書〉中批評張氏所作的詩說：

> 諸篇聲調極佳，已坐開元堂奧。【50】

這種學習和模仿前人聲調的方法，在前後七子和同時人的詩集中，比比皆是。「格律派」詩人多輕視中晚唐以後詩，如胡應麟說：

> (韓愈)近體卑卑，不離中晚寸步；氣運所驅，即以退之材力，蔑克挽回。而今人以咎溫、韋、李、許，舛矣！柳州古、選，自是陶、韋正脈，……其近體精工之極，迺所以不如大曆諸人。【51】

他認為中晚唐詩格卑下。對於宋元詩，格律派中人也有同樣的見解。《四溟詩話》：

> 栗太行曰：「詩貴解悟，識有偏全，斯作有高下。古人成家者如得道，故拈來皆合，拘拘於迹者末矣。」又曰：「詩莫古於〈風〉〈雅〉，皆可解。漢《樂府》有不可讀者，聲調雜寫之訛由譜錄矣。」又曰：「宋詩偏於濁而不瀟灑；元詩偏於清而不沉鬱；國朝宣德以前是元，弘治以前是宋，正德、嘉靖間寢寢有古義。」又曰：「李獻吉、何仲默，古體可追古人，近體尚隔一

【49】《四溟詩話》卷一，《歷代詩話續編》本，頁1152-3。

【50】《弇州山人四部稿》卷一百二十，頁5b。《弇州山人四部稿》（明）王世貞 撰 明世經堂刊本。

【51】〈與顧叔時論宋元二代詩十六通〉之二。《少室山房類藁》卷一百十八，頁4b。

層。」【52】

「偏於濁而不瀟灑」、「偏於清而不沉鬱」，都是弊病。胡應麟《詩藪》
又說：

> 宋人調甚駁，而材具縱橫，浩瀚過於元；元人調頗純，而材具局
> 促，卑陬劣於宋。然宋之遠於詩者，材累之；元之近於詩，亦材使
> 之也。故蹈元之轍，不失為小乘；入宋之門，多流於外道也。【53】

又：

> 蓋宋之失，過於創撰，創撰之內，又失之太深；元之失，過於臨
> 模，臨模之中，又失之太淺。【54】

無論「創撰過深」，或者是「臨模過淺」，都是弊病，所以宋雖失之，
元亦未為得也。「格律派」中人，都輕視宋、元詩。

明人能夠復古，重操唐音，都是李東陽、李夢陽等人的功勞。《詩
藪》曾稱讚李東陽、李夢陽等人說：

> 成化以還，詩道旁落，唐人風致，幾於盡矣。獨李文正(東陽)才
> 具宏通，「格律」嚴整，高步一時，興起李、何，厥功甚偉。是
> 時中、晚、宋、元諸調雜興，此老砥柱其間，故不易也。【55】

這是因為在他們的作品中，都保留了高格調的唐音的緣故。

除了以「調」論詩外，明人詩論中，也有以「格」、「調」同時論
詩的，認為詩有「格」、「調」然後才有神彩。【56】至於「格調」的要

【52】卷四，《歷代詩話續編》本，頁1211。

【53】外編卷六，頁229。

【54】同上註。

【55】續篇卷一，頁345。

【56】徐師曾〈再與趙准獻書〉：「詩有格調、有神采、有字法、句法句；格調見於
神采之外，神采藏於格調之中。」《明文海》卷一百六十一，頁10a。《明文
海》，見台灣商務印書館影印《四庫全書珍本》第七集。

求又如何呢？陳沂(1469 - 1538)在〈答陳昌積解元詩文書〉中曾經說過：

> 詩格貴正，調貴高，意貴微遠，詞貴婉而平實，氣貴昌，脈絡貴
> 聯屬，風致貴疎散。【57】

格正、調高，就正正是《河岳英靈集》評儲光羲「格高調遠」的同義詞。
如果只有「格」，或者只有「調」都並非最上乘的作品。如王世貞評康
海詩說：

> 康德涵如嘶齊人唱霓裳散序，「格高音卑」。【58】

所以「格律派」同時也強調「格調」，《四溟詩話》說：

> 予夜觀李長吉、孟東野詩集，皆能造語奇古，正偏相半，豁然有
> 得，併奪搜奇想頭，去其二偏。險怪如夜壑風生，暝巖月墮，時
> 時山精鬼火出焉；苦澀如枯林朔吹，陰崖凍雪，見者靡不慘然。
> 予以奇古為骨，平和為體，兼以初唐盛唐諸家，合而為一，高其
> 格調，充其氣魄，則不失正宗矣。【59】

又：

> 詩自蘇、李五言，暨〈十九首〉，格古調高，句平意遠，不尚難
> 處，而自然過人矣。【60】

都是以「格高調逸」或者「格高調古」作為詩歌的最高標準。

至於論「格調」之外，又有論「韻」的。李東陽的〈滄州詩集序〉就
有說：

> 其所謂有異于文者，以其有聲律、風韻，能使人反覆諷詠，以暢
> 達情思，感發志氣。【61】

【57】《明文海》卷一百六十，頁23a。

【58】見《對山文集》附錄，頁2a。《對山文集》，台灣文海出版社影印本。一九七
六年。

【59】卷四，《歷代詩話續編》本，頁1217。

【60】同上卷，頁1205。

【61】《懷麓堂集》卷五，頁17b。清康熙二十年(1681)韓世琦刊本。

此處「聲律」、「風韻」並稱。而「格」、「調」、「韻」三者並稱的
有王廷相。他在〈寄孟望之〉書中說：

> 蘇黃有高才遠意，格調、風韻則失之。【62】

這裏叫做「風韻」。而單稱作「韻」的更常見。如《四溟詩話》：

> 唐山夫人〈房中樂〉十七章，格、韻高嚴，規模簡古，駸駸乎商
> 周之〈頌〉。【63】

又：

> 《捫蝨新話》曰：「詩有格有韻。淵明『悠然見南山』之句，格高
> 也；康樂『池塘生春草』之句，韻勝也。」格高似梅花，韻勝似
> 海棠。欲韻勝者易，欲格高者難。兼此二者，惟李杜得之矣。【64】

這裏所講的「韻」就是要在「格調」之外，還要加上「韻致」，或者「風
韻」。所以胡應麟說：

> 調古則韻高，情真則意遠，華玉標此二者，則雄奇俊亮，皆所不
> 貴。【65】

又說：

> 孟五言不甚拘偶者，自是六朝短古，加以聲律，便覺神韻超然，
> 此其占便宜處。【66】

這裏所提到的「韻」、「神韻」，就是後來王士禎「神韻說」之所本。

【62】《王氏家藏集》卷二七，頁42a。

【63】卷一，《歷代詩話續編》本，頁1137。

【64】同上註，卷二，頁1157。

【65】《詩藪》內編卷六，頁117。

【66】同上卷二，頁37。

第二節 前七子的格律詩論

（一） 七子以前的明代詩壇

明代詩壇的傳承過程，可以陳東的〈高子業集序〉來說明：

> 洪武初沿襲元體，頗存纖詞，時則高、楊為之冠。成化以來，海
> 內穌豫，縉紳之聲，喜為流暢，時則李、謝為之宗。及乎弘治，
> 文教大起，學士輩出，力振古風，盡削凡調，一變而為杜詩，則
> 有李、何為之倡。嘉靖改元，後生英秀，稍稍嫌棄，更為初唐之
> 體，家相凌競，斌斌盛矣。【67】

這段話將明詩的發展流程說得很清楚。至於中間所說的成化以來的縉
紳，邵宏齋的話，說得比較明白：

> 國初詩是元，如楊鐵厓、解太紳；成化間是宋，如陳白沙、莊定
> 山；至弘德來，駸駸乎盛唐矣。68】

明中葉有陳獻章(1428 - 1500)、莊昶(1437 - 1499)，都屬於山林派。因為
走的是宋代理學家的創作方法，被人稱作旁門和《傳燈錄》偈子詩【69】。

另一方面，明初自從經過太祖的鐵腕統治，劉基、宋濂等人的苦心
經營，政治漸上軌道。永樂以後，國勢安定，國家也強大起來。《四庫
提要》說：

> 其時明運方興，故廊廟賡颺，具有氣象，操觚者亦不知也。【70】

當時居於內閣地位的有三楊──楊士奇(1365 - 1444)、楊榮(1371 - 1440)

【67】轉引自《詩藪》續編卷一，頁350。

【68】《明詩綜》卷二九，頁1b。《明詩綜》(清)朱彝尊撰，(清)汪森評，清康熙四十四
年(1705)六峯閣刊本。

【69】見《明詩綜》卷二九，〈李夢陽〉條下楊慎評語；又卷二十，〈陳獻章〉條，
楊慎語。

【70】卷一七零，頁1484《金文靖集》條下。

和楊溥(1372 - 1446)，他們的文章都具有富貴福澤之氣：

> 應制之作，渢渢雅音；其他詩文，亦皆雍容平易，肖其為人。雖
> 無深湛幽渺之思，縱橫馳騁之材，足以震爍一世，而逶迤有度，
> 醇實無疵。【71】

《列朝詩集小傳》評楊士奇說：

> 國初相業稱三楊，公為之首。其詩文號臺閣體。今所傳《東里詩
> 集》，大都詞氣安閒，首尾停穩，不尚藻辭，不矜麗句，太平宰
> 相之風度，可以想見。【72】

以後的館閣作品，大都沿著這個方向發展。《四友齋叢說摘抄》五說：

> 我朝如楊東里、李西涯二公，皆以文章經國。【73】

因為三楊以至李東陽的政治地位高，又以文章為天下的表率，所以：

> 其文雖乏新裁，而不失古格；前輩典型，遂主持數十年之風氣。【74】

但是，這種文風在太平盛世可以點綴昇平，形成風氣以後，就會令到
文體臃腫淺薄。所以當時與三楊同朝的人如黃淮(1367 - 1449)、金善(1368
- 1431)、夏原吉(1366 - 1430)、王直(1379 - 1462)、周述等人的作品，都
有「臺閣體」的味道。「上有好者，下必有甚焉」，《四庫總目》又說：

> (三楊)柄國既久，晚進者遞相摹擬。「城中高髻，四方一尺」。餘
> 波所衍，漸流為膚廓冗長，千篇一律。物窮則變，於是何、李崛
> 起，倡為復古之論。而士奇、榮等，遂為藝林之口實。【75】

明七子的復古口號，就是為了打倒這種「千篇一律」的文體而提出的。

【71】 同上註頁，《楊文敏集》條。

【72】 乙集，頁162。

【73】《四友齋叢說摘抄》卷五，頁16a。見《紀錄彙編》卷一七八。《紀錄彙編》（明）
沈節甫輯 長沙商務印書館刊本 民國二十七年（1938）。

【74】《四庫總目》卷一七零，頁1848《東里全集》條。

【75】 卷一七零，頁1844。《楊文敏集》條。

《四友齋叢說摘抄》五又說：

> 我朝如楊東里，李西涯二公，皆以文章經國。然只是相沿元人之習。至弘治間，李空同出，遂極力振起之。何仲默、邊庭實、徐昌穀諸人相與附和，而古人之風，幾遍域中矣。【76】

弘治、正德以後，文風於是大變了。

（二）格律派的先導

明代「格律派」雖然深受《滄浪詩話》的影響，但是七子的主張——在聲律上復古，在體格上復古，並非完全與嚴羽有關係。嚴羽所提倡的「推原漢、魏以來，而截然謂當以盛唐為法」（〈詩辨〉五），只是說向漢、魏、盛唐效法和學習，不一定有復古的意味。但是七子的「文必秦漢，詩必盛唐」的做法，則是由效法而復古，復古而剽竊，與嚴羽的原初意思不同。所以「格律派」有兩重意思：一個是講究聲律的響亮和體格的高古，另一方面是復古。七子在辨聲律方面的成就最高，聲調上很接近古人。而體格方面，因為氣質不同，表現不一，古人最難學，所以只能在字詞方面斤斤計量，以致流於「尺尺寸寸，模倣不失」而已，被人譏笑為「優孟衣冠」，「撏撦古人」；這在李夢陽、李攀龍等人的擬樂府、擬古詩中，最易看得出來。【77】他們所講的「格」只著意在「體

【76】 同註【73】。

【77】 在詩壇方面，剽竊的情形很普遍，尤其是李攀龍的〈擬樂府〉、〈擬古詩〉，更是後人的眾矢之的。〈擬樂府序〉的自述，如胡寬的營新豐，本來是自誇之詞，但是錢謙益卻說是李攀龍的供狀，《列朝詩集小傳》：「其擬古樂府也，謂當如胡寬之營新豐，雞犬皆識其家。寬所營者，新豐也，其阡陌衢路未改，故寬得而貌之也；令改而營商之亳、周之鎬，我知寬之必束手也。《易》云：「擬議以成其變化」，不云擬議以成臭腐也。易五字而為〈翁離〉，易數句而為〈東門行〉、〈戰城南〉，盜〈思悲翁〉之句，而云〈烏子五〉、〈烏母六〉、〈陌上

格」、「格式」方面，而與《河岳英靈集》所講的「格高」，並不相稱。他們雖然也講究「格高調逸」，但只得唐人的腔調，至於「格高」，則有未逮之處。所以與其說七子是「格調派」，不如說是「格律派」來得貼切。拙文〈沈得潛「格調說」的來源及其理論〉中已有討論，這裏不表。

至於「格律」的見解，在七子以前也曾出現過，只不過未形成理論和成為流派罷了。下面試加敘述。

1、范德機

元人范德機 (? - 1332)曾經有過與七子相類的觀念，《四溟詩話》說：

> 范德機曰：「詩當取材於漢、魏，而音律以唐為宗。」【78】

所謂「取材於漢、魏」，即是七子所說的「格」的問題；「音律以唐為宗」，也即是嚴羽取法盛唐的意思，原先嚴羽說從體製上效法盛唐，只是一個籠統的觀念，范德機則主張由音律入手，這就開啟了「格律派」的先機。另一方面他說「取材於漢、魏」，並沒有明確說明是那一點，

桑〉。竊〈孔雀東南飛〉之詩，而云「西鄰焦仲卿，蘭生對道隅」影響剽賊，文義違反，擬議乎？變化乎？」（丁集，頁428。）如李詩的「西鄰焦仲卿，蘭生對道隅」，分明是抄襲「孔雀東南飛，五里一徘徊」的詞語和意思。這種做法很拙劣。尤有甚者，李攀龍有〈過國尉圓亭詩〉，第一句說：「司馬相如字長卿」，這是文句，不是詩句，也為人所譏笑；但《藝苑卮言》卻加以辯護說這是「遊戲三昧」之作。（《藝苑卮言》卷七，見《歷代詩話續編》，頁1063。）另外，他有模倣〈古詩十九首〉，將「識曲聽其真」之「真」字改為「偽」字，不只模倣擬得令人髮指，抑亦將原句的精神化為魔怪。難怪錢謙益有「化神奇為腐敗」之說。又李夢陽《空同集》有仿李白體詩一卷（卷16，詩類三之八），如第一首《沐浴子》為改李白同題之作。

【78】卷一，《歷代詩話續編》本，頁1145。

大抵在意、格方面吧！所以他的理論也不完整。

II、楊維楨

楊維楨(1296 - 1370)在〈王希賜文集再序〉中說：

> 自大曆來，文章漸趨委靡，不失於蒐獵破碎，淪於剽盜滅裂；能
> 卓然自信不流於俗者幾希矣。【79】

這種論調，跟嚴羽和七子輕視中唐以後詩的說法也很類似。他又
說：

> 誠其追古作者，則西京而上，秦與燕也，楚之〈騷〉也，春秋之
> 《國語》也，班固、崔駰而下弗論也。若是者其時於一巳之，獨不
> 以一代之氣運盛衰為高下者也！豈不偉歟！【80】

非先秦以上的作品不觀，這豈不是與七子的說法相同？另外根據前野直
彬(1930 -)的〈明七子的先聲──楊維楨的文學觀〉中，說楊維楨和危素
都戒人模倣，但是另一方面，他們都用了很多杜甫、韓愈的句子【81】，
這種毛病，也與七子如出一轍。

III、高啟

高啟(1336 - 1374)的理論與七子最相近。李志光所寫的〈鳧藻集本傳〉
說：

> 上窺建安，下逮開元，大曆以後則藐之。【82】

這也是「格律派」的論調。又高啟在〈獨菴集序〉說：

> 夫自漢、魏、晉、唐而降，杜甫氏之外，諸作者各以所長名家，

【79】《東維子文集》卷六，頁5b。《四部叢刊》本。

【80】同上註，頁6a。

【81】〈明七子の先聲──楊維楨の文學觀について〉，見《中國文學報》第五冊，一
九五六年，頁41-頁69。

【82】見《高青丘集》頁993附錄。上海上海古籍出版社標點排印本，1985年。

而不能相兼也。……故必兼師眾長，隨事摹儗，待其時至心融，

渾然自成，始可以名大方而免夫偏執之弊矣。【83】

「隨事摹儗」的說法，就更像七子的口氣了。由於高啟天份高，所以模擬得維肖維妙，「擬鮑、謝則似之，法李、杜則似之」。【84】但是他的擬古在精神上【85】，與七子的生吞活剝不同。但是也開了七子模古的先機。橫田輝俊（1927-）曾舉出高啟的〈泊秦淮〉二首，以證明他的斧鑿工夫很深。【86】對七子的句模字擬，有很大的影響。

IV、李東陽

李東陽與前七子的關係，雖然並不好，但是在詩論上，卻影響七子。福本雅一 (1931－)在〈從李東陽到李夢陽〉（上）一文中，曾經引用鈴木雄虎氏(1876-1963)的話說：儘管李東陽的議論與實際並不相同，但在學習盛唐方面，則李夢陽、何景明在他的基礎上有所推展。【87】這與《藝苑卮言》所說的：「長沙之於李、何，其陳涉之啟漢高乎？」【88】的說法相同。

（三）前七子的格律詩論

七子的稱號，在康海 (1475-1540)的〈渼陂先生集序〉中，已有記述：

【83】同上註，《鳧藻集》卷二，頁885。

【84】同上註。

【85】橫田輝俊在《明代文學論の展開》中說：高啟的擬古是在原作的意境上學習的。《廣島大學文學部紀要》第三七卷特輯號。一九七七年。

【86】同上註，頁15。

【87】〈李東陽から李夢陽へ〉（其一）《帝塚山學院短期大學研究年報》十六號，頁73，一九六八年。

【88】卷六，《歷代詩話續編》本，頁1044。

我明文章之盛，莫極於弘治時，所以復古昔而變流靡者。惟時有六人焉：北郡李獻吉(夢陽)、信陽何仲默(景明)、儀封王子衡(廷相)、鄠杜王敬夫(九思，1468－1551)、吳興徐昌穀(禎卿，1479－1511)、濟南邊廷實(貢1476－1532)，金輝玉映，光照宇內；而予亦幸竊附于諸公之間。【89】

而建立復古理論的人是李夢陽和康海。張治道的〈對山先生集序〉說：

當時語曰：李倡其詩，康振其文。文章賴以司命，學士尊為標的。【90】

又王九思在《渼陂集》自序中也說：

予始為翰林時，詩學靡麗，文體萎弱。其後德涵、獻吉導予易其習焉。獻吉改正予詩者，稿今尚在也；而文由德涵改正者尤多。然亦非獨予也，惟仲默諸君子亦二先生有以發之。【91】

可見李、康二人是七子中，詩文上的領導人物；而邊貢、徐禎卿、何大復等人都服從於李、康二人的見解。又最早提出詩學漢魏盛唐的人是康海。王九思在〈明翰林院修撰儒林郎康公神道碑〉說：

又嘗為之言曰：「本朝詩文自成化以來，在館閣者倡為浮靡流麗之作，海內翕然宗之，文氣大壞，不知其不可也。夫文必先秦兩漢，詩必漢魏盛唐，庶幾其復古矣。【92】

可見李、康二人是早期的領袖。他們汲取了嚴羽的觀點，從第一義上去學習和辨別體製，所以在學古方面，他們講得比嚴羽更加深入、仔細。嚴羽講第一義，只講學習漢、魏至盛唐詩，後來更單獨提倡盛唐詩，作為「格律論」這只是一種很籠統的觀念。但是七子講學古，先從辨體入

【89】見《渼陂集》頁3。台灣文海書局影印本。一九七六年。

【90】見《對山先生集序》頁13b，明萬曆十一年(1583)序刊本。

【91】同上註。

【92】《渼陂續集》卷中，頁913。台灣文海書局影印本。一九七六年。

手，分析各種體裁，只挑能寫出最好作品的時代學習。所以四言詩，他們選擇學《詩經》，辭賦學屈原，樂府、古詩學漢、魏，歌行、律體學唐；至於非以這個時代為主的作品，都被七子揚棄。李夢陽在〈答吳謹書〉中說：

> 夫文必有格，不祖其格，終不足以知文。【93】

他說的「祖格」觀念，就是學習這種詩體最早出現的形式。他在《潛虬山人記》中說：

> (潛虬)山人商宋、梁時，猶學宋人詩。會李子客梁，謂之曰：「宋無詩。」山人於是遂棄宋而學唐。已，問唐所無。曰：「唐無賦哉！」問漢。曰：「無騷哉！」山人於是則又究心賦騷於唐漢之上。【94】

至於這段話的解釋，可見於〈缶音序〉：

> 詩至唐古調亡矣，然自有唐調可歌詠，高者猶足被管絃。宋人主理不主調，於是唐調亦亡。【95】

其實他所說的「亡」，是每一時代的風格和特色所在，譬如古詩有古詩的特色風格，漢詩有漢詩的風格，魏詩有魏詩的風格，唐詩也有唐詩的風格；古詩的風格，到唐，已經和漢、魏不同了，唐人用漢、魏的風格來寫古詩，便不適合，所以「古調」便「亡」了。唐詩亦然，到了宋代，因為不合宋代的風格(宋人重理，與重情的唐詩不同)，因此「唐調亦亡」。這本是文學發展的過程，時代不同，才產生相應的文學作品。李夢陽注意到這一點，但是他用一「亡」字來形容這種狀況，就含有輕蔑的意思。這是他的復古心理影響。但是他的說法大受當時人的重視，如何景明〈雜言十首〉之五說：

【93】《空同集》卷六二，頁11b。《空同集》（明）李夢陽撰　明刊本。

【94】同上註，卷四七，頁10b - 11a。

【95】同上註，卷五二，頁5a。

經亡而騷作，騷亡而賦作，賦亡而詩作；秦無經，漢無騷，唐無
賦，宋無詩。【96】

他又在〈漢魏詩集序〉解釋說：

夫周末文盛，王蹟息而詩亡。孔子、孟軻氏，蓋嘗慨嘆之。漢興
不尚文，而詩有古風，豈非風氣規範，猶有朴略宏遠者哉？繼漢
作者，於魏為盛，然其風斯衰矣。晉逮六朝，作者益盛，而風益
衰：其志流、其政傾、其俗放，靡靡乎不可止也。唐詩工詞，宋
詩談理，雖代有作者，而漢魏之風蔑如已。【97】

在李、何二人大肆提出文學退化論之後，從而提出復古的說法。王廷相
在〈劉梅國詩集序〉說：

古人之作，莫不有體，〈風〉、〈雅〉、〈頌〉逖矣。變而為〈離
騷〉、為〈十九首〉、為鄴中七子、為阮嗣宗、為三謝，質盡而
文極矣。又變為陳子昂、為沈、宋，為李、杜，為盛唐諸名家；
大曆以後弗論也。據其辭調、風旨，人殊家異，各兢所長，以相
凌跨，若不可括而齊之矣。君子之言曰：「詩貴辨體：效〈風〉、
〈雅〉，類〈風〉、〈雅〉；效〈離騷〉、〈十九首〉，類〈離騷〉、
〈十九首〉，效諸子類諸子，無爽也，始可與言詩已。【98】

他說的「效〈風〉、〈雅〉，類〈風〉、〈雅〉；效〈離騷〉、〈十九
首〉，類〈離騷〉、〈十九首〉，效諸子類諸子」，就正正是模仿復古
的說法。七子在學習前人的作品上，所要求的是「古」和「朴」，何景
明的〈王右丞詩集序〉說：

右丞他詩甚長，獨古詩不逮；蓋自漢魏後而風雅渾厚之氣，罕有

【96】《大復集》卷三八，頁14b，《大復集》（明）何景明 撰 清乾隆十五年(1750)重
刊本。

【97】同上註，卷三四，頁1a - b。

【98】《王氏家藏集》卷二三，頁33a - b。

存者！【99】

他又在〈海叟集序〉中說：

> 蓋詩雖盛稱於唐，其好古者，自陳子昂後，莫若李、杜二家；然二家歌行近體，誠有可法，而古作尚有離去者。……古作必從漢魏求之。【100】

「古作不逮」、「好古者」、「古作尚有離去者」、「古作必從漢魏求之」、「渾厚之氣」等話，都是重視「古」、「朴」的例證。至於「古」有甚麼內容？徐禎卿在《談藝錄》中有說：

> 魏詩，門戶也；漢詩，堂奧也。入戶升堂，固其機也。而晉氏之風，本之魏焉。然而判迹於魏者，何也？故知門戶非定程也。陸生之論文曰：「非知之難，行之難也。」夫既知行之難，又安得云知之非難哉？又曰：「詩緣情而綺靡。」則陸生之所知，固魏詩之渣穢耳。嗟夫！文勝質衰，本同末異，此聖哲所以感歎，翟朱所以興哀者也。夫欲拯質，必務削文，欲反本，必資去末。是固曰然。然非通論也。玉韞於石，豈曰無文？淵珠露采，亦匪無質。由質開文，古詩所以擅巧；由文求質，晉格所以為衰。若乃文質雜興，本末並用，此魏之失也。【101】

他說古詩應該「由質開文」，即是詩以質為本，若果單講「由文求質」，那就只有淪於「晉格所以為衰」的地步。至於將文質拼合，他又認為是「本末並用，此魏之失也」，可見他講究的是以質為主，由質而「開文」。在這一點上，漢詩質直而帶文采，所以為「堂奧」，魏詩「文質雜興」，所以只流於「門戶」。可見七子的復古理論是以「古質」為主。

七子雖然提倡復古，但是在復古的方法上，也是稍微有所不同的。

【99】《大復集》卷三四，頁2b。

【100】同上註，頁3a - b。

【101】見《歷代詩話》頁766。

其中最大的差異，可在李夢陽與何景明論辯的書信中，見得出來。大抵李夢陽主張從學習上去模倣古人，但何景明則主張從學習中以求變化。李夢陽學習古人的是「法」，目的在「以我之情，述今之事」，在這一點上，他不認為是剽竊古人。〈駁何氏論文書〉說：

> 規矩者法也，僕之尺尺而寸寸之者，固法也。假令僕竊古之意，盜古形，剪截古辭為文，謂之影子誠可；若以我之情，述今之事，尺寸古法，罔襲其辭，猶班圓倕之圓倕，方班之方，而倕之木，非班之木也。此奚不可也。【102】

他認為「尺尺寸寸」學古是法、是規矩；但所表現的是自己的感情，而非古人。所以在這一點上，他不承認是古人影子，只是為了表現自我而學古；但是學古並不是目的，所以在法的學習上，「太似不嫌」。〈再與何氏書〉說：

> 今人模臨古帖，即太似不嫌，反曰能書；何獨至於文而欲自立一門戶邪？【103】

所以他又主張：

> 守之不易，久而推移，因質順勢，融溶而不自知，於是為曹、為劉、為阮、為陸、為李、為杜，即今為何大復，何不可哉？此變化之要也。故不泥法，而法嘗由不求異。【104】

而何景明則認為：學古是一種手段，目的在求變。〈與李空同論詩書〉說：

> 曹、劉、阮、陸，下及李、杜，異曲同工，各擅其時，並稱能言，何也？辭有高下，皆能「擬議以成其變化」也。若必例其同曲夫然後取，則既主曹、劉、阮、陸矣，李、杜即不得更登詩

【102】《空同集》卷六二，頁7a-b。

【103】同上註，頁10b。

【104】同上註，頁8a。

壇，何以謂千載獨步也？僕嘗謂：詩文有不可易之法者，辭斷而意屬，聯類而比物也。上考古聖立言，中徵秦漢緒論，下采魏晉聲詩，莫之有易也。……故法同則語不必同矣。【105】

所以他有「筏喻」之說：

今為詩不推類極變，開其未發，泯其擬議之迹，以成神聖之功，徒敘其已陳，修飾成文，稍離舊本，便自扤捏；如小兒倚物能行，獨趨顛仆。雖由此，即曹劉、即阮陸、即李杜，且何以益於道化也。佛有「筏喻」，言捨筏則達矣，達岸則捨筏矣。【106】

他認為學詩要能變化，不要盡守古法，否則便會如小兒獨行而「顛仆」了。從這個角度，他批評李夢陽詩「高者不能外前人（即李夢陽所說的『影子』），下焉者已踐近代」。可以看得出李、何二人學古的前提相同，但是目的和精神卻相異。

此外，前七子的徐禎卿、邊貢、王九思等人，並沒有具體的理論流傳下來；而主張也大抵與李、何等人相同，此處就不表了。

七子的理論一出，對當時的詩壇有很大的影響，從風的人很多。甚至有人轉而剽竊李何的詩句呢！【107】

【105】《大復集》卷三二，頁19a - b。

【106】同上註，頁19b - 20a。

【107】見《四溟詩話》卷二：「《三國典略》曰：『邢邵謂魏收之文剽竊任昉，魏收謂邢邵之賦剽竊沈約。』蓋六朝氣習如此。近有剽竊何李者，其二子之類歟？」《歷代詩話續編》頁1158。

第三節　後七子的格律詩論

（一）前期的格律詩論

　　前七子主要活動於弘治、正德年間，到了嘉靖、隆慶以後，又有一個繼承前七子文學理論的團體，共七人，世人稱為「後七子」。這個團體從嘉靖開始一直支配整個文壇，直到明末；其間的領導人有兩個：前期是李攀龍(1514 - 1570)，後期的則是王世貞(1526 - 1590)。王世貞的〈蒙溪先生集序〉，有記述前後七子交替期的文壇情況：

> 嘉靖間，當是時天下之文盛極矣。自何、李諸公之論定，而詩於古無不漢、魏、晉、宋者；近體無不盛唐者；文無不西京者。漢、魏、晉、宋以下，乃有降而梁、陳；盛唐之上有晉而初唐，亦有降而晚唐，詩之變也。【108】

至於七子之名，根據七子之一的宗臣(1525 - 1560)在〈再報張範中書〉說：

> 僕于今世最稱鄙，顧乃妄心詞藝，以托於君子之林。若臨清謝山人榛、濟南李郎中攀龍、湖州徐比部中行 (1517 - 1578)、南海梁比部有譽 (1519 - 1554)、吳人王世貞、楚人吳舍人國倫 (1524 - 1593) 數子者，皆海內一時於林之極雋也。僕亦得以奉陪末論，共勵斯盟。【109】

後七子之中，以謝榛年紀最大，論詩亦最有見地；尤其精於樂府、音律。以他的才幹，本來可以領袖後七子的，但是後七子的實際領袖李攀龍，聯同其他人來排擠謝榛，所以他不能居於領袖的地位。而七子中的徐中行、吳國倫都曾經得到過李攀龍的指點，因而盡棄所學來跟從李攀

【108】《弇州山人續稿》卷五二，頁13a。明刊本。

【109】《宗先生子相文集》卷十四，頁7b。《宗先生子相文集》，（明）宗廷相 撰 明嘉靖三十九年 (1560) 就正齋重刊本。

龍。【110】而王世貞年青時也很服膺他的作品，所以眾人都服從李攀龍而
擯棄謝榛了。李攀龍謝世以後，王世貞便繼起成為領導人物。他廣交結
社，設立了後五子、廣五子、續五子、末五子等名目【111】，互相延譽，
這是「格律派」的羽翼。

在六子結社之初(時吳國倫尚未加入)，他們對於學習唐詩還沒有明
確的路線作為指標。而為他們指出方向，以後得以遵循的，則是謝榛。
《四溟詩話》說：

> 予客京時，李于鱗、王元美、徐子與、梁公實、宗子相諸君招余
> 結社賦詩。一日，因談初唐盛唐十二家詩集，并李杜二家，孰可
> 專為楷範？或云沈宋，或云李杜，或云王孟。予默然久之，曰：
> 「歷觀十四家所作，咸可為法。當選其諸集中之最佳者，錄成一
> 帙，熟讀之以奪神氣，歌詠之以求聲調，玩味之以裒精華。得此
> 三要，則造乎渾淪，不必塑謫仙而畫少陵也。夫萬物一我也，千
> 古一心也，易駁而為純，去濁而歸清，使李杜諸公復起，孰以予
> 為可教也。」諸君笑而然之。【112】

【110】見王世貞撰〈明中奉大夫江西布政使司左布政使天目徐公墓碑〉一文，《天目
先生集》卷二十一，頁6b。《天目先生集》（明）徐天行撰 明刊本。 吳國倫事
則見《青蘿館詩集序》，見《弇州山人類稿》卷六八，頁二十a-二十一b。《弇
州山人類稿》（明）王世貞 撰 明世經堂刊本。

【111】「曰前五子者，（李）攀龍、（徐）中行、（梁）有譽、（吳）國倫、（宗）臣
也。後五子則南昌余曰德、蒲圻魏裳、歙汪道昆、銅梁張佳胤、新蔡張九一
也。廣五子則崑山俞允文、濬盧柟、濮州李先芳、孝豐吳維岳、順德歐大任
也。續五子則陽曲王道行、東明石星、從化黎民表、南昌朱多煃、常熟趙用賢
也。末五子則京山李維楨、鄞屠隆、南樂魏允中、蘭溪胡應麟，而用賢復與
焉。」(《明史》列傳第一百七十五 文苑三)頁7381。《明史》，（清）張廷玉
撰 北京中華書局點校本 1974。

【112】卷三，《歷代詩話續編》本，頁1189。

《列朝詩集小傳》則在敘述這番話以後，說：

> 諸人心師其言，厥後雖爭擯茂秦，具稱詩之指要，實自茂秦發之。【113】

可見後七子的理論，主要是由謝榛所建立起來的。

後七子的詩論，大抵沿襲前七子的遺說，所以無甚新見。如李攀龍〈選唐詩序〉：

> 唐無五言古詩，而有其古詩。陳子昂以其古詩為古詩，弗取也。
> 七言古詩，唯杜子美不失初唐氣格，而縱橫有之。太白縱橫，往往彊弩之末；間雜長語，英雄欺人矣。【114】

這與李夢陽的〈缶音序〉所說的「詩至唐古調亡矣」的說法相同。此後末五子之一的胡應麟論〈樂府詩〉：

> 今欲擬樂府，當先辨其世代，覈其體裁。〈郊祀〉不可為〈鐃歌〉，〈鐃歌〉不可為〈相和〉，〈相和〉不可為〈清商〉；擬漢不可涉魏，擬魏不可涉六朝，擬六朝不可涉唐。使形神酷肖，格調相當，即於本題乖近，然語不失為漢、魏、六朝，詩不失為樂府，自足傳遠。【115】

這又何嘗出王廷相〈劉梅國詩集序〉之外？其次，在模古方面，他們比前七子做得更徹底，李攀龍曾經「差次古樂府擬之」。【116】李攀龍在〈擬古樂府序〉中說：

> 胡寬營新豐，士女老幼，相攜路首，各知其室；放犬羊雞鶩於通塗，亦競識其家，此善用擬者也。……古之為樂府者，無慮數百家，各與之爭片語之間，使雖復起，各厭其意，是故必有以當其

【113】丁集，頁424。

【114】《滄溟先生集》卷十八，頁1a。《滄溟先生集》（明）李攀龍撰 明萬曆間序刊本。

【115】《詩藪》內編卷一，頁15。

【116】見王世貞〈李于鱗先生傳〉，《滄溟先生集》卷三一〈附錄〉，頁8b。又參第二節，註【77】。

無，有擬之用；有以當其無，有擬之用，則雖奇而有所不用也。《易》曰：「擬議以成其變化，日新之謂盛德。」不可與言詩乎哉！【117】

他舉胡寬營新豐的故事，即是說模擬要相似，識者一望而知是擬誰的作品。他又有〈古詩前後十九首〉并引：

前有〈十九首〉，故後言之，猶稱古者，其文則〈十九首〉也，其文則〈十九首〉，而以屬辭，辟之制轡筴于埒中，恣意於馬，使不得旁出，而居然有一息千里之勢，斯王良造父所為難爾！【118】

與〈樂府〉同樣，模擬前人的作品。另外他又主張「文自西漢以下，詩自天寶以下，若為其毫素污者，輒不忍為也。」【119】後七子的其他人的詩論，大抵也相同。《藝苑巵言》說：

李獻吉勸人勿讀唐以後文，吾始甚狹之，今乃信其然耳。記聞既雜，下筆之際，自然於筆端攪擾，驅斥為難。……自今以後，擬以純灰三斛，細滌其腸，日取《六經》、《周禮》、《孟子》、《老》、《莊》、《列》、《荀》、《國語》、《左傳》、《國策》、《韓非子》、《離騷》、《呂氏春秋》、《淮南子》、《史記》、班氏《漢書》，西京以還至六朝及韓柳，便須銓擇佳者，熟讀涵泳之，令其漸漬汪洋。遇有操觚，一師心匠，氣從意暢，神與境合，分途策馭，默受指揮，臺閣山林，絕跡大漠，豈不快哉！【120】

李、王以外，有這種思想的人也不少。同前七子一樣，他們都輕視中晚唐以後的詩。王世貞在〈徐汝思詩集序〉中，就曾經將盛唐和元和以後

【117】《滄溟先生集》卷一，頁1a-b。

【118】同上註，卷三。

【119】見殷士儋《明故嘉議大夫河南按察司按察使李東墓誌銘》頁1b。同上註，卷三二〈附錄〉。

【120】卷一，見《歷代詩話續編》本，頁964。

的詩並舉說：

> 盛唐之於詩也，其氣完，其聲鏗以平，其色麗而雅，其力沈而雄，其意融而無迹，故曰：盛唐其則也。今之操觚者，日嘵嘵焉，竊元和、長慶之餘似，而祖述之；氣則漓矣，意纖然露矣。歌之無聲也，目之無色也，按之無力也。【121】

而他們的輕視中晚唐詩，主要從渾厚的角度著眼。《四溟詩話》卷四：

> 許用晦「年長每勞推甲子，夜寒初共守庚申」，實對干支，殊欠渾厚，無乃晚唐本色歟？【122】

又同卷：

> 崔湜〈題唐都尉山池〉：「雁翻蒲葉起，魚撥荇花遊。」聯雖全美，但晚唐纖巧之漸，若與陪駕之作並論，譬諸豔姬從命婦升階，氣象自別。韓偓〈晚春旅舍〉：「樹頭蜂抱花鬚落，池面魚吹柳絮行。」祖於湜而敷演七言，斯又下矣。【123】

又：

> 若專乎意，或涉議論而失於宋體；工乎辭，或傷氣格而流於晚唐。【124】

所謂「纖巧」、「欠渾厚」、「傷氣格」，都是就格調來評論。又由議論的角度輕視宋詩說：

> 詩中比興故多，情景各有難易。若江湖遊宦羈旅，會晤舟中，其飛揚轗軻，老少悲歡，感時話舊，靡不慨然言情，近於議論，把握住則不失唐體，否則流於宋調，此寫情難於景也。【125】

【121】《弇州山人類稿》卷六五，頁6b。

【122】《歷代詩話續編》本，頁1204。

【123】同上註，卷四，見《歷代詩話續編》，頁1215。

【124】同上註，卷四，見《歷代詩話續編》，頁1219。

【125】同上註，卷一，見《歷代詩話續編》，頁1176。

又《藝苑卮言》卷一：

> 擬古樂府，如〈郊祀〉、〈房中〉，須極古雅，發以峭峻。……
> 一涉議論，便是鬼道。【126】

都是就議論的角度來輕視宋詩的。此外，元詩格調的卑靡，也是他們輕視的原因。早在前七子時，何景明在〈與李空同論詩書〉中曾經說過「宋人似蒼老而實疏鹵，元人似秀峻而實淺俗」的話。以後七子之徒，多據此以評宋元詩。如《藝苑卮言》卷四：

> 元裕之好問有《中州集》，皆金人詩也。……其大旨不出蘇黃之外。要之，直於宋而傷淺，質於元而少清。【127】

以上都是就格調來批評宋元詩的。

（二）後期的格律詩論

後七子後期的領袖王世貞，早年為了建立自己的地位，出版了《藝苑卮言》，對前七子和李攀龍極力吹捧；而對於異己者卻極力詆毀。他推詡李攀龍，可說已到了過份的地步。如他早年的〈與海鹽楊子書〉說：

> 濟南李生……於文無一字不出經典，極得古人聯屬裁剪法。詩五七言近體，神俊高爽，高處不減青蓮。意公未盡見之，見當襄袖濡首矣。【128】

可謂推崇備致。

【126】見《歷代詩話續編》，頁959。又胡應麟《詩藪》外編卷五：「凡用事用語，雖千鎔百煉，若黃金在冶，至鑄形成體之後，妙奪化工，無復絲毫痕迹，乃為至佳；……熙寧諸子，負其才力，一變而議論，又一變而為簿牒，又一變而為俳優，遂令後世詞壇，列為大戒。元人以下，此義幾亡。」（頁224-5）。

【127】見《歷代詩話續編》，頁1021。又《詩藪》內編卷三：「宋主格，元主調。宋多骨，元多肉。宋人蒼勁，元人柔靡。宋人粗疏，元人整密。」頁40。

【128】《弇州山人類稿》卷一百二十八，頁13a。

「格律派」的理論，由弘正到萬曆，將近百年，其間模擬的弊病，已顯而易見。所以在前七子後，有唐順之、王慎中等唐宋派出現，以抵抗前七子的模古。雖然不能壓抑「格律派」，但是也起了一點作用。如蔡羽(字九逵？-1541)就曾經說過「少陵不是法」的話。據《列朝詩集小傳》：

> 居嘗論詩，謂少陵不足法，聞者疑而笑之。當是時，李獻吉以學杜雄壓海內，竄竊剽賊，靡然成風，九逵不欲訟言攻之，而借口於少陵，少陵且不足法，則搗撬割剝之徒，更於何地生活，此其立言之微旨也。【129】

蔡羽就是不滿七子，才故意說出這番話的。

可是到了晚年，王世貞郤能夠平心靜氣辨析問題，對早年的看法，有所更正。如〈書李于鱗集後〉說：

> 集刊行則叛者群起。然往往以詰屈聱牙攻之，則過矣。于鱗之病，在氣有窒，而辭有蔓；或借長語而演之，使不可了；或以古語而傳新事，使不可識；又或心所不許而漫應之，不能伏匿其辭，至於寂寥而不可諷味。此三者誠有之。【130】

這雖然是論文的說話，但是也可想見詩的情形了。胡應麟更坐實王世貞的話：

> 長公曰：余初年亦步驟（趨）其作，後周覽《戰國》、西京諸家，迺翩然改轍。于鱗初極不喜，久之，余持論亦堅，李遂止。……次公……曰：李文辭多繳繞紆曲，固其體欲艱深，亦緣才短，故不能詞達其意。……王公筆札間推轂濟南不容口，其面論不同乃爾。【131】

可見王世貞對李攀龍文章不滿之處了。王世貞在〈湯迪功詩草序〉中又

【129】 丙集，頁308。

【130】 《讀書後》卷四，頁19a。《讀書後》（明）王世貞 撰 清乾隆間序刊本。

【131】 《少室山房類稿》卷百六〈書二王評李于鱗文語〉，頁17b。

說：

> 自先生之壯時，天下之言詩者，已趣北地、信陽。而最後濟南繼
> 之，非黃初而下，開元而上無述也。……雖然，聲響而不調則不
> 和；格尊而亡情實則不稱。【132】

他提到「格調」之外，還要有情實；並非單言「格調」，就可知足。又
〈鄒黃州鶡鶡集序〉：

> 彥吉之所為詩，諸體不易指屈。然大要皆和平、粹夷、悠深、雋
> 遠、鉉然之音，與淵然之色，不可求之耳目之蹊，而至味出於齒
> 舌流羨之外。蓋有「真我」而後有「真詩」。【133】

這裏提到「真我」、「真詩」。雖然與李夢陽所說「真詩乃在民間」【134】
不同，但是指發自「真情」這一面，卻與出自村夫田婦的說法相通。王
世貞又在〈陳子吉詩選序〉說：

> 詩道闢於弘正，而在隆、萬之際盛且極矣。然其高者以氣格、聲
> 響相高而不根於情實，驟而咏之，若中宮商，閱之若備經緯已。
> 徐而求之無有也。乃其卑者，則猶之夫巴人下里而已。【135】

「情實」，可以說是「真我」的註腳。

王世貞晚年的思想有所改變，如他早年的〈答陸汝陳〉書中，曾經
比較李攀龍和歸有光（1507-1571）的文章，說李文較勝。【136】但是在晚
年的〈歸太僕贊〉中卻改口說：

> 千載有公，繼韓、歐陽；余豈異趨，久而始傷。【137】

【132】《弇州山人續稿》卷四二，頁15b - 16a。

【133】同上註，卷五一，頁2a。

【134】李夢陽《空同集》自序引王叔子語。

【135】同註【132】，頁5a。

【136】見《弇州山人類稿》卷一百二十八，頁12a。

【137】《弇州山人續稿》卷一百五十，頁12b。

可見得他服膺歸有光的情形了。

七子不讀晚唐以後的詩，他們更鄙棄宋元詩。但是晚年的王世貞曾經為慎子正的《宋詩選》作序，頗有悔意：

> 余故嘗從二三君子後抑宋者也。……余所以抑宋者，為惜格也。然而代不能廢人；人不能廢篇；篇不能廢句。蓋不止前數公而已，此語於格之外者也。【138】

這時對宋詩的態度，就沒有早年嚴厲的言詞了。他晚年又喜愛蘇軾詩。〈書蘇詩後〉說：

> 蘇長公之詩，在當時天下爭趣之，若諸侯王之求封於西楚。……今雖有好之者，亦不敢公言於人。其厄亦甚矣。余晚而頗不以為然。彼見夫盛唐之詩，格極高，調極美，……臭腐復為神奇，則在善觀蘇詩者。【139】

甚至有人說，王世貞易簀之時，蘇軾詩集仍然不離手呢！【140】

另外，王世貞弟，「末五子」之一的王世懋(1536 - 1588)所撰的《藝圃擷餘》，就有過鄙棄「格調」的說法：

> 詩必自運，而後可以辨體；詩必成家，而後可以言格。晚唐詩人，如溫庭筠之才，許渾之致，見豈五尺之童下，直風會使然耳。覽者悲其衰運可也。故予謂今之作者，但須真才實學，本性求情；且莫理論格調。【141】

他認為晚唐的格調卑下，完全是時代風格使然，所以詩人如果要拔出群倫，那就非本諸性情不可了。而格調並非決定性的因素。這種說法不單只對「格調」產生懷疑，而且更提出了補救的方法。可以說是「格律派」

【138】同上註，卷四一，頁20b。

【139】《讀書後》卷四，頁3a - 4b。

【140】《列朝詩集小傳》「丁集」上「王尚書世貞」條，頁437。

【141】《歷代詩話》本，頁780。

的修正，比他哥哥王世貞的「真我」說，講得更清楚明白。他又看到七子的剽竊之弊，於是提出溯源的觀念，認為與其學李攀龍，不如學李攀龍所師法的杜甫，更加直接：

> 李于鱗七言律，俊潔響亮，……海內為詩者，爭事剽竊，紛紛刻鶩，至使人厭。予謂學于鱗不如學老杜，學老杜尚不如學盛唐。何者？老杜結構自為一家言，盛唐散漫無案，人各自以意象聲響得之。正如韓柳之文，何有不從《左》、《史》來者？彼學而成，為韓為柳。我卻又從韓柳學，便落一塵矣。輕薄子遽笑韓柳非古，與夫一字一語必步趨二家者，皆非也。【142】

這種說法可說是清楚了當，簡單明白。此外，他又撤除「格律」的空架子，直接由作品表現的風情來論詩：

> 詩有必不能廢者，雖眾體未備，而獨擅一家之長。如孟浩然洮洮易盡，止以五言雋永，千載並稱王孟。我明其徐昌穀、高子業乎？二君詩大不同，而皆巧於用短。徐能以高韻勝，有蟬蛻軒舉之風；高能以深情勝，有秋閨愁婦之態。更千百年，李、何尚有廢興，二君必無絕響。【143】

他說「李、何尚有廢興，二君必無絕響」。這種說法對「格律派」來說，是很大的衝擊；非有很大的勇氣，是不能說出來的。

另外，其他格律派中人也稍稍覺察，因而有所修正。胡應麟〈報皇甫司勳〉第一書說：

> 弘正諸公，銳情復古，要以振起當今可耳！……北地、信陽之材，不能越馬、班、李、杜，而詩文製作，復壹稟陳規則，奔走步趨，固已逡巡塵後，矧時代所壓，有未能盡超者耶？【144】

【142】 同上註，頁778。

【143】 同上註，頁782。

【144】《少室山房類稿》卷百十四，頁1b‑2a。

也能看到模擬的毛病。胡應麟卻提出「體格聲調，興象風神」來補救「格律派」的不足：

> 作詩大要不過二端，「體格聲調，興象風神」而已。「體格聲調」有則可循，「興象風神」無方可執。故作者但求體正格高，聲雄調鬯；積習之久，矜持盡化，形迹俱融，「興象風神」，自爾超邁。譬則鏡花水月，體格聲調，水與鏡也；興象風神，月與花也。必水澄鏡朗，然後花月宛然。詎容昏鑑濁流，求覩二者？故法所當先，而悟不容強也。【145】

王世懋、胡應麟二人的看法，可以代表「格律派」晚期理論的改變，漸漸脫離「格律」，要求新變。

自弘治以至萬曆間，前後七子席捲整個詩壇，其間模倣「格律派」的人很多，以致有人目「格律派」的詩是贗品。萬曆間，公安三袁提倡詩要有「趣」，並主張抒寫「性靈」，用以對抗「格律派」。同時的「竟陵派」卻走險仄、幽怪的路線，也是「格律派」的反動。天啟間的艾南英（1583-1646），曾經批評這個時期的詩風說：

> 弘治之世，邪說興，勸天下士無讀唐以後書，驕必盛氣，不復考韓、歐大家立言之旨。又以所持既狹，中無實學，相率取司馬遷、班固之言，摘其字句，分門纂類，因仍附和。太倉、歷下兩生，持北地之說而又過之，持之愈堅，流弊愈廣；後生相習為腐勦，至今未已。【146】

對當時文壇模倣的情況，說得很清楚。

大抵「格律派」的發展，到了明末，已到「江郎才盡」的地步。模擬的弊病百出，已不能掩。所以晚年的王世貞悔其少作。王世懋、胡應麟已有拋棄「格律派」的說法，從而提倡「神韻」、「興象風神」了。

【145】《詩藪》內編卷五，頁100。

【146】引自《書影》卷一，頁5。

蕙風詞論詮說：詞格詞心與性情襟抱

嚴壽澂*

　　臨桂況蕙風（周頤）倡「重拙大」之說，極有功於詞學。所著《蕙風詞話》，朱彊村（孝臧）推為千年之絕作，[1] 可說是推崇備至。然而晚近談詞學批評者，對《蕙風詞話》的評價，往往在王國維《人間詞話》之下。究其原因，大概不出二端。一是《人間詞話》專注於詞學批評，而《蕙風詞話》有不少作詞法、詞壇掌故逸聞之類，旁涉太多。二是《蕙風詞話》固有其精采處，但終究只是常州派詞論的結穴而已，而《人間詞話》汲取西說，如論者所謂，「真正探究藝術境界的誕生與構成之祕，尋常政治、人倫、功利之外的藝術美」，其文學觀「超政治，超功利」，[2] 越出了中國傳統的藩籬。此二說自有其理，然而不能因此而判定兩部詞話的高下。

　　上述第一點是就形式而言。《人間詞話》廉悍精要，直入詞學批評的堂奧，確是精采。但詞話這一形式，本是為並世或後世詞人而寫的隨筆，與現在文學批評專著不同科。而且作詞法、掌故逸聞之類，亦有其用處，不可一概抹殺。只關心詞學批評者，這類內容儘可不看，剩下部分的價值，未必因此而損。第二點是就內容立論。其誤處有兩方面。一是對中國傳統文學理論的誤解：中國文學傳統確重政治與人倫，但並不

---

*新加坡南洋理工大學國立教育學院中文系。

[1] 見龍榆生〈清季四大詞人〉，原載《暨大文學院集刊》一集（1931年1月），現收入《龍榆生詞學論文集》（上海：上海古籍出版社，1997年），頁463。

[2] 見方智範、鄧喬彬、周聖偉、高建中合撰《中國詞學批評史》（北京：中國社會科學出版社，1994年），頁448。

是出於純功利目的，其背後的精神，是不忍人的仁心，絕對超乎政治與功利之上。【3】二是對王靜安境界說的誤會。靜安立說，基於孟子的本心論。在他看來，此乃藝術的根本。【4】藝術不當崇尚功利，但這不等於說，藝術只是遊戲三昧。須知境界之本，正在於性情。《人間詞話》第四三則已將性情與境界並舉（「幼安之佳處，在有性情，有境界。」【5】），但尚未深入闡發，可說是明而未融。蕙風著〈詞學講義〉，開宗明義曰：

> 詞於各體文字中，號稱末技。但學而至於成，亦至不易。（不成，何必學？）必須有天分，有學力，有性情，有襟抱，始可與言詞。（中略）性情與襟抱，非外鑠我，我固有之。則夫詞者，君子為己之學也。【6】

可見蕙風立說的根本，在「我固有之」的性情（所謂襟抱，也就是性情或性情的擴大），亦即孟子所謂「本心」或「不忍人之心」。性善說的依據在此，中國文學的精神亦在此。所謂「君子為己之學」，正是指擴充我固有的仁心，因此亦可說：詞者，仁術也。蕙風詞論中所謂「重拙大」種種說法，實皆由此而開展。以下分四部分詳述。

【3】 參看拙作〈儒道二家養氣說與文學創作論〉，《九州學刊》，三卷四期（1990年9月），頁13－32。

【4】 筆者以為，靜安先生的境界說，乃是從中國固有傳統而來，根基在孟子本心之說，至於叔本華理論等西說，只是增上緣而已。

【5】 本文所用《蕙風詞話》及《人間詞話》，乃王幼安校訂之《蕙風詞話、人間詞話》合刊本（北京：人民文學出版社，1960年）。

【6】 《詞學季刊》創刊號（民國二十二年六月），頁107。屈興國近撰《蕙風詞話輯注》（南昌：江西人民出版社，2000年），將此節列入《蕙風詞話補編》卷一，題為「詞乃君子為己之學」，並加按語云：「按此則為蕙風論詞總綱，詞話精蘊所在。」（頁355）按：此語甚諦，然而屈氏以「自我表現」說性情（見此書〈前言〉，頁5），則並未中肯。

一、重、拙與氣格

蕙風門人武進趙尊嶽（叔雍）刊刻《蕙風詞話》，有跋文一篇，謂受詞學於蕙風凡五年，「此五年中，月必數見，見必詔以源流正變之道、風會升降之殊，於宗派家數定一尊，於體格聲調求其是，耳提面命，朝斯夕斯」。叔雍記錄蕙風之教，有詞格、詞心、詞徑、詞筆、詞境五項。【7】詞格、詞心，基於天賦、學力、修養，是作詞前的憑藉與工夫，屬「道」或「體」的範疇。詞徑、詞筆，是學詞的趨向與作詞時用字、造句、謀篇等的工夫，屬「藝」或「用」的範疇。所謂詞境，則是作詞所追求的藝術境界，乃道、藝二者的綜合。跋文申述說：

> 其論詞格曰：宜重、拙、大，舉《花間》之閎麗、北宋之清疏、南宋之醇至，要於三者有合焉。輕者，重之反；巧者，拙之反；纖者，大之反。當知所戒矣。

作詞之先，須端正趨向，切忌輕、巧、纖。《花間》、北宋、南宋，風格有閎麗、清疏、醇至之不同，但都和重、拙、大有合。這是蕙風誨人的頂門針。趨向不正，一切都談不上。

《詞學講義》曰：

> 古今詞學名輩，非必皆絕頂聰明也。其大要曰雅，曰厚，曰重、曰拙、曰大。厚與雅，相因而成者也，薄則俗矣。輕者，重之反；巧者，拙之反；纖者，大之反。（頁107）

重、拙、大的基礎在於「厚」。厚與雅，相因而成，惟厚方能雅。可見蕙風以為，這五大要素中，以厚為第一。

格，是傳統詩論、詞論中的重要概念。劉融齋（熙載）論之最為明晰：「詩格，一為品格之格，如人之有智愚賢不肖也；一為格式之格，

【7】惜陰堂刊本《蕙風詞話》卷末（台北：世界書局影印《蕙風詞、蕙風詞話》合刊本），頁一上──下。

如人之有貧富貴賤也。」[8]蕙風所謂詞格,正包含這兩個因素,而重點則在品格之格。所謂詞格,首先是詞的品格,從人格而來,其工夫在詞外。人有怎樣的品格,其作品也就有怎樣的品格。工巧者或能掩飾偽裝,如熱中者可冒充恬淡,殘忍者可假作溫厚,然而詞氣之間,其人格的真相難免暴露。錢默存(鍾書)以阮圓海(大鋮)為例,論此甚精,且言曰:

> 阮圓海欲作山水清音,而其詩格矜澀纖仄,望可知為深心密慮,非真閒適人,寄意於詩者。所言之物,實而可徵;言之詞氣,虛而難捉,世人遂多顧此而失彼耳。作《文中子》者,其解此矣。故〈事君〉篇曰:「文士之行可見」,而所引以為證,如「謝莊、王融,纖人也,其文碎。徐陵、庾信,夸人也,其文誕。」餘仿此。莫非以風格詞氣為斷,不究議論之是非也。

又曰:

> 余嘗病謝客山水詩,每以矜持矯揉之語,道蕭散逍遙之致,詞氣與詞意,若相乖違。圓海況而愈下;聽其言則淡泊寧靜,得天機而造自然,觀其態則擠眉弄眼,齦齒折腰,通身不安詳自在。【9】

至於格式之格,則是作品的結構、修辭等外在形式。「閎麗」、「清疏」、「醇至」云云,都是指此而言。人的氣質脾性,可有輕重緩急種種不同,而善惡正邪之別則不在此。正直忠厚者,詞氣之間,決不會輕薄險仄。以詞而論,閎麗、清疏,「格式」有異,但稱得起合作者,其「品格」必是「重拙大」,必敦厚而不涼薄。(近有高行健者,得諾貝爾文學獎。檢其獲獎作品,如《靈山》、《一個人的聖經》等,實不脫薄、俗二字。若依中國文學傳統,決稱不上偉大之作。然而此義,又豈馬悅

【8】《藝概》(上海:上海古籍出版社,1978年),頁82(卷四〈詞曲概〉)。

【9】《談藝錄》(北京:中華書局,1984年),頁163、504。

然之流所謂漢學家者所能解？至於華人附和者的百口吠聲，只不過是出於視西人若帝天的後殖民心態而已。）

重與拙，都是「厚」的體現，亦即是「沈著」。《蕙風詞話》（以下簡稱《詞話》）卷一第四則云：「重者，沈著之謂，在氣格，不在字句。」所謂重，不在下筆重，用字重，而在氣格（即品格）的厚重，此即沈著之謂。《詞話》卷一第二十則進一步解釋說：

> 平昔求詞詞外，於性情得所養，於書卷觀其通。優而游之，饜而飫之，積而流焉。所謂滿心而發，肆口而成，擲地作金石聲矣。情真理足，筆力能包舉之，純任自然，不加錘鍊，則「沈著」二字之詮釋也。

所謂沈著，中含二義：（一）出於自然之情，不矯揉造作；（二）筆力足以達出。但此自然之情，不是朝三暮四、忽彼忽此之情，而是出於至性的真情，即孟子所謂「四端」的情，或理學家所樂道的「性其情」的情（從「情真理足」四字可見）。出於至性的情，雖為人所固有，然而極易為欲望所蔽而汩沒，外物所誘而喪失，故必須有所「養」（孟子所謂「善養我浩然之氣」，即是指此）。如此而成的詞，其氣格必不輕薄，必不淫濫，必能沈著，必能厚重。此所謂氣格，亦即陳述叔（洵）所說的「氣息」：

> 詞莫難於氣息，氣息有雅俗，有厚薄，全視其人平日所養，至下筆時則殊不自知也。【10】

此數語直湊單微，正是蕙風議論的最好總結。

重或沈著的關鍵在一「真」字。淫濫之情算不得真，張皇使大、有意作莊重語，亦算不得真。《詞話》卷三第三九則盛贊劉文靖（因）詞之「樸厚」云：

> 余遍閱元人詞，最服膺劉文靖，以謂元之蘇文忠可也。文忠詞以

【10】《海綃說詞》（《詞話叢編》初刊本），頁三下。

才情博大勝，文靖以性情樸厚勝。其〈菩薩蠻・王利夫壽〉云：「吾鄉先友今誰健。西鄰王老時相見。每見憶先公。音容在眼中。　今朝故人子。為壽無多事。惟願歲常豐。年年社酒同。」此余尤為心折者也。自餘如前調〈飲山寺感舊〉云：「種花人去花應道。花枝正好人共老。一笑問花枝。花枝得幾時。　人生行樂耳。今古都如此。急欲臥莓苔。前村酒未來。（後引文靖詞頗多，茲不備錄。）如右各闋，寓騷雅於沖夷，足穠郁於平淡，讀之如飲醇醪，如鑑古錦，涵泳而玩索之，於性靈襟抱，胥有裨益，備錄之，不覺其贅也。王半塘云：「《樵庵詞》樸厚深醇中有真趣洋溢，是性情語，無道學氣。」

所引第一首樵庵詞，乃為其先君故人之子祝壽而作。因其人而思及其父，更因其父而思及自己每見其父，即憶及先君音容。感情流露質樸而自然，不作一矯飾語、阿諛語，一脫壽詞濫調。第二首因游山而感舊，但覺光陰荏苒，人生易老，急欲歸臥莓苔，飲酒自樂。雖是說人生當及時行樂，但欣賞的不是聲色犬馬的外騖之樂，而是倘佯山水、純任性靈的曾點之樂。不作一道學語，而道學家的沖夷懷抱自在言外。如此的「真趣洋溢」，即是重，即是沈著。

　　凡感情深厚之人，出言吐語決不會輕薄油滑。《詞話》卷二第十七則云：

元人沈伯時作《樂府指迷》，於清真推許甚至。惟以「天便教人，霎時廝見何妨」、「夢魂凝想鴛侶」等句為不可學，則未真能知詞者也。清真又有句云：「多少暗愁密意，唯有天知。」「最苦夢魂，今宵不到伊行。」「拚今生，對花對酒，為伊落淚。」此等語愈樸愈厚，愈厚愈雅，至真之情，由性靈肺腑中流出，不妨說盡而愈無盡。南宋人詞如姜白石云：「酒醒波遠，政凝想、明璫素襪。」庶幾近似，然已微嫌刷色。誠如清真等句，唯有學之不能到耳。如曰不可學也，詎必顰眉搔首，作態幾許，然後出之，乃

為可學耶？明已來詞纖艷少骨，致斯道為之不尊，未始非伯時之
言階之屬矣。（後略）

「天便教人」二句、「最苦夢魂」二句，均出自〈風流子〉，其詞曰：

新綠小池塘。風簾動，碎影舞斜陽。羨金屋去來，舊時巢燕，
土花繚繞，前度莓牆。繡閣裏，鳳幃深幾許，聽得理絲簧。欲
說又休，屢乖芳信，未歌先咽，愁近清觴。　遙知新妝了，
開朱戶，猶自待月西廂。最苦夢魂，今宵不到伊行。問甚時說
與，佳音密耗，寄將秦鏡，偷換韓香。天便教人，霎時廝見何
妨。

陳述叔解析此詞說：

池塘在莓牆外，莓牆在繡閣外，繡閣又在鳳幃外。層層布景，總
為「深幾許」三字出力。既非巢燕可以任意去來，則相見亦良難
矣。聽得遙知，只是不見，夢亦不到。「見」字絕望，「甚時」轉
出「見」字後路，千迴百折，逼出結句。畫龍點睛，破壁飛去
矣。【11】

唐圭璋《唐宋詞簡釋》解曰：

換頭三句，寫人立池外之所想，故曰「遙知」。「最苦」兩句，
更深一層，言不獨人不得去，即夢魂亦不得去。「問甚時」四
句，則因人不得去，故問可有得去之時。通篇皆是欲見不得之
詞。至末句乃點破「見」字，嘆天何妨教人廝見霎時，亦是思極
恨極，故不禁呼天而問之。【12】

【11】《海綃說詞》，載《同聲月刊》第二卷第六號（民國三十一年七月），頁113－
114。龍榆生跋云：「除論稼軒二則、夢窗三則（此三則為舊刊所未有）外，全
論清真，較《詞話叢編》本多過一倍，且所論亦時有出入，殆最後定本也。」
（頁125）

【12】《唐宋詞簡釋》（上海：上海古籍出版社，1981年），頁125。

按：唐氏此解，全本「拙重大」之旨；[13]陳氏論詞，亦與蕙風相發明；故特為錄出於上。由此可見，蕙風所謂「愈樸愈厚」或「愈質愈厚」（《詞話》卷三第七五則），關鍵在於情之真切。欲見不得而偏欲見，乃至思極恨極而呼天之際，豈能更為側艷小慧之言，其語欲不質樸也不得。故蕙風曰：「『真』字是詞骨。情真、景真，所作必佳，且易脫稿。」（《詞話》卷一第十五則）極真極切之情，不說盡也不得，然而話雖說盡，情則不隨之而俱盡，故曰「不妨說盡而愈無盡」。至於所以「易脫稿」者，無須顰眉折腰，描頭畫角也。

《詞話》卷二第八一則，對此更申述說：

重者，沈著之謂，在氣格，不在字句，於夢窗詞見之。即其芬菲鏗麗之作，中間雋句艷字，莫不有沈摯之思、灝瀚之氣，挾之以流轉，令人玩索而不能盡，則其中所存者厚。沈著者，厚之發見乎外者也。（中略）夢窗與蘇、辛二公，實殊流而同源。其見為不同，則夢窗緻密其外耳。（後略）

茲以夢窗詞二首為例，予以說明。〈風入松〉云：

聽風聽雨過清明，愁草瘞花銘。樓前綠暗分攜路，一絲柳、一寸柔情。料峭春寒中酒，交加曉夢啼鶯。　　西園日日掃林亭，依舊賞新晴。黃蜂頻撲鞦韆索，有當時、纖手香凝。惆悵雙鴛不到，幽階一夜苔生。

此闋可謂雋句絡繹（如「樓前」二句、「西園」二句、「黃蜂」二句），然而不害其為「重」。《唐宋詞簡釋》的詮釋極明白而中肯：

此首西園懷人之作。上片追憶昔年清明時之別情，下片入今情，悵望不已。起言清明日風雨落花之可哀，次言分攜時之情濃，

【13】上書〈後記〉云：「余往日於授課之暇，曾據拙重大之旨，簡釋唐詞五十六首，宋詞一百七十六首，小言詹詹，意在於輔助近日選本及加深對清人論詞之理解。」（頁241）

「一絲柳、一寸柔情」，則千絲柳亦千尺柔情矣。（中略）「黃蜂」兩句，觸物懷人。因園中鞦韆，而思纖手；因黃蜂頻撲，而思香凝，情深語癡。此與因黃柑而思及「柔香縈幽素」相同。夢窗〈鶯啼序〉云：「記琅玕，新詩細掐，早陳跡，香痕纖指。」〈西子妝慢〉云：「燕歸來，問彩繩纖手，如今何許。」或因竹而思及掐詩之纖指，或因燕而思及彩繩繫繩（按：原文如此，疑「彩繩」二字衍）之纖手，皆同一思路。「惆悵」兩句，用古詩意，望人不到，但有苔生，意亦深厚。（頁214-215）

觸物懷人，纏綿而不可解，故賦情賦景，均極深細。雋句的背後，是深摯，是樸厚，所以曰重，所以曰沈著。

〈探芳訊〉一首，則是艷麗字面而不害其為「重」的一例：

為春瘦。更瘦如梅花，花應知否？任枕函雲墜，離懷半中酒。雨聲樓閣裏，寂寞收燈後。甚年年、鬥草心期，探花時候。　　嬌懶強拈繡。暗背裏相思，閒供晴晝。玉合羅囊，蘭膏漬透紅豆。舞衣疊損金泥鳳，妒折闌干柳。幾多愁、兩點天涯遠岫。【14】

此闋寫女子嬌懶之態，可云艷極，然而其骨則在沈摯的相思之情。《海綃說詞》云：

本是傷離，卻說為春。鬥草探花，佳時易過，雨聲如此，晴晝奈何？曰「年年」，則離非一日；曰「半中酒」，則此懷何堪？用兩層逼出。換頭一句以下，全寫相思。相思是骨，外面只見嬌懶。傳神阿堵，須理會此兩句。（《詞話叢編》初刊本，頁十上）

雖是代女子口吻，不是寫自己心情，然而能寫得如此纏綿悱惻，可斷言其人必是鍾情之輩。輕薄兒郎，儘能刻劃女子嬌懶的體態形容，卻極難寫出其綿邈的深情。因己本寡情，又如何能體會他人深厚之情，於筆下

【14】據王鵬運《夢窗詞甲乙丙丁稿》（民國九年庚申惜陰堂影四印齋校本），〈丁稿〉，頁十二上。

達出？夢窗詞盡管芬馥艷麗，蕙風仍以「重」、「厚」、「沈著」目之者，正在其情之厚與深。

在情意深厚這一點上，夢窗與東坡、稼軒，實是「同源」。玄修（按：即夏敬觀）撰〈況夔笙蕙風詞話詮評〉一文，於蕙風此論，深不以為然，曰：「夢窗與東坡、稼軒實不同源。東坡以詩為詞者也，稼軒學東坡，夢窗學清真。東坡、清真，不同源也。以二派相互調劑則可，謂之同源則不可。」【15】玄修此論，自有其理，以詞的分派而論，夢窗與蘇、辛豈能混而為一？然而這是就外形而言，而蕙風之說，則是以內質立論。二者不屬同一層次。東坡、稼軒與夢窗，詞徑固不同，詞筆亦大異，但都有真性情。詞心既無異，詞格（氣格）自亦趨同，即皆為沈著厚重。在此意義上，何不可說「同源」？

南宋人趙昂，原為臨安府學生，後脫儒冠從禁弁，升御前應對。一日，高宗於宴席間命撰二詞，其〈婆羅門引〉一闋，為高宗所喜，詞曰：

> 暮霞照水，水邊無數木芙蓉。曉來露溼輕紅。十里錦絲步障，日轉影重重。向楚天空迴，人立西風。　　夕陽道中。歎秋色、與愁濃。寂寞三千粉黛，臨鏡妝慵。施朱太赤，空惆悵、教妾若為容。花易老，煙水無窮。

太學生俞國寶，以〈風入松〉詞題於斷橋酒肆屏風上，高宗見之，大為稱賞，即日予釋褐。其詞曰：

> 一春常費買花錢。日日醉湖邊。玉驄慣識西湖路，驕嘶過、沽酒樓前。紅杏香中簫鼓，綠楊影裏鞦韆。　　暖風十里麗人天。花壓鬢雲偏。畫船載取春歸去，餘情付湖水湖煙。明日重扶殘醉，來尋陌上花鈿。

後一闋不僅傳誦於當時，也屢為後世所稱道，前一闋則當時流傳不廣，

【15】載《同聲月刊》第二卷第二號（民國三十一年二月），頁50。

後來更罕有人提及。二者一顯一晦，命運如此不同。蕙風卻以為：

> 其實趙詞近沈著，俞詞第流美而已。以體格論，俞殊不逮趙。顧當時流傳，以其句麗可喜，又諧適便口誦，故稱述者多。文字以求時為宜。詞雖小道，可以闚顯晦之故。古今同揆，感慨系之矣。（《詞話》卷二第四三則）

俞詞記西湖盛況，簫鼓畫船，衣香鬢影，一派昇平宴樂的景象。末四句收束不盡，餘韻悠然。物色、神韻皆備，所欠者深厚之情，所以只是「流美而已」。趙詞亦寫西湖，十里步障，三千宮女，氣象華貴。「向楚天」二句，一筆宕開，進入沈思境界。換頭於是轉而說愁情。「寂寞三千」以下五句，寫宮女臨鏡梳妝，施朱塗白，猶疑不定，一片悵惘之情，刻劃入微。悵惘的原因何在？正如李義山〈宮辭〉所云，「君恩如水向東流，得寵憂移失寵愁」也。末二句以景結情：「花易老」者，李太白〈妾薄命〉所謂「以色事他人，能得幾時好」也；以此心境，對著無窮的煙水，真是情何以堪？詞人無限的同情心，也是共煙波而無盡。「仁義之人，其言藹如也」（韓愈〈答李翊書〉中語），故曰「近沈著」。

這不忍人的同情心，即是孔門所謂「仁」。《論語・顏淵》云：

> 司馬牛問仁。曰：「仁者，其言也訒。」曰：「其言也訒，斯謂之仁矣乎？」子曰：「為之難，言之得無訒乎？」

朱子注曰：「訒，忍也，難也。仁者心存而不放，故其言若有所忍而不易發。」又曰：「蓋心常存，故事不苟；事不苟，故其言自有不得而易者。」[16]仁者常葆其本心，做事決不苟且，自然也不會油嘴滑舌，言不顧行。因此朱子又說：

> 仁者常存此心，所以難其出。不仁者已不識痛癢，得說便說。如人夢寐中讕語，豈復知是非善惡？仁者只知「為之難」，「言之，

---

[16]《四書集註・論語集註》（上海：商務印書館，民國二十二年），頁六下──七上。

得無訐乎」！【17】

訐的基礎是仁，其反面則是「巧言令色」（《論語・學而》：「子曰：『巧言令色，鮮矣仁。』」據朱子《四書集註》，巧言令色，意謂「好其言，善其色，致飾於外，務以悅人。」）。宋儒陳傅良（止齋）釋曰：「辭色未嘗不欲和順，但務巧、令以媚人者，必非誠實之士。既種此於心，將來為此蠱毒，皆本此為之。」【18】凡以仁存心者，必是誠實之士，決不會花言巧語，務求取悅於人。故朱子曰：「據某所見，巧言即所謂花言巧語。如今舉子弄筆端做文字者，便是。看做這般模樣時，其心還在腔子裏否？」【19】所謂「心在腔子裏」，即是葆我固有的性真。性真既葆，出言必誠必實，亦必自然而不做作（「做」即是偽，即是不誠）。蕙風所謂「作詞三要」之一的「拙」（見《詞話》卷一第三則），其立腳處正在於此。

此所謂拙，不是指文辭的拙訥，而是指情意的拙誠。趙叔雍對此有很好的闡釋：

> 詞意求拙，拙而能成就，已屬爐火純青之候矣。拙與方又不相同，拙者情拙，方者言方。方中又有不同，語方則求意圓，語圓則求意方，否亦終兩失之。【20】

至性真情，決不雜機變之巧，故曰「拙」。「拙」者乃其情，非其筆。拙誠之情，以高妙之筆達出，是謂最上乘，故曰「已屆爐火純青之候」。若徑情直遂，不作宛轉語，則是「言方」。前述清真詞「最苦夢魂，今宵不到伊行」、「拚今生，對花對酒，為伊淚落」等句，便是言

【17】《朱子語類》（北京：中華書局，1994年），頁1080（卷四二）。

【18】引自姚永概《論語解注合編》（合肥：黃山書社，1994年），頁十（卷一）。

【19】《朱子語類》，頁479（卷二十）。

【20】《填詞叢話》，載《詞學》第三輯（上海：華東師範大學出版社，1985年），頁175（卷二）。

方之例。然而一首詞，不能句句都如此質樸，方與圓、直與婉，應互相調劑，方可稱合作。（《填詞叢話》卷二又曰：「無論寫景言情，用筆均當重大。重大又恐失之拙，則當以至情說至理，出諸慧心以避拙。」（頁174）此處的「拙」，乃是語拙，而非情拙。）

《詞話》卷五第三六則云：

> 問哀感頑艷，「頑」字云何詮？釋曰：拙不可及，融重與大於拙之中，鬱勃久之，有不得已者出乎其中而不自知，乃至不可解，其殆庶幾乎？猶有一言蔽之：若赤子之笑啼然，看似容易，而實至難者也。

赤子之笑啼，無矜氣，無深心，一出於自然之不容已。「拙」無過於此，「誠」亦無過於此。蔽於物欲喪其天良者，決辦不到，故曰「看似容易而實至難」。南宋趙必瓛《覆瓿詞》有〈沁園春・貴田作〉一首，中有句云：「何怨何尤，自歌自哭，天教吾儕更讀書。」（《詞話》卷二第一零二則）此即是真率，不做作，亦即是拙。日日在名利場中算計籌畫，故作姿態，便是不拙不誠。明末陸鈺有《射山詩餘》，其〈小桃紅〉歇拍云：「終躊躇，生怕有人猜，且尋常相看。」清初某人詞曰：「丁寧切莫露輕狂。真箇相憐儂自解，妒眼須防。」蕙風以此詞與陸詞相比，曰：「此不可與陸詞並論。詞忌做，尤忌做得太過。巧不如拙，尖不如禿。陸無巧與尖之失。」（《詞話》卷五第十四則）前一首的言外之意是：雖怕有人猜忌，終於躊躇不決，但只要問心無愧，又何懼之有？儘可以平常心對待之。所表達的是一種光明磊落的心態。而後一首則深心密慮，遮遮掩掩，惟恐以真相示人。此即「做得太過」，即是「巧」。此所謂巧，不是謀篇造句「巧妙」之巧，而是處世為人「巧偽」之巧，即是情意欠誠拙。如此品格的人，發而為詞，其氣格必然不誠不實，不「拙」不「禿」。（阮圓海之所以見譏於錢默存，正在其詩筆之尖與巧。）

《詞話》卷一第十九則云：

> 填詞先求凝重，凝重中有神韻，去成就不遠矣。所謂神韻，即事

外遠致也。即神韻未佳而過存之，其足為疵病者亦僅，蓋氣格較勝矣。

若以人為比，神韻乃風度之翩翩，凝重則指品格的厚重與誠懇。二者皆備，是為最勝。若品格較勝而風度稍欠，疵病尚不大，因其大本已立。陳述叔亦有類似的說法，《海綃說詞》「貴拙」條曰：

> 唐五代令詞極有拙致，北宋猶近之。南渡以後，雖極名雋，而氣質不逮矣。昔朱復古善彈琴，言琴須帶拙聲，若太巧，則與箏、阮何異？此意願與聲家參之。（《詞話叢編》初刻本，頁三上）

這段話對於詞中之「拙」，可說是最善形容。樂器中的琴，大樸未散，故常帶拙聲，箏、阮之類，則已斲樸為巧了。所謂「極名雋」，指風度、神韻的翩翩有致，如樂器中箏阮之聲；而所以「氣質不逮」者，因其由凝重變而為輕倩，大樸已漓，不復有拙致。填詞的先務，是保住這我所固有之樸，否則再怎樣風姿綽約，達不到如琴在樂器中的地位，終究算不得最上乘。

　　總之，所謂拙致，所謂凝重，皆是就氣格而言。氣格非可襲取而致，其本在性情，凝重的氣格發自敦厚之心，如趙叔雍所謂：

> 言情之作，不可強求。情本發於吾心，蘊諸寸衷，沛於宇宙，抒之翰墨，自然佳勝。其強求之者，心本無情，貌為情語，縱有妙筆，不過哲匠，何名情聖。[21]

風度優雅，妙筆生花，而中乏深情者，不過是「巧匠」而已。而填詞的第一義諦，則是發自內心的真樸之情（故曰「情聖」）。於是不可不論詞心。

---

[21]《詞學》第三輯，頁172（卷一）。

二、詞心與仁術

《詞話》卷一第二七則曰：

> 吾聽風雨，吾覽江山，常覺風雨江山之外有萬不得已者在。此萬
> 不得已者，即詞心也。而能以吾言寫吾心，即吾詞也。此萬不得
> 已者，由吾心醞釀而出，即吾詞之真也，非可彊為，亦無庸彊
> 求。視吾心之醞釀何如耳。吾心為主，而書卷其輔也。書卷多，
> 吾言尤易出耳。

所謂詞心，即是感物而動、形諸詞詠之心。鍾嶸〈詩品序〉所謂「氣之
動物，物之感人，故搖蕩性情，形諸舞詠」，正是指此。蕙風所強調
的，不僅是「搖蕩性情」，而且是搖蕩到「不得已」，甚至「萬」不得
已。《莊子‧人間世》載，葉公子高（沈諸梁）將出使於齊，中心憂灼，
似有內熱，於是問於仲尼。仲尼曰：

> 天下有大戒二：其一，命也；其一，義也。子之愛親，命也，不
> 可解於心；臣之事君，義也，無適而非君也，無所逃於天地之
> 間；是之謂大戒。是以夫事其親者，不擇地而安之，孝之至也；
> 夫事其君者，不擇事而安之，忠之盛也。自事其心者，哀樂不易
> 施乎前，知其不可奈何而安之若命，德之至也。為人臣子者，固
> 有所不得已，行事之情，而忘其身，何暇至於悅生而惡死。夫子
> 其行，可矣。

這段話當是莊子的「寓言」，未必出於孔子本人之口，然而說儒家之
旨，頗中肯綮（此處所謂「命」，正如劉咸炘（鑑泉）所指出，實即孟
子所謂「性」[22]）。最可注意的，是「不得已」三字。「不可解於心」，

---

[22] 見所著《莊子釋滯》：「命者，謂自然不容已；義謂當然不可已。分言之，則
命乃天性，義則人事之宜，實則義亦由命出。後人視『命』字若有所迫制，無可
奈何，實則『命』指所受，猶言『德』也。似有迫我，實是自然。況自道家言，

故曰「不得已」。孟子所謂「仁之端」的「怵惕惻隱之心」(〈公孫丑上〉)，乃出於內心的「不忍」；【23】此內心的不忍，正是「不得已」的注腳。

〈人間世〉這段話的前面，另有一段，載孔子與顏回論「心齋」事：孔子既告顏回「虛者，心齋也」，顏回仍未能盡解，孔子答曰：

> 若能入游其樊，而無感其名，入則鳴，不入則止。無門無毒，一宅而寓於不得已，則幾矣。絕跡易，無行地難。為人使，易以偽；為天使，難以偽。(後略)

劉鑑泉《莊子釋滯》釋道家所謂「不得已」極精，茲錄於下：

> (前略)不得已則幾於自然，天倪見矣(郭注訓「不得已」為「必然」)。非不得已，則為可已而不已，必盈矣。此老莊書一貫之旨。老子首言「果而不得已」。莊子尤屢言之。後文云：「託不得已以養中。」〈大宗師〉曰：「崔乎其不得已。」又曰：「以知為時者，不得已於事也。」〈刻意〉曰：「不得已而後起。」〈庚桑楚〉曰：「動以不得已之謂德。」又曰：「有為也欲當，則緣於不得已。不得已之類，聖人之道。」《淮南·說山》亦曰：「不得已而後動，故無累。」後世讀老莊書者，不得其本意，惟知自然而不知不得已，是以成放肆之惡而失收斂之善也。【24】

道家主自然，儒家主不忍，推究至極，本可相通。蕙風論詞，既主張「純任自然」(《詞話》卷一第二十則)，又主張「鬱勃久之，有不得已者出乎其中」(《詞話》卷五第三六則)。二者看似矛盾，然而實是一體之

所謂天者，非有主使乎。莊周之言『命』，與孟子言『性』同。孟子就一人以觀，故重言性；莊子就宇宙以觀，故重言命耳。」收入其《推十書》(成都：成都古籍書店影印本，1996 年)，頁1107。

【23】〈梁惠王上〉載，齊宣王見牽牛過堂上，將以釁鐘，「不忍其觳觫」，孟子就此指點說：「是乃仁術也。」

【24】《推十書》，頁1106-1107。

二面；統合的關鍵，在前述「赤子之笑啼」一語。赤子之笑啼，既是自然，又是出於不得已。莊子與孟子、道家與儒家，在此本原處實無二致。明白這一點，對理解中國文學傳統至關重要。蕙風詞論，正是這文學傳統邏輯發展的產物，故不嫌詞費，引述劉鑑泉的闡釋於上。

趙叔雍《填詞叢話》以「不得不作」詮釋詞心，曰：

> 詞有不得不作之一境。不得不作之詞，其詞必佳。蓋神動於中，文生於外，是即所謂神來之境也。文人慧心宿業，每當風媚日媚之際，燈昏酒暖之時，輒有流連不忍之意，此流連不忍之至情，發為文章，即不得不作之境界。詞心既動，詞筆隨來，然少縱即逝，此境只在一剎那間。試加體會，詞家當必以過來人之言為然。【25】

為何「不得不作」？因有「流連不忍」之意也。流連不忍之意，乃本於愛物之心。於物有情，不忍見其灰飛煙滅，故徘徊流連，中情搖蕩，不得不以詞一發之。此即「不得已」出於自然的詮釋。

《詞話》卷二第四八則引謝懋〈杏花天〉過拍「雙雙燕子歸來晚，零落紅香過半」，以為「此二句不曾作態，恰妙造自然」。卷二第六五則引牟子才（端明）〈金縷曲〉「撲面胡塵渾未掃。強歡謳、還肯軒昂否？」曰：「蓋寓黍離之感。昔史遷稱項王悲歌慷慨。此則歡歌而不能激昂。曰『強』，曰『還肯』，其中若有甚不得已者。意愈婉，悲愈深矣。」又，卷二第七五則論毛滂「良人輕逐利名遠，不憶幽花靜院」曰：「『幽花靜院』，抵多少『盈盈秋水，淡淡春山』。『良人』句質不涉俗，是澤民學清真處。」以上三例，第一例寫燕子歸來，但見繁花零落已過半，不由泛起淡淡的悵惘之情。不著意刻劃，吐屬蘊藉。但決不是無情的純客觀描寫，蘊含於字句間的，是不忍見生意摧殘的仁心。而此仁心，則是於不經意間自然流露，故曰「妙造自然」。第二例當作於南宋

【25】《詞學》第三輯，頁162（卷二）。

與蒙古聯合滅金之時。靖康之仇,至此終得一報,宜可歡謳。但女真去而蒙古來,中原的大好河山,仍在胡人之手,身為宋人,又如何能「軒昂」起來?雖強作歡謳,內心深處的悲感又如何能抑制?衷情既不能直遂,又無法抑制,故出語吞吐嗚咽,似乎極不自然。然而這吞吐之辭,仍是出於內心情感的自然不容已。第三例寫女子因良人不歸而生的怨情。表面上是責怪良人追逐名利而不思家,然而對良人甚深之情,卻於此質言中暴露無遺。第二例婉而文,第三例直而質。但不論是婉是直,都是出於內心敦厚之情之不容已。此即所謂詞心也。

《詞話》卷二第十則以晏小山(幾道)〈阮郎歸〉(天邊金掌露成霜。雲隨雁字長。綠杯紅袖趁重陽。人情似故鄉。 蘭佩紫,菊簪黃。殷勤理舊狂。欲將沈醉換悲涼。清歌莫斷腸。)為「沈著厚重」之例,曰:

> 「綠杯」二句,意已厚矣。「殷勤理舊狂」,五字三層意。「狂」者,一肚皮不合時宜,發見於外者也。狂已舊矣,而理之,而殷勤理之,其狂若有甚不得已者。「欲將沈醉換悲涼」,是上句注腳。「清歌莫斷腸」,仍含不盡之意。

此詞乃重陽宴飲之作,所抒寫的是一「狂」字。蕙風所謂「一肚皮不合時宜發見於外」,最能把捉「狂」的內涵。狂者,亦即是「癡」。黃山谷〈小山詞序〉,以小山為有「四癡」,曰:

> 余嘗論叔原固人英也,其癡亦絕人。愛叔原者皆慍而問其目。曰:仕宦連蹇而不能一傍貴人之門,是一癡也;論文自有體,不肯作新進士語,此又一癡也;費資千百萬,家人寒饑,而面有孺子之色,此又一癡也;人百負之而不恨,己信人,終不疑其欺己,此又一癡也。【26】

小山這「四癡」,總括起來,有兩端:一是我行我素,一任性情之真,

【26】引自蟄存師主編《詞籍序跋萃編》(北京:中國社會科學出版社,1994年),頁51。

寧願吃虧，不願枉己以徇人、作偽以得利；二是盡其在我，對人一出於至誠，寧人負我，我不負人。如此處世，非癡狂而何？而這類的狂與癡，正是蕙風所謂詞心之所在。

趙叔雍撰有〈蕙風詞史〉一文，依行年箋蕙風詞，謂「從先生游，側聞緒論；並以己意領會所及，率為臚舉」，【27】曰：「其艷詞姚麗入骨，而靈心慧筆，足以濟其勝，為詞林所罕覯。」舉「第一矜莊堪痛哭，無雙明艷莫端相」（〈浣溪沙〉）、「有夢便須安枕簟，如雲猶自想衣裳」（〈浣溪沙〉）、「忍更推篷，不如昨夜，猶見去時路」（〈四犯〉）、「已拚不思量，難生受、天涯病餘情味」（〈徵招〉）、「怕緗桃未抵離襟色。瘦不堪憐，那人知否，分付吳天寸碧」（〈淡黃柳〉）、「淚泣鮫殘，血啼鵑碎，脈斷高城，暮山凝紫」（〈側犯〉）、「落紅如雨，飛不到愁春處。玉鴨水沈微，裊寸碧鬖天能否」（〈長亭怨慢〉）諸句，評曰：

> 其曰「矜莊堪痛哭」，諷入世之以偽面目向人也；其曰「有夢如雲」，則情之所專，無間於境界之別也；其曰「忍更推篷」，極惜別之情也；其曰「已拚不思量」，則情之所鍾，欲擲勿得，置而勿思，更無可以自聊，轉不如思量之尚足自慰，見其一往之深也；其曰「瘦不禁憐，那人知否」，則專其在我，而正復不諒於人，顧我既專之，則亦不更求人諒，以易堅貞之操也；其曰「淚泣血啼」，盡傷離之致也；其曰「落紅如雨，飛不到愁春處」，則視「那人知否」之旨為更深；蓋明知其不為人知，而我固不悔，其忠誠直往之情為何如者？獨此深情，終能為人所知與否，則亦如玉鴨水沈之裊寸碧鬖天，未必倖達，初求知於人，漸不求人知，而終亦倖得人知；思緒層層，蕉心繭殼，情文兩絕，嘆觀止矣。【28】

【27】《詞學季刊》第一卷第四號（民國二十三年三月），頁68。

【28】同上，頁77－78。

意謂：立身行事，一任天真，決不以偽面目向人；情之所專，一往而深，即使不諒於人，不為人知，亦無所悔；然而我固不悔，仍希冀最終能為人所知，此亦是我情之不容已者。蕙風詞的最勝處，在此悉為抉出。不過，叔雍以門人論其本師，似難免溢美。龍榆生（沐勳）之論，則更為客觀，其〈清季四大詞人〉一文論蕙風曰：「惟其專作詞人，時或風流放誕，雖力戒『尖艷』，而結習難空。綜覽全詞，似多偏於悽艷一路，而少蒼涼激楚之音。」[29]蕙風舊文人結習甚深，確是「時或風流放誕」，情繫家國天下的蒼涼激楚之音，集中並不甚多。然而即便是其風流放誕之作，仍存忠厚之旨，決不是薄倖。

《人間詞話・刪稿》第四三則云：「讀《會真記》者，惡張生之薄倖，而恕其姦非；讀《水滸傳》者，恕宋江之橫暴，而責其深險。此人人之所同也。故艷詞可作，唯萬不可作儇薄語。」乍彼乍此，不知情為何物；如此的艷詞，即是儇薄，即是不仁之甚。而蕙風所謂詞心，則基於敦厚之情。《詞話》卷二第七七則曰：

> 偶閱《詞鈔》宋陳以莊〈菩薩蠻〉云：「舉頭忽見衡陽雁。千聲萬　字情無限。叵耐薄情夫。一行書也無。　泣歸香閣恨。和淚掩紅粉。待雁卻回時。也無書寄伊。」歇拍云云，略失敦厚之恉。所謂盡其在我，何也？然而以謂至深之情，亦無不可。

夫婿不歸，音信全無，閨人飲泣，發為決絕的恨語。故蕙風以為略失盡其在我的敦厚之旨。然而所以作此決絕語者，仍出於內心深厚之情，非薄倖之輩所能。又，《詞話》卷三第四二則引羅志仁（壺秋）〈菩薩蠻慢〉句云：「恨別後，屏掩吳山，便樓燕月寒，鬢蟬雲委。錦字無憑，付銀燭、盡燒千紙。」評曰：「十二分決絕，卻十二分纏綿，詞人之筆，如是如是。」錦字千張，信誓旦旦，人卻不歸，恨極之餘，盡付之一炬，

---

[29] 原載《暨大文學院集刊》一集（民國二十年一月），收入《龍榆生詞學論文集》，頁467。

可謂十二分決絕。然而這決絕,正是自十二分纏綿而來。(若情已絕,則視同路人,又何須恨?)足見蕙風論詞,以敦厚之情為至上。而敦厚正是不忍人之心的體現,亦即孟子所謂「仁術」。

《詞話》卷三第一六則曰:

> 唐張祜贈內人詩:「斜拔玉釵鐙影畔,別開紅燄救飛蛾。」後人評此以謂慧心仁術。金景覃〈天香〉云:「閒階土花碧潤。緩芒鞋、恐傷蝸蚓。」略與祜詩意同。填詞以厚為要旨,此則小中見厚也。

感情細膩,此乃慧心;憐惜生物、不忍見其死,是謂仁術。作詞須慧心,更須仁術。詞境有小有大,但須以厚為主;意敦厚者雖小卻大,意涼薄者雖大實小。詞境的大小,實有兩層意義:一就題面而言,一就襟抱而言。明乎此,則可論「重拙大」之「大」。

三、性情襟抱與詞境小大之辨

凡境界雄闊、意思莊重之作,自然是「大」。此為人所共知,蕙風別具慧眼之處,並不在此。其所謂大,首先是「盡其在我」:

> 《玉梅後詞》〈玲瓏四犯〉云:「衰桃不是相思血,斷紅泣、垂楊金縷。」(按:《玉梅後詞》乃蕙風詞集名。)自注:「桃花泣柳,柳固漠然。而桃花不悔也。」斯旨可以語大。所謂盡其在我而已。
>
> 千古忠臣孝子,何嘗求諒於君父哉?(《詞話》卷一第六十則)

趙叔雍對此的解釋是:「其謂桃作斷紅,垂楊初不之顧;而衰桃泣血,固不求知於垂楊,亦以盡其在我而已。以此喻家國之大,喻忠孝之忱,同非求知,自盡其我,正復一理,可以舉反也。」[30]桃花於垂楊有甚深之情,不可解於心,垂楊卻不為一顧。然而桃花依然十分執著,忠實於自己的深情,不管垂柳的知與不知。此即千古忠臣孝子「盡其在我」

---

[30]〈蕙風詞史〉。《詞學季刊》,第一卷第四號,頁77。

之心，所盡忠的是陳寅恪先生所謂「抽象理想最高之境」。【31】這是中國傳統道德的基石，其精神在於盡我所當為，不責於他人，即是董仲舒所謂「仁義法」：「仁之法在愛人，不在愛我；義之法在正我，不在正人。」【32】詞境如此，當然是「大」。不過，詞作之「大」與否，在精神，不在題面。詠微物，述艷情，並不即是小；題面上說家國天下，亦不等於大。前述「剔開紅燄救飛蛾」、「緩芒鞋、恐傷蝸蚓」二例，所憐惜的只是飛蛾、蝸蚓之類至微之物。但是若對如此微小之物，尚且有顧惜之意，其仁心為如何？以此仁心推擴，即孟子所謂「推恩」（〈梁惠王上〉：「推恩足以保天下，不推恩不足以保妻子。」），究其極，可達到程明道所謂「以天地萬物為一體」的「仁者」境界。【33】「小中見大」，其意思正在於此。是大還是小，當視襟抱而定。

《詞話》卷二第二四則曰：

> 填詞第一要襟抱。唯此事不可彊，並非學力所能到。向伯恭〈虞美人〉過拍云：「人憐貧病不堪憂。誰識此心如月正涵秋。」宋人詞中，此等語未易多覯。

向子諲此詞所表露的，是不以貧病縈心的光風霽月胸懷，有情在天地之意。【34】所謂情在天地，即是保持天地予我的真性，涵容一切，超出現

【31】見其〈王觀堂先生輓詞〉序：「吾中國文化之定義，具於白虎通三綱六紀之說。其意義為抽象理想最高之境，猶希臘柏拉圖所謂 Idea 者。若以君臣之綱言之，君為李煜亦期之以劉秀；以朋友之紀言之，友為酈寄亦待之以鮑叔。」再《寒柳堂集》（上海：上海古籍出版社，1980 年）附〈寅恪先生詩存〉。頁6。

【32】蘇輿《春秋繁露義證》（北京：中華書局，《新編諸子集成》本，1996 年），頁250（卷八）。

【33】見《二程集》（北京：中華書局，1981 年），頁15（《河南程氏遺書》卷二上）。

【34】龔開評宋遺民方鳳詩曰：「由本論之，在人倫，不在人事。等而上之，在天地，不在古今。」見厲鶚《宋詩紀事》（上海：上海古籍出版社，1983 年），頁1897（卷七八）。

實界利害得喪之上。而詞之為物，以抒情為主，傷感或流連光景之作居多，自五代、北宋以來一直如此，故曰「此等語未易多覯」。此處所謂「學力」，指的是學詞的功力，不是陶鑄人格的「學養」。（如此光風霽月的襟抱，當然是基於真性情，但亦有賴於後天的學養。【35】）有如此襟抱，詞筆又足以達出之，即是最上乘之作。

襟抱的表現方式，則隨時代風會及個人境遇而不同，不能強求一律。《詞話》卷二第六十則云：

> 宋王沂公之言曰：「平生志不在溫飽。」以梅詩謌呂文穆云：「雪中未問調羹事，先向百花頭上開。」吳莊敏詞〈沁園春·詠梅〉云：「雖虛林幽壑，數枝偏瘦，已存鼎鼐，一點微酸。松竹交盟，雪霜心事，斷是平生不肯寒。」二公襟抱政復相同。一點微酸，即調羹心事。不志溫飽，為有不肯寒者在耳。

又，卷三第二五則云：

> 元遺山絲竹中年，遭遇國變，崔立采望，勒授要職，非其意指。卒以抗節不仕。憔悴南冠二十餘稔。神州陸沈之痛，銅駝荊棘之傷，往往寄託於詞。〈鷓鴣天〉三十七闋，泰半晚年手筆。其〈賦隆德故宮〉及〈宮體〉八首、〈薄命妾〉辭諸作，蕃艷其外，醇至其中，極往復低佪、掩抑零亂之致。而其苦衷之萬不得已，大都流露於不自知。此等詞宋名家如辛稼軒嘗有之，而猶不能若是其多也。遺山之詞，亦渾雅，亦博大；有骨幹，有氣象。以比坡公，得其厚矣，而雄不逮焉者。豪而後能雄，遺山所處不能豪，尤不忍豪。牟端明〈金縷曲〉云：「撲面胡塵渾未掃，強歡謳、

【35】劉弘度（永濟）先生對此有精闢的詮釋：「按襟抱、胸次，皆非專由學詞功力所能得，特功力深者始能道出之耳。襟抱、胸次，純在學養，但使情性不喪，再加以書卷之陶冶醞釀，自然超塵。但道出之時，非止不可彊作，且以無形流露為貴。」見所著《詞論》（上海：上海古籍出版社，198 在年），頁 67。

還肯軒昂否？」知此，可與論遺山矣。

王沂公（曾）、吳莊敏（淵），身為參知政事（宰相），一副以天下為己任的熱腸（所謂「不肯寒」）豈能冷卻？若不以燮理陰陽為事（無「調羹心事」），而是以求田問舍為職志（「志在溫飽」），則是庸妄小人的行徑，有何襟抱之可言？至於元遺山（好問），情形就大不同了。身為亡國遺俘，苟活於新政權之下，若是發為雄豪的大言，那是恬不知恥，如何說得上「襟抱」二字？王、吳二公擔當天下大事的志概，遺山之「不忍豪」，都是出於性情之厚，都是襟抱的體現。

蕙風又論金李仁卿（治）詞曰：

〈摸魚兒‧和元遺山賦雁丘〉過拍云：「詩翁感遇。把江北江南，風嘹月唳，並付一丘土。」託旨甚大。遺山元唱殆未曾有。李詞後段云：「霜魂苦。算猶勝、王嬙青冢真娘墓。」亦慨乎言之。按治字仁卿，欒城人。正大七年收世科登詞賦進士第。（中略）壬辰北渡，流落沂、嶧間。藩府交辟，皆不就。至元二年，再以翰林學士召。就職期月，以老病辭歸。（中略）仁卿晚節與遺山略同，其遇可悲，其心可原，不以下儕元人，援遺山例也。其與翰苑諸公書云：（中略）其辭若有大不得已，其本意從可知。故拜命僅期月，即託疾引去矣。（《詞話》卷三第二九則）

仁卿於金元易代之際，迫於形勢，勉強出仕，然而又不忍有負於舊君故國，故一月即辭歸。其不得已的痛苦之情，只能發之於詞。「詩翁感遇」四句，以己比雁，以故土比雁丘，言我風霜歷盡，展轉飄零，畢生之所遭遇，所根觸，並付此一丘之土。滄桑之感，黍離之悲，盤結於字裏行間，故曰「託旨甚大」。「霜魂苦」三句，更言死歸雁丘，猶勝王嬙之琵琶別抱，長留青冢於絕域；真娘之風塵淪落，空遣游子以遐思。自傷之情，鬱勃而出，可謂悲而近乎激矣。處仁卿之世，恢復金朝決無可能，然而惓惓故國之情，「長無絕兮終古」（《楚辭》〈九歌‧禮魂〉語）。此「大不得已」之情，即是仁卿的襟抱所在。

王、吳與元、李，時代不同，地位不同，際遇不同，發而為詞，旨趣自然各異。然而旨趣雖異，卻同出於敦厚之情的不容已，同是盡其在我的仁心體現。所以都可說是有「襟抱」，都可說是詞旨「大」。借用理學家的話來說，這是「理一分殊」。

若明白此理一分殊之旨，則可知男歡女愛之辭，甚至淫褻之語，亦未嘗不可以「大」。《詞話・續編》卷一第二八則云：

> 易祓〈喜遷鶯〉云：「記得年時，膽瓶兒畔，曾把牡丹同嗅。」語小而不纖。極不經意之事，信手拈來，便覺綺旎纏綿，令人低徊不盡。納蘭成德〈浣溪沙〉云：「被酒莫驚春睡重，賭書消得潑茶香。當時祇道是尋常。」亦復工於寫情，視此微嫌詞費矣。

所謂「語小而不纖」，意謂字面上只是兒女情長，無關重大，而就詞旨而言，則可說是「大」（據前引《詞學講義》，「纖者，大之反」，可知「不纖」即「大」）。這三句所寫，有三層意思。一雙兒女，同嗅瓶中牡丹；此乃當時情境，為第一層意思。此情此景，相隔已有一年；這是第二層意思。雖相隔年時，而仍「記得」；此為第三層意思。由「記得」與「年時」二語可見，兩情相憐之情甚深（否則如此「極不經意之事」，為何一年後還記得？），而且信手寫出，極為自然。（至於所引納蘭詞，用了「莫驚」、「消得」，已落「經意」的痕跡，而「當時」一句，更是點破相思之意。雖工於寫情，顯然已遜於前一首的出語自然，故曰「微嫌詞費」。）真摯樸厚乃兒女之情的本來面目，為理之固然；若不處在非常之際，有何必要涉及家國天下之類莊重題目？這便是「理一分殊」。於此了然，上述三句當然可以稱得上「大」。

《詞話》卷二第六則乃是淫褻語亦可「大且重」之例：

> 《花間集》歐陽炯〈浣溪沙〉云：「蘭麝細香聞喘息。綺羅纖縷見肌膚。此時還恨薄情無？」自有艷詞以來，殆莫艷於此矣。半塘僧鶩（按：指王鵬運）曰：「奚翅艷而已，直是大且重。」苟無《花間》詞筆，孰敢為斯語者？

所寫顯涉淫藝，其艷已極。然而床第之間，兩情相悅，以往種種薄倖之事，至此一筆鉤銷；寫情甚為真切。趙叔雍《填詞叢話》曰：「雋語當有真情，否則徒見其佻薄。此二境至不易別，雖以慧心寫雋語，亦或不免此失。」【36】若準此義而論，此詞足可稱為「重」（重或沈著的關鍵在一「真」字）。不僅如此，還當得起一個「恕」字（但得兩心相照，前嫌可以盡棄；此即盡其在我、不責於人的「恕」）。詞旨之厚，實莫過於此，當然可以說是「大」。

　　盡其在我的真情，推擴至極，便是所謂「情癡」，亦即是「頑」（見前引《詞話》卷五第三六則）。劉弘度先生解釋說：

> 況君詮釋「頑」字，歸本於赤子之笑、啼，實則一真字耳。情真之極，轉而成癡，癡則非可以理解矣。癡，亦「頑」字之訓釋也。天下惟情癡少，故至文亦少。情癡者，不惜犧牲一切以赴之，〈柏舟〉之詩人、〈楚騷〉之屈子，其千古情癡乎。有此癡情已難矣，而又能出諸口，形諸文，其難乃更甚。然而情之發本於自然，不容矯飾，但使一往而深，自然癡絕，故又曰「至易」。【37】

〈柏舟〉之詩人，「不得於其夫」，【38】「覯閔既多，受侮不少」，然而仍是「我心匪石，不可轉也」。〈離騷〉之屈子，不得於其君，「固知謇謇之為患兮」，依然「忍而不能舍也」。情之癡，無過於此；情之恕，無過於此。文章之「大」，亦無過於此。以此類推，歐陽炯詞中兒女之情，亦癡亦恕，非大而何？總之，理一而分殊，不論怨女還是忠臣，不論居廟堂之高還是處閨帷之私，只要出於至真至恕之情，

【36】《詞學》第三輯，頁175（卷二）。

【37】《詞論》，頁84。

【38】朱子《詩集傳》曰：「婦人不得於其夫，故以柏舟自比。」（上海：上海古籍出版社，1980年），頁15。按：此詩是否如朱子所說，茲姑不論。

便是重且大。

處境不同，氣質不同，性情自然也不同。李仁卿而作辛稼軒之壯語，即使理正詞嚴，亦是優孟衣冠；不真不誠，便無「大」之可言。清人周在浚（號雪客，別署梨莊）論詞中性情，闡發此義曰：

> 予意所謂情者，上自《三百篇》，以及漢、魏、三唐樂府詩歌，無非發自性情。故魯不可同於衛，卿大夫之作，不能同於閭巷歌謠，即陶、謝揚鑣，李、杜分軌，各隨其性情之所在。古無無性情之詩詞，亦無舍性情之外別有可為詩詞者。若舍己之性情，強而從人，則今日餖飣之學，所謂優孟衣冠，何情之有？唐人小令，善於言情，然亦不為〈懊儂〉、〈子夜〉之情。太白〈菩薩蠻〉，為千古詞調之祖，又何常不言情？又何常以〈懊儂〉、〈子夜〉為情乎？予故言：凡詞無非言情；即輕艷悲壯，各成其是，總不離吾之性情所在耳。【39】

雪客此論甚諦。詩詞所貴者真性情。人性不同，各如其面。故〈衛風〉之情，自不同於〈魯風〉，太白〈菩薩蠻〉之情，亦不能同於樂府〈子夜歌〉。矯飾之情，算不得真。更須注意的是，所謂性情，有兩個層面。酸鹹異嗜，緩急殊性；此乃告子所說「生之謂性」的「性」。然而萬殊的人，另有其根本的「性」，即人所固有的價值自覺能力（「應該不應該」的自覺，亦即儒家所謂「義」）。【40】此價值意識源於人所固有的基本同情心（義本於仁）。人之所以為人，正在有此基本的同情心（「至性」）。只有出於這至性的情，方可謂之「真」。而至性雖一，其表現卻萬變不同。表現雖萬殊，凡可稱之為「真」者，必同出

【39】見徐釚撰、王百里校箋《詞苑叢談校箋》（北京：人民文學出版社，1988 年），頁 251（卷四）。

【40】參看勞思光《新編中國哲學史（一）》（臺北：三民書局，1984 年），頁 162－177。

於敦厚（仁之體現），同歸於忠恕（即盡其在我，不責於在人者）。
這是儒家思想的真血脈。蕙風詞論的深層依據，正在於此。執著於這
出於至性之情，欲罷而不能（即所謂「不得已」），如屈子之「雖九死
其猶未悔」，即是「哀感頑艷」之「頑」，「融重與大於拙之中」（《詞
話》卷五第三六則）。所謂襟抱，正指胸中所蘊蓄的這不能自已之
情。詞境大小本於襟抱，不論表現如何不同，凡出於忠厚惻怛（即發
自至性）者，即為「大」。襟抱之所「寄」所「託」，則是所謂「寄
託」。

四、即性靈即寄託

蕙風論寄託曰：

> 詞，《說文》：「意內而言外也。」意內者何？言中有寄託也。
> 所貴乎寄託者，觸發於弗克自已，流露於不自知，吾為詞而寄託
> 者出焉，非因寄託而為是詞也。有意為是寄託，若為吾詞增重，
> 則是鶩乎其外，近於門面語矣。蘇文忠「瓊樓玉宇」之句，千古
> 絕唱也。設令似此意境，見於其他詞中，只是字句變易，別無傷
> 心之懷抱，婉至激發之性質，貫注於其間，不亦無謂之至耶？寄
> 託猶是也，而其達意之筆，有隨時逐境之不同，以謂出於弗克自
> 已，則亦可耳。【41】

《詞話》卷五第三二則云：

> 詞貴有寄託。所貴者流露於不自知，觸發於弗克自已。身世之
> 感，通於性靈。即性靈即寄託，非二物相比附也。橫互一寄託於
> 搦管之先，此物此志，千首一律，則是門面語耳，略無變化之陳
> 言耳。於無變化中求變化，而其所謂寄託，乃益非真。昔賢論靈

【41】〈詞學講義〉，頁109。

均書辭，或流於跌宕怪神，怨懟激發，而不可以為訓，必非求變化者之變化矣。夫詞如唐之《金荃》、宋之《珠玉》，何嘗有寄託，何嘗不卓絕千古，何庸為是非真之寄託耶？

這兩段話的理路，可以歸納為：（一）詞所以貴有寄託，是不能自已的真情因外物觸發而自然流露；（二）若有意為寄託，即是不自然，即非佳作；（三）寄託既是性情的自然流露，則可說性靈外無所謂寄託；（四）既然即性靈即寄託，則搦管之時最好忘卻寄託，一任性情的自然流露；（五）卓絕千古的詞作，不一定有寄託，亦即寄託不是好詞的必要條件。如此見解，實已越出了常州詞派的藩籬。此派宗師張惠言撰《詞選》，以比興為尚，其〈詞選序〉曰：

> 傳曰：「意內言外謂之詞。」其緣情造端，興于微言，以相感動，極命風謠里巷男女哀樂，以道賢人君子幽約怨悱不能自言之情，低徊要眇以喻其致。蓋詩之比興、變風之義、騷人之歌，則近之矣。然以其文小，其聲哀，放者為之，或跌蕩靡麗，雜以昌狂俳優，然要其至者，莫不惻隱盱愉，感物而發，觸類條鬯，各有所歸，非特為雕琢曼辭而已。【42】

皋文《易》學大師，兼善賦學，每以讀賦讀《詩》之法（亦即經學之法）讀詞，重在「比興」與「言志」，【43】旨在「尊詞體」。【44】所謂尊詞體，用劉融齋的話來說，即是「詞莫要於有關係」，使其「興觀群怨」，不下於詩。【45】因此皋文心目中詞體的特點，乃是「其文小」，「其聲哀」。「其文小」，本於《周易·繫辭下》：「其稱名也小，其取類也

【42】《四部備要》本《詞選》，卷首，頁二上。

【43】取饒宗頤先生之說，見其〈張惠言《詞選》述評〉，《詞學》第三輯，頁109－110。

【44】參看《中國詞學批評史》，頁284－289。

【45】《藝概》，頁122（卷四〈詞曲概〉）。

大。」韓康伯注曰：「託象以明義，因小以喻大。」【46】意謂以此喻彼，即小見大。「其聲哀」，則指繼承《楚辭》傳統，即王船山論〈九歌〉所謂「其情貞者其言惻，其志菀者其音悲，則不期白其懷來，而依慕君父、怨悱合離之意致，自溢出而莫圉。」【47】然而詞本為「艷科」，源於花間尊前的淺斟低唱，香奩、詠物之類居多。【48】尊詞體者因此強調「意內言外」，稍後的周濟（止庵）於是便有「寄託」之說。

　　清末婁縣沈祥龍（約齋）釋詞之比興曰：「詩有賦、比、興。詞則比、興多於賦，或借景以引其情，興也；或借物以寓其意，比也。蓋心中幽約怨悱不能直言，必低徊要眇以出之，而後可感動人。」【49】亦即詞人心中怨悱之情、要眇之意，不直接說出，而是寄寓於外在之物、眼前之景；此即所謂「寄託」。所寄所託的情與意，則多為「身世之感」、「君國之憂」；【50】此即尚比興者所樂道的「言志」。魏默深（源）序陳太初（沆）《詩比興箋》云：

　　　　〈離騷〉之文，依《詩》取興，引類譬喻。詞不可徑也，故有曲而
　　　　達；情不可激也，故有譬而喻焉。善鳥香草，以配忠貞；惡禽

【46】樓宇烈《王弼集校釋》（北京：中華書局，1980年），《周易注》附韓康伯注，
　　　頁565。

【47】《楚辭通釋》，《船山全書》第十四冊（長沙：岳麓書社，1996年），頁243（卷
　　　二）。

【48】巴壺天論「比體詩」，分為香奩、游仙、讀史、詠物四類。見其〈論比體詩〉，
　　　《禪骨詩心集》（臺北：東大圖書公司，1988年），頁192。就詞的內容而論，
　　　以香奩、詠物二項為多。

【49】《論詞隨筆》（《詞話叢編》初刊本），頁一下。

【50】約齋又曰：「詠物之作，在借物以寓性情。凡身世之感、君國之憂，隱然蘊於
　　　其內，斯寄託遙深，非沾沾焉詠一物矣。如王碧山詠新月之〈眉嫵〉、詠梅之
　　　〈高陽臺〉、詠榴之〈慶清朝〉。皆別有所指，故其詞鬱伊善感。」見上書，頁
　　　五下。

臭物，以比讒佞；靈修美人，以媲君王；宓妃佚女，以譬賢臣，虬龍鸞鳳，以託君子；飄風雷電，以喻小人；以珍寶為仁義，以水深雪雰為讒構。荀卿賦蠶，非賦蠶也；賦雲，非賦雲也。誦詩論志，知人闡幽，以意逆志，始知《三百篇》皆仁聖賢人發憤之所作焉，豈第藻績虛車已哉？【51】

《詩比興箋》一書，乃是以經學之法讀詩的典範，所重的是「仁聖賢人發憤」之「志」。常州詞派所尊的「詞體」，正是此比興之體。然而此法用得太過，則如饒宗頤先生論張皋文所說，「用賦去看詞，用得太多了，就不免戴上一個有色眼鏡。」【52】「士行玷缺」的溫飛卿，【53】所作〈菩薩蠻〉詞「照花前後鏡」四句，於是便成了有「〈離騷〉初服之意」。【54】

如此論比興，未免膠柱鼓瑟。周止庵因此有「能入能出」之說，以「無寄託」與「有寄託」相濟。其言曰：

夫詞，非寄託不入，專寄託不出。一物一事，引而申之，觸類多通，驅心若遊絲之緩飛英，含毫如郢斤之斲蠅翼，以無厚入有間。既習已，意感偶生，假類畢達，閱載千百，譬欲弗違，斯入矣。賦情獨深，逐境必寤，醞釀日久，冥發妄中，雖鋪敘平淡，

【51】陳沆《詩比興箋》（上海：上海古籍出版社，1981 年），卷首，頁 1－2。

【52】〈張惠言《詞選》述評〉，頁 109。

【53】計有功《唐詩紀事》載：「庭筠舊名岐，才思艷麗，工於小賦，每入試，押官韻作賦，凡八叉手而八韻成，時號溫八叉，多為鄰鋪假手，號曰救數人也。而士行玷缺，縉紳薄之。」見王仲鏞《唐詩紀事校箋》（成都：巴蜀書社，1989 年），頁 1474（卷五四）。

【54】見《詞選》卷一，頁一下。按：〈離騷〉之「初服」，指「初始修潔之服」。見湯炳正等《楚辭今注》（上海：上海古籍出版社，1996 年），頁 15。有關皋文此說之穿鑿附會，參看詹安泰〈論寄託〉，收入其《宋詞散論》（廣州：廣東人民出版社，1980 年），頁 72－73。

摹績淺近,而萬感橫集,五中無主。讀其篇者,臨淵窺魚,意為
魴鯉,中宵驚電,罔識東西。赤子隨母笑啼,鄉人緣劇喜怒,抑
可謂能出矣。【55】

又曰:

初學詞,求空,空則靈氣往來;既成格調,求實,實則精力瀰
滿。初學詞,求有寄託,有寄託則表裏相宣,斐然成章;既成格
調,求無寄託,無寄託則指事類情,仁者見仁,智者見智。北宋
詞,下者在南宋下,以其不能空,而不知寄託也;高者在南宋
上,以其能實,且能無寄託也。【56】

所謂「非寄託不入」、「求有寄託」,意謂:作詞須先有志,然後引類
譬喻,雖賦蠶賦雲,意則在蠶、雲之外(即「表裏相宣」);是謂「能
入」。緊要者在於有「志」,所寄託的正是此「志」。浸潤既久(「既習
已」),心意與此志浹而俱化(「既成格調」),於是便無須有意為寄託;
是謂「能出」。作者雖並未有確切的譬喻,但因情意之深,內心蘊蓄之
志自然浹洽於筆下的景物中。就具體的所指而言,讀者雖有見仁見智的
不同,但離作者的核心志意卻不會太遠(因詞中景物已與作者的志意浹
而俱化);此即所謂「冥發妄中」。

止庵此論,與前述蕙風「即性靈即寄託」之說,有相通之處,如劉
弘度先生所說:

張氏但知詞以有寄託為高,而未及無所寄託而自抒性靈者亦高,
故介存有空、實之辨也。至介存所謂「指事類情,仁者見仁,智
者見智」與況君所謂「即性靈,即寄託」,語異旨同。填詞必如
此而後靈妙,是又無寄託而有寄託也。【57】

【55】周濟〈宋四家詞選序論〉,《詞籍序跋萃編》,頁802。

【56】《介存齋論詞雜著》(《詞話叢編》初刊本),頁一下。

【57】《詞論》,頁73。

詹安泰〈論寄託〉一文，亦有類似看法：

[周、況二氏]立論一似相反。然細推況氏意，殆惡夫「騖乎其外，
近於門面語」者而為是言耳；殆欲使人不為刻露之寄託耳。世固
有貌為寄託而中無所有之詞；未有真誠有所寄託而絕不用意者。
（情感流露於不自知者有矣；意有所屬，而謂不自知，其誰信
者？）且況氏此說，殆專就周氏「求無寄託」之說發揮，雖不言有
意為無寄託，而主寄託之必須力求渾融，與周氏初無二致也。【58】

蕙風與止庵，確實都以為，寄託必須基於真性情，而且只有以渾融出之
（亦即如任淵論后山詩所謂，「不犯正位，切忌死語」【59】），方能臻於靈
妙。然而止庵所主張的「求有寄託」，正是蕙風所謂「橫亙一寄託於搦
管之先」，其「無寄託」，亦是有意而為（「求」即是有意）。他對寄託
的根本看法。可用沈約齋《論詞隨筆》中一段話予以概括：「詞貴意藏
於內，而迷離其言以出之，令讀者鬱伊愴快，於言外有所感觸。」（頁
一下）總之，不論有寄託還是無寄託，詞須言志；「志」則不外於「身
世之感、君國之憂」。而蕙風所貴於寄託者，只是真情自然流露於景物
中而已，不僅寄託須忘卻，「無寄託」亦須忘卻。張皋文的比興，病在
太實；周止庵以「空」救之，故創為「能入能出」之說；況蕙風之論，
則是出入兩忘，一任性靈，實是超越了常州派的言志傳統。

夏敬觀（玄修）對「即性靈即寄託」之說，甚為贊許，評曰：

此論極精。凡將作詞，必先有感觸。若無感觸，則無佳詞。是感
觸在作詞之先，非搦管後橫亙一寄託二字於胸中也。時不同，境
不同，所感觸者隨之不同。是感觸有變化，不待求而有真寄託
矣。若以為詞之門面，搜尋寄託，豈不可笑？【60】

【58】《宋詞散論》，頁63。

【59】見《后山詩注》（《叢書集成初編》本），〈目錄〉，頁1。

【60】〈況夔笙蕙風詞話詮評〉，頁48。

玄修以「感觸」代「寄託」：作詞的先務在感觸，有感而作，外界無情之物在筆下都化為有情；除此之外，無所謂寄託。時、境不同，感觸當然也不同。花前月下小兒女兩心相許之辭，情真理切，豈須風雲氣壯的門面語以為裝飾？田夫野老，「不識不知，順帝之則」（〈擊壤歌〉語），發為天籟之音，即使並無「身世之感、君國之憂」，亦不礙其為天生好言語。一句話，佳詞必有感觸，但不必有寄託。

明儒呂新吾（坤）下述議論，可與蕙風「即性靈即寄託」之說相參：

> 詩辭要如哭笑，發乎情之不容已，則真切而有味。果真矣，不必較工拙。後世只要學詩辭，然工而失真，非詩辭之本意矣。故詩辭以情真切、語自然為第一。【61】

心感物而動，於是有情；情鬱於中，不能不發，於是有言。如此而成的詞，不雜利害考慮，不作矯飾，如「赤子之笑啼」，真切而自然，全是性情的流露，但是這決不是所謂「自我表現」。【62】因為「表現」即是有意，即非「發乎情之不容已」。（西方表現理論與中國舊傳之說，各有其理據，強行比附，必至兩失。）蕙風心目中真切之情，乃是從惻隱之心自然流出（即出於「性」的情），其本在仁，其用在忠恕。前述「蘭麝細香聞喘息」三句，艷至於極，難以「寄託」附會，然而仍然可以稱為「重且大」，原因在於「厚」，而厚則是恕的表現。不失赤子之心，即是保有此惻隱的仁心。仁心的觸發，或在家國，或在閨幃，隨時隨境而不同，發而為詞，自然也有莊重艷麗之異。但凡可稱為佳作者，其情必厚，必出於仁恕之心。詞體之可尊，不在比興，不在有寄託，亦不必在身世之感、家國之憂（家國若有可憂者在，具仁心者豈能不憂？），而在於仁心的自然流露。這是蕙風的中心論旨，也可說是常州詞派合乎

【61】 見《呻吟語》（《呂子遺書》本），收入《續百子全書》（北京：北京圖書館出版社，1998年），第十一冊，頁658－59（〈外篇〉卷六之四，頁五下──六上）。

【62】 見屈興國《蕙風詞話輯注》，頁5－6。

邏輯的發展。然而發展至此，也就越出了常州派比興寄託說的藩籬。

王船山釋孔子「《詩》，可以興，可以觀，可以群，可以怨。邇之事父，遠之事君。多識於鳥獸草木之名」曰：

> 可以興觀者即可以群怨，哀樂之外無是非；可以興觀群怨者即可以事君父，忠孝，善惡之本，而歆於善惡以定其情，子臣之極致也。鳥獸草木亦無非理之所著，而情亦不異矣。「可以」者，無不可焉，隨所以而皆可焉。古之為《詩》者，原立於博通四達之途，以一性一情周人倫物理之變而得其妙，是故學焉而所益者無涯也。【63】

真是非出於真好惡，真好惡則出於至性（故曰：「忠孝，善惡之本」）。詩之本在性情；「興觀群怨」者，乃性情之用；「事君父」之類，則是其功效。功用可隨時、境的不同而不同（「隨所以而皆可」），只要發自真性情，便能「周人情物理之變而得其妙」，亦即「作者用一致之思，讀者各以其情而自得」。【64】讀者既各以其情而自得，寄託自不限於一端，比興之義於是也更廣。能感者既出於真性情，熏習所感者之力自然亦更大。蕙風所謂詞乃「君子為己之學」，所謂「即性靈即寄託」，當以此意會之。以此論詞，罷脫了歷代儒者政治與教化之說的束縛，還文學以本來面目，而儒家文學觀的真精神，反因此更為發揚光大。朱彊村推《蕙風詞話》為千年之絕作，厥因或在斯乎。

【63】《四書訓義》，《船山全書》第七冊（長沙：岳麓書社，1990年），頁915（卷二一）。

【64】《薑齋詩話》，《船山全書》第十五冊（長沙：岳麓書社，1995年），頁828（〈詩繹〉。第二則）。

景印香港新亞研究所《新亞學報》（第一至三十卷）

瀛海奇譚：雍正有個竺皇后

——三評《紅樓解夢》

楊啟樵*

摘要：《紅樓解夢》（以下簡稱《解夢》）說雍正強納曹雪芹戀人竺香玉為后。二人憎之入骨，合謀毒死雍正。今故宮博物院藏有仕女畫一套，即竺皇后行樂圖云云。

筆者不以為然，因一無歷史根據，曾撰文評論，此為第三篇。《解夢》主張：竺皇后確有其人，仕女畫即是皇后圖，雍正登基後十七年間不信佛教，楊某否定此一事實，即是否定歷史。然耶非耶？讀本文自明。

前言：為何一再評《解夢》

六年前撰寫兩文，評論霍國玲等所著《紅樓解夢》。日前，其第五集由書肆送達。（新世界出版社，2003 年）內有回應拙作處，題為《三論「香玉皇后行樂圖」——兼駁楊啟樵〈故宮果真有香玉皇后肖像？〉和朱家溍〈關於雍正時期十二幅美人畫問題〉》。

等待六年，《解夢》終於作出反應，倘若對筆者種種指摘，提出合理解答，就此了結。遺憾的是毫無滿意解釋，反將問題複雜化；且越出論題作人身攻擊。我不能默爾無語，還是要浪費筆墨，略抒管見。

《解夢》第一冊出版於1989年，（燕山出版社）之後陸續發行數冊。主題之一是：《紅樓夢》作者曹雪芹，與戀人竺香玉毒死雍正帝。竺何

---

*日本姬路獨協大學。

許人也，不見於任何史書，係《解夢》自《紅樓夢》書中索隱而得。說：伊原是曹家丫鬟，曹頫冒充為義女，送進宮中當秀女。雍正十一年被冊立為皇后。

這樣的「齊東野語」，引起我撰寫兩篇評論文，刊登於《紅樓夢學刊》中。（97年4輯及98年1輯）指出：竺香玉並無其人，曹雪芹不可能毒死雍正，故宮博物院所藏仕女畫與「竺皇后」無涉。本文乃第三度評論，分上下兩篇：上篇探討雍正崇佛問題，看看究竟誰歪曲歷史。下篇考核故宮所藏十二幅仕女畫，看看是否即屬皇后圖。此外附「餘談」一則。

上篇　雍正崇佛問題

一、畫與佛教何牽連

《解夢》深信竺香玉實有其人，故宮仕女畫，即是皇后行樂圖。然則圖與雍正佛教信仰有何牽連？因內有兩幅，畫中人手持念珠，《解夢》由此斷定製作於雍正十年（1734）之後，理由是雍正年青時雖崇佛，但自康熙五十三年（1714）到雍正十年，改變信仰，「說他不崇信佛教卻不錯」。（《解夢》第五集，頁508）雍正十一年，香玉冊立為后。伊禮佛甚虔，雍正恢復佛教信仰即在此時。

我則認為雍正始終信奉釋氏，從未中斷；亦從未聽過有竺皇后其人。詎料《解夢》說這是「否定史實」。

二、雍正崇佛未中斷

哪一點「否定史實」？我說雍正未嘗改變信仰，列舉續位後種種崇佛言行為證。《解夢》在辯解文中，輕描淡寫地將所舉證據鉤消，說：「楊先生用元年兩塊御製碑文，及其他一兩個例子，便得出雍正『御極後』不多言佛事，是『表裏不一』的表現，顯然武斷。」（同上，頁508）

用確鑿可信的史料作證明，怎能說「武斷」？《解夢》說「其他一兩個例子」，似乎無關攸要，其實大有文章。我舉出《清史稿》沈近思傳，說雍正曾向他問佛理。舉出《永憲錄》，說「國師文覺日侍宸食，參密勿。」「凡名山古寺，皆內遣僧主之。」《解夢》不予置辯，輕輕地變成「其他一兩個例子」，轉移話題，判予「武斷」，如此答辯有說服力嗎？

雍正崇佛，大臣反對，其實不止沈近思一人。如戶部侍郎趙殿最，有類似遭遇，浙東史學家全祖望在《鮚埼亭集》中描述：「一日燕見，九卿侍坐，競進談禪。」雍正問趙：「汝亦能之否？」答以未學。皇帝仍不放過，說：何不一試，即以禪語考問。趙卻答以儒家之言。雍正對群臣說：「真鈍根也」。[1]其他如李紱、任啟運等都曾反對雍正崇佛，不贅述。

再說「表裏不一」，歷代帝王多有此弊；表面上信奉釋老，見諸於詔諭者盡是崇正黜邪的一套。且觀有明一代，自洪武至崇禎十五帝，都「表裏不一」，並非雍正與眾不同。[2]

雍正信佛證據，（元年至九年）不勝枚舉，僅內務府造辦處「活計檔」中，有關資料俯拾即是。[3]下文擇要舉例；雖非全豹，但足夠證明。

---

[1] 全祖望：《鮚埼亭集》卷第十八，〈工部尚書仁和趙公神道碑銘〉。

[2] 明代諸帝「表裏不一」的宗教觀，參拙作《明清史抉奧》頁1～150，香港，廣角鏡出版社，1984年10月。

[3] 「活計檔」全稱「各作成做活計清檔」。「作」指宮廷中專為皇室服務的作坊，如「裱作」、「琺瑯作」等。是一種工程記錄，詳細記載皇帝某年某月某日降旨，製作或修補何種物品，採用何種材料，作成何種形式，何人策劃，何人操工，何月何日竣工，由何人攜至何處，如何安放，最後如何發落等等。原是枯燥無味的流水帳，乏人注意。筆者則以為能從中窺見皇帝的好尚，顯示出他的性格、作為，尚可訂正、補充史實。曾撰寫論文多篇：第一篇於1986年國際清史討論會中

三、念佛數珠頻製作

仕女畫繪製於何時？實際上爭論焦點在一串念佛數珠，《解夢》認為雍正十年前畫中不可能出現念珠，因此前雍正不信佛教，「本人不拜佛，而他是極端的封建專制皇帝，很難想像他會允許自己的后妃，手持佛珠畫『行樂圖』。」（《解夢》第三集，上冊，頁78。中國文學出版社，1997年）然而筆者查閱「活計檔」，自元年至十年頻頻奉旨傳做念珠，或皇帝自用，或賞賚臣下，製作極為精緻考究。既賞人，領受者當能使用；既能使用，為何不能在畫像中出現？此類資料豐富，姑且每年選一條，即使如此，提及數珠也有一百盤之多，足夠證明。【4】

發表，議論較詳盡的則為〈雍正帝的御用作坊〉一文，載於《北京大學學報》2000年第1期。亦可參考拙作《揭開雍正皇帝隱秘的面紗》增訂第一版中第8至12章。香港，商務印書館，2003年4月。又上海書店出版社有簡體字版，2002年7月。又商務增訂第二版，預定7月發行。

【4】念佛數珠（見內務府造辦處「活計檔」。）

1. 元壽、天申阿哥討數珠二盤，奉旨准做。（雍正元年二月二十四日，按：元壽即為以後的乾隆皇帝。）

2. 奉旨做蘭枝核，扁桃核及椰子念佛珠五十五盤，以備賞用。（二年三月二十八日。）

3. 宮內交出金剛子數珠一盤，命配合念佛莊嚴。（三年十一月十九日。按：「莊嚴」為珊瑚佛頭、珍珠「紀念」等裝飾品。）

4. 宮內交出金線菩提、鳳凰菩提數珠三十二盤，奉旨：「選好些的配上用莊嚴；平常些的配賞用莊嚴。」（四年十月二十二日。）

5. 宮內交出大珠二百五十顆，小珠四百七十顆，寶石二十五塊，傳旨配念佛數珠用。（五年十一月十五日。）

6. 宮內交出數珠及珠子，命添換，又：選擇上品珠子，每顆珠子刻梵書六字。（六年正月初五日。）

四、佛龕佛像及佛衣

雍正登基後不時降旨，製作佛龕、鑄造佛像。【5】有時吩咐得非常具體，如：

---

7. 奉旨：做上好念佛數珠幾盤。（七年三月初四。）

8. 養心殿西暖閣斗壇內，陳設「十供」一分，再做佛衣一件，紫檀木一座，座上安一挑竿，上掛好數珠一串。（八年十月十四日。）

9. 命做念佛蜜蠟數珠一盤。八日後做成呈上，雍正不滿，命重做。（九年六月十六日。）

【5】佛龕佛像及佛衣（俱見「活計檔」）

1. 奉旨：做小佛龕二座。（雍正元年正月二十六日。）

2. 奉旨：做好佛龕一座，佛身高五寸五分，入深四寸二分，面寬四寸八分。（元年六月二十四日。）

3. 奉旨：做紫檀木佛龕一座。（元年八月初一。）

4. 奉旨：做楠木佛龕三座。（元年八月十八日。）

5. 宮內交出佛一尊，命配做如意龕。（二年十月二十七日。）

6. 宮內交出佛一尊，命配做紫檀木如意龕。（二年十二月初十日。）

7. 宮內交出坐像無量銅佛一尊，命開光及配做紫檀木龕一座。（三年正月初三日。）

8. 養心殿佛堂內太監傳旨：做如意佛龕一座。（三年八月二十七日。）

9. 宮內交出銅胎佛一尊，命配龕。（四年正月初二日。）

10. 圓明園來帖，奉旨傳做紫檀木佛龕二座。（四年二月十一日。）

11. 圓明園交出佛二尊，命做龕。（四年三月初五日。）

12. 奉旨：養心殿佛堂內一龕九尊佛，另一龕十一尊佛，原先中正殿照樣做過，今再造一堂。又圓明園佛堂內一龕十一尊佛，亦照中正殿式再造一堂。（四年八月初九。）

13. 奉旨做紫檀木龕一座。（四年十月初四日。）

14. 奉旨做佛龕幾座備用。（四年十月初九日。）

5

雍正八年三月十八日，內務府郎中海望持出白磁羅漢一尊，奉旨：着好手匠役，或用白檀或用黃楊木，仿做一尊。其形容愈喜相愈好。左手持十八羅漢數珠，右手持芭蕉扇。【6】

臣下亦知皇帝崇佛，雍正五十大壽時，十七弟果親王允祿呈進壽禮，就是能載十一尊佛的佛龕。【7】

製作為數甚夥的佛龕、佛像，目的是誦經禮拜，雍正深信如此能「興國廣嗣、延年益壽」。大內與圓明園都設佛堂，單圓明園就有數處，如：深柳讀書堂、九洲清晏、樂志山村、積雲堂等。

禮佛須穿佛衣，雍正繼統以後就開始定做，如元年九月二十三日，宮內交出佛衣七件，傳旨：照樣做十二件。又同年十月二十四日，奉旨做佛衣四十件。又四年二月初十日，奉旨做佛衣二十一件，「尺寸照先做過的。」（俱見「活計檔」）

---

15. 宮內持來佛龕尺寸紙樣，命照樣做紫檀木佛龕五座。（五年六月十五日。）

16. 宮內交出佛九尊，命配做一龕。（五年十月二十九日。）

17. 奉旨做花梨木佛龕三座。（五年十一月十六日。）

18. 奉旨：做無量壽佛紫檀木龕四座。（六年正月十一日。）

19. 太監持來佛龕紙樣，命補做紫檀木佛龕二座。（六年三月初八日。）

20. 宮內交出無量佛一尊，命配佛龕。（七年二月二十八日。）

21. 宮內交出佛三尊，傳旨：二尊配龕；一尊配扁形龕，安玻璃。（七年六月初四日。）

22. 奉旨傳做紫檀木佛龕五座。（七年六月初八日。）

23. 奉旨傳做紫檀木佛龕一座。（九年五月二十三日。）

24. 奉旨：造觀音菩薩一尊，在（圓明園）樂志山村供。（九年五月二十六日。）

25. 宮內交出觀音菩薩一尊，傳旨命配紫檀木如意龕。（九年十一月二十七日。）

【6】「活計檔」八年三月十八日條，內容見正文。

【7】宮內交出佛十一尊，命配做佛龕一座。告成時寫簽呈進，簽上寫「雍正五年五十萬壽果親王進。」（「活計檔」五年二月十九日。）

雍正拜佛成了日課，無論在紫禁城或者圓明園都如此。雍正四年，傳做兩座紫檀木及楠木佛龕三座，太監傳旨：「皇上進宮去時隨進；圓明園來時亦隨了來。」（「活計檔」四年正月二十八日。）可知誦經禮佛一日不可或缺。

早在雍正二年，就曾鄭重其事地下過聖旨：「嗣後凡交爾等造佛之事，務要恭敬、潔淨供奉，虔誠辦理。」（「活計檔」雍正二年十二月二十一日。）

又：奉旨：「乾清宮朕坐的寶座尚且精細，各壇廟供應的屏峰（原文）寶座理合尤為慎重。」（「活計檔」雍正八年正月二十九日。）雍正把壇廟看得比乾清宮更重。

五、御書廟碑數量多

前文說過，《解夢》說我僅用元年兩塊碑文，似嫌數量過少。其實元年至九年的御書廟宇碑文，不計其數，不妨再加二十多塊，湊成三十齊頭數。當然不是全部，我無意編製御碑集成，這已足夠。【8】

【8】御書廟碑（見「活計檔」）

1. 雍正三年正月二十一日，御書廟碑三塊，文曰「慧燈即照」、「慈容儼在」及「福佑寺」。

2. 四年二月二十五日，御書廟碑四塊，文曰「敬建恩佑寺」、「音容儼在」、「心源統貫」、及「龍像莊嚴」。怡親王特命：「皇上三月十八日駕往恩佑寺，須趕製。」

3. 五年二月初十日，御書「普恩寺」碑文一塊。特旨：「將匾文染黃色，畫泥金雲龍。」「再照樣做字三個，俱鍍金，其寶要連在恩字上。」

4. 五年八月二十二日，御書廟碑兩塊，文曰「崇恩寺」、「弘闡法印」。

5. 五年九月十九日，御書「黑龍潭」絹字碑文。

6. 六年二月初十日，御書廟碑兩塊，文曰「聖因寺」、「澤永湖山」。

7. 八年正月二十六日，御書廟碑兩塊，文曰「雲神廟」、「雷神廟」。

要補充的是，雍正不僅親灑宸翰，有時還支出巨資興修廟宇，如隆福寺，「弘施貲財，庀材召匠，再造山門，重起寶坊。前後五殿，東西兩院，咸葺舊為新。」

又如北鎮廟，雍正臨宇之初，便「遣專官董司營治，棟宇榱桷，丹蠖一新。雍正四年，厥工告成。」[9]

六、佛道並論有原因

我說雍正釋老並尊，《解夢》責問：議論佛教，為何提及道教？這個問題很簡單，眾所周知，雍正本身是個佛道雜糅者，御選語錄中既有禪師，亦有羽士。宮中檔案中往往緇黃並提，譬如，乾清宮斗壇原屬於道教，雍正卻在此供奉佛像。類似例子在在皆有，如雍正九年二月十九日「活計檔」記載：「乾清宮月壇上供的斗壇行龕牌位，二十二日卯時，隨佛請至圓明園深柳讀書堂大平台處。」斗壇屬道教，行龕屬佛教。雍正相提並論，不以為怪。因此，證明他崇信佛教時，夾進了道教資料並不稀奇。

其實《解夢》早已這樣做。為了證明雍正十年起「突然重視起佛

---

8. 八年二月十六日，御書「順承協德」廟碑一塊。

9. 九年二月二十二日，御書碑文兩塊，文曰「不見一法即如來收心論」（斗方）及「戒定慧」（橫披）

10. 十年閏五月十六日，御書「永泰寺」廟碑一塊。

11. 十一年六月二十一日，御書廟碑四塊，文曰「禪源寺」、「聖月寺」、「賢良寺」及「如如不動」。

12. 十一年十一月二十三日，御書廟碑五塊，文曰「覺岸慈航」、「福佑升恆」、「慈雲甘露」、「慧照澄心」及「慧日長輝」。

【9】隆福寺及北鎮廟碑文收於《世宗憲皇帝御製文集》中。（卷14及15。《四庫全書》本，第1300冊。上海古籍出版社影印，1987年）又卷18〈北鎮寺祭文〉中亦有類似記載。

來」，引用檔案說：是年十月傳旨做法衣十四件。緊接着的卻是做「道衣」五十件；不僅如此，下文還混進了「道冠」九頂。（《解夢》第三集，上冊，頁77、78）為甚麼《解夢》論佛，可以夾進道教史料，豈非「只准州官放火」？

《解夢》說我楊某以前也主張雍正十年（楊按：原文是十一年）「突然重視」起佛來，現在為何推翻自己的觀點？「來個180度大轉彎呢？」（《解夢》第五集，頁507）

這是斷章取義，我二十餘年前舊作中，[10] 並無「突然重視起佛來」的說法。只言道：「即位後十年間絕口不言佛事，僅於朱批密摺中一二見。」

「絕口不言」不等於反對佛教，只是不再編纂內典，不再頻頻出入叢林，不再坐禪證道。表面上似乎不甚積極，實則仍篤信佛教。為何如此？舊作中亦曾解釋：一則政務冗繁，無暇騖外，二則恐臣民效尤，崇尚佛教，輕視政事。雍正十一年，政局大定，一再頒發佛學諭旨，其中最注目者為三教同源論。讀此可知筆者根本沒有改易以前的觀點。

還有，評論不宜節外生枝，前文表過：評《解夢》文中我說乾清宮設有斗壇，壇中也供佛。斗壇原是道士禮神之處，「可是雍正也躬自祈禱。」

這幾句話到了《解夢》手中，卻帶來了訓言：「吸收各教之精髓，為清朝統治者服務，並不是說，道士禮神時供佛像，和尚法會時供天尊。」

請一讀《紅樓夢學刊》中的拙作，有半句「雍正讓道士拜佛、和尚禮神」的詞語嗎？切不可亂插「栽贓」式誣蔑！

【10】楊啟樵：《雍正帝及其密摺制度研究》1981年11月，香港，三聯書店。按：書已絕版。上海古籍出版社正在排印增訂新版，預定8月發行。

七、學者論雍正崇佛

《解夢》說雍正曾經十七年不信佛教，但我至今尚未覓得此等史料。然則清史學者的看法如何，馮爾康先生乃此中專家，且看其說：「雍正在位期間，自云『十年未談禪宗』，實情並非如此，他在臣工奏摺的批語中好談佛法。」

又說：「不僅自稱和尚，雍正還自視為『野僧』。」

又說：雍正五年正月，「蒙古王公進覲朝賀，並要求誦經祈福」。雍正允許，自比釋主，還給以資助。

又說：「雍正的引用僧人和信佛，很自然地引起一些篤學而又正直的大臣的不滿，並借用各種方式，表達他們的意見。」

又說：雍正讀陸生楠奏摺，以為是「譏諷他崇尚佛老。」

又說：「雍正對官僚的反佛言行，有時暴跳如雷，而在處理上還是有所克制。」[11]

上舉史實都發生在雍正十年前。其實不僅馮先生，其他學者多持此說。

下篇　故宮仕女非皇后

一、空中樓閣竺皇后

《解夢》用數珠來推算雍正的佛教觀，無非為了證明故宮仕女畫中的人物確是竺香玉；由此推定實有竺皇后其人。但這不合邏輯，即使證明仕女畫繪於雍正十二年後，也無法斷定這就是皇后圖，更不能證明畫中人便是竺香玉。就算雍正於康熙五十三年後一度放棄佛教，也不能證明繪製於十二年後。因《解夢》也承認雍正在康熙五十三年以前，虔誠崇

---

[11] 以上六條，見馮爾康《雍正傳》，頁508～513。上海三聯書店版，1999年12月。

信佛教，然則這套圖也可能製作於康熙五十三年前；這段期間他篤信佛教，《解夢》自可於圖中出現念佛數珠。若然，竺皇后就不可能存在；因為《解夢》說她是雍正八年後才進宮的。

二、故宮並無竺后圖

此次，《解夢》回應朱家溍先生與我，分別而論；其中一節則是共通，題為〈「香玉皇后行樂圖」是行樂圖，而非美人圖〉。評道：

> 現存故宮博物院的十二幅女子畫像，我們已論證出，是香玉皇后的行樂圖。朱家溍先生和楊啟樵先生都認為這是「美人畫」。這種誤解是沒有分清行樂圖和美人畫兩種繪畫的區別。（《解夢》第五集，頁501）

於是《解夢》引用《紅樓夢大辭典》，作一番說教：何謂行樂圖，何謂仕女畫（或美人畫）。然後批評朱先生：「不僅混淆了『行樂圖』與『美人畫』的區別，也混淆了『行樂圖』與『肖像畫』的區別。」（同上，頁502）最後結論是：故宮藏着十二幅行樂圖，該研究被畫者是誰。如果不這樣做，「竟連其『行樂圖』的性質也千方百計加以否定，不能不說：研究方向出了偏差！」（同上）

這段話「一竹竿打沉一船人」，因為故宮專家們並非不研究，而是研究結果與《解夢》不同，即不承認「竺后行樂圖」的存在。這是「偏差」嗎？若然，「行樂圖」猶如君主獨裁時期的「聖諭」，定於一尊，絕對不能觸犯。

《解夢》以辭典知識，大談其行樂圖與仕女畫區別。這對我來說，也是贅詞，何況對在故宮鑽研數十春秋、年已九十的朱老，不是江邊賣水嗎？（按：朱先生不幸於去歲病故。）

應該把問題弄清楚，爭論的並非行樂圖、仕女畫的定義，而是故宮十二幅絹畫究竟屬於哪一類；朱先生與我都否定了行樂圖。其他故宮的專家如何？我向他們討教，回答是：故宮方面的意見一致，即：不是雍

正后妃行樂圖，而是仕女畫。其中，聶崇正先生說得更具體：行樂圖中的主要人物應該帶有肖像特徵。這套畫原名雍正十二妃，「後因發現畫中人物完全是概念化的美人，並無肖像因素，因而更名。」「朱家溍先生說的，我完全同意。」

眾專家長年在宮中作研究工作，接觸到無數實物。對於國家文物的鑑定，十二萬分審慎，不能隨便敷衍、搪塞。倘若說他們的研究出了偏差，相當嚴重！

順便說一句，關於故宮十二幅絹畫，臺北故宮博物院專家的意見若何？日前函詢，結論與北京不約而同，即：非后妃行樂圖。

三、仕女畫登錄在案

前文說過，97年該《解夢》第一篇論竺皇后行樂圖文後，我撰文評騭，所舉資料中，最有力的是第一歷史檔案館珍藏的「活計檔」，短短幾行，非常明確，文曰：

> （雍正十年）八月二十二日，據圓明園來帖，內稱：本日司庫常保、首領薩木哈持出由圓明園深柳讀書堂圍屏上拆下美人絹畫十二張，說：「太監滄洲傳旨：『着墊紙襯平，各配做卷杆。』欽此。」本日做得三尺三寸杉木卷杆十二根，並原文美人絹畫十二張，用連四紙墊平。司庫常保、首領薩木哈持去，交太監滄洲收訖。【12】

《解夢》說皇后行樂圖十三年初始完成，但上引檔案，清楚地記載十年八月已有「拆下」字樣。（按：實際上拆下時間應為九年，詳下。）即此一點足已排斥皇后圖之說，至此《解夢》又換一說，云：檔案所言乃

【12】 同一記事，往往於「活計檔」中出現兩次：一按作坊內容分，如「裱畫作」、「雜活作」等。一按日期分，如：春季流水帳、秋季流水帳等。兩者詳略不同。為詳盡起見，此處乃兩條合并而成。

指另一套。

四、仕女畫豈有兩套

《解夢》寫第一篇竺皇后圖時，說清宮檔案中至今未發現相關記載。（《解夢》第三集，頁51。）第二篇論竺皇后圖時改換口氣，（《紅樓圓夢隱秘》頁118），才道及檔案，說：「近來有人查到一條內務府中的檔案材料。」第三篇仍然含糊其詞：「後因在一文中見到『活計檔』。」（《解夢》第五集，下冊，頁496。）

請問：「近來有人」的「人」是誰？「因在一文」的「文」是甚麼文？何人執筆？何年何月登載在何處？如屬轉載，何以不及出典？

其實相關檔案早已出現，朱家溍先生於1985年〈雍正年間的家具製造考〉[13]中提及過。按常情說，既然檔案內容與實物一致，皇后圖之說已瓦解，《解夢》自當放棄前說。卻搬出了「兩套論」，說：檔案所記，是另一套仕女畫，目前無法尋覓；現藏十二幅絹畫才是竺皇后行樂圖。這不是奇怪？一套有記錄無實物；另一套有實物無記錄。而記錄的敘述，卻與實物一致。

五、畫心尺寸無根據

《解夢》要證明檔案所記，與現存圖像不同，發出一連串妙論，對畫心尺寸的解釋是：

「美人絹畫」既然是從圖屏上拆下來的，即是說它是圍屏上的「畫心」，尺寸大約為：縱130～140cm，橫30～40cm；而「香玉皇后行樂圖」的尺寸為：縱184.6cm，橫97.7cm。兩種繪畫的尺寸並不相合。試想：若將「行樂圖」做成圍屏，這圍屏至少高為250～260cm，長為15米左右！書房裏用如此大的圍屏做甚麼？（第

---

[13] 朱家溍：〈雍正年間的家具考〉，〈故宮博物院院刊〉1985年4期。

五集，下冊，頁 497）

《解夢》的前提和結論都不明悉，因為宮中屏風繁多，有吊屏、插屏及圍屏。單以圍屏來說，就有曲尺型、錦邊型等。還有單屏、多筐、一架、雙架的分別，至於尺寸任由皇帝決定，並無一成不變的標準，舉例來說，同一天奉旨製造屏風 3 件，高度、寬度卻無一相同。（「活計檔」雍正六年正月十四日。）因此，我們要問：這畫心尺寸的根據何在？

六、畫心寬度從何而來

《解夢》想像「故宮圖」畫心寬度是50cm，而「香玉皇后行樂圖」是97.7cm，由此斷定為不同的兩套繪畫。

但畫心寬度的推算，讀後宛如丈二和尚，摸不着頭腦。因《解夢》依據的是：「有位朋友收藏着一把帶有象牙鑲嵌的紫檀清代古尺。」（第五集，頁498）說：當時的一尺等於現在的0.94尺。「活計檔」中3尺3寸的杉木桿，約等於現在市尺的3.1尺。（楊按：換成公尺，等於103cm。）以下姑且依「清代古尺」來推算。

《解夢》認為：這103cm寬的木桿，與它配合的畫心，限定為50cm。因兩邊必須各留23cm，共佔46cm。

讀後令人困擾，兩邊幾乎佔畫心一米。這種裱褙標準，第一次聽到。筆者藏有若干清代名畫複製品，也曾經在北京及臺北故宮博物院瀏覽過無數名畫，如此寬邊的匾額實屬罕見。倘若個人喜愛，尺寸不妨自由選擇，但以這種「極端異乎尋常」的尺寸，規定為一般裱畫的標準，根據在哪裏？

其實，有明顯證據，判斷檔案所記，便是故宮仕女畫。當時宮廷中用的多半是營造尺（或稱魯班尺、部尺。），【14】換算成現在的公尺，

【14】「活計檔」記雍正語，出現裁衣尺字樣。（雍正四年四月初五日條按：1 裁衣尺等於營造尺1尺1寸1分1厘1毫。）

100cm等於3.125營造尺，杉木杆長3尺3，約等於106cm。仕女畫寬97.7cm，和106cm的木杆相配，天衣無縫，再適合不過。由此可以斷定：「活計檔」記錄的就是故宮現存十二幅仕女畫。

七、仕女畫製作時期

仕女畫何時製作？《解夢》斷為雍正十二年；若早於此，畫中人尚未封后，故不得不定於此時。但朱家溍、黃苗子等先生，都以為竣工於雍正登基之前。

這裏牽涉到圖中背景問題：原來十二幅中，有兩幅背景，懸有疑是雍正御筆的掛軸，這掛軸作於何時？仕女畫作於何時？我以為應該分別討論。

圖中有掛軸的共兩幅：即第四和第十一。後者一看即知乃雍正御製七絕句，無庸贅述。問題是在第四幅，圖上出現一木匾，文字大部分被遮掩，僅露出匾下部「有清音」三字。落款處也只能看到「居士書」三字。究竟揮毫者是誰？煞費思量。我判斷為雍正宸翰。但全文如何？不明，因為殘缺不全的緣故。

其後遍查檔案，終於在「御筆賞賜簿」中覓得。雍正元年五月十三日記事中道：「御書對聯一副，賞李統忠。」文曰：「春秋多佳日，山水有清音。」[15]

雍正御製文集中不載此詩，但不難尋源，此聯實集兩首古詩而成：上句出於陶淵明移居詩：「春秋多佳日，登高賦新詩。」下句出於左思招隱詩：「非必絲與竹，山水有清音。」畫中看到的便是左思詩的最後三字。

此聯於雍正登基後始首次出現，此乃理所當然，因載於檔案者僅限於即位後行動；雍親王時代，縱書寫對聯、匾額，不會留在大內檔案之

【15】王潄編選：〈雍正元年御筆賞賜簿〉《歷史檔案》2001年第3期。

中。

　　竊以為詩句，可能是雍親王門客為其集詩、湊對，成為套語，一再使用。為何說一再使用？因另一檔案「活計檔」三年十月十八日中，又出現同樣文字，傳旨做對聯，同年十一月初二日竣工。這可說明同一詞句不止一次地使用。

　　元年與三年雖文字相同，但有分別。因前者賜李統忠，此人乃圓明園總管太監。領受後當自行處理，不會待至雍正三年始取出，請皇帝傳旨加工。

　　復次，「故宮圖」第四幅背景懸掛的是木匾，並非裱褙對聯。檔案記錄相當嚴密，木匾、銅匾、裱褙，托紙等清楚指定，不含糊。畫中的匾額，顯然非雍正三年傳做的對聯。

　　不寧唯是，元年賞宦官御筆、文字雖與第四圖背景木匾同，但各有來源；因為雍正賜太監宸翰，決不會落款某某居士。

　　所以可作出結論：元年御筆、三年對聯及畫中木匾為三件物品，由此斷論，此詩曾多次使用，最早應在雍正繼大統之前。

　　掛軸問題解決，第二個問題是十二幅仕女畫何時繪製？我與朱、黃兩先生相同，認為在繼統之前。何時移至圓明園？我以為多半是雍正三年。有何根據？因康熙和仁壽皇太后（雍正生母）半年間相繼駕崩，雍正表示孝思，諒闇中絕足圓明園。三年八月服滿，王公大臣再三恭請，八月二十七日，才首次駐蹕圓明園。實際上此前已大動土木，增建殿宇、朝房等。深柳讀書堂為常川寢息之所，自須刻意興修，就在此時，製造圍屏，將仕女畫移至此處，亦不無可能。

　　目前看不到雍正登位前記錄，因此，仕女畫於登基後始製作的可能性不能完全排斥；不過，其下限不得超過雍正九年二月，（詳下）因過此，畫已自屏風中拆下、撤走。雖作畫時期尚待作進一步考證，但有一點可以肯定：這決非竺香玉皇后行樂圖，因其時伊尚未封后。

八、康熙審查說詭妄

《解夢》說仕女畫不可能製作於雍正繼位之前，以聶崇正先生的〈清代的宮廷繪畫和畫家〉一文為證，說：如果人物絹畫製作於雍親王時期，這些繪畫的「草圖」，都要經由康熙「御覽」，並點頭同意。(《紅樓圓明隱秘》頁127。工商出版社，1997年）

究竟《解夢》是曲解抑或讀不通，此條資料風馬牛不相及。聶文論宮內御用作坊，說：作畫時須預先畫樣呈覽，皇帝准時始能動筆，乃指宮內作坊的程序，繪一圖、製一器，均須事先呈進樣式、皇帝同意後始開工。這皇帝就是雍正、並非康熙；康熙時期的「活計檔」根本不存在。

即使康熙朝已有這種傾向，雍親王根本無權要求作坊為他服務；倘若他要為家人繪畫，自然延請私人畫家。皇子私下為內眷畫圖，必須康熙審核、同意，從來沒有聽過如此怪論。

《解夢》又說：圖像背景應是宮廷，不可能是王府，因為多寶格中陳列的珍品，不是年俸一萬兩銀子的親王府的寫照。（同上，頁128）

這是將制度看死了，僅靠俸祿，恐怕連門客、奴僕的開支也應付不了。實際上諸皇子各有招財進寶門路。舉例來說，皇九子允禟，敲詐一個叫作永福的人，一次便是三十萬兩。他收永壽妻為乾女兒，開口索銀八萬兩。[16]皇八子允禩，為十四弟允禵興建花園，出資二萬兩。[17]允禵則向噶什圖索銀十二萬兩。[18]皇子時代的雍正斂財之法不下於諸昆

---

[16]《文獻叢編》上冊，頁4，「允禩允禟案」秦道然口供。臺北，國風出版社，1964年2月。

[17]《關於江寧織造曹家檔案史料》頁211。故宮博物院明清檔案部編，中華書局出版，1975年3月。

[18]《世宗實錄》卷45，頁22，雍正四年六月甲子。

仲；雍親王府的排場，有些處可能超過內廷。甚至登基後若干年，一部分精巧製品，仍屢次降旨，向府中索取、仿造。因此，背景中出現奇珍異寶，也不稀奇。決不能用來否定那是即位前畫作。

九、仕女畫豈是竺后像

讀過「御筆賞賜簿」，更覺得故宮十二幅藏畫與皇后無關。因為受賞者李統忠是太監。既獲賞，自可懸掛在相關處所。如果竺皇后真有其人，真個為伊畫行樂圖，背景要配一副對聯，但選擇的竟與太監那副相同，堂堂的皇后居所，其背景與閹人處所配得一模一樣，實是匪夷所思。所以，畫中人物該是畫家的畫像，並非實有其人。假如有模特兒，不要說皇后、妃嬪，連貴人、常在、答應也不可能露面，最多宮女而已。因此可以肯定：「故宮圖」與《紅樓夢》中索隱出來的竺氏女無關。

十、詩情畫意兩相配

仕女畫確是仕女畫，自詩畫相配的一點中，亦可察知端倪。譬如，雍正撰有〈美人把鏡〉七絕詩；仕女畫第十一幅，描繪的就是「美人把鏡」，不僅如此，此圖背景中的對聯文字，就來自上述七絕詩，落款「破塵居士」【19】

詩與圖配合得非常貼切，詩句一部分被遮掩，一部分尚看得分明，如：「只恐紅顏減舊時」，如：「風調每憐誰識得　分明對面有知心」。此詩收在《世宗憲皇帝御製文集》卷二十六〈雍邸集〉中，乃登位前作品。

【19】《世宗憲皇帝御製文集》卷二十六。詩曰：手摘寒梅欄畔枝，新香細蕊上簪遲。
翠鬟梳就頻臨鏡，只覺紅顏減舊時。（其一）
曉妝髻插碧瑤簪，多少情懷倩竹吟。風調每憐誰解會，分明對面有知心。（其二）按：此與畫中匾額詩句略有出入，如「誰解會」作「誰識得」等。

從詩句看，也可判定並非皇后圖，如：「翠鬟梳就頻臨鏡，只覺紅顏減舊時。」一讀即知：畫中人嘆韶華易逝，花容日益憔悴，是「人到中年」的嘆息。

畫中人怎麼看也不像妙齡少女，《解夢》也承認：為了表現皇后的典雅、莊重，「有的畫得過分老成，不像二十歲的年輕女子，倒像三十幾歲的中年婦女。」（《紅樓圓夢隱秘》頁130～131）

詩意和人物表情，與《解夢》所說的竺氏判若兩人。畫中人神態落寞、怫鬱，惘然若有所失；而《解夢》描述的竺姑娘此時年方十九，豆蔻年華，含苞待放。且新封皇后，自有喜上眉梢表情，然而十二幅畫中絲毫體察不到此種神采。這也可斷定絕非竺皇后行樂圖。

《雍邸集》中尚有〈美人展書圖〉二首，即仕女畫第八幅的描述。詩畫相配，異常傳神。[20]

十一、皇后像打入冷宮

據《解夢》說，這十二幅畫整整化了半年時間，但竣工後即刻廢棄，為的是畫家不擅長人物畫，「不能達到香玉皇后期望的水平」，「她不願將其裝裱懸掛，而被鎖進了倉庫。」（《紅樓圓明隱秘》頁131、132）

這又是《解夢》獨有的想像，現實世界中有如此可能嗎？即便雍正如何寵愛這位千嬌百媚的「皇后」，也不能讓她如此任性。何況御用作坊有一套程序，不會出差錯。那就是製作前，無論是字畫、清玩乃至於服飾、家具，都須先畫樣呈覽，皇帝覺得滿意始能動工。雍正相當挑剔，大畫家郎世寧畫狗，呈覽後一再命修改，兩個月始脫稿。又如鑄造關帝廟神像，多次做蠟像呈覽，到第五次，雍正才開金口說

---

[20] 同上，詩曰：丹唇皓齒瘦腰肢，斜倚筠籠睡起遲。畢竟癡情消不去，緗編欲展又凝思。（其一）

小院鶯花正惱人，東風吹軟細腰身。拋書欲起嬌無力，半是憐春半惱春。（其二）

「甚好！」【21】

倘若為皇后描繪喜容，自然少不了「起草呈覽」的步驟。且十二圖陸續竣工，皇后稍有不滿，隨時可提意見。甭說皇后像，即使美人圖，雍正也不等閒放過，如四年正月二十六日，皇帝看過畫樣後說：「美人頭大了，另改畫。下頰、肩膀俱要襯合。」（見是日「活計檔」。）

「皇后行樂圖」何等重要，半年間次第呈進，皇后一無批示，畫成後忽然說不稱心愜意，將之廢棄，永遠打入冷宮，合情理嗎？

十二、斗尊像代替仕女畫

「為何把圍屏上的『美人絹』拆下？」是《解夢》文中的一節。（《紅樓圓明隱秘》頁122～126）雖然用了三千多字的篇幅，但曖昧不明。說甚麼雍正與乾隆的「心情」、「情趣」和「目的」，純屬空想，遠離事實。想說的只有一句：「為繪製『行樂圖』作參考。」但作繪圖參考云云，一無根據。

為何拆下？最近查閱「活計檔」，找到了確實可靠的根據，雍正九年二月二十八日條：

> 內務府總管海望傳做深柳讀書堂平台內「斗尊圍屏」一架，十二扇，記此。

除以上正文外，尚有小字注：

> 此圍屏係工程處成造，京內造辦處裱糊，於本月三十日糊完。司庫常保持進，陳設在深柳讀書堂訖。其原拆下美人畫十二扇，交領催馬學爾訖。於十年八月二十四日，司庫常保將美人畫十二張持進，交太監劉滄洲訖。

記得多清晰：因改掛「斗尊」，才須拆遷。還提供了幾點事實：

【21】見楊啟樵著《揭開雍正皇帝隱秘的面紗》增訂版，頁161～162，241～242。香港商務印書館，2003年3月。

一、因改掛「斗尊」而做新屏，舊屏須撤走，屏中絹畫要取出。

二、美人圖從圍屏上拆下，不是一般所說的十年八月，而是九年二月。

三、舊屏撤走前仕女畫已經拆下。

四、新屏九年二月三十日送到讀書深柳堂。

五、是日，原先拆下擱置一旁的絹畫順便帶走。

可能一年半後清庫時，內務府官員請示皇帝，拆下美人畫如何處置？雍正暫時無意懸掛，就命：先用連四紙墊平，再配以木杆卷起來，入庫保存。數十年前，朱家溍先生見到的，就是當時的狀況：

> 沒有天杆，沒安畫軸，當然也沒有軸頭。除畫心本幅以外，只是四周有綾邊，托裱相當薄軟，平整毫無漿性。每幅畫有一根杉木卷杆，比一般畫軸要細得多。……（轉引自《解夢》第五集，頁499。）

朱先生實事實錄，筆下所記，就是現存宮中的十二幅仕女畫真面貌。檔案與實物一致，記得也細緻、詳盡：沒有天杆、畫軸和軸頭。杉木卷杆比一般畫軸細得多，證明了並非為懸掛，只是為卷起來保存。

問題已經很清楚，現今故宮博物院收藏的十二幅絹畫，根本不是「香玉皇后行樂圖」。這樣的主張，除了朱先生、筆者與故宮專家以外，尚有美術家黃苗子先生（〈雍正妃畫像〉）。[22] 學者田家清先生。（〈清式家具的興衰〉）[23]

---

[22] 黃苗子：〈雍正后妃像〉，《紫禁城》1980 年 20 期。

[23] 田家清：〈清式家具的興衰〉，2003 年春，yahoo 網絡，原載何處，待查。

結 論

評論文刊載後六年，始見《解夢》回應。但讀之令人失望，因答非所問，且於題外糾纏。

《解夢》撰〈香玉皇后圖〉，旨在證明雍正的確有個竺皇后。書一出，紅學家紛紛對《紅樓夢》中索隱出來的竺香玉表示懷疑，因一無史料佐證。恰巧故宮有套仕女畫，《解夢》硬說這是竺后像。如此一來，實物都具備齊全，可以振振有詞，杜絕悠悠之口。

殊不知此套畫像，早在雍正朝已於檔案中著錄，管它叫美人畫。《解夢》根本不知有此資料，因此第一篇文中強調：清宮檔案中無相關記載。文出始發覺，不得不轉換口氣，說：近來有人覓得此一檔案。於是作巧辯：檔案內容與故宮絹畫無關，乃指另一套十二美人畫。證據之一是畫中人手持佛珠。

《解夢》以為佛珠表示佛教信仰，其繪製當在十年以後。與十二年製成皇后圖說合。而美人畫已於十年拆下，其製作當在此前。其時雍正不信佛教，不可能出現佛珠，由此斷定絹畫是皇后像，並非檔案中記載的美人圖。

這套理論非常脆弱，因其基礎繫於十七年間不信佛教這一點上，如果提出反證：雍正在這段期間未嘗中輟崇佛，這理論就整套崩潰。我在評論文中就這樣作，列舉雍正崇佛未嘗中斷證據，絹畫應繪製在雍正十年之前，其時竺氏尚未封后，也無畫行樂圖之舉，即可證明故宮絹畫非皇后圖。

我的駁論直截了當，已命中要害，無辯解餘地。但《解夢》的回應，仍在雍正崇佛上糾纏。說甚麼「雍正十一年之後，竟崇佛至極」。於是引《御選語錄》，舉出十一年宮中法會情況。（《解夢》第五集，頁506、507）

其實這次法會盛舉，早在拙作《雍正帝及其密摺制度》中描述，比

22

《解夢》說得詳盡、透徹。其中一部分，《解夢》曾經使用。

十一年法會，與議論焦點無關。我說雍正始終信佛，因此登基後任何時期，出現一串佛珠，並不稀奇。若作辯論，應提出雍正十年前他不信佛教的證據，但《解夢》卻舉出十一年宮中法會，話題轉為比較哪一個時期雍正更信佛，已經脫離主題。

《解夢》說雍正中止信佛，僅根據《御選語錄》卷十八的幾句話：「從茲棄置語錄，不復再覽者二十年。此府中、宮中人人之所盡知者。」迨即位以來，十年不見一僧，未嘗涉及禪之一字，蓋此事實明者少。【24】

此話不能囫圇吞棗全信，他說不見緇流，但文覺禪師「日侍宸豢，參密勿，」當如何解釋？還有其他僧侶，譬如雨懷實慧，「奉旨入住圓明園」。【25】又調梅明鼎禪師。在藩邸時已「機緣相契」，御極後「密旨進京引見」。雍正六年，命任京師柏林寺住持。三年後請交卸，「上不允」。【26】

命送明鼎進京時，用的是「密旨」，且吩咐「勿彰聲勢」。浙江巡撫李馥奏摺上的朱批更清楚，說：「敬重仙佛之體不可輕忽。朕向來三教並重，……何必中國欲將此三途去二歸一」（楊按：「二」指釋道。）

又批：浙江近十年來叢林衰落，「務必暗暗留心撫恤。此諭不可再令一人知之，何也？士子聞之，徒為好佛之譏。……着實密之！」【27】

由上舉幾條史料看來，「十年不見一僧，未嘗涉及禪之一字」云云，全屬虛言，因恐臣下誤解他佞佛而輕視政事，故而佛教活動悄悄進

【24】《雍正御選語錄》卷十八。臺北，自由出版社，1967年6月。

【25】《理安寺志》卷五，《中國佛寺史志彙刊》第一輯，臺北，明文書局，1982年。

【26】同上。

【27】浙江巡撫李馥雍正元年六月十八日奏摺，《宮中檔雍正朝奏摺》第一輯，頁350，臺北，故宮博物院，1977年11月。按：刊本《雍正朱批諭旨》中亦收此摺，文字有修飾，內容相同。（第五函，李馥1-6-18密摺。）

行，並非改換信仰。

雍正這種「表裏不一」的行為，一對照密檔，就可以拆穿，如大量製造念佛數珠、佛龕、佛像、佛衣，親自揮毫書寫廟碑，以公帑修建廟宇，視拜佛為日課等等，充分顯示出雍正崇尚佛教的虔誠，且一貫不變。

對崇佛方面再補充幾句，且看雍正信仰歷程，《御選語錄》中曾自道：「朕少年時喜閱內典，惟慕有為佛事。」藩邸清閒，與喇嘛章嘉呼土克圖，時接茶話者十餘載。（《御選語錄》卷十八，〈御製後序〉）康熙五十二年，坐禪參道，直透三關，得成正果。

如此佞佛的信徒，何以一年後的康熙五十三年，忽然唾棄佛教，甚至連佛珠也不允許他眷屬使用？《解夢》該如何解釋？

總而言之，對於雍正崇佛及仕女畫，本文已經提出充分證據，作出詳盡說明，一切有待於讀者鑑察。

第一篇評論文中，我對曹雪芹弒帝說，提出十餘點疑問，《解夢》至今未有片言隻語答辯。僅對第二篇評論文中的一部分，作強詞奪理的解釋。以故宮仕女畫來說，其實從曹雪芹弒帝說推衍而出，兩者有密切關係。「皮之不存，毛將焉附」，究明圖像固然重要，鴆毒說才是問題核心，切勿避而不談！

餘談：不宜作人身攻擊

討論學術問題，不宜作題外的人身攻擊。此次，《解夢》在文章結束時，拖了一條不必要的尾巴，說：朱家溍先生不知行樂圖、美人圖的區別，說：楊某否定雍正十年之後才突然崇信佛教，均犯了缺乏一般常識的錯誤，都要背黑鍋，以自己的名譽作為代價。目的只是為「徹底否定《紅樓解夢》」。（《解夢》第五集，頁511）

是否言之過火？縱然朱先生在圖畫的解釋上有所未妥，縱然《解夢》

不服我對雍正崇佛時期的解釋，何至於犧牲名譽，何至於要背黑鍋。其實，對於動筆桿的人來說，最可恥的是剽竊他人成果為己有，這才是不名譽，該背黑鍋，我自問潔身自愛，怎會幹此勾當；那背黑鍋的該是誰？

還有，《解夢》說吾等僅是為了否定其書，才不惜「以自己名譽為代價」，否定歷史。這未免過於抬高身價。即使將《解夢》批評得體無完膚，為我帶來甚麼光彩？

景印香港新亞研究所《新亞學報》（第一至三十卷）

《聊齋誌異》的述鬼謀略

劉楚華*

一. 緒言

畫鬼，易乎？

文言小說至唐傳奇小說發展之後，經宋明中衰，至十七世紀中，《聊齋誌異》的鬼狐精魅故事，把整個文言小說發展推向新高。蒲松齡如何在長遠的傳統下提昇文言小說語言的藝術性？專就小說而言，鬼事比其他怪異素材更為古舊，亦有固定的思維規則和符號約制，不論從故事敘述模式和鬼物形象塑造來說，鬼小說的創作並不是絕對自由的。

從遠處看，蒲氏一面背負晉唐以來志怪傳奇文體的包袱與語言形式的局限，另一方面遵照鬼故事的文化約制，要在大量已反復使用過的素材之中再別開新面，突顯他獨特的個性風格，為文言小說開拓新章，如此畫鬼，殊非易事。從近處看，明清之間歷史為蒲氏準備了多方面的條件——明代小說創作繁榮，文言與白話分途，文言小說中衰，然而由嘉靖以後瀰漫天下的鬼志怪與傳奇群書，雖說堅夷剪燈等集不出唐人窠臼，期間累積鬼小說的失敗經驗，也提供大量的荒誕小說素材。【1】白話小說多述世情少涉靈怪，而情節安排與人物典型的描寫，正可補文言小說表現之不足。鬼魂素材本與民間戲劇傳統關係密切，鬼靈超渡是戲

---

*香港浸會大學中文系。

【1】《太平廣記》卷316-355，「鬼」類共三十九卷，集歷代志傳鬼事。宋《堅夷志》，明《剪燈新話》《剪燈餘話》及《覓燈因話》中多鬼篇，晚明馮夢龍，《情史》卷21 ，〈情鬼篇〉錄38條。

劇司空見慣的場面，【2】元雜劇已出現精彩的冤魂戲；至晚明文人戲創造大量感人的愛情鬼劇，湯顯祖牡丹亭之後，個性鮮明的情鬼一一登上劇場。至蒲氏之世，正值戲劇界就好奇狠怪創作潮流熾熱之時，期間非無失敗的鬼戲創作，但就人鬼矛盾的情節設置、鬼魂情狀的形象描寫、利用鬼神進行現實問題的反思及深刻的哲理命意，由案頭至劇場，鬼戲劇文學全方位地為聊齋鬼小說提供創新的借鑒。【3】明清小說與戲劇批評理論同步繁榮，晚明以後創作虛構意識高漲，廣泛而深入地涉及以幻寫真、以虛用實、事誕情真之理論討論。【4】晚明啟蒙主義、注重作家個性表現的新潮之中，尤其得李贄、湯顯祖、金聖嘆、馮夢龍等小說戲曲評點的影響哺育，汲取晉唐舊養料與晚明新語滙；蒲松齡以他作家的主觀因素與歷史條件交滙，開拓出文言小說藝術的新高峰，繪寫具有時代氣息的新鬼，實在不是孤立的現象。

　　立足在小說史發展上看蒲松齡的藝術成就，過去學者多有高見。【5】本文專就鬼小說的敘述謀略論《聊齋誌異》。

　　小說傳統原來賦予鬼故事先天的悲劇性格和獨特的象徵功能，蒲松齡充量調動鬼小說傳統的資源，表現生命的悲情。聊齋志異中鬼狐精魅的幻設，都是作者寄寓孤憤的小說形象，一定程度上又是作者個人情志

【2】 田仲一成，《明清的戲曲》，東京：創文社，2000 年；又，《中國戲劇史》，云貴彬、于允譯，北京廣播學院，2002。

【3】 曾永義〈雜劇中鬼神世界的意識形態〉，見《說戲曲》，台北：聯經出版社，1983。許祥麟，《中國鬼戲》，天津教育，1997。另劉楚華〈明清傳奇中的魂旦〉，香港《新亞學報》20 卷，205-220 頁，2000 年八月。

【4】 李錦惠，〈明清戲劇批評中的虛實論〉，臺灣大學《臺大中文學報》，九期，1997 年 6 月，145-186 頁。

【5】 前有羅敬之《蒲松齡及其聊齋誌異》，台北：國立編譯館，民國 75 年。近有唐富齡《文言小說高峰的回歸 - 聊齋誌異縱橫研究》，武漢大學，1990。

的投影，好些篇章中作者明顯宣示慘痛的生存處境，「覥然而生不如狐，泯然而死不如鬼」的孤憤滿懷(見蓮香)，鬼狐所具的先天屬性，從不同角度出發，影射敘述者/故事人物的生存處境。【6】如果說狐性狡獪慧點，展示士人自許的智性才能，則鬼魂死亡氣息更合表現書生的多蹇命途。繼屈原李賀，談鬼說狐寄託孤憤，正是聊齋的命意所在，書中「青林黑塞」中的知音，亦即作者靈魂的自我寫照。【7】

　　過去某些研究，有將《聊齋誌異》中鬼與妖、魔、精、怪混為一談之情況，如此分類不無問題。【8】據古代氣化理論思維，一切怪異皆為氣之異變，鬼與精怪有別，魂魄理論有解釋，民俗信仰亦有清晰界分，儘管異常，變化亦當各從其類。【9】「鬼者，歸也」，古代定義的鬼乃人類的異化。【10】在各種異物之中，鬼與人類至親，它必要經歷人類的死

【6】劉楚華〈讀蓮香看聊齋誌異的身體修辭〉，張永政、盛偉等編《聊齋學研究論集》，中國文聯出版社，2001.

【7】蒲松齡〈聊齋誌異序〉，《聊齋誌異》會校會注會評本，張友鶴輯校，上海古籍1986。

【8】如辜美高混同鬼ghosts與魔devils，顯非中國傳統的分類概念；鬼有善惡，魔多不善。當依《太平廣記》分別神、鬼、夜叉、妖怪、精怪、草木的處理法為合。見 Kow Mei-kao, *Ghosts and Foxes in the world of Liaozhai Zhiyi*. London: Minerva Press, 1998.

【9】傳統以精氣解釋妖怪之形成，見干寶《搜神記》卷六：「妖怪者，蓋精氣之依物者也。氣亂于中，物變于外。形神氣質，表裏之用也。本于五行，通于五事。雖消息升降，化動萬端，其于休咎之徵，皆可得域而論矣」又卷十二「天有五氣，萬物化成……各從其類……應變而動，是為順常，苟錯其方，則為妖眚」。北京：中華書局，1985。

【10】見《禮記正義》。又《左傳》昭公七年正義「魂魄神靈之名，本從形氣而有，形氣既殊，魂魄亦異，附形之靈為魄，附氣之神為魂也」，見《十三經注疏》影印阮元校本，下冊，2050頁。北京：中華書局，1980。

亡變化過程，此為根本原理。在這方面《聊齋誌異》完全遵照傳統觀念談鬼，作品中常見異物之跨類變化，構思布局每就情節或主題而有不同，仍各依物理，因物因事制宜，即謂按照文化為物類所約定的自然屬性，妖、魔、鬼、怪各有所屬，花木狐虎類屬精魅，「畫皮」當為妖魅，「夜叉」「羅剎」亦為魔怪，不宜以鬼類視之。如果要為聊齋筆下羣鬼進行分類的話，相信蒲松齡會依照人間倫類準則，如依倫理別好鬼惡鬼，或按性別分男鬼女鬼，依社會職能有鬼吏鬼判，甚或可依死亡因素分溺鬼縊鬼等。本文以下只涉及「人死為鬼」定義下的鬼篇而談，其他怪異，不在討論之列。

二. 青林風景

《聊齋誌異》是一部綜合不同體製題材的文言短篇小說集，作品長短不一，有情節較複雜篇幅稍長的「擬傳奇體」，也有簡練止百餘字的「類志怪」短篇。全書總數約四百多篇故事中，鬼狐最繁，涉及鬼跡的近百篇，以數量計比狐跡多出廿多篇，又其中一篇之中而鬼狐並出的則有六篇。【11】此近百數的鬼故事，光怪陸離，筆法多端，又大分兩種，一類可稱為「鬼志怪」，如〈尸變〉、〈鬼哭〉、〈咬鬼〉、〈捉鬼射狐〉等篇，篇幅較短，情節結構簡單，有以記事為主的治鬼怪談，有以述鬼怪現象為主的恐怖小說，有些是勸懲意味較濃的鬼怪寓言；另一類是「鬼傳奇」，篇幅較長，結構複雜，題旨鮮明，命意深刻，故事往往寫鬼逐漸變為人的過程，亦有表現人鬼殊途的悲劇離異，或人鬼歡洽共處追求幸福的團圓結局，此類故事情節與人物性格都刻意經營，「文采與意想」均繼承唐傳奇典型的藝術性，如〈聶小倩〉、〈蓮香〉、〈連瑣〉、〈席方平〉等名篇，顯係最見作者心力著落處的作品。

【11】據羅敬之，《蒲松齡及其聊齋志異》第三章。同註【5】。

劉楚華　《聊齋誌異》的述鬼謀略　　329

　　上述二體敘寫對象不同。前者所志多為惡鬼，面目猙獰突兀，行動突然暴發，與人對敵，或者即是不凶惡，也屬含冤積憤，且多數來歷不明，無顯著個性。此類鬼故事數量不少，亦不乏精彩形容，惟命意較淺，所寫的鬼靈對象亦決非蒲松齡所謂青林黑塞知音者。後者則寫好鬼與人相處洽諧，他們多有姓氏，各具性情，與人無異，只是身世淪落，懷才莫展而已。

　　康熙九年，蒲松齡三十一歲，南遊有詩曰：

　　　途中寂寞姑談鬼，舟上招搖意欲仙。

十年又有詩云：

　　　新聞總入狐鬼史，斗酒難消塊磊愁。尚有孫陽憐瘦骨，欲從玄石
　　　葬荒邱。北邙芳草年年綠，碧血青燐恨不休。【12】

此時蒲氏已開始作鬼狐之篇，同期寫成〈蓮香〉，以鬼之孤寒自況，以寄託不遇的窮愁、抒發個性、探索人生，這些鬼篇往往是《聊齋誌異》最具代表性、也最能呈示獨特的寫鬼技法、表現幽玄詭秘、撲朔迷離美感風格的作品。《聊齋誌異》中鬼的形態多樣，鬼的出沒來去，主要作用在服務每篇作品不同主題，作者按他的命意因事制宜、設幻出真，至於鬼性之奇詭、鬼跡之幻誕，作者莫不胸有成竹，按圖謀畫。〈聶小倩〉、〈蓮香〉、〈連瑣〉、〈小謝〉、〈梅女〉、〈伍秋月〉、〈宦娘〉、〈林四娘〉、〈公孫九娘〉、〈葉生〉、〈考城隍〉、〈席方平〉計十餘鬼篇之佳構，一系列性格鮮明的群鬼肖像，譜成青林黑塞風景，盡展蒲氏之述鬼謀略。

───────────────

【12】《聊齋詩集》卷一，庚戌「途中」，辛亥「十九日家書感賦即呈孫樹百劉孔集」，見盛偉編《蒲松齡全集》二冊，學林出版社，1998；及《聊齋志異》〈蓮香〉篇末。

三. 變體求通

聊齋志異擬唐人小說手法，故事鋪寫曲折入微，但在篇後綴以「異史氏」短文數語，作者得以跳出故事本體，以志史者的口吻品評鬼事人物、或勸諭、或感慨，此又近史傳志怪寫法。

紀昀對《聊齋誌異》「一書二體」的體裁早有批評，訾其有唐傳奇繪述之詳，又雜六朝志怪之簡，謂：

> 小說既述見聞，即屬敘事，不比戲場關目，隨意裝點……今燕昵之詞，媟狎之態，細微曲折，摹繪如生，使出自言，似無此理，使出作者代言，則何從而聞見之，所未解也。【13】

聊齋的評點家馮鎮巒，就體例不一致的批評作此回應：

> 聊齋以傳記敘小說，仿史漢遺法，一書兼二體，弊實有之，然非此精神不出，所以通人愛之，俗人亦愛之，竟傳矣，雖有乖例可也。【14】

馮鎮巒為聊齋辨說的理據，主要「一書二體」是沿襲小說固有傳統。志怪原是小說最古老的體裁，就如干寶〈搜神記序〉所言，一方面謂《搜神記》屬實錄見聞，發明「神道之不誣」，另一方又不能保證所記之事絕對真實，至少可供好事「游心寓目」云云。【15】傳統上記實和創作／史傳和小說之間的界別，本來就一直難解難分，謂此是小說體裁的先天制約，從小說文體形成過程看，固言之有據亦符歷史現實。可是，若就明清小說已趨成熟的階段，就蒲氏作家主體意識的高度而言，馮鎮巒這個翻案顯然不夠徹底。不過值得重視的是，這段話提到閱讀效果的看法——傳奇筆法，細微曲折摹繪如生，能產生人人愛讀的效果，而且非如此

【13】盛時彥〈姑妄聽之跋〉述紀昀言，見《閱微草堂筆記》卷十八，上海古籍，2001。

【14】馮鎮巒〈讀聊齋雜說〉，見朱一玄《聊齋誌異資料滙編》，中州古籍，1985。

【15】干寶《搜神記》，北京：中華書局，1980。

不能產生小說的藝術魅力。

《聊齋誌異》每一篇都有特定的主題命意，連同故事中人物事件整體建構，作為文言短篇，而做到個性塑造與曲折感人，有必要用傳奇才子之筆——小說的構思、小說的語言，才使讀者感受親見其事身歷其境的效果，此即紀昀所謂「劇場關目，隨意裝點」，馮鎮巒所謂「聊齋之妙同于化工賦物，人各面目，每篇各具局面，排場不一，意境翻新，令讀者每至一篇，另長一番精神……」。【16】

作者常在篇末借異史氏的口吻，向讀者透露構想意圖，而且都是專為一篇故事人物而發揮的議論。這一段獨立陳義，既與小說敘述文本保持距離，又數語即止，不致破壞小說的閱讀餘韻。兼用二體，顯非作者無意識的抱殘守舊，而是有意識的選擇。這樣雙重敘述角度的安排，與全書鬼狐虛幻為主的題材相配合，可營造出多層次閱讀效果。作者刻意施設兩種敘述聲音；一是敘述者往往是傳中人物，作者透過當事人的所見所聞述事，或稱這是第三人的「局內視角」；另一敘述者兼評論人，即記傳以外的異史氏，屬第三人的「局外視角」。如此雙重視角用於述鬼，可得內外呼應無懈可擊的效果——前者述鬼，有投身現場的蠱惑力，後者論鬼，保持旁觀者與本事的距離；敘述人先邀讀者入故事中的鬼境，如人入夢中，異史氏則請讀者出夢，又為之解夢，前後的落差倍增疑真疑幻的趣味，故俗人賞之。雙重的敘述聲音，叫深層閱讀者自然地臆測敘述者、傳中人鬼狐、異史氏之間的內在關係，耐人尋味，故通人愛之。紀昀謂「不解」，可能正中蒲松齡的原來設想。如此看來，《聊齋誌異》就不是簡單的「乖例」，而是刻意「變通」。同一書合用二種體例，故意模糊體例的尺度，作用在營造特殊的閱讀效果——異史氏點到即止的評論，既容許故事文本往外擴展，也讓作者主體的聲音適度地延伸；異史氏的設置，又可視為敘述話語的應和、作者自我音聲的重

【16】同註【14】。

複，這些正是作者有意識運用的述鬼修辭。【17】

由晉唐志怪起，歷代累積了數量可觀的鬼故事，惟以整體質量計，唐代的鬼小說與典範性的唐傳奇作品相比，藝術水平原不算突出。至宋明後，《聊齋誌異》之前，比較受注視的《堅夷志》、《剪燈新話》等，常在鬼話敘述文本中插入因果勸說，這在某程度說顯示宋明鬼小說的創造意識發展停滯，甚至倒退到輔教志怪的水平。其後《閱微草堂筆記》的議論也特多，叨絮不休反而削弱鬼話的神秘性和感染力。【18】源自史臣議論的理性話語，未嘗不是鬼話敘述藝術提昇的障礙。

如果我們將焦點聚在鬼小說創作發展史的層面來看，聊齋「用傳奇而以志怪」的做法，實際上是在探索新的體例。要為鬼小說敘述另闢蹊徑、要提昇鬼小說藝術，就必要調動敘述者的功能、注入更多作者的個性元素，這是蒲松齡的突圍策略。《聊齋誌異》中不少篇章，據既往的鬼故事素材改編，其中鬼魂形象和鬼境敘述方面，最主要受唐傳奇陳祐〈離魂記〉的影響。晉唐作品的敘述者雖然也以第三人記史角度論事，其作用不外乎說明故事來源有自、暗示實出有據。至蒲松齡的「異史氏」論贊，明顯是為了向讀者提醒作者的存在，其作用在集中發揮作者在故事創作上的主導功能，他有時登場說法、有時故弄玄虛、有時暗示作者與傳中人具有某程度的同一性，種種安排無非為加強「寄託孤憤」之意，而將異史氏論贊獨立附於篇後的處理，則在刻意保持議論與文本之

【17】關於聊齋體例與紀昀批評的討論，參考陳文新〈紀曉嵐對聊齋志異的批評與調侃〉，《蒲松齡研究》2000年3-4期；Leo Tak-hung Chan, *The Discourse on Foxes and Ghosts, Ji Yun and Eighteenth-Century Literati Storytelling*, Honolulu: University of Hawai'i Press, 1998; 及Judith Zeitlin, *Historian of the Strange*, Standford, California: Standford University Press, 1993.

【18】見魯迅《中國小說史略》，北京：人民文學，1973；及唐富齡《文言小說高峰的回歸——聊齋誌異縱橫研究》，武漢大學1990。

間的陌生感，使不至破壞文本的神秘氣氛。

如第一篇〈考城隍〉，開章明義，以「仁孝」為主題，故事說宋燾的死亡經歷。起筆作者以第一人稱，敘主人翁與作者的親屬關係，敘述中段其實將視角隱藏在死者眼下，收筆又暗轉回第一人稱，末謂「公有自記小傳，惜亂後無存，此其略耳」，敘事者力証人事都有所本。這是典型的史傳實錄寫法。此篇異史氏沒有出現，作者所歌頌的人生價值，這死生難渝的孝義就要由讀者去揣摩了。至〈葉生〉一篇，改用第三人視角，述書生不第而病死，一日遇知己而靈魂忘死以赴的異事。篇中主人葉生嘆曰：

> 是殆有命，借福澤為文章吐氣，使天下知半生淪落，非戰之罪也……

篇末異史氏則謂：

> 魂從知己，竟忘死耶……天下之昂藏，淪落如葉生其人者，亦復不少……

前後兩段陳詞，一般慷慨。此內外呼應的措施，不止在表示「葉生」、「異史氏」與「作者」對命運的共鳴。更在模糊文體的同時，又模糊故事人物、敘述者、異史氏之間的界限，藉此加強作者自己在建構小說過程中的主導地位，透個異史氏的聲音，向讀者暗示他的構寫意圖——故事中落魄書生與作者實同為一人，通篇可說是為天下淪落書生的招魂曲，也可能是蒲松齡的自傳。【19】

《聊齋誌異》中的鬼傳奇，經常以探索生存意義為主題，而且會在同一曲中出現多重變調。例如一系列的人鬼婚戀故事，以超現實題材而寫人間現實問題。〈蓮香〉寫鬼狐生存的奮鬥過程，〈聶小倩〉寫正義對

【19】〈葉生〉馮評云：「茫茫萬古，此恨綿綿，萬古冤魂長不死，更從何處哭劉蕡」「可當一篇感士不遇賦讀」「滿紙於邑……余謂此篇即聊齋自作小傳，故言之痛心」，見《聊齋誌異》會校會注會評本，張友鶴輯校，上海古籍1986。

邪惡的抗爭，〈小謝〉〈梅女〉〈伍秋月〉諸篇寫男女間的知己情誼、同時都穿插揭露獄吏腐敗的情節，〈公孫九娘〉譜亂世悲歌，〈林四娘〉寄亡國哀音。一段人鬼故事而兼含多層意蘊，能如此廣泛而深刻地帶出反映社會現實的內容，應該說是鬼小說史上一大跳躍，單從思想深度說，已超出唐代鬼小說的一般水平。在虛鬼題材及文言短篇的約制下，加附短語片言以揭示義理、引導讀者深入思考，正是「異史氏」不可忽略的功能。

聊齋志異中的鬼話，生死變化突然轉折，彈指之間鬼魂出沒，情節大開大合。篇末「異史氏」的話語，如話外套話，先增添迷疑詭異，後為惑者指點迷津；讀者被故事文本所感染的情緒波瀾，延展到文本之外，不期然將鬼域與人間、鬼性與人情參勘一番，或者把鬼話中的魍魎與敘述人的身影對照。利用如此雙重視點，製造多角度折射的效果，帶領讀者進入深層意蘊的思考，在敘述策略的妙用上，已遠超前代鬼小說的成就。

四. 出生入死

《聊齋誌異》的鬼故事結構多樣，每篇各具局面，故馮鎮巒謂「聊齋說鬼說狐，層見叠出，各極變化」。此特色與其敘事布局多沿唐傳奇範模、借取舊事改調易弦，而不拘一格有關。現在先談較常見的圓型模式。

六朝志怪中鬼故事的敘述模式穩定，常見的「生－死－生」三段式，是為鬼小說原型格局；[20]

---

[20] 葉慶炳，〈魏晉南北朝的鬼小說與小說鬼〉，《中外文學》3：12，民74年，台北：幼獅。Robert Ford Campagny, *Anomaly Accounts - Anomaly Accounts in Early Medieval China*. New York: State University of New York Press, 1996. 另見劉楚華，〈志怪中的復生故事〉，《中國小說與宗教》，香港：中華書局，1998。

1. 生 (前奏、設景)　2. 死 (過程、矛盾、高潮)　3. 生 (解決、尾聲)

《搜神記》　　　盧充 － 入墓 .... 幽婚 .... 出墓

《續搜神記》　　吳祥 － 入山 .... 人鬼通好 .... 出山

《幽明錄》　馮孝將子 － 入夢 .... 人鬼通好 .... 回生

《幽明錄》　　　趙泰 － .... 遊泰山冥府 .... 遣歸

唐代鬼小說繼承類此情節，敘述轉趨曲折，重視文采意趣；惟不論如
何，鬼事必與死亡有關，出入幽明，仍依從生命變化的自然規律，故此
鬼小說的敘述受生命時空的限制。《聊齋志異》的鬼話，盡量在模式規
範下造曲折、出波瀾，尤喜在出生入死之間的時空割切、行動轉接和節
奏駕馭上騁示筆力。

　　蒲松齡早期有十數篇年代可考的作品，南游(庚戌)後不久寫成的
〈蓮香〉頗值得注意。【21】此並述鬼狐的長篇，以人鬼團圓結局，屬圓型
模式。異史氏曰：

> 嗟呼！死者而求生，生者又求死，天下所難得者，非人身哉？奈
> 何具此身者，往往而置之，遂至覥然而生不如狐，泯然而死不如
> 鬼。

已死者難得再生，有人身者往往又生不如異物，這一段話可為全書鬼狐
故事立定基調。〈蓮香〉是聊齋鬼狐故事寫法的開端，如後出〈小謝〉的
情節布局與此篇酷似，其他大多數人鬼婚戀故事如〈聶小倩〉、〈連
瑣〉、〈梅女〉、〈伍秋月〉中的女性鬼魂都處境坎坷，歷盡艱難走向
人間。【22】

【21】蔡國梁〈從聊齋略知時序的篇目試窺蒲松齡創作發展之一斑〉，見《蒲松齡研
　　　究集刊》第四輯，濟南：齊魯書社，1984。

【22】《聊齋志異》婚戀故事中的女鬼，較之過去小說鬼別具時代特質，與晚明進步思
　　　潮流及文學中唯情論相關。明清間流行談鬼，比蒲松齡早五十年的馮夢龍，有一
　　　番關於鬼的理論；「……蓋善惡之氣，積而不散，于是憑人心之敬且懼而久焉，

「死裡求生」是《聊齋誌異》中所有女性弱鬼的共同追求，也是所有鬼故事情節的推動主力，只是各自步向人間的具體經歷不同矣。托生轉世、借屍還魂、得陽氣精血、開棺復活，此類是長期以來民間女鬼典型的求生出路。由於鬼各有個性，襄助鬼魂的書生性情亦各不同——桑生好淫(蓮香)、甯采臣拒淫(聶小倩)、陶生厚直不畏鬼(小謝)、王生慷慨仗義(伍秋月)，由死而生過程中的種種曲折、懸疑配置與矛盾解決亦因人物而異。如〈蓮香〉中的李氏因不忍加害書生而另謀生路、小謝幾乎錯失回生機會、梅女堅持先懲惡吏後期好合；求生過程最不著痕跡的要算是聶小倩，起筆鬼氣森然，中段以後漸入人間，至終篇讀者已忘其為鬼，情緒由激越緊張而趨向平淡，結局團圓亦因此而顯得合情合理。總之，生生死死，曲折離奇，必與人物相配，此即馮鎮巒所說的「層見疊出，各極變化」而有「倫次」，【23】又魯迅所說的「描寫委曲，敘次井然」是也。

〈席方平〉借六朝志怪中泰山冥府故事模式，述席生剛正孝義，為救父，離魂入冥伸冤，先後慘受城隍、郡司、冥王酷刑而不服，屢次押還而拒絕回生，遣出為嬰兒則不乳而殤，以性命抗爭，直至雪冤而止。異史氏評曰：

惟情不然，墓不能封，櫬不能固，門戶不能隔，世代不能老，鬼盡然耶？情使之耳！人情鬼情，相投而入，如狂如夢，不識不知，……人鬼之厄豈必在情哉！道家呼女子為粉骷髏，而悠悠忽忽之人，亦等于行屍走肉，又安在人之不為鬼。」見《情史》，「情鬼類」，上海古籍，1990。

【23】馮鎮巒〈讀聊齋雜說〉：「說鬼亦要有倫次，說鬼亦要得性情……試觀聊齋說鬼狐，即以人事之倫次，百物之性情說之。說得極圓，不出情理之外，說來極巧，恰在人人意願之中，雖其間亦有意為補接，憑空捏造處，亦有大段吃力處，然卻喜其不甚露痕跡牽強之形，故所以能令人人首肯也」。見朱一玄編《聊齋誌異資料滙編》，中州古籍1985。

劉楚華　《聊齋誌異》的述鬼謀略　　337

> 人人言淨土，而不知生死隔世，意念都迷，且不知其所以來，又
> 烏知其所以去；而況死而又死，生而復生者乎？忠孝志定，萬劫
> 不移，何其偉也。

死亡是人最大的恐懼，而席方平堅定不移，未死而赴死，生而拒生，生
生死死，百折不磨，通篇神氣十足。作者真能「揉變化之理，察神人之
際」，圓熟地透過死生情節的掌控，表現天地不壞的人格價值。

〈葉生〉主人公文章冠世而科試誤身，客居異鄉執教三年，還家見自
身靈柩方仆地而滅。作者借倩女「離魂」的技法，賦落第書生的命運悲
歌；生而不遇，落落寡合，一旦遇重才賞識者，其靈魂願追從知己，可
以死而忘死。天下淪落人雖生亦猶死，乃至死而不自知，反襯出生存境
況之堪憐。但明倫謂此篇「極幻異，極支離，事隨筆敘入，了無痕
跡」，意指離魂伏線收藏得密，葉生固不自知死，敘述者亦瞞過讀者，
直至魂如煙滅的一刻，方悟主角早已離人世，誘讀者高度投入故事，幾
與主人翁同知同感，效果極佳。

蒲松齡好古文，嗜《莊》《列》。其〈莊列選略小引〉云：

> 千古之奇文，至莊列止矣……其文洸洋恣肆，誠足沾漑後學……
> 余素嗜其書，遂獵狐而取其白。【24】

他讓筆下人物「忘生忘死」，實際上是偷換莊子「齊物」命題，仿效「方
生方死，方死方生」的寓言，通過述鬼，反覆探究「生」的疑惑，求解
「死」的困縛。

【24】蒲松齡〈聊齋文集自序〉：「每于無人處時，私以古文自效……」；又〈莊列
選略小引〉，見《聊齋文集》卷二，盛偉編《蒲松齡全集》二冊，26頁，濟南：
學林出版社，1998。

五. 夢而非夢

莊子夢蝶之談，本旨也在通達生死，「方其夢也不知其夢也，覺而後知其夢也」。「夜枕髑髏」可算是最早觸及生命哲理主題的古小說，自此「託夢」遂成為鬼小說另一種常見模式。志怪中的「入冥」或「再生」故事，記人憶述死亡經驗就如同夢覺。【25】六朝志怪之鬼魂入夢，事各有因，死者報夢為咐囑親人、告別友人、要求遷葬、鳴冤復仇，亦有相當多見的是女鬼入夢自薦的幽婚題材，如《幽明錄》「馮孝將子」事，是影響深遠的愛情夢幻結構原型。唐傳奇仙鬼異夢亦多，寫生人「神魂」入夢如〈枕中記〉、〈南柯太守傳〉、〈謝小娥〉等堪稱夢幻佳構，其事不外證現實經歷與夢徵符驗，而勝在虛實處理不落痕跡，故此「餘韻悠然」。但相對於其他夢幻傳奇，唐代「鬼魂」入夢小說則常涉神怪，志怪色彩仍濃，如見於《廣異記》、《宣室志》的鬼夢，情調格局都似曾相識，出夢入夢的敘寫近乎公式化，佳作不多。

白行簡〈三夢記〉云：

> 人之夢，異于常者有之；或彼夢有所往而此遇之者，或此有所為而彼夢之者，或兩相通夢者。【26】

白行簡所說夢境彼此、往來相通的配置，大抵是所有異夢故事剪裁的基本法門。蒲松齡據此，如法炮製狐鬼之夢，惟兩者差異在於鬼狐各依照其物類的自然屬性與獨立個性，去襯配不同的行動情節。就愛情主題而言，《聊齋誌異》假夢寫人對鬼狐的情欲，極荒唐放縱，書生亦一派輕狂，「人」主體方面的處理分別不大。所異在女狐活色生香、狡獪多

【25】 如《搜神後記》卷四，「干寶」條：「寶兄常病，氣絕積日不冷，後遂寤，云見天地間鬼神事，如夢覺，不自知死」。汪紹楹校本，北京：中華書局，1981。

【26】〈三夢記〉見魯迅校錄《唐宋傳奇集》卷三，70頁，濟南：齊魯書社1997。

術、能為孤寒書生解困，反之，女鬼幼質形單、虛怯羞縮、裊娜可憐，得待書生慷爽仗義始有回生之望。生死時限與陰冷氣息，是鬼話悲劇情節的先天條件，而夢幻型鬼話的蹺蹊，在其設計重巒叠嶂；「鬼境」已是第一層幻設，「夢境」時空變量屬第二層虛構，述事者再逐步打通「幽明」與「夢覺」的種種超現實設施，想象奇險，倍加鬼故事的悠謬感。【27】

由於鬼性和鬼事的時空約制，述鬼者更要著意於情節結構上別出心裁，否則「千鬼一面」難有新意。《聊齋誌異》的鬼夢情節組合，可說包羅畢備，聊齋述鬼恍如玩弄戲法，到了出神入化境地。最常見的布局，是在大三段模式之內安插夢幻，由細緻的局部波瀾去推動內在的情節，營造張力，而且變化手法多樣。鬼魂無端入夢，是舊法，人鬼有意識的入夢似乎是聊齋的創構——人與人、人與鬼可共約入夢，有時前夢後夢相續，亦甚至夢中作夢，覺後大覺；設計圓型與包孕型的混合結構，或多重夢幻包孕式結構，組合形式林林總總。其獨特處在仿莊子「方生死」、「齊夢覺」的詭辭用於小說情節，措施即設即卸，隨說隨掃，一方面模糊真幻的界限，另一方面刻意推調動讀者的聯想。聊齋先精心策畫迷離幻境，又不斷暗示「夢而非夢，覺而非覺」，讓人耳目暈眩——述鬼者／作者邀讀者進入文本，與故事中的書生共同著鬼、入夢出夢、入死出生，讀至終篇正疑雲滿腹，推敲之際，異史氏即現身為占者解夢。這種層層互動的精密設構及其所達致的趣味效果，可以說，過去鬼小說敘述所未曾有。【28】

【27】《聊齋志異》中人與其他異物交往，亦有類似之夢幻手法，攝想神思，注念即至；如〈狐夢〉。其理與召鬼相同，惟不必與死亡交涉。

【28】明人談夢好鬼成風，蒲氏之鬼夢連篇，亦屬時代潮流的繼承，不過以小說呈現已。明後期傳奇戲夢夢相續及鬼魂間出的情節十分普遍，至湯顯祖「因情成夢，因夢成戲」的《牡丹亭》出，更多評論家就以夢為戲、顛倒真幻作探討，如〈玉茗堂異夢記總評〉：「從來劇園中說夢者，始于西廂草橋，草橋夢之實者。今世

〈連瑣〉寫幽怨型的女鬼，以秀麗風流形象及詩化情調渲染見稱，仿志怪中發塚回生的人鬼戀結構，插入白行簡式的異夢剪裁。事分三段；入筆抒情慢板，楊生遇風雅艷鬼，夜夜西窗共讀，評棋弄曲，情同琴瑟，洋溢詩情美意；中段急板，緊張懸疑，女鬼為他鬼所逼，邀約書生入夢相救，生在夢中又得友人來夢裏助，至殺仇事遂之後，人鬼各各出夢相告；末段舒坦行板，麗者得書生精血開棺復活，蘇醒後自言「二十餘年如一夢耳」。評論者王漁洋、但明倫對以夢結句為之激賞，王謂「戛然而止，餘韻渺渺」，馮鎮巒則謂「通篇斷續即離，楚楚有致」。作者將通篇故事布置為一大夢，再在夢中設夢，對連瑣而言，死生為一夢，書生則幾番入夢境、闖鬼域，段段起伏，曲折奇情，而通篇節奏掌握，收放自如。

〈伍秋月〉結構與〈連瑣〉相似，而稍涉術數故格調略遜。通篇將真實與夢幻相間剪裁，開章寫王生逆途落寞，夜夢女郎，癮而果真見鬼；中段轉曲折，先是隨女入夢游冥，殺鬼吏救兄，其後又再殺鬼吏救美，後王生驀然驚覺，疑身在夢境，而女告之：「真也，非夢也」；末段依

復有牡丹亭，夢之幽者也。復有南柯黃粱，南柯黃粱夢之大者也，復有西樓錯夢，錯夢之似幻實真，似奇實確者也。復然而總未異也，既曰夢，則無不奇幻，何異之足云！……」(見《全明傳奇》122冊，台北：天一，中國戲劇研究資料一輯，1998)。

就劇場上鬼戲關目中作者/演者/觀者之間互動作用方面亦有深度的討論，如玉茗堂〈焚香記總評〉：「作者精神命脈，全在桂英冥訴幾折，摹寫得九死一生光景，宛轉激烈。其填詞皆尚真色，所以入人最深，遂令後世之聽者淚，讀者顰，無情者心動，有情者腸裂」。又袁于令〈劍嘯閣主人序〉云：「蓋劇場即一世界，世界只一情人，以劇場假而情真，不知當場者有情人也，顧曲者尤屬有情人也……倘演者不真，則觀者之精神不動，然作者不真，則演者之精神亦不靈。茲傳之總評，惟一真字足以盡之耳……」(見《玉茗堂批評焚香記》，《全明傳奇》112冊)。

舊套開棺復活，團圓結局。但明倫評曰：

> 寄真於夢，假夢作真。數定生前，情般死後。雁散而復聚，鴛夢
> 幻而旋真。

夢夢相續，疑幻疑真；以人鬼戀格局為大結構，將憑空捏造的鬼域包裹
在夢境之中，安排鬼入人間，人出幻域。以實筆寫幻事，因此人鬼幽情
則極「燕昵之詞，媟狎之態」；用側鋒刺現實，揭露吏獄黑暗；牀席間
的王生情狂放逸，闖鬼域竟然慷慨英勇。如此措置，既為故事帶出多層
主題意蘊，又可在不同的敘述空間中現示人物性格的多面性。

　　絞揉人鬼、生死、夢覺的線索，編織事件的經緯，然後專在虛實轉
接之間故弄玄虛，用虛實相間、真幻顛倒的手法，營造譎詭的效果，翻
空出奇，固是蒲松齡慣用的述鬼技法，抱髑髏入夢，直揭生死大義，較
之同書之中狐夢或精魅入夢之篇，又多一番哲理深義，較之同期其他鬼
小說之勸說因果，亦更勝一層。

六 改調易弦

　　《聊齋誌異》可考的早期作品當中，〈林四娘〉與〈公孫九娘〉屬開
放模式結局——鬼魂求生不果，抱憾分離，或至期而去、不長留人
間。【29】二篇都據當時傳聞改寫，見於筆記文獻者尚多，比較各篇，可
一窺蒲氏鬼話取材及再創作的構思軌跡。

　　明亡時期青州「林四娘」的傳聞紛繁，不同記載之間差異頗大，大
約分兩種。第一類據林雲銘的〈林四娘記〉，林四娘為表清白自縊，死
為烈魂，先為厲怖人，後又與人酒論詩，記述者並謂得當事人陳寶鑰親
述其事云云，這篇有可能是較近傳聞原型的記載。其他如王士禛《池北
偶談》、陳維崧《婦人集》、杜鄉漁隱《野叟閑談》所載屬第二類，謂

【29】見蔡國梁〈從聊齋略知時序的篇目試窺蒲松齡創作發展之一斑〉，同註【21】。

林四娘係明末衡王宮人、早殤或亡國殉死,各篇都有酬酢賦詩之記。【30】
《聊齋誌異》的〈林四娘〉取後一種,而與王漁洋所述最近,刪去「驅
遣」、「為厲」的人鬼對立場面及暴烈的冤魂形象,選取人與善鬼交好、
賦詩酬酢情節及幽怨傷悼、雅麗風流的女鬼形象。又改諸篇鬼與客酬唱
為只及陳公一人,改「狎不至亂」為「狎媟極歡」,四娘與陳公燕私的
細節、別離傷感的渲染,亦諸篇所無。再看林雲銘所記文字非不生動,
惟人物性格與故事情調前後矛盾,欠缺說服力。王漁洋所記較合情理而
過於簡單,情趣不足。比較各篇,不難明白蒲松齡在改寫舊材時,仍以
小說構思為主,先立意定調,後配音點拍,將本事全體襯墊得妥妥貼
貼。先服從於「亡國哀痛」的主題,後設置人鬼戀愛的情節架構,人鬼
個性與動作的調動保持合理統一。例如此篇中段四娘歌聲哀婉,「公亦
為酸惻,抱而慰之曰,卿勿為亡國之音,使人邑邑」,篇末四娘臨別贈
詩:

> 靜鎖深宮十七年,誰將故國問青天?閑看殿宇封喬木,泣望君王
> 化杜鵑。海國波濤斜夕照,漢家簫鼓靜烽煙。紅顏力弱難為厲,
> 蕙質心悲只問禪。日誦菩提千百句,閑看貝葉兩三篇。高唱梨園
> 歌代哭,請君獨聽亦潸然。【31】

故事中亡國的悲緒、哀音曲調、修禪誦經等細節,及幽婉可人的好鬼形
象,至此詩得到全面呼應,可謂通篇一氣。此詩究誰所作,固無可考,
實非關重要,但在收結之前,蒲氏卻再添一筆,謂「詩中重複脫節,疑
傳者錯悮」。故作神秘,卻引人遐思。有倫次、有個性、合情理,故藝

【30】 見朱一玄《聊齋志異資料滙篇》,中州古籍,1985。

【31】 林雲銘〈林四娘記〉不載詩。王士禎《池北偶談》卷21「談異」,所載林四娘
詩稍有出入「靜銷深宮憶往年,樓台簫鼓遍烽烟,紅顏力弱難為厲,黑海心悲只
學禪,細讀蓮花千百偈,閑看貝葉兩三篇,梨園高唱升平曲,君試聽之亦惘
然」。見張友鶴輯校《聊齋志異》全校會注集本,上海古籍,1986。

術性在他篇之上。

　　山東棲霞萊陽于七案，連坐誅戮以數百計，見錄方志筆記。【32】此獄正順治康熙間大事，持續十多年屠殺事件，時空距蒲松齡不遠，作者當親有所聞，感同身受。較之前朝宮嬪的四娘，此段「血腥猶染舊羅裙」的慘事歷歷目前，蒲氏以滿懷悲憤，寫成〈公孫九娘〉。運用幽婚舊結構，而別出心裁地穿插兩段離奇的幽婚，事由萊陽生旅寄寺居，一日，先已死於難中的朱生到訪，帶生入南郊鬼居的「萊霞里」見其甥女，甥女引出九娘，全是冤案犧牲者；萊陽生為媒撮合鬼匹，朱生又撮合萊陽生與九娘的人鬼配；中段華妝嘉禮、陽臺畫閣的描寫，一如舊傳鬼話，人鬼邂逅，極盡歡昵，九娘含情賦詩：「昔日羅裳化作塵，空將業果恨前身，十年露冷楓林月，此夜初逢畫閣春」；後段萊陽生臨別承諾為九娘收骨歸葬，而忘問誌表，出里之後但見千塚纍纍，不見九娘之墓，嘆恨而歸，半載之後再往尋墓，遇九娘，終不得見諒；用近二百字，細寫「墳兆萬接，迷目榛荒，鬼火狐鳴，駭人心目」的場景，女郎孤魂躑足丘墓，終於慘然湮滅，可謂焦黑濃墨，瀝血點染，令人讀之欷歔。

　　　　異史氏曰；香草沉羅，血滿胸臆，東山佩玦，淚漬泥沙……公孫
　　　　九娘豈以負骸骨之託，而怨懟不釋於中耶？不能掬以相示，冤乎
　　　　哉！

鬼非無靈，人亦有情，失之交臂，遺恨千古。異史氏深切同情游魂無依，復為萊陽生無可表白而呼冤。其實「冤」何止在於二者疏忽失會，面對千萬沉冤莫雪的孤魂與殘酷的歷史現實，迷路荒野一書生，又奈何哉？蒲氏/異史氏/萊陽生，又何嘗不與獨行丘墓的九娘同一命運，都不外茫茫六道中隨風蕩墮的藩溷之花？

　　另一篇〈宦娘〉，調不似林四娘之哀怨、公孫九娘之愴惻，宦娘作

【32】王培荀《鄉園憶舊錄》，張曜孫葆田等修纂《山東通志‧兵防志》，民國《萊
　　陽縣志》記清兵事，見朱一玄《聊齋志異資料滙篇》。

為良師益友，只能為他人調諧琴瑟，將愛慕化作情誼，可謂哀而不怨，美意延綿。〈宦娘〉以琴音為線索貫串全篇，不正面寫鬼形，而專彈鬼的曲調與展示鬼的情意。溫生兩次因琴而遇美，兩次姻緣不諧；先述雨宿山村，鼓琴遇女而求婚不遂，後詣葛院雅奏，得葛女愛慕，卻因身家寒微而不許；後葛女閨門拾得惜春詞，而詞箋又無端出現溫齋，葛公無計之下將女歸溫，溫生無端喜得姻緣，自此家中出現神秘琴聲，曲調淒楚，以古鏡照之，山中女子宦娘始出現形。原來女鬼愛慕琴音，潛向溫學琴，又暗為媒妁，種種牽繫，至末段再添一筆，宦娘臨別向葛女傳箏曲，調非人間云云。

通篇曲折懸疑，「調他人之琴瑟，代薄命之裳衣」為故事主線，吸收〈冥音傳〉鬼向人授曲的舊事，【33】重加剪裁，來回顛倒，改為雙向交流──人授曲於鬼，鬼又傳業於人，「種種猜疑，班班顛倒，以琴起以琴結，脈絡貫通，始終一線」(但評)。由遠及近，層層疊進，抽絲剝繭，理路分明。其難在寫琴音飄渺，卻將密藏針線，不露端倪，讀來撲塑迷離。評家但明倫、馮鎮巒對此篇都為之激賞，譽為鬼斧神工之作。【34】所以調非凡響，與大量明清間的樂怪琴精故事大相徑庭，【35】關鍵差別在立意深，故感人亦深，不論如何修剪，始終緊咬「高山流水，知音只在黃泉」的寄託，故曲終人散後，有餘音縈繞的藝術效果。

───────────────────

【33】缺名撰〈冥音傳〉，見魯迅《唐宋傳奇集》卷五，119-120頁，齊魯書社，1997。

【34】但評：「高山流水，知音只在黃泉，逸響新聲，絕調復傳塵世」「如抽繭如剝蕉，曲折纏綿，如泣如訴」；馮評「如此串合，鬼斧神工，波瀾曲折」「情絲一縷，裊裊不絕」「結得縹緲不盡，曲終人不見，江上數青峰」「忽放忽收，忽開忽合，文筆變幻，令人莫可端倪」。見〈宦娘〉，張友鶴輯校《聊齋誌異》全校會注集本，上海古籍，1986。

【35】案馮夢龍，《情史》卷21，〈琴瑟琵琶〉及〈琴精〉二篇，歸入情妖類。

七. 結語

作為文言小說、鬼小說創作的後繼者，蒲松齡背負沉重的歷史包袱，卻善於汲取傳統資源，將鬼魂的文化符號意義及其蘊藏能量發揮極至，在《聊齋誌異》鬼篇投注了主體生命情感，並全面展示了他的藝術野心。

聊齋述鬼所以能超妙靈動別具風格，除了得小說傳統的滋養之外，還很大程度上與其古文涵養有關。蒲氏自少志向古文，尤嗜《莊》《列》。仿髑髏夢幻的荒誕言辭，在文言小說形式規範下，將大量新舊的鬼小說材料重新創作，一篇之開闔運轉、虛實幻誕，莫不用古文家章法構思，故能在文言短篇限制之下，敘寫出悠謬譎異、千奇百怪而曲折細緻的風格。其〈作文管見〉：

> 文章之法，開闔、流水、順逆、虛實、淺深、橫豎、離合而已。……文貴反，反得要透；文貴轉，轉得要圓；文貴落，落得要醒；文貴要宕，宕得要靈；文貴起，起得要警策；文貴然，然得要穩合。……文有四面，反面、正面、對面、側面是也。……凡有一題，即有一題之法。識得作法，便如庖丁解牛，恢恢乎游刃有餘。若于各項題不曾融會于心，動輒棘手，反咎題難。非題之難我，我自難也。【36】

明清評點家多用古文法析小說戲曲，蒲氏則以古文法寫小說，即謂用古文的語言章法，靈活機動地布置小說情節，而整體設構但以命意先行，即謂所有敘述策略必服從主題思想主導。蒲氏之後的評點家，以評古文法讀《聊齋誌異》，馮鎮巒說聊齋似莊子。如上所見，若以莊書考察聊齋諸篇，寓言荒誕與鬼跡疑異尤其吻合。援引生死夢覺作為敘述模式，

【36】見馬振方輯校《聊齋遺文七種》，192-193頁，北京大學出版社，1998。又蒲氏〈與諸侄書〉，見盛偉編《聊齋佚文輯注》，齊魯書社，1986。

荒唐滑稽，固然是聊齋的述鬼策略，深究之下，還有更重要一點，在有意識運用述鬼的情事，進行現實生存景況的反思。作者主體生命中最強烈的失落感，也全部傾注到青林黑塞的鬼靈知音身上，所以動人。

晚年蒲松齡自題畫象，自云既醜且羞：

> 爾貌則寢，爾軀則修，行年七十有四，此兩萬五千餘日所成何事？而忽已白頭，奕世對爾子孫，亦孔之羞。【37】

壯年失意，自視如鬼，以憤懣不平、悲天憫人的情懷寫《聊齋志異》。述鬼之篇亦如髑髏對鏡，慚於形穢。蒲松齡畫鬼，實際上是自摹淪落溝壑的形象。作者杯中苦酒，心中塊磊，讀聊齋鬼篇，其情可知。

【37】〈自題畫象〉，見《聊齋文集》卷三，見盛偉輯錄《蒲松齡全集》二冊，106頁。

論舊體詩與新文學之關係

朱少璋*

緒論

在新文化運動展開後(1919年以後)，新體詩漸漸成為矚目的文學體裁，但舊詩壇上的兩股主要勢力——同光詩派及南社詩派，並未完全退出文學舞台：1919年中央大學教授汪辟疆(1886-1966)撰〈光宣詩壇點將錄〉，評選近現代詩人詞人一百餘名，分別配以「水滸」綽號，入選者不乏同光派及南社詩人。[1] 1936年，國際筆會在倫敦舉行，邀請中國派代表參加，當局決定派代表兩人，一為胡適(1891-1962)，代表新文學；另一為陳衍(1856-1937)，代表舊文學，[2]可見舊詩詩壇盟主，在新文學的浪潮中並未完全失勢。1923年，南社改組為「新南社」，繼續活動至1925年；1924年，「南社湘集」在長沙成立，參加者有二百多人，並出版《南社湘集》，活動持續至1936年。[3] 至於有關舊體詩作品，在新文化運動後仍陸續出版，[4]其中較重要的著作有1922年出版的劉

---

*香港浸會大學語文中心。

[1]〈光宣詩壇點將錄〉見許樹棣主編：《三百年來詩壇人物評點小傳匯錄》(河南：中州古籍出版社，1986)頁62-126；入選的同光派重要人物有陳三立、陳衍、沈曾植、鄭孝胥等，南社社員則有黃節、黃侃、諸宗元等。1925年7月，章士釗主編的《甲寅》在北京復刊，連載汪文，引起詩壇極大興趣，汪氏並於1945年再作修訂。

[2]出席國際筆會一事，見毛大風：《百年詩壇紀事》(杭州：錢塘詩社，1997)頁100；唯最後陳衍因年紀老邁，故未有成行。

[3]有關新南社及南社湘集的活動，詳參柳亞子：《南社紀略》及楊天石、王學莊合編：《南社史長編》(北京：中國人民大學，1995)。

[4]以下列舉之出版資料見毛大風：《百年詩壇紀事》。

成禺(1973-1952)《洪憲紀事詩》。1923年柳亞子(1887-1958)編《南社叢刻》第二十二集出版。1926年出版楊圻(1897-?)《萬里江山樓詩詞鈔》。1928年《曼殊全集》出版，一紙風行。1930年出版陳衍的《石遺室詩話》三十卷。1932年錢基博(1887-1955)《現代中國文學史》出版。【5】1933年南社胡樸安(1878-1947)編《中華民國名人詩選》出版。1939年錢仲聯(1908-)撰〈近百年詩壇點將錄〉。1941年出版《太平洋鼓吹集》。1945年汪辟疆修訂〈光宣詩壇點將錄〉，再次引起詩壇上的討論與關注。

至於新文學家，特別是新詩人在新文化運動後兼作新、舊體詩的事實；似乎是為人忽略。其實，只要我們稍稍面對事實，就不難發現新文學家兼作新、舊體詩的客觀事實：1920年胡適出版了《嘗試集》，其中包括舊體詩二十首。同年，沈尹默(1883-1971)的幾首舊體詩詞，收入《金魚酬唱集》。1924年朱自清(1898-1948)在寧波發表舊體詩。1925年聞一多(1899-1946)有「勒馬回韁作舊詩」之想。1931年魯迅(1881-1936)在租界內作〈無題(慣於長夜過春時)〉。1937年郭沫若(1892-1978)步魯迅〈無題(慣於長夜過春時)〉詩韻，作〈歸國吟〉，沈尹默亦有和詩，傳誦一時。1943年《大千》雜誌內有〈大千詩詞〉欄，撰稿者有郭沫若、田漢(1898-1968)等新詩人。1944年俞平伯(1900-1990)題七律三首贈唐弢(1913-)。【6】

今人劉納在《嬗變——辛亥革命時期至五四時期的中國文學》中提到自新文學運動開展以來，形成了以『舊』與『新』命名的兩種文學，劉氏說「研究者尋找著並找到了『舊』『新』之間的種種承傳關係」。【7】

【5】 錢著《現代中國文學史》，論述1911至1930年間的中國文學史，以舊文學為主線，其中評論舊體詩詞尤為詳贍，在當時的文壇引起很大的反應。

【6】 以上列舉之資料見毛大風：《百年詩壇紀事》。

【7】 劉納：《嬗變——辛亥革命時期至五四時期的中國文學》(北京：中國社會科學出版社，1998)頁234。

事實上，新詩人的舊體詩創作並非獨立的，[8] 而是與詩人的其他文學創作有著千絲萬縷的關係，其間一脈相通，在創作題材上、手法上、感情抒發上，均能見新舊文學間的微妙關係，其間新舊體之相互影響情況，尤值得考察探討；鍾敬文(1903-)在〈魯迅的舊詩〉中就談到魯迅的舊體詩與散文創作的關係：

　　他(魯迅，筆者注)的舊詩，把散文中所具有的一些優點特徵更加發揮了，而且又加上了那種詩中特有的長處。[9]

又如張千帆在〈魯迅的舊體詩〉中認為魯迅的舊體詩質量非常高，還道出魯迅舊體詩與小說創作的關係：

　　在他的詩篇裏，正如在他的小說、雜文裏所表現的一樣，是充滿著堅韌無比的戰鬥精神的。[10]

---

[8] 關於「舊體詩」的名稱，本文乃從于友發、吳三元：《新文學舊體詩選注》(濟南：山東教育出版社，1987)及李慶年：《馬來亞華人舊體詩演進史》(上海：古籍出版社，1998)二書的用法。又舊體詩的同義詞尚有以下各種：(1)「舊詩」，如吳奔星：《魯迅舊詩新探》(江蘇：人民出版社，1981)；(2)又有以「詩詞」偏義指詩，如毛谷風：《二十世紀名家詩詞鈔》(上海：華東師範大學出版社，1993)，書前錢仲聯序指出：「詩之一稱，有白話新體與古典舊體之殊。詩詞合稱，胥指舊式。」(頁1)；(3)又有「傳統詩」，如許霆、魯德俊：〈十四行體與中國傳統詩體〉，《中國韻文學刊》2期(1994)；(4)又有「格律詩」，如朱雲達：〈格律詩果真會衰亡嗎？〉，《江南詩詞》4期(1987)；(5)又有「古體詩」，如劉東：〈古體詩生命力管見〉，《昆明師院學報》1期(1981)；(6)又有「古典詩」，如公木：〈簡論中國古典詩歌傳統問題〉，《詩刊》第5期(1957)：「所謂中國古典詩歌，就是指五四以前的舊詩。舊詩，對新詩而言。」

[9] 鍾敬文著：《蘭窗詩論集》(北京：北京師範大學，1993)頁147-148；另詳參〈魯迅舊體詩歌略說〉，前揭書頁149-160、〈關於〈自題小像〉的二三問題〉，前揭書頁161-183、〈關於〈阻郁達夫移家杭州〉〉，前揭書頁184-188。

[10] 葉靈鳳等著：《新綠集》(香港：新綠出版社，1961)頁179。

臧克家(1905-2004)在《王統照詩詞解析》的序言中，在談及王統照(1897-1957)詩風多變之餘，也論及王氏舊體詩與小說創作的關係，其中有云：

> 王統照先生的舊體詩作，與其他品種著作——小說，散文，新
> 詩，是一脈相通的，而且風格也是一致的。【11】

以下將縷述新詩人的舊體詩作與新文學作品的關係。主要從兩方面展開考察，【12】其一是舊體詩與新詩之關係，其二是舊體詩與其他新文學作品之關係；茲分述如下：

(一) 舊體詩與新詩的關係【13】

有關新詩人舊體詩與其新詩創作關係的討論，並不足夠，其中只有數家被論者談及，但都未見深入，也未見援引實例以作證明，本節的考察，焦點在於找出新詩人的新舊體詩作中題材相近(或相同)的詩作，透過對比，論證新舊詩作在意念、手法或意象上的異同，目的在於指出新詩人創作舊體詩與創作新詩實有關係，新舊二體在欣賞上、研究上都不應有所偏廢；先舉若干例子：宗白華(1897-1986)在〈游東山寺二首〉之

【11】見姚素英編著：《王統照詩詞解析》(長春：吉林文出版社，1999)序言，頁1-2。

【12】研究對象須符合下述三項條件－生於1949年以前及在1917-1949年間具體、積極從事新詩創作的作家而同時創作舊體詩的詩人；除符合上述各項條件外，尚參考《中國現代詩歌史》及《中國新詩大辭典》二書。

【13】本論文之研究重點在新詩人的舊體詩，本章涉及其新詩作品，目的是要突顯出舊體詩創作與新詩創作的關係，至於新詩作品中運用舊體詩的典故、情調、語言和意象等個別而深入的新詩研究課題，本章不擬考察和討論，以免轉移了研究的焦點；事實上，金俊欽的《新詩研究》中，就有詳細的說明，金氏從「提取意境或意象」、「取法古詩的格調」及「活用古詩的語言典故」三項，論證了新詩上承古典詩的某些文學元素。詳參該書頁23-38。

二中，渲染了僧寺一帶入夜時的寂靜氣氛，詩中用了大自然的各種「天籟」襯托「無人」的那份天然寧靜，詩云：

> 石泉落澗玉琮琤。人去山空萬籟清。春雨苔痕迷屐齒，秋風落葉響棋枰。澄潭浮鯉窺新碧，老樹盤鴉噪夕晴。坐久渾忘身世外，僧窗凍月夜深明。【14】

作者在〈我和詩〉一文中，【15】談到他對靜夜的喜好，他說：「山城清寂，抱膝微吟，靈犀一點，脈脈相通」，又道出自己的創作經驗，也是與「靜夜」有關的：

> 往往在半夜的黑影裏爬起來，扶著床尋找火柴，在燭光搖晃中寫那些現在人不感興趣而我自己卻借以慰藉寂寞的詩句。

這份對「靜」和「夜」的喜好，成了作者部分詩作的特色，上舉一首律詩，已見其描寫靜夜之筆調，在其新詩作品中，也有極類似的筆調，如〈夜〉：

> 黑夜深
>
> 萬籟息
>
> 遠寺的鐘聲俱寂。
>
> 寂靜——寂靜——
>
> 微眇的寸心
>
> 流入時間的無盡！【16】

詩中同時是寫靜夜，但在「天籟」之上再寫到「萬籟息」的死寂，與〈游東山寺〉一首的「靜」在程度上略有不同，但在取材上——靜夜；以及意象運用上——寺廟，明顯是一脈相通的。

在詩歌的寓意上，沈尹默在新舊二體的創作中，也有「相關」的情

【14】《宗白華全集》(合肥：安徽教育，1994)卷一，頁2。

【15】《藝境》(北京：北京大學出版社，1997)頁196-202。

【16】《藝境》頁405。

況，例如他的新詩〈生機〉，[17]寫初春的柳條，在眾人不知不覺間生長，在眾人都忽略柳條的生長、以為柳條不能再生長的時候，柳條自有本身的生態；詩的最後一節是這樣表達詩人的寄意的：

> 人人說天氣這般冷，
>
> 草木的生機恐怕都被摧折；
>
> 誰知道那路旁的細柳條，
>
> 他們暗地裏卻一齊換了顏色！

這跟作者在較前的舊體詩〈出游見落花有感〉之二的寓意頗為類似，[18]而且都是以柳和其他花草為描寫主體，該詩云：

> 柳棉薄薄怨春遲。深院棠梨已滿枝。蜂蝶自忙花自落，更無人賞未開時。

只是在態度上，新體一首含積極的態度，而舊體一首則略帶怨刺味道，這是表達同一種寓意，但用不同的態度或角度去寫，新體以生動口語配合主題「生機」；而舊體則以較沉鬱的路向作表達，以呼應詩題中的「感」，一種寓意作兩面寫，而且利用了新舊二體的長處，在表達效果上可謂各有千秋。劉半農(1891-1934)在兼作新舊體二體時也有相類情況，劉氏曾有新詩〈悼曼殊〉和舊體詩〈今朝〉，都是發抒對死友的哀悼感情，[19]在內容上，新舊二體也有極為相近之處：

---

[17]《沈尹默詩詞集》(北京：書目文獻出版社，1982)頁7-8

[18]《沈尹默詩詞集》頁57。

[19]二詩均見柳亞子編：《蘇曼殊全集》第五冊附錄下，頁444-450。

舊體〈今朝〉四首 1918 年	新體〈悼曼殊〉 1918 年
他年共話裴倫事	我與他談論西洋的詩
江山如此忍吟詩	半農，這個時候，你還講什麼詩， 求什麼學問！
殷勤約我游湖去	又約我去游西湖
人事牽纏竟未能	雪茄尚可吸兩月，湖上可以釣魚， 一時不到上海了。
剩得今朝一湖水	西湖是至今沒有游成！

二詩作於同時，似乎無論是新體還是舊體，片段取材上都大致上相同；相類的情況如俞平伯的新詩〈東行記蹤寄懷〉之二〈長崎灣〉，[20] 詩中描寫了長崎灣的景色：

Nagasaki 底青山是抱著的，

Nagasaki 月下的青山是抱著睡的。

再看俞氏的舊體〈長崎灣泊舟〉，[21] 其中寫景即有「亭亭翠嶼如環堵」之句，也是用「環抱」的意念去寫眼前景物，在運用意象上極為相近，二詩均寫於 1922 年，也幾乎是一題兩寫的方式。

新詩人兼作新舊二體，突顯了二體的密切關係，那麼，新詩是如何影響舊體詩的呢？葉紹鈞(1894-1988)在〈《俞平伯舊體詩抄》序〉中說俞氏的舊體詩是：

由他的新體詩過渡的，寫作手法有些仍沿著他以前寫新體詩的路子。[22]

---

[20] 樂齊、孫玉蓉編：《俞平伯詩全編》(杭州：浙江文藝出版社，1992)頁198。

[21] 《俞平伯詩全編》頁345。

[22] 葉文原刊《讀書》第4期(1986)，本文轉引自孫玉蓉編：《古槐樹下的俞平伯》(成都：四川文藝出版社，1997)頁319-321。

以新詩手法創作舊體詩，如俞平伯寫於1922年的組詩〈憶〉之三：[23]

　　　紅綠色的蠟淚，

　　　我們倆珍藏著，

　　　說是龍王爺宮裏底珠子。

這跟1977年的〈重圓花燭歌〉中的「高麗匣子珊瑚色，小蠟溶成五彩珠」描寫是相一致的，[24] 又如〈憶〉之二十二：[25]

　　　亮汪汪的兩根燈草的油盞，

　　　攤開一本《禮記》，

　　　且當它山歌般的唱。

　　　乍聽壁間是說的又是笑的，

　　　「她來了吧？」

也是跟〈重圓花燭歌〉中的「青熒照讀燈花喜」(句後俞氏自注：「蘇州俗語：燈花爆，客人到」) 是一致的，[26] 俞氏寫自己讀書心不在焉，一聽「她」來了便高的心情，在1970年的〈潤兒來省感賦〉之一中，[27] 也有相似的描寫：「少小挑芯讀夜書。聞來外姊輟吚唔」，情事一致，手法也極為相近；葉紹鈞說俞氏以寫新詩的方法寫舊體詩，上舉數例，在一定程度上可看到俞氏如何以新詩的情調和題材溶合在舊體詩的創作中。以先寫的新詩為後寫的舊體詩的創作導引，還有不少例子，而且是在新詩的詩意上加以發揮或對有關題材加以續寫補寫，如王統照的〈一九三六年九月中旬游黃山，某晚登師子林後之清涼台〉五律(其一)，首句即云「早登蓮岳頂」，末有「驚回夢裏身」之

【23】《俞平伯詩全編》頁264。

【24】《俞平伯詩全編》頁520。

【25】《俞平伯詩全編》頁272。

【26】《俞平伯詩全編》頁520。

【27】《俞平伯詩全編》頁502。

句。【28】再看王氏於同日較早時候，在黃山蓮花峰上的感覺，其〈蓮花峰頂放歌〉云：

> 回頭看：
>
> 有振怒的狂飆，
>
> 有狂醉的封石，
>
> 有冷眼的怪石。
>
> 回頭看：
>
> 舊夢在自己腳下輾成輕塵，【29】(節錄)

這分明補充了作者在五律中說的「驚回夢裏身」之意，讀者若把新體前置於舊體聯綴而讀，則更能玩味作者的思路和感受了。據陳明遠(1941-)的回憶，在詩歌創作上，田漢曾對他有這樣的建議：

> 你把自己寫的舊體詩詞改寫為新體詩歌。或者，不如說，把同一個詩境用兩種形式寫出來——一種新體，一種舊體。就像把同一幅畫面用水墨畫和油畫兩種形式表現出來那樣；就像把同一部樂曲用民樂和交響樂兩種形式演奏出來那樣。你不妨試試看！從中可以悟得詩的三昧。【30】

他認為學寫新體詩，「同時也要學舊體詩，可以相互促進」，並認為「從小學習古典詩詞格律，對以後寫現代詩歌，必定大有好處」；【31】而田漢本人在這方面也有嘗試，他在1952年寫的新詩〈那是兩年前〉，【32】

【28】《王統照文集》(濟南：山東人民出版社，1982)卷四，頁517。

【29】《王統照文集》卷四，頁355。

【30】陳明遠：〈詩歌——我生命的翅膀〉，見《我與郭沫若、田漢的交往》(上海：學林出版社，1999)頁31-32。

【31】陳明遠：〈田漢老伯和我〉，見《我與郭沫若、田漢的交往》(上海：學林出版社，1999)頁127，原文談及田氏對陳明遠的指導。

【32】《田漢文集》(北京：中國戲劇出版社，1983)卷十三，頁47-49。

寫的是美國軍隊進侵朝鮮時造成的禍害，在1963年寫的四首〈訪朝鮮信川美帝暴行博物館〉舊體詩中，[33] 詩人重寫對這件歷史事件的感受，以下作一簡明對比，以見二詩在題材運意上的相同處：

新體〈那是兩年前〉 1952 年	舊體〈訪朝鮮信川美帝暴行博物館〉 1963 年
那是兩年前 給敵人的汽油彈 燒毀過的山岡， 焦黑的泥土上	牆上斑斑血抓痕。千人怒吼鬱重門。 (原注：美軍在信川把當地九百多名革命者集中在一個防空洞內，關上鐵門，從頂上通氣管倒進火油，丟下手榴彈，把他們全部燒死在內……)
給敵人的 B 二十九 濫炸過的橋樑，	彈飛焰烈哈魔笑，
在瓦礫堆著 朝鮮的老大娘 還問她要奶吃的她身邊的孩子	骨肉凋殘老婦悲。 (原注：一位姓禹的老大娘家四十多口全被美帝匪軍屠殺……)
麥克阿瑟倒下了， 換上了李奇微、克拉克， 以及其他的狐群狗黨，	虎狼未滅悵猶在，

在對比中不難發現，二詩在題材上運意上，如出一轍，由於舊體詩句數和字數較少，因此要結合作者的原注，才可解讀詩句中交代的歷史背景和事件，而二詩所表達的作者的感受，也是一致的。復如何其芳(1912-1977)在1970年寫的新詩〈歡呼我國第一顆人造衛星上天〉中，[34] 第四分節有頌讚國家領導人毛澤東 (1893-1976) 的詩句：

---

[33]《田漢文集》卷十三，頁392-393。

[34]《何其芳詩稿》頁44-45。

歌頌他，就是革命

找到了真正的航向！

就是歷史的火車頭

在奔馳，不可阻擋！

何氏在1976年以舊體寫〈歡呼我主席〈詞二首〉的發表〉，【35】其中對毛氏的歌頌有「光輝路線針南指，世上無高不可攀」之句，與六年前的新詩作品，十分相似。

反過來說，舊體詩對新詩人的新詩作品也在題材或運意上起著影響。金克木(1912-2000)在《挂劍空壘》的〈新詩集序〉中，曾明確地道及「新詩舊法」的創作經驗，其中對新舊二體的關係有頗精到的說明：

我寫詩時仍免不了有一點超越自己能力的野心。那就是試驗用舊詩作法作新詩……中國舊詩善於隱諱歧義，言近旨遠，一層又一層，外國舊詩長於敘事，多而不繁……新詩出現本來是反艱深、反格律的，著重直說，不喜隱語，便於抒情，不利於長篇敘事。【36】

正如金氏說，他的新詩作品〈秋思〉就是用舊法寫成的：【37】

梧桐一葉落，

海上土色的雲升起了。

遂有鮫人的淚珠【38】

不息地滾下：千滴，萬滴。

何時見曖曖的煙霧呢？

【35】《何其芳詩稿》(上海：文藝出版社，1979)頁137。

【36】《掛劍空壘——新舊詩集》(北京：三聯書店，1999)序文，頁8。

【37】金克木：〈冰冷的是火〉，《無文探隱》(上海：三聯書店，1997)頁1-10。

【38】此句在《挂劍空壘》頁4作「於是鮫人的淚珠遂簌簌然」，此處因係引錄〈冰冷的是火〉原文，因此不從《挂劍空壘》中的版本。

蘆荻已衰衰鳴唈。

惟有寒潭裏依然安息著

冷冷的缺月。

金氏自評詩的第一首近舊詩，第二節是用了舊法去寫的新詩，他自說創作的心路歷程為：

這前半是不是舊詩？「梧桐一葉落，海上土雲起。鮫人珠淚流，簌簌不可止。」但「土色的雲」不能是舊詞。後半改不成舊詩，可是用了舊法，雙聲疊韻，平仄配搭，行款字數。這是不新不舊，新而又舊，舊而又新的詩吧！

可見作者在嘗試溶合新舊二體的關係上，實在是頗有意識地下苦心的。在題材上，部分新詩人會用新舊二體去處理同一題材，充份顯示了詩人在詩歌的體式上的全面運用，他們沒有偏廢舊體，反而是在合適的題材下，利用舊體某方面的優勢，敷演成篇；對比一下詩人的新舊詩作，就不難發現他們有「一種題材、二體分寫」的情況，如應修人(1900-1933)在1920年寫的〈采桑詞〉四首，【39】其一云：

采桑綠已滿枝頭。共道今年葉甚稠。夜半蠶飢桑又盡，明朝早起喚同儔。

詩人在1922年寫新詩〈初游草佳村〉，【40】也寫到蠶桑的情事，詩的最後一節，顯然是出自〈采桑詞〉的意念：

河邊又有幾株桑，

屋邊又有幾株桑。

明歲的蠶時我想來，——

看見有綠筐兒挽了的，

「我也來幫你采。」

【39】爾矢編：《修人漠華詩全編》(杭州：浙江文藝出版社，1995)頁154。

【40】《修人漠華詩全編》頁73-74。

這種詩意的延續，是詩人意念貫通新舊二體的明證，這種情況，王統照的詩作裏也有例子，王氏寫於1934年的〈自羅馬寄〉之二，[41] 寫詩人到了水城威尼斯，再到花都翡冷翠的旅程片段：

> 飄零異國念清虛。盪槳春宵笑語殊。今日飆輪風雨裏，水都才過又花都。

詩人在寫於稍後的新詩〈水都又花都〉中，[42] 延續了舊體詩作的意境，發揮得極為酣暢淋漓：

> 時雨是難覺的輕潤，
>
> 　　春雨是醉人的溫煦；
>
> 直送你離開了水都，
>
> 　　又從這明媚的花都他去。
>
> 南國的山川和初春時
>
> 　　留人眷戀的南國花木；
>
> 一層層淺碧，嫩綠，
>
> 　　又一片片的樂意，生機。
>
> 略覽這歐洲古國的風光，
>
> 　　藝術，古跡，牽絆住東方游子；
>
> 把花朝，清明都匆匆消逝，
>
> 　　看，路旁的桃李在笑人無？

比對二詩，絕句輕快，節奏明快，主題明確，而新體則節奏略為紓緩，調子較慢，運用步移手法，把景物一一道出，若能結合二詩，對比並讀，對詩人要表達的感受和情意，一定有更透徹的瞭解。此外，何其芳在1976年12月寫的新詩〈懷念我們敬愛的周總理〉，[43] 題材與同年

---

[41] 《王統照文集》卷四，頁514。

[42] 《王統照文集》卷四，頁254-255。

[43] 《何其芳詩稿》頁103-108。

1月所寫的〈哭周恩來同志〉相同，【44】而詩中也有若干相類點，以下是新舊體詩作中的一些句子的對比情況：

舊體〈哭周恩來同志〉1976年1月	新體〈懷念我們敬愛的周總理〉1976年12月
半枯老淚盡縱橫。	呵！我們那樣悲痛，
天上大星殞暗夜，	您逝世後，
人間遍地起悲聲。	全國哭聲雷動。
萬口交稱樑棟傾。	我們悲痛我主席失去了股肱，
一身真比泰山重，	在我們心裏像高山崔巍……

但在表達上，新詩的用語就淺白直接得多了，像舊體詩中的「大星殞」、「泰山重」等古典意象，在新詩中都用了直接的寫法，沒有半點「典故」氣息，但很明顯，詩人在寫新詩之時，情韻是與舊體完全一致的。在眾多新詩人中，郭沫若在處理新舊詩關係方面，意識特強，陳明遠曾說：

> 郭沫若從青年到老年的半個世紀中，對於舊體詩翻譯(或改寫，原注)為新體詩的興趣，是綿延一貫，經久不衰的。【45】

例如他在1916年作的〈殘月黃金梳〉雜言舊體兩節，1918年郭氏以舊體的詩意，演繹成新詩，改題為〈別離〉四節，並在1920年刊登在《時事新報》副刊《學燈》之上，刊登時是把新舊二詩並列的，【46】以下試把二詩有關的句子重組排列，以見二詩之關係：

【44】《何其芳詩稿》頁102。

【45】陳明遠：〈新詩與真美的追求〉，見《我與郭沫若、田漢的交往》頁77。

【46】有關〈殘月黃金梳〉一詩的轉譯及刊登情況，參考王繼權、姚國華、徐培均編注：《郭沫若舊體詩詞繫年注釋》(哈爾濱：黑龍江人民出版社，1982)上冊，頁116注釋部分。

朱少璋　論舊體詩與新文學之關係　　　361

舊體〈殘月黃金梳〉 1916 年	新體〈別離〉 1918 年
殘月黃金梳	月兒啊！你同那黃金梳兒一樣。
我欲掇之贈彼姝	我要想爬上天去，把你取來；用著我 的手兒，插在她的頭上。
彼姝不可見	我的愛呀！你今兒到了哪方？
橋下流泉聲如泫	應著橋下流水的哀音，
曉日月桂冠	太陽啊！你同那月桂冠兒一樣。
掇之欲上青天難	天這樣的高，我怎能爬得上？
青天猶可上	天這樣的高，我縱能爬得上，
生離令我情惆悵	

對比中看出新詩版本主要是「語譯」舊體詩句，衍化成篇，最值得注意
的是「生離令我情惆悵」一句，在新詩版本中沒有直接相對應的句子，
只有在「我的愛呀！你今兒到了哪方？」一句暗示了「生離」的主題，
這是因為舊體的結句過於直接顯露，既云「彼姝不可見」，似無須再明
說「生離」了，在新詩版本中，郭沫若有保留、有改寫，嘗試以新舊二
體表達同一主題，效果還是很不錯的。此外，郭氏的詩集《新潮》，【47】

【47】《新潮》一書係由陳明遠主稿，以郭氏的舊體詩為據，改寫成新體詩，再由郭沫
若親自修改參訂。按陳明遠在〈詩歌——我生命的翅膀〉中云：「我先用白話
按照現代詩的韻律和節奏，翻譯改寫郭老的舊體詩。每次寄給他的稿子，他都批
閱、修改了再寄還給我」(見陳明遠：《我與郭沫若、田漢的交往》頁33)，可見
郭氏在《新潮》一書中的重要角色，陳明遠又在〈新詩與真美的追求〉中重作強
調：「《新潮》是在郭老師的指導下完成的……必須如實地認為是郭沫若本人與
我(作為一個助手和學生)長期合作改寫的成果」(前揭書，頁84)，又郭氏本人在
《新潮》後敘〉(1964 年)中也說：「這些譯詩也可以認為是我們兩人長期合作的

15

主體部分是把自作的舊體詩改寫為新詩，共改譯了 27 組舊體詩(因性質不同，書中第二輯〈古詩今譯〉未算在內)，在改寫當中保留原來詩意，這種嘗試體現了新舊二體在承傳及兼容上的可能，以下舉數例作對比，以證明新舊體之關係：

舊體 〈詠武昌東湖梅花盆栽〉	新體 〈梅花盆栽〉
麒龍虬潛藏	蟠龍於方寸間潛藏
羅漢醉如泥	鐵羅漢千年沉醉
老人壽而康	老壽星酣然入睡
使千株萬樹齊開放	種紅梅千株萬樹
接大同世界之春光	舖展開人間天堂

可見新體與舊體在詩意上是十分類同的，在用韻方面，新舊體同押「七陽」韻，其關係密切，【48】可見一斑。又如：

結果_(郭沫若、陳明遠：《新潮——紀念郭沫若先生》(北京：中國文聯出版社，1992)頁6)據此而言，郭氏與《新潮》的關係極為密切，以《新潮》中的新舊對譯的作品說明郭氏在溝通新舊二體上的意識，是可以成立的。按《新潮》書稿之編撰工作自1957年至1964年，原稿在文革時被抄燬，1992年陳明遠撿出原書的部分殘稿，重新整理成書；成書本事詳參閻煥東：〈追求完滿的詩，完滿的人生〉，載臧克家主編：《郭沫若名詩鑒賞辭典》(北京：中國和平出版社，1993)頁305

【48】 二詩引自郭沫若、陳明遠：《新潮——紀念郭沫若先生》頁11-15，原文新體先排，舊體附後，本文為眉目清晰，只截取二體對譯中的要緊詩句，以表列形式作比較，新體譯文的句子排列次序偶與舊體文本有出入，不另注明，下準此例。

舊體 〈離飛機場赴開羅市〉	新體 〈赴開羅〉
夕日紅於火	夕陽赤化了西天
平沙滿目黃	沙漠中平坦地鋪展 枯黃、焦黃、一望無邊
何時椰棗樹，種遍漠中央	椰棗樹，朝向地平線 宣告著翠綠的預言

二詩在意境及寄意上都如出一轍，[49]而新體不遁舊體所押的「七陽」，改押「一先」和「十三元」。又如：

舊體 〈遊 Glza 金字塔〉	新體 〈金字塔〉
金字塔三座，威嚴逼四方。	塔基蟬聯三代； 繼往開來，太陽神 神光普照四海 ——
王廟憶堂堂	銘記著王廟的堂皇
巨石千鈞重	巨石，千鈞偉大
方舟十丈長	橫越太古的方舟

新體在舊體的基礎上略作增飾，舊體的意象偏於古典而傳統，新體則頗富時代感。[50]又如：

---

[49] 二詩引自郭沫若、陳明遠：《新潮——紀念郭沫若先生》頁 33-39。

[50] 同上注。

舊體 〈弄舟尼羅河上〉	新體 〈弄舟尼羅河上〉
雙槳掞輕舟。尼羅河上游。	翅膀撥開了水裏的雲天 飛舟輕快地向前向前，
泅水人相繼	游泳吧！游泳吧！
誠甘三度飲	尼羅河的瓊漿啊 我再三地開懷暢飲，

就首句而言，新體較優，頗能生動有力地描繪划船的狀態，而舊體則較平板；但「泅水人相繼」改為呼告格的「游泳吧！游泳吧！」則嫌過於直露而濫情，[51] 至於：

舊體 〈觀大成殿〉	新體 〈孔廟大成殿〉
石柱蟠龍二十株	二十柱雪白的玉龍
大成一殿此尤殊	撐起了輝煌的大殿

則新體改寫較為優勝，改寫本中在以「龍」喻「柱」之同時，以「白」進一步修飾「龍」，再進一步以「雪」修飾「白」，具體而頗有層次，而第二句的「撐」字則有力地表現出柱的力量和殿的份量；對比舊體中的「殊」字，實在具體得多。[52] 又如：

---

[51] 同上注。

[52] 二詩引自郭沫若、陳明遠：《新潮——紀念郭沫若先生》頁72-77。

舊體 〈在上埃及洛克沙市夜游尼羅河〉	新體 〈夜游尼羅河〉
天高月正圓	月神提著晶亮的燈籠
古祠裙柱立，輕舸一帆懸。 裊裊歌聲發，琮琮浪語傳。	圍繞岸邊的石柱高聳…… 沉寂的寺院 古樂傳來縹緲的歌詞， 凌波的船尖 浪花翻起燦爛的歷史；
上下六千年	前後六千載春秋 ——

新體表現得較為豐富，意境亦見飽滿完整，但從精簡角度而論，則新體中「上下六千載春秋」與舊體「上下六千年」對比，新體句法較為蕪雜，【53】這種情況在〈溫井嶺〉中也有相類的例子：

舊體 〈過溫井嶺〉	新體 〈溫井嶺〉
群岳並吾肩	群山跟我肩並著肩
飛泉雲外懸	清泉，飛掛白雲外面
山途三萬轉	驅車到雲嶺上飛旋
溫井九重天	乘著鯤鵬的羽翼登天
平生多閱歷	平生閱歷多少奇珍
景物嘆超前	未曾見過如此勝境

新體幾乎是舊體的語譯版本，在結句寄意上尤為明顯；而舊體明顯是較為簡潔明快。【54】

郭氏還有另一種嘗試，就是合併兩首舊體詩的內容，匯入一首新體詩之中，如：

【53】二詩引自郭沫若、陳明遠：《新潮──紀念郭沫若先生》頁33-39。

【54】二詩引自郭沫若、陳明遠：《新潮──紀念郭沫若先生》頁44-45。

舊體〈游三日浦〉之七	舊體〈回長壽園〉	新體〈回長壽園〉
村牛息駕待		老牛靠著木欄側臥
農婦戴盆歸		曲條的朝鮮姑娘頭頂著水罐回家……
行道日將晚，遠山霧作帷。		黃昏支起幕帳
	數艭岸畔鷺	遨游了一天的鷺鳥雙雙在岸畔棲息，
	采蜜蜜蜂喧	滿載而歸的蜜蜂匯集蜂箱裏釀蜜。
	宵深不覺寒	夜深也不覺寒冷——

這一來，把兩首舊體分寫「黃昏」和「深宵」兩個時段的，聯綴成新體中自黃昏到深宵的一整段長時間，新體改寫本的內容和意境都豐富了，但節奏卻不及舊體明快，焦點也不夠集中。[55]

同期兼寫舊體詩的新詩人田漢和宗白華，曾先後在1963年及1985年為《新潮》的稿本寫題記，田氏認為《新潮》是郭沫若在解放以後最好的詩集，「甚而至於，可稱得上自《女神》以來最好的詩集」，[56]可見郭氏根於舊體，又化用為新體的嘗試是頗成功的；宗白華則認為《新潮》中的詩，可以符合「意簡而曲，詞少而工」的要求，[57]郭氏在《新潮》中的新詩之所以如此成功，實在得力於舊體的關係。今人閻煥東在《郭沫若名詩鑑賞辭典》中評《新潮》一書為「在內容上有拓展，形式上

---

[55] 同上注，唯《新潮》中未附舊體〈游三日浦〉之七，似有所缺，今據《郭沫若舊體詩詞繫年注釋》下冊、頁321作補。

[56] 郭沫若、陳明遠：《新潮——紀念郭沫若先生》頁1。

[57] 郭沫若、陳明遠：《新潮——紀念郭沫若先生》頁2，筆者撮要宗白華在〈題記〉中的意思。

有創新」，還認為此書「具體地體現了五四以來中國新詩發展的歷史潮流」；【58】衡以上列對比詩例，信為的評。

還值得注意的，是新詩作品中「穿插」舊體的情況。蕭三(1896-1983)的新詩和舊體詩，偶有混合一組舊體詩的情況，如〈夜飛過長沙〉二首，【59】其一是七言四句的舊體詩，其二則是六句新詩，一新一舊組合而成；二詩的意象和內容都很相近：

> 瞬間飛渡洞庭水，俯瞰長沙不見人。岳麓洞庭倏忽逝，繁星一地萬家燈。(其一)

> 夜、漆黑的夜，
>
> 飛過長沙，
>
> 一地星光。
>
> 何處是岳麓、桔子洲頭
>
> 何處是湘江？
>
> 望蒼天悠悠。(其二)

第二首分明是把第一首的意境重寫一遍；又如他的〈獄中詩〉，由四節詩組成，【60】其中一、二、三節是新詩，第四節則是七言律詩，也是新舊體的組合，這種組合新舊二體的創作形式，不管效果、水平如何，最底限度可以說明新詩人對新舊二體關係的重視。徐志摩(1896-1931)在新詩〈尼姑行〉中，【61】同時運用了雜言與齊言的方式，在齊言的章節中，有些根本就是舊體詩的格局，如第一章第七節的四行：

【58】閻煥東：〈追求完滿的詩，完滿的人生〉，載臧克家主編：《郭沫若名詩鑒辭典》頁305。

【59】蕭三著：《我沒有閑心》(哈爾濱：黑龍江人民出社，1983)頁25。

【60】《我沒有閑心》頁37。

【61】顧永棣編注：《徐志摩詩全集》(上海：學林出版社，2001)》頁40-43。

情孽放花不自知，

芳心苦悶說無詞；

可憐一對籠中鳥，

盡日呢喃盡日悲。【62】

其用韻及平仄聲調之安排，純然是七言絕句(近體)；這首作品寫於1922年，是新文學運動的初期，徐氏這種舊交替的嘗試，是可理解的。

當然，詩人有時處理同一題材，但發抒的感受可以完全不同，甚至相反，如周作人(1885-1967)在〈兒童雜事詩〉中寫過〈蒼蠅〉，其中有「躡足低頭忙奔走，捉來幾許活蒼蠅」之句，【63】是寫孩童在村間無事，以捕捉蒼蠅為戲，詩人在《澤瀉集》〈蒼蠅〉一文中也提到他對蒼蠅的看法：

蒼蠅不是一件很可愛的東西，但我們在小孩子的時候都有點喜歡他。【64】

周氏也曾以蒼蠅為題材，寫過一首名為〈蒼蠅〉的新詩，題材雖相同，但表達的感情卻恰恰相反：

我們說愛，

愛一切眾生，

但是我——卻覺得不能全愛。

我能愛狼和大蛇，

我不能愛那蒼蠅。

我憎惡他們，我詛咒他們。

大小一切的蒼蠅們，

美和生命的破壞者，(節錄)

【62】此按原詩分行及標點。

【63】王仲三箋注：《周作人詩全編箋注》(上海：學林出版社，1995)頁194。

【64】轉引自《周作人詩全編箋注》頁194箋注部份。

詩中表達的是截然不同的感受，那是因為舊體中所表達對蒼蠅的感情是真實的——正如《澤瀉集》中所說；而在新體詩中，蒼蠅已成為一個喻體，成為詩人心目中最憎厭的東西的喻體，運意上完全不同，題材表達也起了若干變化，在創作上是很好的嘗試。

好些新詩人，在運用新舊二體去處理同一題材時，會在水平上出現明顯的差距，這大概是由於部分新詩人在舊體詩方面的造詣不高，因此在新舊對比下，同一題材的作品，舊體的水平都給比下去，如汪靜之(1902- ？)早期新作品集《蕙的風》，內容寫他的愛情故事，題材內容幾乎與後來出版的舊體詩集《六美緣》一樣，詩作都是寫汪氏如何沉醉在愛情生活之中，又如何面對因愛情而帶來的苦惱，但是《蕙的風》就明顯寫得比《六美緣》好，如他寫給情人「珮聲」的作品，詩中表明對方已跟別人有指腹婚約，因此不能發展感情，汪氏在〈題珮聲小影〉中的第四節寫道：

> 月下老人底赤繩，
>
> 偏把你和別人相繫。
>
> 愛情被壓在磐石下面，
>
> 我只能在夢中愛你！【65】

寫得明確、有力，且具體而優美，但對比在《六美緣》中的寫法，就水平而言就有極大的差距，其中題材相同的有〈清白為人〉一首：

> 訂婚指腹因緣錯。銷魂何必求真個。佳人既已有歸屬，清白為人不可浣。【66】

【65】汪靜之：《蕙的風》原書係1922年上海亞東圖書出版，筆者未見此書；本文引錄係採自重印版《蕙的風》(杭州：浙江文藝出版社，1996)頁5，重印本的《蕙的風》乃與汪氏的另一部新詩集《寂寞的國》合刊而成。

【66】《六美緣》(北京：十月文藝出版社，1996)頁1。

詩意直露，毫無修飾，實是劣作。又如運用相類的意象時，汪氏的新詩作品也是較為優勝的，如〈山和水的親昵〉，【67】是汪氏贈女友「蓁漪」的情詩：

> 山是親昵地撫著水，
>
> 水也親昵地拍著山。
>
> 山充滿熱烈的愛，
>
> 把湖水抱在胸前；
>
> 湖水蕩漾著笑的波浪，(節錄)

詩中用了「山」和「水」相擁抱的意象，表達出情人相親相愛的情況，頗有圖畫之美，這個愛情意象，汪氏在《六美緣》〈西湖情歌二〉的第十九首中曾稍作改動，再次運用：

> 汪郎本是水邊王。梅花影映水中央。湖水欣然抱梅影，水抱梅花喜欲狂。【68】

把山水相抱改為水和梅影相抱，但在表達上，舊體一首顯然是過於直露，沒有詩的張力與韻味，汪氏在〈西湖情歌三〉的第十七首再次用山水相抱的意象，也不算成功：

> 湖上青山抱綠水，藍天映出空中翠。鴛鴦湖面配成雙，情哥情妹成雙對。【69】

首句意象沒有得到充份的發揮，後面三句沒有承接山和水的意象，而且流於概念化的述說，未能引起讀者的共鳴。臧克家也有相同的情況，寫同一題材，新體與舊體的水平有很明顯的差距，以他悼念茅盾(1896-1981)的三首詩為對比例子：臧氏分別在1981年3月28日寫了新詩〈信——痛悼茅盾先生〉、1981年4月2日寫舊體詩〈悼茅盾先生〉、1981

【67】《蕙的風》頁14。

【68】《六美緣》頁30。

【69】《六美緣》頁43。

年4月17日寫了新詩〈書到眼前——悼念茅盾先生〉；[70] 他在〈信〉，
一首的最一節中，借茅盾生前寄給他的信作結，寫得頗為感人：

> 我希望你的信積到一百封，
>
> 現在呵，就算七十一封我也情願！
>
> 噩耗襲來使我後悔：
>
> 即使打擾，我也應該去一趟醫院。

詩人在〈書到眼前〉一首的原注中說：「茅盾先生九年多來給我的信，
已查到的有七十封。」[71] 有了這個背景，就覺得這節詩的首兩句是有
感而發的，而且是巧借真實事件，令書信的數目與發信人(茅盾)的壽數
拉上正比的關係，寫來別具意趣，在〈書到眼前〉中的末節，也有很不
錯的句子：

> 記憶的絲越牽越長，
>
> 千言萬語永遠說不完，
>
> 有話我也不能再往紙上寫了，
>
> 稿紙上淚水一點又一點……。

抒情恰到好處，又能點出悼念的主題，悲哀之情含蓄有力，運用間接方
式表達詩人的悲情，效果不俗；反觀臧氏的舊體詩〈悼茅盾先生〉，水
平就有所不及了：

> 年華半百瞬間過。每憶生平感慨多。文場堂堂軍旅盛，將星陸落
> 淚滂沱。

詩中的情感表達得不夠具體，而且表達程式也嫌俗套，末句也流於直
露，不夠含蓄。

【70】臧氏兩首新詩作品見《臧克家文集》第二卷第二集(濟南：山東文藝出版社，
　　1985)頁616-617、620-621；舊體詩作見《臧克家舊體詩稿》[增訂本] (武漢：武
　　漢出版社，2000)，頁94。

【71】《臧克家文集》第二卷第二集，頁621注1部分。

（二）舊體詩與其他新文學作品的關係

研究者似乎也不該忽略新詩人的舊體詩與新文學作品相結合的情況。事實上，無視他們的舊體詩作，將無法全面地研評他們的新文學作品，以下考察新詩人的新文學作品與舊體詩相結合的特殊情況，此一考察，有助了解新詩人舊體詩的應用情況及「新舊」組合的特殊情況，受考察的新文學作品，盡量以文藝創作為考察對象，考察不以窮舉為目的，只摘舉典型例子作說明，旨在反映出舊體詩穿插在新文學作品中的情況，茲將有關考察情況，舉例說明如下：

劉大白(1880-1932)的〈《龍山夢痕》序〉(1925)，文章開首即冠以自作舊體詩兩首：

> 又向山陰道上行。千巖萬壑正相迎。故鄉多少佳山水，不似西湖浪得名。
>
> 若耶溪水迎歸客，秦望山雲認舊鄰。雲水光中重洗眼，似曾相識倍相親。

文中還有回憶這兩詩的本事：

> 約莫四年前，從杭州回到離開已久的故鄉去，在船上胡謅了這兩首七絕。

文章原為上海開明書店1926年出版的《龍山夢痕》的序文，該書為王世穎(1902-？)、徐蔚南(1900-1952)合著，序文先刊載於1925年9月13日的《時事報》第190期之上，1929年再收入劉大白的《白屋說詩》之中。[72]

魯迅在1933年以舊體題白話小說集《吶喊》及《彷徨》贈日本人山縣初男，詩云：

> 弄文罹文網，抗世違世情。積毀可銷骨，空留紙上聲。

---

[72] 序文引自《白屋說詩》(上海：大江書舖，1929)，台北啟明書店在1957年重印《白屋說詩》，沒有〈《龍山夢痕》序〉，殊不可解。

朱少璋　論舊體詩與新文學之關係　　373

寂寞新文苑，平安舊戰場。兩間餘一卒，荷戟獨彷徨。

《彷徨》另有〈題辭〉，引《離騷》的「路漫漫其修遠兮，吾將上下而求索」。【73】又在《南腔北調集》的〈為了忘卻的紀念〉(1933)一文中，作者在深夜裏懷念一位好友，接著就在文中加插了自作的七言律詩：

慣於長夜過春時。挈母將雛鬢有絲。夢中依稀慈母淚，城頭變幻大王旗。忍看朋輩成新鬼，怒向刀叢覓小詩。吟罷低眉無寫處，月光如水照緇衣。

誠如作者所說，這是「積習從沉靜中抬起頭來」的作用。【74】

周作人在〈半農紀念〉(1934)一文中，穿插了兩首自作七絕，說是「在追悼會不曾用，今日半農此文，便拿來題在後面」，詩云：

昔時筆禍同蒙難，菜廠幽居亦可憐。算到今年逢百日，寒泉一盞荐君前。

漫云一死恩仇泯，海上微聞有笑聲。空向刀山長作揖，阿旁牛首太猙獰。

周氏自謂此二首為打油詩。【75】

劉半農在〈巴黎通信〉(1925)中，引錄了兩首舊體詩，他說是「文言詩」，是「游戲之作」：

君問儂家住何處，去此前頭半里許。濃林繞屋一抹青，簷下疏疏晾白紵。

陣雨初過萬山綠。續斷鐘聲出林曲。君如不怕夜歸遲，稍留共看今宵月。【76】

【73】引自《魯迅詩箋選集》(香港：文學研究出版社，1967)頁108-112。

【74】全文見《南腔北調集》(北京：人民文學出版社，1952)頁64-77，引詩在第74頁。

【75】全文見錢理群編：《周作人散文精編》上冊(杭州：浙江文藝出版社，1994)頁337-341，引詩在第340頁。

【76】全文見《劉半農選集》(香港：文學研究出版社，年缺)頁90-95，引詩在第95頁。

又在〈與疑古玄同抬槓〉(1926)一文中,在文章的最末引錄了自作詩一首:

> 聞說槓堪抬,無人不抬槓,有槓必須抬,不抬何用槓,抬自由他抬,槓還是我槓,請看抬槓人,人亦抬其槓。

作者說這是「不得不有打油詩以作紀念」。【77】

胡適在〈《小雨點》序〉(1928)一文中,回憶當《留美學生季報》時向人約稿的一段往事:

> ⋯⋯曾有信去請莎菲作文,她回信說:「我詩君文兩無敵(此句是我送永叔的詩——原注),豈可捨無敵而他求乎?

胡適又回了一首打油詩,如此加插,按作者說是「略表示當日幾個朋友之間的樂事」。【78】胡氏又在〈廬山遊記〉(1928)一文中,記述從海會寺白鹿洞的路上,見杜鵑花盛開,詩興大發,作了一首七絕,就加插在文章之中:

> 長松鼓吹尋常事,最喜山花滿眼開。嫩紫鮮紅都可愛,此行應為杜鵑來。【79】

郭沫若在散文〈黑貓〉(1929)中,談到自己離鄉別井的情形,文中說他在船上做過幾首詩,還在行文當中穿插了其中一首五言律詩:

> 阿母心悲切,送兒直上船。淚枯惟刮眼,灘轉未回頭。流水深深恨,雲山疊疊愁。難忘江畔語,休作異邦游。

又曾在散文〈人做詩與詩做人〉(1943)中,插入了贈于伶(1907-?)的一首七言絕句:

【77】 全文見《劉半農選集》頁101-103,引詩在第103頁。

【78】 全文見伍仁編選:《中國二十世紀散文精品——胡適卷》(西安:太白文藝出版社,1996)頁161-164,引詩在第163頁。

【79】 文章節選本見易竹賢編選:《中國現代作家選集——胡適》(香港:三聯書店,1987)頁136-141,引詩在第136頁。

朱少璋　論舊體詩與新文學之關係　　375

大明英烈見傳奇。長夜行人路不迷。春雨江南三七度，杏花濺淚
發新枝。【80】

文章是記敘于伶親訪郭氏的情況。

王統照在〈遙憶老舍與聞一多先生〉(1947) 一文中，在回憶舊友之
後，文末說：

艱難困苦中敢以誠心敬祝他們的康強，安好，此外還有什麼可
說。

接著卻加插兩首自作七言律詩：

青燈冷壁指皺枯。坐忘兀兀一字無。玄黃忍見龍戰野，已殘牙爪
虎負嵎。不期文字能存念，共感瘡痍痛切膚。風雲關山再歲暮，
鴻鈞氣轉待昭蘇。

低頭忍復訴艱虞。冰雪凝寒慘不舒。四海驚波沉古國，萬家濺血
遍通衢。聲聞閉眼成千劫，葭露縈懷溯一艀。渭北江東雲樹裏，
何時樽酒共歡吁。

按作者說：「紙尾還能填上幾行」，於是「用舊律體詩謅詩二首，借以
結束」。【81】

宗白華在〈中國藝術意境之誕生〉(1943) 一文中，在文章的近末段，
插入自作的舊體詩，他說：

筆者自己也曾寫過一首小詩，希望能傳達中國心靈的宇宙情調，
不揣陋劣，附在這裏，借供參證……

那是一首五言詩，詩云：

飆風天際來，緣壓群峰暝。雲罅漏夕暉，光寫一川冷。悠悠白鷺
飛，淡淡孤霞迥，繫纜月華生，萬象浴清影。【82】

【80】二文見《中國現代作家選集──郭沫若》(香港：三聯書店，1994)頁138、174。

【81】全文見《王統照文集》卷六，頁82-87，引文在第87頁。

【82】見《藝境》頁174。

文章原刊於的《時與潮文藝》創刊號(1943年3月)。

田漢在〈〈風雲兒女〉和〈義勇軍進行曲〉〉一文中，談到聶耳(1912-1935)在日本千葉海邊游泳溺死之事，在文中加入了自作的一首七律詩：

> 一繫金陵五月更。故交零落幾吞聲。高歌共待驚天地，死別何期隔死生。鄉國只今淪巨浸，邊疆次第壞長城。英魂應化狂濤返，好與吾民訴不平。【83】

俞平伯在1924年出版的第二部新詩集《西還》，書前有七言題記兩句：「江南人打渡頭橈，海上客歸雲際路」。【84】又俞氏在〈月下老人祠〉(1927)一文的題目下，引錄自作七絕一首：

> 君憶南湖蕩槳時。老人祠下共尋詩。而今陌上開花日，應有將雛舊燕知。

下文就以此四句為骨幹，記述了與友人在西泠旅游尋勝的往事。【85】

冰心(1900-1999)在〈老舍的散文〉(1983)中，談到老舍(1899-1966)的〈我的母親〉、〈非正式的公園〉、〈五月的青島〉和〈轟炸〉等散文作品，但文中又穿插了老舍的詩三首，其中一首七律是老舍贈冰心的。【86】冰心又在〈漫談集句〉(1985)中，引錄了她本人的集句作品五首，在文章最末段，冰心說：

> 半夜醒來，卻猛憶起少年時代的「集糞」，只記得這幾首了，寫

【83】 見《田漢文集》第十一卷頁492-497，引詩在第493頁。

【84】 見《俞伯詩全編》頁157。

【85】 全文見李曉麗編選：《中國二十世紀散文精品——俞平伯卷》(西安：太白文藝出版社，1996)頁99-102，引詩在第99頁；又俞氏〈山陰五日記游〉(前揭書頁103-107)亦有七律穿插在文中，文章雖作於1928年，但卻以古文方式撰寫，不是新文學作品，故不引列為例。

【86】 全文見卓如編：《冰心全集》(福州：海峽文藝出版社，1994)第七卷，頁366-371。

出以博老讀者一笑！【87】

引錄舊體詩成了該文的主旨。

胡風(1902-1985)在《抗戰回憶錄》中(連載自1985年-1989年)，【88】在一、二、十、十四、十六、十七、十八輯中，插入自作舊體詩十三首。【89】

朱湘(1904-1933)在1934年由北新書局出版了《海外寄霓君》，是書信體的散文小品，其中就穿插了七首朱湘自作的舊體詩，如其中的〈贈答霓妹來詩〉四首，就是放在信末的答和詩。【90】

馮至(1905-1993)在〈相濡與相忘〉(1986)一文中，回憶新文學家好友郁達夫(1986-1945)，文中談到他讀《郁達夫詩詞鈔》，讀後在書的本頁空白處題了一首詩，馮至就把該首七言律詩引錄在文首：

> 展讀詩詞二百篇。雨當海涅憶華年。寒風凜冽舊書肆，細雨氤氳冷酒邊。浩劫中原家國毀，投荒南島志節堅。晨曦將現人長暝，彩筆難題解放天。【91】

馮至說詩的後半部是指郁達夫晚年不幸的遭遇，前半部則是回憶1924年在北京與郁氏交往的情景；全詩成為了文章的總冒。

臧克家在〈十六小時以內〉(1981)一文中，作者表達出達觀而積極地

【87】 全文見《冰心全集》第七卷，頁642-644，引文在第644頁。

【88】 胡氏的回憶錄見《新文學史料》1985第2期連載至1989年第3期，共18單元。

【89】 這十三首作品，部分見於胡風的日記，後來經整理收集，全數輯入《胡風詩全編》(杭州：浙江文藝出版社，1992)一書中，總題為〈抗戰風雲〉，詩作在頁309、310、312、313、316、318、319。

【90】 朱湘舊體詩見《海外寄霓君》頁63、139、144；本文據河北教育出版社1995年重印本。

【91】 全文見高遠東編：《馮至代表作》(北京：華夏出版社，1999)頁297-302，引詩在297頁。

面對「老」的問題，他在文中就「引自己的幾句舊體詩表現這種心境」，如「勝景貪看隨日好，餘年不計去時多」、「年景雖云暮，霞光猶燦然」，又錄一首七絕：

> 自沐朝暉意蓊蘢。休憑白髮便呼翁。狂來欲碎玻璃鏡，還我青春火樣紅。【92】

此詩又曾插在同年作品〈往事憶來多——沉痛悼念茅盾先生〉一文中，文中回憶臧氏與茅盾的交往；臧氏在文中又加入了詩句「堪笑樂天不樂天」，【93】文中又記述臧氏以詩向茅盾祝賀的往事：

> 著書豈只為稻粱。遵命前驅筆作槍。攜手迅翁張左翼，並肩郭老戰文場。光焰炯炯灼子夜，野火星星燎大荒。雨露明時花競發，清風晚節老梅香。【94】

在文末，臧氏抄了一首「悼詩」，作為「這篇悼念文字的結束」，詩云：

> 年華半百瞬間過。每憶生平感慨多。文場堂堂軍旅盛，將星隕落淚滂沱。【95】

他又在同年的〈冰心同志，祝你健康〉一文中，說冰心1977年親手寫了「舊作詞一首」給他，他「欣喜之餘，以詩答詞」，這詩就引錄在文中：

> 高挂娟秀字，我作壁上觀。忽憶江南圖，對坐聊閒天。【96】

同樣是以詩插在文中，用以記事記情。

施蟄存(1905-2003)在散文〈賣糖詩話〉中，主要記敘了他參加研討會的過程以及順道旅游的所見所聞所感，文章題為「詩話」，其實不是

【92】 全文見顏家文編：《臧克家抒情散文選》(長沙：湖南文藝出版社，1988)頁76-81，引文、引詩俱在第78頁。

【93】 全文見《臧克家抒情散文選》頁221-241，引詩在第239頁。

【94】《臧克家抒情散文選》頁237。

【95】《臧克家抒情散文選》頁241。

【96】 全文見《臧克家抒情散文選》頁242-246，引詩在第245頁。

評詩說詩之意，而是作者別出心裁，把長文分為八節，每節之末以一首七言絕句為殿，用八首舊體詩貫穿全文，既是文章某一節的小總結，又是該節的重點，如第四節記作者游兵馬俑坑，末繫詩一首云：

戈戟森嚴護夜台。祖龍畢竟是雄才。即今楚漢今何在？萬騎秦兵捲土來。【97】

在詩中抒發了作者對兵馬坑遺跡的主觀聯想。又如施氏的〈重印《邊城》題記〉(1981)一文中，回憶1937年他經過湘西各地，接觸到特殊的風土人情，不禁聯想到《邊城》和《湘行散記》二書，並有感而發，在辰溪渡口做了一首舊體詩，作者就把這首七律加插在行文之中：

辰溪渡口水風涼。北去南來各斷腸。終古藤蘿牽別緒，絕流人馬亂斜陽。浣紗坐老素足女，捉棹行歌黃帽郎。湘西一種淒馨意，彩筆爭如沈鳳凰。【98】

還在詩後說這就是「有詩為證」。又在〈《逸梅選集》序〉(1989)中，穿插了1974年賀鄭逸梅 (1895-1992) 八十大壽的六句舊體詩。【99】

何其芳在〈南行紀事〉(1944) 一文中，以四首七絕為全文綱領，以詳細的詩注為「紀事」正文，何氏在文章的「序」中說：

無聊之餘，就胡謅了四首打油詩。但求可讀，管他平仄，順口湊韻，不分庚青。舊形式便於記憶，至今未忘，現在默寫出來，並加注釋……

詩句確如何氏所言，聲調安排和用韻較隨意，如第二首云：

一望平原麥色青。今年又是好收成。路旁尚有乞食者，更有採食槐花人。

【97】全文見施蟄存著：《賣糖書話》(湖南：人民出版社，1997)，頁53-67，引詩在第60頁。

【98】全文見《賣糖書話》頁118-121 ，引詩在第119頁。

【99】全文見《賣糖書話》頁152-155 ，詩在154頁。

作者引詩之目的是「或者從其中也還可以看見一點東西」，那大概是途中的所見所感，作者似乎對這種以舊體詩紀事的方法很有信心，說「也許還可繼續用這種形式紀錄我那些旅途見聞」。【100】

金克木在〈珞珈山下四人行〉(1964)一文中，回憶1946年到珞珈山的人和事，其中加插了一首自作的和詩，是一首七言律詩，詩云：

> 七七春秋付子虛。微軀此日尚何需。少年衣食牛馬走，老境盲聾歲月徐。愧對文壇陪座末，甘離教席賦遂初。袞翁千里猶酬唱，應笑得筌未得魚。

又在文章最末以另一首七律為殿：

> 傾蓋論交憶珞珈。西裝道服並袈裟。蟹行貝葉同宣法，斷簡殘編共嘆嗟。池號幻波波有夢，集成漱玉玉無瑕。劇憐搖落秋風後，又向天涯送海槎。

文章的後半部都是記和詩、贈詩的往事，以帶出懷念故人、詩在人亡之感。【101】

從以上的考察可見，在新詩人的其他新文學創作中，【102】舊體詩都起著一定的作用。為了焦點集中，上文並未考察新文學作品穿插引錄前人舊體詩的情況，如徐志摩在〈拜倫〉(1924)一文中，以一首唐詩作題引：

【100】全文見馬二、羅君策編選：《中國現代作家選集——何其芳》(香港：三聯書店，1994)頁144-148，引文在第144頁，引詩在第145頁；此文體裁以詩為綱，以注文為正文，體例雖奇特，畢竟是以注「文」為主，而是書編者繫此作於「散文」類之下，筆者認同。

【101】全文見趙武平主編：《末班車》(北京：中央編譯出版社，1996)頁172-177，引詩在第176、177頁。

【102】有關詩歌與其他文學體裁的結合，傳統上，小說與詩歌的結合關係最為密切，詳參李萬鈞：〈詩在中國古典長篇小說中的功能〉，《文史哲》(濟南)第10期(1996)，頁90-97

蕩蕩萬斛船，影若揚白虹。自非風動天，莫置大水中。——杜甫

從而引入主題，展開作者的看法及對有關作品的評論。【103】復如聞一多
的新詩創作中，不時以舊體詩作為意象引導，古典氣息濃厚，其中如
〈紅燭〉，副題以唐詩「蠟炬成灰淚始乾」作為全詩之氣氛導引，〈李白
之死〉引用「醉月頻中聖，迷花不事君」作題引，又副題作「我本楚狂
人，鳳歌笑孔丘」，〈雨夜〉題引作「千林風雨鶯求友」，〈青春〉題
引作「柳暗花明又一村」，〈孤雁〉題引作「天涯涕淚一身遙」，〈秋
色〉副題作「詩情也似并刀快，剪得秋光入卷來」，〈紅豆〉題引作「此
物最相思」。【104】金克木在新詩集的題引中，也大量引用古人詩句，如
〈蝙蝠集〉的題引為「山石犖确行徑微。黃昏到寺蝙蝠飛。韓愈」，〈緣
木輯〉的題引為「繞樹三匝，何枝可依。曹操」，〈美人輯〉的題引為「惟
草木之零落兮，死美人之遲暮。屈原」，〈永夜輯〉的題引為「永夜角聲
悲自語，中天月色好誰看。杜甫」，〈雨雪集〉的題引為「昔我往矣。
楊柳依依。今我來思。雨雪霏霏。《詩 小雅 采薇》」，〈少年行(乙) 〉
的題引為「少年哀樂過於人。歌哭無端字字真。龔自珍」，〈少年行(丙
上) 〉的題引為「千年劫盡灰全死，十載淘餘水尚腥。秋瑾」。【105】

【103】 全文見來鳳儀編：《徐志摩散文全編》(杭州：浙江文藝出版社，1991)頁132-
143，引詩在第132頁。

【104】 見藍棣之編：《聞一多詩全編》(杭州：浙江文藝出版社，1995)頁3、6、30、
67、95、120、134。其中〈雨夜〉的題引，在未刊的《真我集》中未見，後
來輯入單行本詩集《紅燭》時才加上七言題引。

【105】《挂劍空壟》，各題引在各輯的間頁上，無頁碼，讀者順序翻檢。

結論

本文所論證的，是新詩人的舊體作品與新體詩作品無論在意象提取、題材運用、感情抒發上，都有著密不可分的關係；新舊二體在意象上有相同之處，在題材上有相同、有延續，在抒發的感情上也有雷同之處，其間有新體影響舊體，也有舊體影響新體的，有些情況更是新舊二體同時在進行創作，顯示出新詩人具駕馭新舊二體和利用新舊二體的能力。今人朱文華在《風騷餘韻論》中曾經強調過：作為新文學家(新詩人——原注)，主要的文學成就在於新文學樣式的創作，而不在於舊體詩。【106】按上文考察所得：新詩人的新詩與舊體詩在運意、表達、題材、意象等方面，均有著特殊而不容忽視的內在聯繫，像朱文華這樣將詩人作品割裂地去分析，所得出的只能算是新詩人的「新詩成就」，而並非他們的「詩的成就」，這無疑是不夠全面的。

又新詩人無論是引錄前人的詩，又或是引錄自作的舊體詩作品，都具一定的表達作用，某些詩的引錄是回憶的一部分，如郭沫若、臧克家等，足見舊體詩對他們來說是印象深刻的，因此在撰寫回憶性的文章時，少不免會想到、記起一些舊體作品，從而加插在文章之中。某些詩的引錄是用以概括全文的，如馮至、何其芳、金克木等，他們以簡潔濃縮的舊體詩，統括全文的中心大意，用以提領全文，可見舊體詩在其他新文學體裁中的積極作用。某些詩的引錄，是用作證明的，如施蟄存、劉半農等，引詩以達到信實有證的效果。而引錄前人詩句作題引者，如聞一多、徐志摩等，則是要使新文學作品中滲入一些古典氣息。有些舊體詩是新文學作品的題辭，如魯迅、俞平伯，以舊體詩題新詩作品，足見新詩人並非完全隔絕「新」、「舊」的關係，反而是把二者的組合合理化，其間並無衝突或矛盾。這批穿插舊體詩的新文學作品，值得重

【106】朱文華著：《風騷餘韻論》(上海：復旦大學出版社，1998)頁103。

視,而當中穿插的新詩人的舊體詩作,更加不容忽視。

　　透過考察新詩人的新文學作品與舊體詩作的關係,就不難發現在新詩人的新文學創作中,舊體詩起著一定作用,無論是引錄前人的詩,又或是引錄自作的舊體詩作品,舊體詩都具一定的表達功用。此外,在以上的考察中,值得注意的是新詩人在新文學創作中引錄舊體詩時的態度,他們有些說是「游戲之作」、有些說是「打油作品」、有些說是「胡謅」,有些說是「博讀者一粲」,大概是出於中國傳統文學家的自謙、自貶習套,從這些客套用語看來,新詩人無論在態度上或具體文學活動上,都與「傳統」和「舊體」一脈相連。詩人的「詩思」同時以新舊二體表達,也足以證明詩體之或新或舊,實在不是絕對的對立,而是可以並存的。至如普實克[捷]所提中國新舊文學「其間差別是那樣深刻,簡直令人難以置信它們產生於同一民族」的看法,【107】似乎是刻從語言和文學形式方面而言,並未涉及新舊二體的內在關係。經本文論證,新詩人的舊體詩作品在題材上或意境上,都影響著新體詩,可見新舊二體關係是十分密切的;新、舊體詩透過續寫、重寫某一題材,或對某一意象上的重塑,都在在體現出新舊詩體在因革承沿上的關係,也證明「一刀切」式的「新舊體二分法」觀點是不正確的,儘管新詩是橫向的西方移植,但新體詩絕非與傳統隔絕的,特別在新文化運動時期,其實是詩歌由舊轉新的過度時期,不可能是一下子把詩歌完全變「新」,新詩斷絕傳統、橫空出世是不合符事實的。

　　新詩是現代詩壇的主流而非全部,現代舊體詩正是其中重要的組成部分之一,只有承認現代舊體詩的存在,並加以整理和研究,才能較全面地看到現代詩壇的面貌;把新體和舊體的關係弄清楚,才能顯出中國

【107】普實克[捷]:〈從中國的文學革命看傳統的東方文學與歐洲現代文學的衝突〉,載賈植芳主編:《中國現代文學的主潮》(上海:復旦大學出版社,1990)頁145。

詩歌因革過程中既有承繼又有革新的事實。今人劉納在《嬗變——辛亥革命時期至五四時期的中國文學》一書中，分析中國古典文學發展道路結束的原因，談到詩歌問題時，劉氏提出了這樣的分析：

> 五四新文學從語言變革入手，旨在破壞與語言相聯繫的文化價值系統與感情系統，造成了傳統文學格局的解體。持守古典傳統的文人詩人們幾乎毫無招架之力地一律被驅趕到文學舞台的邊緣，他們中間恰恰有不少人在這前後死去，如王闓運 (1916)、龐樹柏 (1916)、王先謙 (1917)、鄭文焯 (1818) ……【108】

劉氏並認為：仍在世的詩人只是在與佔據了主流位置的新文學相隔絕、相對立，日益縮小的文學圈子和讀者群裏；【109】若據本文的考察，新詩人的舊體詩創作正好填補了這詩歌史上空白的一頁，加上新詩人兼作舊體詩，正好反映出新舊二體並非隔絕和對立的，相反是有著互相配合的關係；葉櫓在〈歷史的痕跡〉中說：

> 五四以降，中國新詩在其發展衍變的過程中，始終為所謂的「傳統」與「現代」這兩個「情結」所困擾。【110】

「傳統」與「現代」是抽刀斷之、不能得斷的歷史關係，機械地切割成新與舊，無疑是不符事實的。

【108】劉納：《嬗變——亥革命時期至五四時期的中國文學》頁 245。

【109】同上注。

【110】〈歷史的痕跡〉，鞏本棟編：《程千帆沈祖棻學記》(貴陽：貴州人民出版社，1997) 頁 342。

《禮記》與《墨子》喪葬觀的異同

（韓國）孔炳奭*

緒　論

　　禮是人們活動的規範，是一種促進社會和諧的主要因素，也是治國安民的一種意識型態。它隨着時間、地點和物質條件的不同而發生變化。為此於是有禮生於風俗，風俗出於習慣的說法。在這裏，風俗是因地區、時間的不同而產生差異的；而禮雖然也有「因地制宜」的特質，但因具治民安民的作用，故穩定性高於風俗。

　　既然禮的關係如此重大，所以自古以來都很重視禮。其中，人們就非常看重「死亡」，認為「養生者不足以當大事，惟送死可以當大事」[1]，因而喪禮就成為中國固有文化中極其精密，而又最重要的一環，所以從《禮記》以下，歷代有關禮學的著述，討論喪禮篇卷眾多。

　　喪禮在《禮記》中的篇幅最多，也是最為繁雜瑣細。然而，這一切都是為了使整個社會通過親親、尊尊而結為有序的整體，猶如〈大傳〉所說：

> 是故人道親親也。親親故尊祖，尊祖故敬宗，敬宗故收族，收族故宗廟嚴，宗廟嚴故重社稷，重社稷故愛百姓，愛百姓故刑罰中，刑罰中故庶民安，庶民安故財用足，財用足故百志成，百志成故禮俗刑，禮俗刑然後樂。[2]

---

*韓國啟明大學校教養課程部。

[1]《孟子・離婁下》，《十三經注疏》，臺北：藝文印書館，1985年，頁144。

[2]《禮記》，《十三經注疏》，臺北：藝文印書館，1985年，頁622。

從《墨子》一書來看，墨子對儒家從周代貴族文化中所承襲的禮樂等制度形式確實進行了大量攻擊，如《墨子》書中的〈節葬〉、〈非樂〉、〈節用〉、〈非儒〉等，都可說是直接針對儒家所提倡的禮樂而發。換句話說，他從現實功利主義的角度出發，認為凡是有益於民、有益於國的就支持，凡是無益於民、無益於國的就取締，喪禮也不例外。因此墨子不但積極地提倡薄葬短葬，並且針對儒家所大力推行的三年之喪。

由此觀之，《禮記》與《墨子》，對喪禮必定有許多不同的看法，以下便試從〈天命觀〉、〈鬼神觀〉、〈孝道觀〉、〈生死觀〉四個部分來比較分析。

一、從「天道觀」看喪葬

（一）、天的意義

中國原始的社會組織和宗教有其密不可分的關係，先民對於自然界中的許多現象和災異，既無力抗拒，也無法理解，於是便將此歸諸於神秘力量，並由此形成了原始宗教信仰。在先民的宗教信仰中，除了篤信靈魂不滅之外，尚有所謂的圖騰崇拜，此一宗教信仰，不僅是祖先崇拜，而且擴大到天神地祇人鬼之崇拜。其中，又以天為最重要。馮友蘭在《中國哲學史》中解說天之義：

> 在中國文字中，所謂天有五義：曰物質之天，即與地相對之。曰主宰之天，即所謂皇天上帝，有人格的天、帝。曰運命之天，乃指人生中吾人所無奈何者，如《孟子》所謂：「若夫成功則天也」之天是也。曰自然之天乃自然之運行，如《荀子·天論篇》所說之天是也。曰義理之天，乃謂宇宙之最高原理，如《中庸》所說「天命之謂性」之天是也。《詩》、《書》、《左傳》、《國語》中所謂之天，除指物質之天外，似皆指主宰之天。《論語》中孔

子所說之天，亦皆主宰之天也。【3】

這五個意義，總括起來，可說是三個意義：自然之天、人格的主宰者天、義理之天。「天」字的意義，指的人頭上的蒼天。形容天極大極高，很可象徵造物的至上神明，於是「天」字也表示主宰的意思，意義同於「帝」字，由造生萬物的神明而轉到萬物的自然律和得於天的物性。天字也表示性理。經傳的天雖有這三種意義，然而最普通的是指的主宰者天【4】。這主宰者的天，乃是有感覺、有情緒、有意志，與無無異。人格神之觀念於焉成立。如《詩經》云：「天命玄鳥，降而生商」【5】商人相信其之祖先乃是玄鳥所生。商人認為最高的主宰是「帝」，上古及夏、商、周皆然，〈大雅‧大明〉：「上帝臨女，無貳爾心」【6】，可知最高位神已然確立。於是自然的天轉為主宰的天。就初民的觀念而言，天為有意識之人格天，直接監督一切政治與百姓生活行事，如《詩經》：「皇矣上帝臨下有赫，監視四方，求民之莫」【7】、「有周不顯，帝命不時，文王陟降，在帝左右」【8】，又如《書經》云：「冒聞于上帝，帝休，天乃大命文王，殪戎殷，誕受厥命」【9】。諸如此兩經中所載甚多，由此足見，天對於古人，就是有意志、有目的、有人格的至上神，能主宰人和萬物。

以「人格天」為價值標準之根源，是日後墨子一派學說所主張。墨

【3】其詳見馮友蘭，《中國哲學史》，臺北：藍燈文化事業股份有限公司，1989年，頁55。

【4】其詳見羅光，《中國哲學大綱》，臺灣商務印書館，1999年，頁45-46。

【5】《詩經‧商頌‧玄鳥》，《十三經注疏》，臺北：藝文印書館，1985年，頁793。

【6】《詩經‧大雅‧大明》，《十三經注疏》，臺北：藝文印書館，1985年，頁544。

【7】《詩經‧大雅‧皇矣》，《十三經注疏》，臺北：藝文印書館，1985年，頁567。

【8】《詩經‧大雅‧文王》，《十三經注疏》，臺北：藝文印書館，1985年，頁533。

【9】《書經‧康誥》，《十三經注疏》，臺北：藝文印書館，1985年，頁201。

子之學與儒家之學相比,雖保持了較多的原始信仰;但其說獨尊「人格天」,嚴格言之與詩書中的觀念,又有一細微差別[10]。墨子為推行賢人政治,倡議建立兼愛社會,發展均富經濟,因此特別提出尊「人格天」以助其理想的實現,較近於「神性義的天」。但就儒家而言,「人格天」主要作用在於決定政權之興廢;蓋政權興發之間,原有許多因素為人力所不能掌握者,對於這種因素,即只好歸之於「天」。這種的觀念,是詩書中隱涵的思想;日後在儒家學說中有一大進展,遂成為以人為中心的「天人合德」,就是以仁來貫通人與天,天人即我,我即天人思想。儒墨兩家對於「人格天」的詮釋,在出發點上是大不相同的。

(二)、《禮記》中的天道觀

儒家隆禮,《禮記》一書雖非一時一人之作,但其所記載乃代表先秦儒家之思潮,殆無庸置疑。而今傳《禮記》四十九篇中,言及天者,也有不少。

事實上,儒家對天的敬畏並不亞於墨子。某一程度上而言,儒墨兩家皆保持了原始宗教天神觀念,所不同者,儒家雖對天存有敬畏之情,然其思想重心則放在人;但對墨子而言,天在其思想系統中,卻佔着極重要的地位。此蓋兩者迥異之處。殷周之際,對天之虔誠可謂至極,然至幽厲之時,宗周將亡,知識份子對天已大表懷疑,對天之信仰已動搖。孔子以後人文精神日益透顯,人格神之天逐漸失卻重要性,變化為效法於天的人文中心。〈中庸〉云:

> 故君子之道本諸身,徵諸庶民,考諸三王而不繆,建諸天地而不悖,質諸鬼神而無疑,百世以俟聖人而不惑。質諸鬼神而無疑,知天地;百世以俟聖人而不惑,知人也。是故君子動而世為天下道,行而世為天下法,言而世為天下則;遠之則有望,

---

[10] 其詳見勞思光,《中國哲學史》,臺北:三民書局,1984年,頁94。

近之則不厭。【11】

由此可見，儒家思想的基本原則，在效法於天，而克服人之思想的有限性，即是「順乎天，應乎人」的大道。

一般學者認為儒家是一種倫理哲學，沒有形上思想，但倫理哲學若沒有形上的根據，便不能永久發展。〈禮運〉曰：

> 故聖人作則，必以天地為本，以陰陽為端，以四時為柄，以日星為紀，月以為量，鬼神以為徒，五行以為質，禮義以為器，人情以為田，四靈以為畜。以天地為本，故物可舉也；以陰陽為端，故情可睹也；以四時為柄，故事可勸也；以日星為紀，故事可列也；月以為量，故功有藝也；鬼神以為徒，故事有守也；五行以為質，故事可復也；禮義以為器，故事行有考也；人情以為田，故人以為奧也；四靈以為畜，故飲食有由也。【12】

商周時期的天是一原始觀念，以人格神的意義為主，只看到主宰萬象的天地，而看不到人的自身，但《禮記》極力拉近天與人的距離，故此時的天已非天地與人之間所有事物的主宰，而為道德義理之天，天又為道之本。

此外，《禮記》又有天作為禮之原的說法：

> 孔子曰：「夫禮，先王以承天之道，以治人之情，故失之者死，得之者生。」……是故夫禮必本於天，殽於地，列於鬼神，達於喪、祭、射、御、冠、昏、朝、聘。故聖人禮示之，故天下國家可得而正也【13】。

> 是故夫禮必本於大一，分而為天地，轉而為陰陽，變而為四時，列而為鬼神。其降曰命，其官於天也。夫禮必本於天，動而之

【11】《禮記·中庸》，《十三經注疏》，臺北：藝文印書館，1985年，頁898。

【12】《禮記·禮運》，《十三經注疏》，臺北：藝文印書館，1985年，頁435-436。

【13】《禮記·禮運》，《十三經注疏》，臺北：藝文印書館，1985年，頁414。

地，列而之事，變而從時，協於分藝。其居人也曰養，其行之以
貨、力、辭義、飲食、冠、昏、喪、祭、射、御、朝、聘。【14】

又《孝經‧聖治章》云：

天地之性，人為貴；人之行，莫於孝。【15】

由此看來，禮本來就是先聖明王採用天道（天地自然的秩序與節度），
來規範人類生活行為的成果。人類既然是自然的產物，所以失去天道，
便不能生存，能適合天道，才能繼續生存下去。禮節興起，必須根據天
道，符合其自然演變的法則；必須效法土地山川的型態，符合其因地制
宜的原則；必須配合鬼神的尊嚴符合其誠敬心理的要求；這些極其抽象
而高深的內涵精神，必須借具體形式的禮儀來推廣，於是人民在就習了
喪禮、祭禮等各種儀節的進行之後，自然是經由日常的體會而瞭解這些
儀節設置的用意和其內涵的精神，同時也活化了由經驗習慣積聚下來的
傳統，使原來只是一些沈重負擔的禮樂制度，全成為人的仁性的表現。
於是一切禮樂制度，不但是有本有源，徹上徹下的，而且全成為清明潔
淨活潑可喜的存在。這是孔子「禮云禮云，玉帛云乎哉？樂云樂云，鐘
鼓云乎哉？」（《論語‧陽貨》）一言所顯示的偉大意義【16】。這就是說明
了天道為禮之原。〈禮器〉云：

禮也者，合於天時，設於地財，順於鬼神，合於人心，理萬物者
也。是故天時有生也，地理有宜也，人官有能也，物曲有利
也。【17】

又〈喪服四制〉云：

凡禮之大體，體天地，法四時，則陰陽，順人情，故謂之禮。訾

【14】同前註，頁438-439。

【15】《孝經‧聖治》，《十三經注疏》，臺北：藝文印書館，1895年，頁36。

【16】《論語‧陽貨》，《十三經注疏》，臺北：藝文印書館，1985年，頁156。

【17】《禮記‧禮器》，《十三經注疏》，臺北：藝文印書館，1985年，頁449。

之者是不知禮之所由生也。【18】

人類群居部落的生活逐漸發展，人事繁複，聖王代作，政治體制也逐漸形成，於是，仰觀俯察天地之迹象條理，用以訂定事天地，奉鬼神，洽人類，安政教之節文，再者，效其別宜而制禮，因此可說禮源於天。

從以上的分析可以理解，《禮記》雖是繼承詩、書對天的看法，認為天雖有主宰之意，但《禮記》已進一步將天視之為外在，客觀的對象，開出人的價值即是人所理解的天，不為神性義之天所限制，人有其能力以突破，此能力即在人之道德實踐，亦即是以「禮」來貫通天與人之關係。於是法天之理，探求外在之宇宙法則，內求心性建立，由外而內，順應而生道德與禮的價值。

對於喪禮而言，它與天道也有密切的關係。人死後靈魂升天，與天神為伍，化為神靈，共生永存不朽，與天合而為一。「萬物本乎天」，是天創造萬物的另一種藍本，而盤古死後化育萬物，人的生命化為萬物的生命，其意為人的生命也具有天道，可以滲入天地宇宙之中，人的生命與萬物的生命互換互化，生命可以永生不滅。生生不息，在天地間循環往復，與天地萬物保持相合相融的關係。這就是融合着靈魂不滅、祖先崇拜的天人合一的具體文化內涵。這也是原始先民對天地、萬物、人類自身認識的一種古樸天道觀，這是一種層次較低的天道觀或天人關係。雖然這只是一種原始的、質樸的、未發達的天道觀，但它影響了往後的喪禮文化及其天道觀的本質，連帶也影響了中國自古以來的喪禮觀的主要構成部分。而且，它對以「事死如事生，事亡如事存。」【19】、「生，事之以禮；死，葬之以禮，祭之以禮」【20】為核心的儒家喪禮思想基礎的形成，都起着發軔與胚胎的作用。

【18】《禮記・喪服四制》，《十三經注疏》，臺北：藝文印書館，1985年，頁1032。

【19】《禮記・中庸》，《十三經注疏》，臺北：藝文印書館，1985年，頁887。

【20】《論語・為政》，《十三經注疏》，臺北：藝文印書館，1985年，頁16。

（三）、《墨子》中的天道觀

墨子所謂的「天」較近於「主宰之天」，是有人格、有意志、有愛惡、行賞罰的造物主，而且是至高無上，是人類萬物之主宰。從文化史的角度來看，天的主宰含義最原始，出現得也最早，命運、自然和義理等含意要到人類的文化和智力發展到一定程度時才會出現。但是墨子所處之時代，天的主宰意味已經逐步淡化傳統的天道觀正面臨着一場變革。在這種情況下，墨子重新提出「主宰之天」顯然不合時宜。但另一方面，墨子對天的意義也進行了改造，使得天由宇宙萬物的創造者，天德廣大無私、愛利萬民，逐步發展出義之所從出、政治最高統治、具欲惡與賞罰能力的特質。這又和當時普遍以民意取代天意的整個趨勢相一致。

春秋之際，原始宗教的觀念逐漸人文化，有權威意志的天，於士人的意識之中，已逐漸轉為淡薄，但在一般社會大眾心態中仍然存留着。墨子的天志觀念便是此一宗教情況的反應【21】。墨子的尊天，與傳統觀念有相同之處，亦有不同之處。

1．天有意志、有欲惡，為萬事萬物的主宰

墨子認為天的力量是無邊的，天的權力是無窮的，可以創設宇宙，可以創造萬物。天為了使人類適於生存，天特別設置了天子及國君，諸侯及大夫，來掌管或處理人們的政事，並創設春、秋、夏、冬用來謀求天下的安定及人類的生活。〈天志中〉篇說：

> 且吾所以知天愛民之厚者有矣，曰：以磨為日月星辰，以昭道
> 之，制為四時春秋冬夏，以紀綱之；降雷霜雨露，以長遂五穀麻
> 絲，使民得而財利之；列為山川谿谷，播賦百事以臨司民之善
> 否；為王公侯伯使之賞賢而罰暴；賊金木鳥獸，從事乎五穀麻

【21】 其詳見蔡仁厚，《墨家哲學》，臺北：東大圖書公司，1983年，頁19。

絲，以為民衣食之財。自古及今，未嘗不有此也。[22]

墨子的天，不但創生人類，而且制定自然的結構與秩序，廣利產業，設置官職，安治人事。所以說宇宙萬物是天所創造的，天是萬能的主宰。又〈天志上〉篇云：「然則天亦何欲何惡？天欲義而惡不義。」[23] 既然天喜歡義而厭惡不義，就說明天有自己的好惡。〈天志中〉篇又云：

> 吾所以知天之貴且知於天子者有矣。曰：天子為善，天能賞之；天子為暴，天能罰之；天子有疾病禍祟，必齋戒沐浴，潔為酒醴粢盛，以祭祀天鬼，則天能除去之，然吾未知天之祈福於天子也。此吾所以知天之貴且知於天子者。[24]

天子是天下最貴最富之人。可是，與天比起來，天子的貴與知就算不得甚麼了。因為天子行善，有天賞之；天子行惡，有天罰之；在發生疾病禍祟時天子還得行祭向天祈福。這些均說明墨子所說的天是萬能的最高主宰。

墨子的天是有意志的，《墨子》一書有專篇探討，篇名即〈天志〉。「天志」有時稱「天意」，即是天的意志，故也曰「天志」，這是墨學中一個極為重要的觀念。有時也稱作「天之意」或稱「天之」（之為志的借字），其實相同[25]。但是天志之所表現何在？〈法儀〉篇說：「天必欲人之相愛相利，而不欲人之相惡相賊也。」[26]〈天志下〉篇說：「順天之意何若？曰：兼愛天下之人。」[27] 那到底天之所欲是甚麼？墨子再據〈天志上〉說：

---

[22]《墨子閒詁‧天志中》，臺北：華正書局，1995年，頁184。

[23]《墨子閒詁‧天志上》，臺北：華正書局，1995年，頁175。

[24]《墨子閒詁‧天志中》，臺北：華正書局，1995年，頁180。

[25] 其詳見王讚源：《墨子》，臺北：東大圖書公司，1996年，頁154。

[26]《墨子閒詁‧法儀》，臺北：華正書局，1995年，頁19。

[27]《墨子閒詁‧天志下》，臺北：華正書局，1995年，頁190-191。

9

然則天亦何欲何惡？天欲義而惡不義。……然則何知天之欲義而惡不義？曰：天下有義則生，無義則死，有義則富，無義則貧，有義則治，無義則亂。然則天欲其生而惡其死，欲其富而惡其貧，欲其治而惡其亂。此我所以知天，欲義而惡不義也。【28】

在此處天之欲即在於「義」，而且人之所欲與天下之所欲應是一致的，此「義」之理甚明，「義」自天出，天為義之價值根據，而天之所欲，是要人兼相愛交相利，可見天又為兼愛之終極根源。

天志既是天之意志，人應順應天的意志，不能違反天的意志而行事。由於天的欲義而惡不義，欲人之相愛相利，不欲人之相惡相賊。所以可說，天是有意志的神明。

2·天能賞賜懲罰

墨子既以天為有意志之人格神，祂能賞罰禍福。天之賞罰完全看人是否服從祂的意願，如果順從了天的意願，那麼就會得賞，如果違背了天意，那麼懲罰就會接踵而至。故在〈天志上〉篇曰：

故天子者，天下之窮也，天下之窮富也，故欲富且貴者，當天意而不可不慎。順天意者，兼相愛，交相利，必得賞；反天意者，別相惡，交相賊，必得罰。然則是誰順天意而得賞者？誰反天意而得罰者？子墨子言曰：「昔三代聖王，禹湯文武，此順天意而賞也。昔三代之暴王桀、紂、幽、厲，此反天意而得罰者也。」【29】

墨子說施行兼相愛，交相利的人是順從天意，就要受獎賞。別相惡，交相賊之人則是反天意，必會得到懲罰。墨子特別舉例，三代時期禹湯文武因為順從天意得到賞賜；人稱為聖王。三代時期的暴君，桀紂幽厲，

【28】《墨子閒詁·天志上》，臺北：華正書局，1995年，頁175-176。

【29】《墨子閒詁·天志上》，臺北：華正書局，1995年，頁177。

因為違背天意而得懲罰人稱為暴君。〈天志上〉篇又云：

> 然則禹湯文武，其得賞何以也？子墨子言曰：「其事：上尊天，
> 中事鬼神，下愛人。故天意曰：此之我所愛，兼而愛之；我所
> 利，兼而利之。愛人子此為博焉，利人者此為厚焉。故使貴為天
> 子，富有天下，業萬世子孫，傳稱其善，方施天下，至今稱之，
> 謂之聖王。」然則桀紂幽厲得其罰何以也？子墨子言曰：「其
> 事：上詬天，中誣鬼，下賊人。故天意曰：此之我所愛，別而惡
> 之；我所利，交而賊之；惡人者此為之博也，賤人者此為之厚
> 也。故使不得終其壽，不歿其世，至今毀之，謂之暴王。」【30】

這又是墨子說明順從天意和違犯天意受賞受罰的例子。聖王與暴王之分
別，即在於是否依天意而行，若反天意則為暴王，天即使其不得終其
壽，並歿其世：而順天意者稱之聖王，天使之貴為天子，富有天下，業
萬世子孫，傳稱其善，所以順天意者得賞，反天意者得罰，天因為天子
是否順天意，而將之分判為聖王與暴王。墨子不但認為天能賞罰禍福，
而且強調天的賞罰禍福是無從逃避的。天下人所作所為如違背天意，天
必降禍殃，所做所為順從天意，天必賜幸福，天志就成為墨子的宗教思
想中心，又可說是當時民眾宗教心理的一種反映。

3・天為政治的最高權源

墨子認為上天不獨可以創造萬物，並且還能統治天下，天希望天下
人類都能有安定幸福的生活，所以嚴格監督天子行事。一般人都以為，
天子為政於天下是政治的最高掌權人。墨子卻說，天子受政於天，天方
為政治的最高權源。〈天志上〉云：

> 且夫義者，政也。無從下之政上，必從上之政下。是故庶人竭力
> 從事，未得恣己而為政，有士政之；士竭力從事，未得恣己而為

【30】《墨子閒詁・天志上》，臺北：華正書局，1995 年，頁177-178。

政，有將軍大夫政之；將軍、大夫竭力從事，未得恣己而為政，有三公、諸侯政之；三公、諸侯竭力聽治，未得恣己而為政，有天子政之；天子未得恣己而為政，有天政之。天子為政於三公、諸侯、士、庶人，天下之士君子固明知，天之為政於天子，天下百姓未得之明知也。故昔三代聖王禹、湯、文、武欲以天之為政於天子，明說天下之百姓，故莫不犅牛羊，豢犬彘，潔為粢盛酒醴，以祭祀上帝鬼神而求祈福於天。我未嘗聞天下之所求祈福於天子者也，我所以知天之為政於天子者也。【31】

墨子說明，天子為政於天下，而天又為政於天子。可知天乃為政的最高權源。〈法義〉篇把天之範圍說得更清楚，「今天下無小大國，皆天之邑也。人無幼長貴賤，皆天之臣也。」【32】所以，直接地說，是天為政於天子，間接地說，天是通過天子以為政於天下。

由此可知，墨子的天是超越的現實世界主宰者，有意志，能賞賜懲罰而且是政治的最高權源，天是整個天下超越且絕對的統治者。只是天之統治天下實際上必須通過天子而已。

墨子的天道觀與喪葬雖然沒有明顯的直接關聯，但是我們從墨子節葬觀，可以推論它與喪葬的關係。墨子思想（一）是因襲殷人崇信天命文化思想的傳統；（二）又為被統治階層，起源於民間；（三）其所生長的環境乃一貧瘠之地；（四）天下大亂，社會秩序蕩然無存。故而，為求其生存，當務之急，乃不得不在於「興天下之利」與「改善社會生活秩序」着力【33】。墨子提出天志之說作為價值根源以建構其價值規範理論。故從墨子的天道思想即可瞭解功利主義所產生的宗教觀念。生活上既然如此，喪葬自然脫不了關係，因為墨子主張薄葬短喪以達其節用目的，其目的就在「以利民生。」

墨子反儒家厚葬久喪自三利立說，也就是所謂「富貧」、「眾寡」、

【31】《墨子閒詁・天志上》，臺北：華正書局，1995 年，頁 176-177。

「治亂」。

（一）厚葬「多埋賦財」，久喪「久禁從事」所以害於富貧。

（二）久喪，人就羸弱多病，易於死亡，而且久禁男女相見而「敗男女之交」必害於眾寡。

（三）久喪使「上不能聽治」，因而「刑政必亂」，此害於治亂。

墨子全然自厚葬久喪所生之弊端出發，完全站在利上以為衡量事物者，此乃屬一功利實用主義的心靈，故積極的主張節葬。

由上可知，墨子喪葬觀是完全站在功利的立場，換言之，墨子的節葬也是從天道觀而出發的。基於「興天下之利」、「改善社會秩序」實效的價值觀，墨子主張的一切文化活動，只以現實生活中的實利為價值，而徹底否定了儒家禮樂制度與合乎情合乎理的喪禮、祭禮功能，及其對社會所產生的教化作用與價值。觀〈非樂〉、〈節葬〉、〈非儒〉，則可明此，此乃功利主義所產生的天道觀與喪葬的關係。

二、從「鬼神觀」看喪葬

（一）、鬼神

鬼神觀念雖然從很早的古代就已經存在，但是以「鬼」、「神」二字進行概括正式引申出鬼神的概念，則是春秋時期的事情。春秋時人常將鬼神兩字連用，說明在當時人的印象裏鬼神兩字的本義是有聯繫的。「鬼」、「神」的造字本義都與祭祀相關。在《說文》說：「人所歸為鬼。」[34]《廣韻》又說：「鬼之為言歸也」[35] 因此鬼的意義，是人死為

---

[32]《墨子閒詁・法儀》，臺北：華正書局，1995年，頁20。

[33]其詳見王祥齡，《中國古代崇祖敬天思想》，臺北：學生書局，1994年，頁165。

[34]《說文解字》，臺北：天工書局，1996年，頁434。

[35]《廣韻・上聲》，臺北：黎明出版社，1995年，頁255。

鬼，即是人之生者為人，人之死者為鬼。《禮記·祭義》篇說：

> 眾生必死，死必歸土，此之謂鬼。骨肉斃于下，陰為野士。其氣
> 發揚于上為召明，焄蒿、悽愴，此百物之精也，神之著也。因物之
> 精，制為之極明命鬼神，以為黔首則，百眾以畏，萬民以服。【36】

鬼的意思，既是人死為鬼，並沒有鄙薄或惡化的意思。而且既是鬼
神並舉，鬼字是有抬舉的意思，鬼較常人為高。但是經書上，為指先人
的鬼，不用鬼字而用神字，是因為神字更是有抬舉的意思，更能表示先
人死後的高超境遇【37】。神字不見於甲骨文，甲骨文裏只有作連錦狀的
「申」字。從申的甲骨文字以電字用例最多，指天空的閃電。金文裏的
神，初並不從示，而以「申」代之，後來才加上示旁。《說文》示部云：

> 神，天神引出萬物者也，从從示申。【38】

又《說文》申部云：

> 申，神也，七月陰氣成體自申束，从臼自持也。吏臼餔時聽事，申
> 旦政也。【39】

神的語根可能是「申」，這種訓釋可能與從「申」的電字之義有關。初
期的時候鬼多指祖先神，神多指天神。鬼神連用則泛指包括祖先神和天
神在內的所有神靈在有些情況下鬼神也單指祖先而言【40】。

商代以前，在人民心目中，鬼神的世界與生者的世界有着密不可分
的關係，鬼神操縱着人類的命運。因此，日常生活中每遇難決之事或無
法解答的疑問時，便求筮占卜以求鬼神指引解決，鬼神之力既非生人所
可比擬。這種尚鬼神的風盛至周代時，人類理智日漸俱增，往昔樸素的

【36】《禮記·祭義》，《十三經注疏》，臺北：藝文印書館，1985年，頁813-814。

【37】其詳見羅光，《中國哲學大綱》，臺北：商務印書館，1999年，頁68。

【38】《說文解字》，臺北：天工書局，1996年，頁3。

【39】《說文解字》，臺北：天工書局，1996年，頁746。

【40】其詳見羅光，《中國哲學大綱》，臺北：商務印書館，1999年，頁57-70。

孔炳奭 《禮記》與《墨子》喪葬觀的異同　　399

思想不足以維繫，逐漸由宗教人格的意味轉變成具有哲學意味的範疇，
直至孔子出，始有一決定性的變革。

　　鬼神觀念雖然是人類對於自然與社會的一種迷信思想，但它在春秋
時期也客觀地促進了先進思想家相關的哲學探索。春秋後期，社會上無
神論逐漸萌芽。墨子就曾大聲疾呼：

　　今執無鬼者曰：「鬼神者，固無有。」旦暮以為教誨乎天下，疑
　　天下之眾使天下之眾皆疑惑乎鬼神有無之別，是以天下亂。【41】

　　春秋時期不同學派間對於鬼神的認識有相當大的區別。墨子就認為
鬼神是可以被人感知的，他力辯「自古以及今，生民以來者，亦有嘗見
鬼神之物，聞鬼神之聲。」【42】並且舉出古往今來的事實，證明鬼神的
存在。和墨子不同，儒家對於鬼神則採取了懷疑的態度。《禮記‧中庸》
載孔子語謂：

　　鬼神之為德，其盛矣乎！視之而弗見，聽之而弗聞，體物而不可
　　遺。使天下之人，齊明盛服，以承祭祀，洋洋乎如在其上，如
　　在其左右。【43】

儒家認為鬼神只存在於人們的想像之中，是不可見、不可聞的。從《禮
記‧祭義》篇的記載看，孔子及其弟子還曾探討鬼神的起源問題，試圖
用「氣」、「魄」的概念來解釋鬼神【44】。盡管這個採索並沒有解決根

【41】《墨子‧閒詁‧明鬼下》，臺北：華正書局，1995 年，頁 201。

【42】同前註，頁 202。

【43】《禮記‧中庸》，《十三經注疏》，臺北：藝文印書館，1985 年，頁 884。

【44】《禮記‧祭義》載：宰我曰：「吾聞鬼神之名，不知其所謂。」子曰：「氣也者，
　　神之盛也。魄也者，鬼之盛也。合鬼與神，教之至也。」眾生必死，死必歸土，
　　此之謂鬼。骨肉斃于下，陰為野土。其氣發揚于上，為昭明，焄蒿、悽愴，此百
　　物之精也，神之著也。因物之精制為之極，明命鬼神，以為黔首，則百眾以畏，
　　萬民以服。頁 813-814。

本性質的問題，但在思想史的發展進程中卻是決定性的變革。

（二）、《禮記》中的鬼神觀

隨着社會生產力水準的提高和文化的不斷進步，人們逐漸意識到自身行為的意義。受其影響，人們的鬼神觀也發生了由尊鬼神向重人的轉移。周人提出了「敬德」、「以德配天」的思想，拉開了中國歷史上事人重於鬼神觀的序幕。

《禮記》為周、秦及漢初先秦儒學之總匯，其中言及鬼神之論，有百餘處。雖然《禮記》中有不少涉及天命、鬼神、祭祀之處，但也只是將祂們歸結到現實的人倫道德來看，質言之，只是一個「禮」，絕非言天神鬼怪之說。

鬼神之說，自古有之，《禮記》載：

> 子曰：「夏道尊命，事鬼敬神而遠之，近人而忠焉。先祿而後威，先賞而後罰，親而不尊。其民之敝，惷而愚，喬而野，朴而不文。殷尊神，率民以事神，先鬼而後禮，先罰而後賞，尊而不親。其民之敝，蕩而不靜，勝而無恥。周人尊禮尚施，事鬼敬神而遠之，近人而忠焉，其賞罰用爵列，親而不尊。其民之敝，利而巧，文而不慚，賊而蔽。」[45]

這說明夏、商、周三代對於鬼神的態度。雖然三代對於鬼神的態度有其衍變，但同是注意於事鬼敬神。夏的政治方針是事鬼敬神，但不以鬼神之道參入人民教化，而殷代的方針則是推崇鬼神，重鬼神而輕禮教，周代則是推崇禮法，敬事鬼神，但不以鬼神之道參入教化。夏與周同樣是事鬼神而遠之，這是忠於人道，忠於人道即是務民之意，儒家承繼周文價值，便把人道思想高舉於世，因此才有站在人道立場而說敬鬼神而遠之。〈表記〉又說：

---

[45]《禮記・表記》，《十三經注疏》，臺北：藝文印書館，1985年，頁915-916。

孔炳奭　《禮記》與《墨子》喪葬觀的異同　401

> 今父之親子也，親賢而下無能；母之親之也，賢則親之，無能則
> 憐之。母親而不尊，父尊而不親。水之於民也，親而不尊，火尊
> 而不親。士之於民也，親而不尊，天尊而不親。命之於民也，親
> 而不尊，鬼尊而不親。【46】

這是說明民眾對鬼神可尊重卻難親近的意思。總之，由上述《禮記》之
言，可以很清楚地看出周代時鬼神，即有事鬼敬神而遠之的一貫的態
度。雖然儒家不喜歡談原始信仰的鬼神【47】，徹底肯定了人世生命比死
後冥土生活寶貴得多，且更具有生命的意義。但《禮記》對此並非完全
沒有記載，在〈中庸〉裏曾對鬼神觀念有過正面的闡述：

> 鬼神之為德，其盛矣乎！視之而弗見，聽之而弗聞，體物而不可
> 遺。使天下之人，齊明盛服，以承祭祀，洋洋乎如在其上，如在
> 其左右。【48】

按上述所言之鬼神，是看不見，也聽不着，僅只能「如在其上，如在其
左右」也就是說好像在一樣（「如在」）。故當孔子病時，子路請禱：

> 子曰：「有諸？」子路曰：「有之，誄曰：『禱爾於上下神祇。』」
> 子曰：「丘之禱久矣。」【49】

從以上所引，對鬼神的態度是不否定也不肯定其存在，甚而在教化的意
義上，反而傾向鬼神存在的意念。《論語》曰：

> 祭如在，祭神如神在。子曰：「吾不與祭，如不祭。」【50】

【46】《禮記・表記》，《十三經注疏》，臺北：藝文印書館，1985 年，頁 915。

【47】在《論語》裏可以看出對原始信仰的鬼神的態度。如〈述而〉云：「子不語怪
　　力亂神。」又〈先進〉云：「季路問事鬼神。子曰：未能事人，焉能事鬼？』曰：
　　『敢問死！』曰：『未知生，焉知死？』」

【48】《禮記・中庸》，《十三經注疏》，臺北：藝文印書館，1985 年，頁 884。

【49】《論語・述而》，《十三經注疏》，臺北：藝文印書館，1985 年，頁 65。

【50】《論語・八佾》，《十三經注疏》，臺北：藝文印書館，1985 年，頁 28。

我們從「如」字看，鬼神是如在。後來禮學家談到祭禮的精神大抵都是這一種態度的發揮。所以〈雍也〉篇云：

> 務民之義，敬鬼神而遠之，可謂知矣。【51】

這就是《禮記》上的「之死而致死之，不仁而不可為也；之死而致生之，不智而不可為也。」【52】的另一種說法。至於「敬鬼神而遠之」，指相信鬼神的存在，而不迷信鬼神。古人以人所歸為鬼，而以天神能生萬物者為神。認為鬼神能福善禍淫，故多存僥倖非份之心。迷信鬼神，諂媚鬼神，因此提出「敬鬼神而遠之」的命題，成為人本主義的人文教化。

在《禮記》上，我們又看到比順鬼神以為禮樂政教之本的態度。

> 是故夫禮必本於天，殽於地，列於鬼神，達於喪、祭、射、御、冠、昏、朝、聘，故聖人以禮示之，故天下國家可得而正也。【53】

> 是故夫禮，必本於一，分而為天地，轉而為陰陽，變而為四時，列而為鬼神。其降曰命，其官於天也。【54】

> 大樂與天地同和，大禮與天地同節。和，故百物不失；節，故祀天祭地。明則有禮樂，幽則有鬼神。如此則四海之內，合敬同愛矣。【55】

鬼神是天地的功用，又是自然的和節；禮樂是聖人的功用，同和同節。因此先儒以比順鬼神為禮樂的根本，又禮樂為政教的根本，於是政教亦當比順於鬼神。對於鬼神而言，儒家的禮樂政教之重心，在於生人主動體證鬼神之德，而非在透過禱告，被動地祈求鬼神福報。所以儒家敬鬼神之最終目的，不只求在鬼神之下得其安頓，而是在現實的世間創造一

【51】《論語‧雍也》，《十三經注疏》，臺北：藝文印書館，1985 年，頁 54。

【52】《禮記‧檀弓上》，《十三經注疏》，臺北：藝文印書館，1985 年，頁 144。

【53】《禮記‧禮運》，《十三經注疏》，臺北：藝文印書館，1985 年，頁 414。

【54】同前註，頁 438。

【55】《禮記‧樂記》，《十三經注疏》，臺北：藝文印書館，1985 年，頁 668。

客觀的外王事業得其安頓，使對鬼神的虔誠敬慎之情，轉至禮儀人文教化上。

在原始信仰中，鬼神指各種超自然性質崇拜對象，以及人死後靈魂的歸宿。祂們在幽冥世界裏不只具有人的意識與情感，且有超乎生人困限之外的無限能力，甚至對人起着決定性與限制心生，可命人以吉凶、壽夭，且命人以知慧。順着這種特性發展，鬼神的能力既非生人所可比擬，由是更肯定了死後的重要，相對地削弱了生前的價值，鬼神的地位就此凌駕生人之上。如果人一味地將鬼神視為無限，且對人有絕對的決定性與限制性，那麼，人在感嘆無奈之餘，只有逼向信仰一途。透過喪葬、祭祀、祈禱，祈求鬼神的無限力量助益自身有限的不足，以便在現實生活中事事順遂。如此，則人無異解除了自身的精神武裝，喪失了生命本身的創造性與尊嚴性。

這種原始觀念，在周文化建立時即逐漸加以摒棄，孔子繼承周文精神，因此儒學之中，全無「怪力亂神」的說法。因此在《禮記》中所談的鬼神，雖然多並稱，都指天地自然和祖先的鬼神。然而，這並不是以宗教迷信的態度來視之，而是以天道、鬼神和人情合一的人文精神來處之。這就是《禮記》鬼神觀的一大特徵。儒家重在事人，對鬼神採存而不論的態度，非孤立地去討論鬼神本身之概念，而是以「祭祀」將鬼神與人連接起來，亦可看出人之生的問題遠大於人之死的問題。其態度是講，求道德上的誠敬，不是以事鬼神來作為取得福祥的手段。對於鬼神的有無與存在與否，儒家認為是在於人的誠敬，能如在左右，如在其上的經驗與感覺完全是「致其誠敬」。尤其加上「禮」的觀念，以禮貫之事鬼神，即出現「生，事之以禮；死，葬之以禮，祭之以禮」[56]的人道思想之特色。

鬼神觀念在人類歷史上對人們的生活起過重大作用，尤其直接造成

【56】《論語·為政》，《十三經注疏》，臺北：藝文印書館，1985 年，頁16。

並推動了喪禮文化的演變。今天，這一觀念仍在影響着我們的社會，由
於它紮根在人類的心靈深處，一旦對它宣戰就將是一場沒完沒了的戰
爭，它以後是否會以某種形式復活尚是一個未知數。因而，認真地研究
鬼神觀念對於認識過去的喪禮文化是必不可少的，對於今天或未來也有
借鑑意義。

（三）、《墨子》中的鬼神觀

中國人向來是相信鬼神的，商朝人尚鬼，更是眾所皆知。但是到了
春秋之際，原始宗教的觀念逐漸人文化，在士人的意識中，開始懷疑鬼
神的存在，因此儒家表示「敬鬼神而遠之，可謂知矣」【57】的態度。儒家
末流更是重形式，尚虛文，不相信鬼神，卻講求喪禮祭祀。難怪墨子批
評他們說：「執無鬼而學祭禮，是猶無客而學客禮也，是猶無魚而為魚
罟也。」【58】甚至墨子認為，懷疑鬼神的存在正是天下混亂的原因。墨
子既然肯定一個人格神主宰人間社會及自然界，自然也就肯定了鬼神的
存在，並且認為鬼神是居於天神和人之間【59】，做為裁判人行為的一種
強而有力的約束，所以他極力以史實證明鬼神的存在。墨子不但相信鬼
神，而且認為鬼神可以「敬畏取祥」，可以「治國家，利萬民」，可以
作為對治「國家淫僻無禮」的藥方。這是墨子所以以要「明鬼」的理由。
〈明鬼下〉篇云：

> 子墨子言曰：逮至昔三代聖王既沒，天下失義，諸侯力正，是以
> 存夫為人君臣上下者之不惠忠也，父子弟兄之不慈孝弟長貞良
> 也，正長之不強於聽治賤人之不強於從事也。民之為淫暴寇亂盜

【57】《論語·雍也》，《十三經注疏》，臺北：藝文印書館，1985 年，頁 54。

【58】《墨子閒詁·公孟》，臺北：華正書局，1995 年，頁 419。

【59】《墨子閒詁·天志上》載：「子墨子曰：『其事上尊天，中事鬼神，下事愛人。』」
頁 177。

賊，以兵刃毒藥水火，退無罪人乎道路率徑，奪人車馬衣裘以自利者並作，由此始是以天下亂。此其故，何以然也？則皆以疑惑鬼神之有與無之別，不明乎鬼神之能賞賢而罰暴也。今若使天下之人，借若信鬼神之能賞賢而罰暴也，則夫天下豈亂哉！【60】

墨子所看到的歷史事實是三代之後，因們們疑惑鬼神之有無，無法產生敬畏鬼神之心，因而導致社會、政治與倫理的大亂，因此墨子提倡神的觀念，進而尊天事鬼，就是想藉着鬼神的神秘力量，消除天下間一切的亂事，實現清平盛世的主張。〈明鬼下〉云：

> 故鬼神之明，不可為幽閒廣澤山林深谷，鬼神之明必知之；鬼神之罰，不可為富貴眾強，勇力強武，堅甲利兵，鬼神之罰必勝之。若以為不然，昔者夏王桀貴為天子，富有天下，上詬天侮鬼，下殃傲天下之萬民，祥上帝伐元山帝行，故於此乎天乃使湯至明罰焉。湯以車九兩，鳥陳雁行，湯乘大贊，犯遂，下眾人之蝱遂，王乎禽推哆大戲。故昔夏王桀貴為天子，富有天下；有勇力之人推哆大戲，生列兕虎，指畫殺人；人民之眾兆億，侯盈厥澤陵，然不能以此圉鬼神之誅。此吾所謂鬼神之罰不可為富貴眾強、勇力強武、堅甲利兵者，此也。【61】

墨子主張鬼神能明察是非秋毫，犯罪的人不論是逃到幽無人煙的湖澤和大山深谷叢林中；或是倚仗自己的富貴豪強，勇力強武，堅甲利兵，鬼神都一樣要懲罰他。從前的夏桀貴為天子，富有天下，人口之眾多以兆億計，因為他侮辱天帝鬼神殃害萬民，天帝就派湯去懲罰他，最後國敗人亡，逃不出鬼神之誅。如此看來鬼神是無所不能、無所不在，鬼神之懲罰則是無可逃避。此足證明鬼神具有獎善罰暴的能力。

從墨子對鬼神存在的考察，可見他是真正相信有鬼神的，因為鬼神

【60】《墨子閒詁‧明鬼下》，臺北：華正書局，1995 年，頁 200-201 。

【61】《墨子閒詁‧明鬼下》，臺北：華正書局，1995 年，頁 220-222 。

賞賢罰暴作威作福，官吏就不敢不廉潔自愛，百姓自然也會心中生畏
懼，行為自然會有約束，人方能愛人利人，其結果即是使天下治。〈明
鬼下〉云：

> 是故子墨子曰：嘗若鬼神之能賞賢和罰暴也，蓋本施之國家，施
> 之萬民，實所以治國家，利萬民之道也。若以為不然，是以吏治
> 官府之不潔廉，男女之為無別者，鬼神見之；民之為淫暴寇亂盜
> 賊，以兵刃毒藥水火退無罪人乎道路，奪人車馬衣裘以自利者，
> 有鬼神見之。是以吏治官府，不敢不潔廉，見善不敢不賞，見暴
> 不敢不罪。民之為淫暴寇亂盜賊，以兵刃毒藥水火退無罪人乎道
> 路，奪車馬衣裘以自利者由此之。【62】

墨子如此積極倡導明鬼之說，就是源於上天的意志，下察政治紊亂的
利弊是用來協助上天獎善懲惡，以達到天理循環善惡相報的目的。所以墨
子再三勸導天下人應確實相信鬼神之真有，絕不可持以懷疑的態度。

按照墨子的說法，明鬼基本的動機即在用以救治天下之亂。他認為
天下之所以亂，君臣不惠忠，父子不慈孝，官吏不肯認真聽治，庶人不
肯努力從事，又淪為淫暴，寇亂和盜賊，主要即在於人民不信鬼神之為
真實存在，不明鬼神之能賞賢罰暴所致。因此人民必須相信鬼神的真
有，相信鬼神的存在，也是基於功利主義為其思想內涵。墨子對喪葬，
主張薄葬短喪以表達其節用目的，完全站在利上以為衡量事物者，此也
屬功利主義心態的表現。然而，禮本是合乎情合乎理者，絕不是純為一
外在形式儀式。但是墨子思想是一切只落於功利實用的層次上，只知求
其效用，未明文化生活之內涵價值，是以荀子云：「墨子敝於用而不知
文」。不知文正是功利主義所必然導致的結果【63】。儒墨兩家皆同樣保
持鬼神的觀念，所不同者是儒家「敬鬼神而遠之」、事人重於事鬼的人

【62】《墨子閒詁・明鬼下》，臺北：華正書局，1995 年，頁 219-220。

【63】其詳見蔡仁厚，《墨家哲學》，臺北：東大圖書公司，1978 年，頁 64-65。

本主義；而鬼神在墨子思想系統中，一方面保留鬼神賞賢罰暴的權威性，另方面則先鬼神而後人，聖人始得治天下。

喪葬祭祀對儒家而言，除了報本反始，慎終追遠外，還有道德教化的功能。而墨子忽略這層意義，反對厚葬久喪，純粹站在國家百姓之利的立場，於是有所偏而不全，終致「蔽於用而不知文」。

三、從「孝道觀」看喪葬

（一）、孝道—— 為人之本

孝道是中國傳統文化最重要的內容之一，可以說是古代中國最為深入人心的觀念。孝，不僅是一種「善事父母」的日常倫理意識、規範和實踐，更是整個中國文化的首要精神，其影響之大，涵蓋之廣，既深且遠，在中國歷史上佔有相當重要的地位。

孝是中國傳統文化中集道德觀、社會觀、人生觀、宇宙觀為一體的核心和首要觀念。從宗教與哲學的角度看，它具有祖先崇拜，追求永恆的宗法性、人文性宗教意義；另外，它還是中國人珍視生命、保護生命的哲學意識的體現。同時，孝這種人類內發而自然的至誠之愛，是中國傳統社會與人際關係得以展開的精神基礎，也是中國傳統倫理體系的起點與諸德之首。中國傳統倫理是宗法倫理、血緣倫理、政治倫理的統一，而將上述三者合為一體的則是孝。

提起孝道，對於每一個人來說都絕不陌生。因為在整個中國古代宗法社會中，孝道是最基本、最重要的倫理道德思想，孝道之於宗法社會，有若形影之相隨。然而，要認真地給孝道下一個定義，卻又不那麼容易。

何為孝？《爾雅》對「孝」的解釋是：

善父母為孝。【64】

【64】《爾雅·釋訓》，《十三經注疏》，臺北：藝文印書館，1985 年，頁 60。

《說文》解釋是：

> 善事父母者，从老省、从子，子承老也。【65】

許慎認為「孝」者是由「老」字省去右下角的形體，和「子」字組合而成的一個會意字。《禮記》解釋是：

> 孝者，畜也。順於道，不逆於倫，是之謂畜（鄭玄注云：畜謂順於德教）。【66】

《荀子》解釋為：

> 能以事親謂之孝。【67】

這些說法本來很好理解，人人皆有父母所生，父母所養，孝的最初意義是非常自然、非常樸素的，純然出於天性。在金文中孝字作「𡥈」，像「子」用頭承老人手行走。用扶持老人行走之形以示「孝」。後來，孝的古文字形和善事父母之義完全吻合【68】，或是像一個長髮的老人用撫摸一個孩子的頭，大抵是表示父子之間的親愛關係。甲骨文中也有孝字，作「𡥈」、「𡥈」，從字形上看，它與金文的孝字是一樣的，只是省略了老人的身和手【69】。

人類要生存和發展，就必須繁衍增殖，而要繁衍，就必然出現夫妻、父子關係，必然產生家庭。孝的觀念，即產生於以血緣關係為紐帶的氏族社會，它的產生基於兩個條件。一是基於血緣關係而產生的「親親」之情，二是個體婚制的確立。所以，我們說孝的本義是指親子之愛，指子女善事父母，這符合於歷史的實際。孝的這種倫理含義是戰國以後由儒家所倡導，並為人們所認同的基本含意。但若從文化的其他要

【65】《說文解字》，臺北：天工書局，1996 年，頁 398。

【66】《禮記·祭統》，《十三經注疏》，臺北：藝文印書館，1985 年，頁 830。

【67】《荀子集解·王制》，北京：中華書局，1996 年，頁 165。

【68】其詳見肖群忠，《孝與中國文化》，北京：人民出版社，2001 年，頁 11。

【69】其詳見康學偉，《先秦孝道研究》，臺北：文津出版社，1992 年，頁 9。

素如宗教哲學的視野，從孝之發生的初義再細究的話，似乎孝之含義還不僅於此，還有另外兩層含義。這就是尊祖敬宗；生兒育女、傳種接代。孝的這三種含義是同時共有的，但在西周至春秋戰國這段時期，是後兩義佔主導，之後，善事父母才成為孝的核心意蘊。

綜上所述，隨着時代的推移，孝的概念有所擴大，孝在西周乃至春秋之前其初始義是尊祖敬宗、生兒育女、傳宗接代。善事父母是其後之義，前者可以說是一種宗族倫理，後者是家庭倫理。孝的這種觀念，到了春秋戰國之際，確立了後來中國社會倫理中重人事、輕鬼神的基礎，因而具有深遠重要的歷史意義。孝，誠如某些學者所說實際上是中國人的人文性宗教，反映了中國人生命不息，文化綿延不斷的歷史意識和終極價值思想。因此，對孝必須從其初始的宗教、哲學意義與後期的人文倫理意義整體上加以理解，才能全面理解孝之文化綜合意義，才能對孝在中國社會的長期影響做出合理解釋。

（二）、《禮記》中的孝道觀

孝的觀念在中國出現很早。《尚書》中便有「用孝養厥父母」[70]的話。《詩經》中記有周武王祭祀他的父親文王之辭，武王自稱「孝子」，說祭祀先父是他一片孝心的表達。這裏的孝主要是血親關係的反映，尚屬於家庭儒理道德觀念。孝道在西周禮樂文化中佔有極其重要的地立，很多道德觀念和制度，都是以孝為中心而展開的。所謂「孝，禮之始也」[71]「孝，文之本也」[72]，都說明孝是禮所表現的重要內容。

《禮記》所論述的孝，囊括了先秦至漢儒家孝論的基本內容，形成了關於孝道的一套完整的理論體系和行為規範，對於中國倫理文化產生了

【70】《尚書·酒誥》，《十三經注疏》，臺北：藝文印書館，1985 年，頁 208。

【71】《左傳·文公二年》，《十三經注疏》，臺北：藝文印書館，1985 年，頁 304。

【72】《國語·周語下》，上海：上海古籍出版社，1998 年，頁 96。

極其深遠的影響。《禮記》的孝道觀有多層含義。在〈祭義〉上云：

> 曾子曰：孝有三：大孝尊親，其之弗辱，其下施養。【73】

這三個孝行，成為了中國歷代的孝道，三千年中，中國人都以這三點為一生大事。其中最基本的，便是對父母的孝養與喪祭。在〈祭統〉說：

> 孝子之事親也，有三道焉：生則養，沒則喪，喪畢則祭。養則觀其順也，喪則觀其哀也，祭則觀其敬而時也。盡此三道者，孝子之行也。【74】

對父母的孝義，父母死了以後，孝並不因此完結了，兒子的孝道還該繼續。繼續的方式，在於喪和祭。喪祭為孝道的完成，又為孝道的繼續。《禮記》又強調一個「敬」字。在〈坊記〉說：

> 小人皆能養其親，君子不敬，何以辨？【75】

「敬」最重要的是從內心深處尊敬父母，時刻把父母的安危冷暖掛在心上。在〈曲禮〉、〈內則〉、〈玉藻〉等篇詳細規定了子女侍奉父母的禮節。要敬父母，必然表現在家庭日常生活中。子女要對父母祖輩事之以禮。因為禮的本質無非是敬，這是孝道最低層的內容。在〈曲禮上〉說：

> 凡為人子之禮：冬溫而夏清，昏定而晨省，在醜、夷不爭。【76】

這就是說，首先要照顧好父母的日常起居，做到冬天溫暖，而夏天清爽；另外，還在晚上安頓好父母休息，早上要去省親問安，才算周全細致。〈曲禮上〉又說：

> 見父之執，不謂之進不敢進，不謂之退不敢退；不問，不敢對。
>
> 此孝子之行也。夫為人子者，出必告，反必面，所遊必有常，所

【73】《禮記‧祭義》，《十三經注疏》，臺北：藝文印書館，1985年，頁820。

【74】《禮記‧祭統》，《十三經注疏》，臺北：藝文印書館，1985年，頁830-831。

【75】《禮記‧坊記》，《十三經注疏》，臺北：藝文印書館，1985年，頁868。

【76】《禮記‧曲禮上》，《十三經注疏》，臺北：藝文印書館，1985年，頁18。

習必有業，恆言不稱老。【77】

父母呼，唯而不諾，手執業則投之，食在口則吐之，走而不趨。【78】

父母在，不稱老，言孝不言慈，閨門之內戲而不歎。君子以此坊民，民猶薄於孝而厚於慈。【79】

由上述觀之，善事父母，最基本，最經常的義務是養親。養親必須要從內心發出敬，敬是孝的最基本態度。

儒家之孝道，不僅重事生，更重事死。在〈祭義〉篇又云：

養可能也，敬為難；敬可能也，安為難；安可能也，卒為難。父母既沒慎行其身，不遺父母惡名，可謂能終矣。【80】

《禮記》為甚麼如此重視喪祭之禮？或者說喪祭之禮的價值何在？第一，在儒家看來，喪葬祭祀的禮義，是用來教導人民仁愛之心的。凡是不孝，都是由於沒有仁愛之心，沒有仁愛之心都由於未修明喪制之禮。能盡愛心、敬心、恆心，所以能盡到喪祭之禮。祭祀是盡饋養的方法，父母過世後，尚且知思慕饋養，何況是生前在世的時候，所以說，喪祭之禮修明，人民自然能孝養。因此有不孝養的訟獄就該整飭喪祭之禮了。《大戴禮記》云：

凡不孝生于不仁愛也，不仁愛生于喪祭之禮不明，喪祭之禮所以教仁愛也。致愛故能致喪祭，春秋祭祀之不絕，致思慕之心也。夫祭祀致饋養之道也，死且思慕饋養，況于生而存乎？故曰喪祭之禮明，則民孝矣。故有不孝之獄，則飾喪祭之禮也。【81】

【77】《禮記・曲禮上》，《十三經注疏》，臺北：藝文印書館，1985 年，頁19。

【78】《禮記・玉藻》，《十三經注疏》，臺北：藝文印書館，1985 年，頁567。

【79】《禮記・坊記》，《十三經注疏》，臺北：藝文印書館，1985 年，頁868。

【80】《禮記・祭義》，《十三經注疏》，臺北：藝文印書館，1985 年，頁821。

【81】高明註釋《大戴禮記今註今譯》，臺北：商務印書館，1993 年，頁294。

第二，喪祭之禮，是對事生之繼續，「祭者，所以追養繼孝也。」【82】是表達孝子孝心孝道更為重要的環節。三年的喪禮，是配合因失親而表達悲哀心情的輕重而制定的。父母之喪，最為至痛。創傷愈大，平復的愈慢。所以需三年的喪期，荀子說：

> 三年之喪何也？曰：稱情而立文，因以飾群別、親疏、貴賤之節而弗可益損也，故曰：無不易之道也。創鉅者其日久，痛甚者其愈遲，三年者稱情而立文，所以為至痛極也。【83】

這也就是說喪禮是表達孝子悲哀之情，因此，孝敬之意必不可少的禮義。

《禮記》把生養死祭作為孝的起碼要求，倡導孝敬父母，為父母守三年之喪認為是一個人若不孝敬父母，便難以在社會立足。孝是中國文化中最早出現的倫理觀念與德目之一。在周代，孝是尊祖敬宗的宗教與人文合一的意識，再發展下去才產生了「善事父母」的人文倫理意識，從孝義的產生、發展本身來看，它就是合天道與人道為一的觀念，把天、祖、親緊密地聯繫在一起。從孝本身的內涵看，也是把自然親情的天道與親子倫理的人道恰當地結合起來。總之，孝在中國文化中是連接過去、現在與未來的縱向鏈條。倫理上的祭天敬祖、慎終追遠、愛敬父母、悅親順親、生兒育女、光宗耀祖等，思維方式上的縱向思維、崇古取向等都是其顯明表現【84】。它給予後世以深刻的影響，對老人生養死祭，成為東方人普遍尊循的最基本的孝道，被視為做人之本。

（三）、《墨子》中的孝道觀

儒、墨兩家既為當時顯學，且「墨子學儒者之業，受孔子之

【82】《禮記・祭統》，《十三經注疏》，臺北：藝文印書館，1985 年，頁830。

【83】《荀子集解・禮論》，北京：中華書局，1996 年，頁372。

【84】其詳見肖群忠，《孝與中國文化》，北京：人民出版社，2001 年，頁148-150。

術」【85】。自然儒家孔子所討論的問題，墨子亦與之對應。從墨子的思想體系來看，墨子以「天志」為本，人順天意即得賞，其最主要的組成部分是以「兼相愛，交相利」為綱的政治思想和倫理學說，「兼愛」既是墨子的政治思想，又是他追求的最高道德境界。所謂「兼愛」，即不分人我、不別親疏、無論貴賤、無所差別地愛一切。自然父子之間的人倫關係，亦由「兼愛」的原則出發，為其孝道思想的要素。墨子對於儒家所主張的「孝」，雖然不曾像〈非樂〉、〈節葬〉一般加以非難，但只承認為社會上非常普遍的人倫關係。墨子並不反對孝道，在《墨子》一書中，表現出了對於君惠臣忠、父慈子孝、兄友弟悌的理想社會的嚮往，如：

> 若使天下兼相愛，愛人若愛其身，猶有不孝者乎？祖父兄與君若其身，惡施不孝？猶有不慈者乎？視弟子與臣若其身，惡施不慈？故不孝不慈亡有。【86】
> 君臣不惠忠，父子不慈孝，兄弟不和調，則此天下之害也。【87】
> 人君者之不惠也，臣者之不忠也，父者之不慈也，子者之不孝也，此又天下之害也。【88】
> 為人君必惠，為人臣必忠，為人父必慈，為人子必孝，為人兄必友，為人弟必悌。【89】

由上可知，墨子確實也強調孝。不過，雖然也講孝，卻又與儒家大為不同。

儒家提倡孝的原則，將孝道所確立的愛由親始，進而有差等地擴及

【85】《淮南子‧要略》，北京：中華書局，1998 年，頁1459。

【86】《墨子明詁‧兼愛上》，臺北：華正書局，1995 年，頁 92-93。

【87】《墨子閒詁‧兼愛中》，臺北：華正書局，1995 年，頁 93。

【88】《墨子閒詁‧兼愛下》，臺北：華正書局，1995 年，頁 105。

【89】同前註，頁 117。

到所有的人，就是「以己度人」，「愛己及人」，是等差之愛，所以肯定「親親之殺，尊賢之等」。孔子講「親親而仁民，仁民而愛物」，孟子講「老吾老以及人之老，幼吾幼以及人之幼」，都是以己推人，由近及遠，要點全在一個「推」字。因之，孝在儒家學說中至關重要，它是「仁」的根本，愛心的本源。儒家所推崇的孝道，其本身即極講差等，按血緣關係的遠近表現出種種差別，如喪服制度最為明顯【90】。而墨子主張無差別的「兼愛」，從天志的角度，倡導愛人利人，因此，「孝」在墨子的思想體系中，從「兼相愛，交相利」的思想前提下，所衍生的父子人倫關係與其他人之間的「愛」、「利」關係並無特別差異。

功利思想既為墨子哲學的大前提，由是墨子所謂的「孝」，完全根源於功利主義，以親人獲有實利為「孝」，這就是墨子的孝道觀。《墨子》云：

　　孝，利親也。【91】

孝的本義，即人子為其父謀福利。倘依墨子之言，子若自愛而不愛父，則父必求自利而不利子；同理，父若自愛而不愛子，則子亦必求自利不利親，人人如此，天下則亂【92】。　蓋其愛、利乃是人與人之間對等關係，而非源自人之主體生命的自覺。又〈經說上〉云：

　　孝，以親為芬，而能能利親，不必得。【93】

按此節乃解「孝，利親也。」。「能能利親」即謂能全心全意地以實利事奉其親人，至於於利為何物，依〈經說上〉云：

　　利，得是而喜，則是利也。【94】

───────────────────

【90】其詳見康學偉，《先秦孝道研究》，臺北：文津出版社，1992年，頁211。

【91】《墨子閒詁・經上》，臺北：華正書局，1995年，頁282。

【92】《墨子閒詁・兼愛上》，臺北：華正書局，1995年，頁91-92。

【93】《墨子閒詁・經說上》，臺北：華正書局，1995年，頁304。

【94】同前註，頁305。

孔炳奭　《禮記》與《墨子》喪葬觀的異同　　　　　415

以上觀之，墨子的孝道觀，乃是現實功利的價值觀。孝道的內涵不
以人子之所具有的本質，向其價值與目的上實踐孝道，展現人心之自覺
所衍生的敬德與思慕之情，反以現實生活的實際利益的多寡，判定孝，
與不孝，因此其價值觀實可謂現實功利主義的實效論。孝道在墨子思想
體系中並不佔有怎麼重要的地位，它作為社會的普通倫理之一，只不過
是「兼愛」表現於親子之間的一個德目而已。墨子說：

　　　若使天下兼相愛，愛人若愛其身，猶有不孝者乎？[95]

試想，如果人人都能做到兼愛，愛他人如愛自己，哪還有甚麼孝與不孝
的區別？概言之，即人、己之親無分，一以厚之，矛頭所向，即是儒家
孝道所力主的「愛有差等」，愛人以愛親為最厚的原則。與儒家孝道比
較，卑父母而尊世人是墨子孝道觀的一大特徵。這一點早為孟子所注意
到。故他一針見血指出，墨子的「兼愛」是「無父」。[96]

　　與上述對孝道的總體認識相聯繫，墨子強烈反對厚葬久喪，而主張
薄葬短喪。由於，厚葬久喪需大量金錢，浪費社會財富，損害人民健
康，破壞正常生產，又影響人口的增殖，實不利於「富貧眾寡，定危治
亂」，「以厚葬久喪為政，國家必貧，人民必寡，刑政必亂。」[97]另一
方面，厚葬久喪會使當事人「出則無義也，入則無食也」，其結果必然
造成：

　　　為人弟者求其兄而不得，不弟弟必將怨其兄矣；為人子者求其親
　　　而不得，不孝子必是怨其親矣；為人臣者求其君而不得，不忠臣
　　　必且亂其上矣。[98]

---

[95]《墨子閒詁‧兼愛上》，臺北：華正書局，1995 年，頁 92。

[96]《孟子‧滕文公下》載：「楊氏為我，是無君也；墨氏兼愛，是無父也。無父無
　　君，是禽獸也。」頁117。

[97]《墨子閒詁‧節葬下》，臺北：華正書局，1995 年，頁162。

[98] 同前註，頁162。

31

上述可知，厚葬久喪的確「非仁非義，非孝子之事也。」【99】這也是墨子本人對待喪葬的態度。

總之，墨子論孝道的主要觀點也就是這些。墨子思想的價值根據，不是來自人性普遍的道德要求，而是來自現實生活經驗中社會正義的基礎；但其解決問題的構想，常以現實生活的情形作為其立論根據；這便是〈非命〉、〈非樂〉、〈節葬〉講求以利勢導，只考慮物質生活中的實利一面，而不考慮精神生活與禮制文物對人性教化的價值，做為改善社會秩序的思想來源。這就是與《禮記》孝道觀的不同處，也就是墨子思想的缺點，但墨子反對厚葬久喪，主張節葬，也是有着進步的歷史意義的，對後世較有影響。

四、從「生死觀」看喪葬

（一）、生與死

生與死，對人類來說是人生必經之路，但也由於有死亡，才賦與人類存在意義與價值，因為生是生命之始，死是生命之終，有生必有死，有死必有生，兩者如響之隨聲，如影之隨形。

死亡永遠伴隨着人類，並終於引起了人類理性的注意。當原始人按照一定的觀點、原則看待並處理死亡時，死亡文化就開始了。由於死亡恆久與生存相聯繫因而死亡觀和生存觀變得不可分割。所謂「生死觀」，它集中體現在以下一些命題上：生命的意義何在？人生的目標何在？甚麼是人生的幸福？人應該如何對待死亡？對於生死問題的見解，直接決定着個人的道德行為，也直接決定着人們的倫理道德觀念。因此，對於生死問題，確切地說是對於生與死的適當方式、關係

【99】同前註，頁170。

和價值諸問題，這些問題自然而然就成為上古時期思想家們思考和討論的對象。這種對於生死的理解，導致某些宗教道德意識和行為方式的產生。在舊石器晚期的北京周口店山頂洞人遺址，其遺骸周圍撒有赤鐵礦粉和一些隨葬品，赤鐵礦粉應該是為了在另一個世界裏避邪去祟，隨葬品當然是為了繼續在另一個世界的生活中使用【100】。西安半坡村仰韶文化墓葬群排列有序，也說明當時的人們有在幽冥中同族相互關懷和幫助的觀念。總之，死不是消滅和虛無，而是生的繼續，是原有的生活方式的改變，這就是遠古時代人們對於生死的基本看法。不同的生死觀造成了不同的人格形象，並對喪葬產生了深遠的影響【101】。因此，喪葬、祭祀、巫術等就成了按撫、討好或驅趕鬼魂的重要方式，並進而促進了死亡文化的發展。

　　這樣一種關於生死的見解，對於後世產生了極其深遠的影響。從原始時代至整個夏商周三代乃至近世，這種生死觀念都左右着大多數人的情。在前面小節中已論述過的《禮記》和《墨子》的天道、鬼神思想，就是這種影響的明證。然而無論這種生死觀的歷史影響多麼深遠，它畢竟還不是真正意義上的道德哲學觀念。真正把生死作為道德哲學問題加以喪葬的討論，是春秋時期的事。

　　春秋時期的思想家們對於生死有不同程度的論述。他們當中的大多數對於人死而靈魂在的傳統生死觀念持一種懷疑的態度，而把人固有一死這樣一個事實的真理作為自己思考的前提，因此，他們摒棄了宗教迷信觀念，而從人生的社會實際出發來探討生死問題。這種態度也就是關注現實的人生，關注生命的實際價值，追求一種自安自得的人生境界。因此，以面向實際為務的春秋戰國時期的思想家們，大多數對於生死問題發表過自己一定的見解。在這方面，最有理論建樹的是儒、墨兩家。

【100】其詳見賈蘭坡，《中國大陸上的遠古居民》，天津：天津人民出版社，1998年。

【101】其詳見，王夫子，《殯葬文化學》，北京：中國社會出版社，1998年，頁85。

儒家思想把社會正義看得比個體生命還重，故而強調生命的道德內涵和道德意義；由於倫理道德是生者之事而非死人之事，故而儒家並不注重探討死後的事情。儒家的思想並未對死亡有正面的回應，所以不能從儒家典籍中尋索出有關死亡本身的詮釋，但我們仍可經由儒家對喪祭之禮的重視和對生命存在價值的構設，察知其中所涵蓋的面對死亡的觀點和態度[102]。墨子也十分重視人的生死問題，他在墨書中提到「生」共八十餘次，提到「死」多達九十餘次[103]。大體上，墨子從直接的社會功利主義出發看待生死文化，即所有的喪葬、祭祀活動都要有利於人們的生產、生活。因此儒墨兩家生死觀亦有重大差別。

（二）、《禮記》中的生死觀

儒家少有針對生死的議論，但這並不代表儒家對這個問題沒有存在思考。儒家以道德價值的圓成，為個人生命的存在意義。因此，其生死觀也以道德完成為目標。儒家的重生，包含着注重人際社會倫理關係。重視人的道德義務的內涵；儒家的重死，包含着重視人生義務，主張把嚴肅的生活態度堅持到最後一刻的思想內核。

人性的本根在於情感，因而自古以來對生命最本源性的情感，即發展成為死後靈魂不滅的共識。針對死亡予人情感的波動，儒家顯然與墨子的態度不同，他們乃是以禮來宣洩情感，從而取得一種中和的狀態。然而在這以禮調節人面對死亡所產生的情感的同時，儒家亦從人性的本質上反思，賦予原始宗教死後信仰而形成的禮制儀式，一種新的理性精神和人倫價值。

---

[102] 其詳見康韻梅，《中國古代死亡觀之探究》，臺北：國立臺灣大學文史叢刊，1994年，頁198。

[103] 其詳見《墨子研究論叢（三）》，濟南：山東人民出版社，頁212。

孔炳奭 《禮記》與《墨子》喪葬觀的異同　　419

　　儒家似乎不太在意死亡；但是，對於人死後的喪葬事宜，以及祖先神祇的祭祀禮儀，卻非常重視[104]。《禮記》中關於喪葬與祭祀的記載，佔了相當高的比例；而喪禮的相關內容更超過全書篇幅的三分之一。既然視形軀的死亡不過是種歇息，卻又重視喪葬的辦理；既不願多談死後的情形，卻又強調祭祀的誠敬。儒家的態度看似矛盾，其實不然。儒家對喪祭的看重，正顯現其對「人」的現世關懷；由其在死亡與鬼神之事的主張中，反更看出對生人「活在當下」的期許與用心[105]。以禮事生死是儒家人倫思想的重心，而對於事死之禮，特別注重。因為其意識到死亡是生命的「不可得再復」。所以喪祭之禮特別隆重，然其立意則在生者對死者應盡之心意的人道精神。喪祭的禮可以說是由原始的宗教信仰而來，其根本是死後信仰，但儒家已在其中灌注了理性，即側重在生者「亡則弗之忘矣。」[106]的精神。《禮記》中所載的禮意儀文，即同時兼含出生之前的胎教禮儀、在生時的所有禮儀活動、死亡時的喪葬禮儀，以及之後的祭祀禮儀。從這個完整的生命禮儀過程，可以看出儀制的訂定，即是基於後代子孫的傳承延續，或以死者的靈魂不滅且可與生活的精神發生感通之概念，以傳達其對生命死而不絕的主張。就《禮記》所重的喪禮而言，其最核心的意義在於，對死者「不忍死之」的精神，這也是《禮記》維繫這些二禮的意義所在。這種「不忍死之」的情感，致使喪祭之禮顯現出死為生的延續的信仰，比如在喪葬陪葬品的設置上，儒家的主張就特別突顯這個意義。

---

[104]《論語・堯曰》就明言：「所重：民、食、喪、祭。」載《十三經注疏》，臺北：藝文印書館，1985 年，頁178。

[105] 其詳見黃瑩暖，〈儒家的生死觀〉，臺北：《中國學術年刊》，第二十二期，2001 年，頁189。

[106]《禮記・檀弓上》，《十三經注疏》，臺北：藝文印書館，1985 年，頁112。

生死，是人生最大的臨界點。由於死亡的發生，使顯性的生命從此步入隱性的存有。因為這是一個由有形進入無形的門檻，所以需要有一道道綿密繁複的喪葬儀式，幫助生者穩定情緒、重整人生的腳步。因此禮儀的設計，即以招魂的復禮維繫住顯性生命與隱性存有的連續性，再往下，則漸次進行沐浴、飯含、襲、斂、殯、葬等儀節。每一道禮數的進行，都採取每動而遠，有進無限的原則，代表生命的不可逆轉性。由有形身軀的愈去愈遠，而將生者對死者的情感漸次轉換為意識的存有【107】。雖然禮儀的設計以生者的情感需要為主，然而必須先有人之死亡為基本前提。由於主、客體的生命型態不同，因而二者的溝通方式即無法經由彼此的相對觀察來體認死而不絕的生命概念，而必須透過後代子孫的心意念慮，發揮其想像力，使意識不再僅止於意識的型態，而是能浮顯所意識的形象以達到祖神臨在、人神感通的最高境界。因此在生者心目中，死者不但是長存不滅，而且可以產生教化子孫的效果。

總之《禮記》的精神是從入世精神、禮與人情推衍出它的生死觀。具體地說，儒家提倡通過積極的人生實踐，建立功勳和學說，造福於社會並揚名於後世，以此超越死亡，達成生命永恆。《禮記》的基本邏輯是入世主義、嚴密制度、人格修養、社會治理，它的生死觀集中在「以生制死的理論」，是以生者情感詮釋喪葬之禮的態度。因而《禮記》對喪祭之禮的理論與解釋是兼顧理智與情感的。

（三）、《墨子》中的生死觀

生死觀是個人的人生信念之一，與個人基本人生哲學立場有直接順成關係。墨子特別重視人們生前應該為「興天下之利，除天下之害」的

【107】其詳見林素英，《從古代的生命禮儀透視其生死觀—以《禮記》為主的現代詮釋》，臺北：國立臺灣師範大學國文研究所碩士論文，1996 年，頁 261-263。

事業而奮戰不息，必要時要為此而慷慨赴死；也就是說，某種當為的準則「義」之價值要高於生命存在價值。因此，人們也必須為這種「萬事莫貴於義」的準則放棄生命，則其對生死之態度亦應以義為衡量準則。對生死的意義，墨子屬於生理性的解釋為：

> 生，形與知處也。【108】

> 生，楹之生，商不可必也。【109】

「形」是肉體，「知」是精神，肉體與精神聚合，便有生命，這是顯而易知的常識。但墨子對生理性的生死僅體會出生命特徵的一個重要片面，卻沒有進一步說明肉體與精神的關係【110】。可知墨子對生死的解釋只不過生理過程的初步認識而已。但關於社會性的生死意識，墨子顯然極為重視，因他將其與義利相結合。

墨子生死觀的核心在把國家的生命、民眾的生命（所謂「義與利」）的價值置於個人的生命價值之上，鼓勵人們為前者的實現而努力獻身。可是，為甚麼前者的生命價值要高於後者的生命價值呢？墨子云：

> 天下有義則生，無義則死；有義則富，無義則貧；有義則治，無義則亂。然則天欲其生而惡其死，欲其富而惡其貧，欲其治而惡其亂，此我所以知天欲義而惡不義也。【111】

> 死生利若，一無擇也。殺一人以存天下，非殺一人利天下也；殺己以存天下，是殺己以利天下。【112】

【108】《墨子閒詁・經上》，臺北：華正書局，1995 年，頁284。

【109】《墨子閒詁・經說上》，臺北：華正書局，1995 年，頁359。

【110】其詳見全明鎔，《先秦生死觀研究》，臺北：輔仁大學中國文學研究所碩士論文，1985 年，頁89。

【111】《墨子閒詁・天志上》，臺北：華正書局，1995 年，頁176。

【112】《墨子閒詁・大取》，臺北：華正書局，1995 年，頁368。

義是有利於天下的，故為維護天下人的大義；與大利，縱使犧牲個人生命也無妨。此與儒家所謂的「殺身成仁，舍生取義」意思相近。《墨子》又云：

> 不失死生之利。【113】

這是墨子為反對儒家三年喪而說的，墨子利於天下的唯一原則，不論生、死，總以「不失死生之利」為標準。在此可知，墨子的主張從功利主義的角度出發，認為凡是益於民益於國的就支持，凡無益於民無益於國的就取締，包括一切繁文縟節、奢侈浪費，這無疑反映了大部分下層百姓的利益要求。

順理論發展的程序言，生死問題之後，應討論的便是死後世界問題，但墨子雖主張「明鬼」，卻沒有提過死後世界之說，只不過就當時文獻上傳說的那些故事，用以為愛人利人的論據，其學說的論點絕不在人死之後，靈魂永不滅的死後世界觀。鬼神時刻在監視着人們的行動，而且能對人間的善惡予以賞罰。墨子的鬼神學說不是為喪葬服務的，而是他社會、政治學說的一個理論前提，他企圖借助超人間的鬼神權威來限制統治者的殘暴和人們的放縱。

墨子主張鬼神論，但又反對命定論，即「非命」，在《墨子・非命》中，針對當時流行的「命富則富，命貧則分，命眾則眾，命寡則寡，命治則治，命亂則亂，命壽則壽，命夭則夭，命，雖強勁何益哉？」【114】他提出，這一「命定論」只會使人們對自己的行為不負責任，變懶。只有盡了人事，鬼神才會保佑他。

墨子的整個學說充滿了功利主義精神，在喪葬問題上亦是如此。他強烈地反對當時盛行的「厚葬久喪」。儒家主張嚴格地實行喪葬之禮，甚至浪費也在所不惜。這方面，墨子多有批評，認為儒家的做法靡財而

【113】《墨子閒詁・節葬下》，臺北：華正書局，1995 年，頁173。

【114】《墨子閒詁・非命上》，臺北：華正書局，頁239-240。

貧民，久服傷生而害事。因此提出了喪葬改革方案：

> 棺三寸，足以朽骨；衣三領，足以朽肉，掘地之深，下無菹漏，
> 氣無發洩於上，壟足以期其所，則止矣。哭往哭來，反從事乎衣
> 食之財，佴乎祭祀以致孝於親。故曰子墨子之法，不失死生之利
> 者，此也。【115】

墨子是迄今我們所知中國最早的主張「節葬」的喪葬改革家；同時又很重視祭祀鬼神。他關於喪葬及其祭祀的社會意義也是實用主義的。〈明鬼下〉曰：

> 今吾為祭祀也，非直注之汙壑而棄之也，上以交鬼之福，下以合
> 驩聚眾取親乎鄉里。若神有，則是得吾父母弟兄而食之也。則此
> 豈非天下利事也哉！【116】

就是說，祭祀並未浪費財物，而是上邀鬼神之禪，求其肋佑，下以集合民眾歡會、聚食，連絡一鄉一里的感情，還有娛樂的意義。這裏是否有鬼神，似乎已變得不重要了。

　　大體上，墨子從直接的社會功利主義的觀點出發看待生死觀，對一切不實用的社會現象，都採取排斥和摒棄的態度，包括享受、娛樂、禮儀等，凡是人類衣、食、住、行各方面不實用、不節儉的地方，都是他們批駁的對象，即所有的喪葬、祭祀活動都要有利於人民的生產、生活，並由此提出了「節葬」的主張。關於祭祀的社會聯誼、娛樂等功能無疑又是他對生死觀的一大理論貢獻。

【115】《墨子閒詁・節葬上》，臺北：華正書局，1995 年，頁 172-173。

【116】《墨子閒詁・明鬼下》，臺北：華正書局，1995 年，頁 226。

結　語

經過以上的討論，我們可以了解《禮記》與《墨子》喪葬觀的異同。凡是生命，皆存在死亡的必然性，人的死亡亦是必然的結局。凡事之作，必有其義。喪禮的作用亦有此義。儒家的喪禮表現出的不是對死亡本身的疑懼，反而是生者的身心安頓、與祭祀者的角色提醒；也就是在「死」事的主張上，表現的卻是對「生」人的關注。這種由「死」回觀「生」的思維，重點都在活着的當下。因此，《禮記》對喪禮的詮釋，是以哀戚的情感為本質，然而在實際行禮的過程中，卻必須衡量行禮者的身心狀況，以合人情之實。喪禮本為最早的習俗之一，儒家接受了前人的遺俗，將喪禮實行的意義由原始宗教信仰轉化為人情之常，即把行禮的重心由死者移至生者。換言之，禮所表達的是生者對死者的慎終、報恩及虔敬，由此不忍死者故去之心而永遠惦記懷念。這種透過主體虔敬、感通的方式面對死者，顯示出主體性的道德意義，而終於影響幾千年來的中國，使「慎終追遠」的精神根植於民心之中。

墨子之世，維繫西周二百餘年的周文因沿用過久而流弊百出，不僅失去規範社會、安頓民生的作用，更轉變為束縛生命的東西，尤其是喪葬之禮，不但成為諸侯大夫裝場面、擺闊氣的虛偽場合，而且更落到殺人殉葬、慘無人道的地步。雖然孔子曾說過「禮，與其奢也寧儉；喪，與其易也寧戚。」[117]，但儒者末流卻浮尚虛靡，變本加厲，毀身破產以事厚葬，在社會上形成極其浪費的風氣。墨子之所提倡的葬觀，目的無非是想限制當時奢侈浪費的社會風氣所下的一劑猛藥，以便改革社會上厚葬久喪必會發生的許多不良後果。儘管當時有人譏刺、抨擊墨子，然而對社會風氣的改善，的確是正面的，因而墨子「薄葬短喪」的節葬

---

[117]《論語·八佾》，《十三經注疏》，臺北：藝文印書館，1985年，頁26。

觀之價值是不可抹殺的。

研究古代喪禮的意義，在於探求喪禮的教化作用；描述喪禮的禮數，不是要祈求恢復古禮的實況，而在於深入禮儀所代表的人文精神。總之，在目前的現實生活中，喪禮文化雖然有社會上的功能，但實際發揮出的力度還不夠大；傳統文化中的優秀思想雖然滲透進社會生活的各個方面，但真正理解、自覺服膺其精神的社會面也還不夠大。這一情況表明，喪禮文化本身也要實現理論的現代轉化要吸取現代科學思想和哲學理論，對喪禮文化的基本精神作出現代的詮釋，增新其喪禮理論的內涵，只有這樣才能成為我們東方民族未來生活的深厚精神基礎，也才會對人類社會的未來文明發展有所貢獻。

景印香港新亞研究所《新亞學報》（第一至三十卷）

稿　約

（一）本刊宗旨專重研究中國學術，以登載有關中國歷史、文學、哲學、教育、社會、民族、藝術、宗教、禮俗等各項研究性之論文為限。

（二）本刊年出一卷，以每年八月為發行期。

（三）本刊由新亞研究所主持編纂，歡迎海內外學者賜稿。

（四）來稿每篇以三萬字為限，請附中文提要（二百字內）；英文篇題；通訊地址、電話、傳真及電郵地址。

（五）來稿均由本所送呈專家學者審閱，以決定刊登與否。

（六）本所有文稿刪改權，如不同意，請預先聲明。

（七）文責自負；文稿若涉及版權問題，由作者負責。

（八）來稿請勿一稿兩投。本所不接受已刊登之文稿。

（九）來稿如以電腦處理，請以 word 系統輸入，並隨稿附寄電腦磁片。

（十）請作者自留底稿。來稿刊用與否，恕不退還。若經採用，將盡快通知作者；如半年後仍未接獲採用通知，作者可自行處理。

（十一）本刊所載各稿，其版權及翻譯權均歸本研究所；作者未經本所同意，不得在別處發表或另行出版。

（十二）來稿刊出後，作者每人可獲贈本刊二本及抽印本三十冊，不設稿酬。

（十三）來稿請寄：

香港　九龍　農圃道 6 號，新亞研究所

《新亞學報》編委會收

Editorial Board, New Asia Journal

New Asia Institute of Advanced Chinese Studies

6 Farm Road, Kowloon

Hong Kong

景印香港新亞研究所《新亞學報》（第一至三十卷）

版權所有

不准翻印

新亞學報 第二十三卷

編　　輯：新亞研究所

　　　　　九龍農圃道六號

　　　　　No. 6, Farm Road, Kowloon, Hong Kong

　　　　　電話：(852) 2715 5929

發　　行：新亞研究所圖書館

　　　　　九龍農圃道六號

　　　　　No. 6, Farm Road, Kowloon, Hong Kong

　　　　　電話：(852) 2711 9211

定　　價：港幣一百六十元

　　　　　美金二十元

　　ISSN: 0073-375X

出　　版：二〇〇五年一月初版

景印香港新亞研究所《新亞學報》（第一至三十卷）

新亞學報

目　錄

第二十三卷　　　　　　　　　　　　　二〇〇五年一月

(1)　陳援庵先生「通史致用」析論 .... 李學銘

(2)　日本殖民時代臺灣與朝鮮之礦業發展 .... 陳慈玉

(3)　重探所謂「胡適博士學位問題」四種類型的論證 .... 葉其忠

(4)　基督教和儒教在十九世紀的接觸
　　　　── 基督教入南洋先驅米憐研究 .... 龔道運

(5)　取象釋禮：張惠言《虞氏易禮》中的《公羊》思想 .... 盧鳴東

(6)　淺談郭璞〈游仙詩〉之形式美 .... 韋金滿

(7)　明代「格律派」之格律詩說及其理論發展 .... 李銳清

(8)　蕙風詞論詮說：詞格詞心與性情襟抱 .... 嚴壽澂

(9)　瀛海奇譚：雍正有個竺皇后
　　　　── 三評《紅樓解夢》 .... 楊啟樵

(10)　《聊齋誌異》的述鬼謀略 .... 劉楚華

(11)　論舊體詩與新文學之關係 .... 朱少璋

(12)　《禮記》與《墨子》喪葬觀的異同 .... （韓國）孔炳奭

NEW ASIA INSTITUTE OF ADVANCED CHINESE STUDIES

景印香港新亞研究所　《新亞學報》　（第一至三十卷）